한국 중등학교의 종교교과교육론

· 고병철 ·

박문사

머리말

　'특정 종교를 위한 교육'을 꿈꾸는 종립학교는 학교 설립 초기부터 종교 수업을 포기한 적이 없었다. 종교 수업(프로그램)을 통해 학생을 학교가 원하는 특정 신앙인으로 만들 수 있다는 관점을 가지고 있었기 때문이다. 이러한 종교 수업은 학교 차원에서 공식적인 활동으로 존재했다.

　국가는 학교 교육을 관장할 의무를 가지고 있었음에도 불구하고, 이러한 종교 수업을 방관·묵인해왔다. 자격증이 없는 교사들의 종교 수업 진행도 문제 삼지 않았다. 종교가 사회에 미치는 다양한 영향에도 불구하고, 종교 수업을 위한 제도를 만들지도 않았다. 그로 인해 종교 수업은 제4차 교육과정 이전까지 국가가 공인하지 않은 비공식적 활동으로 존재했다. 이는 한국의 교육사에서 종교 교과와 수업이 이중적인 위상을 가지고 있었음을 보여준다.

　종교 교과와 수업의 이중적인 위상은 제4차 교육과정 시기부터 획기적인 변화를 보였다. 제4차 교육과정에 종교 교과가 신설되었고, 그로 인해 종교 수업도 국가가 공인한 공식적 활동이 되었기 때문이다.

그 후, '종교교사 자격의 공인', 즉 기존의 종교교사를 공인된 종교교사
로 만들기 위한 연수교육도 별도로 진행되었다. '종교 교과서'도 인정
도서가 될 수 있었다. 종교 교과는 '생활과 종교(2009년)', 다시 '종교학
(2011년)'으로 개칭되었고, 현재까지 공인된 교과로 존재하고 있다.

주목할 부분은, 종교 교과의 공인에도 불구하고, 종교 수업의 경향
에 변화가 거의 없었다는 점이다. 종교 수업은 그 이전처럼 여전히 '특
정 종교를 위한 교육' 수준, 즉 '특정 신앙인 만들기' 수준에서 진행되
었다. 국가는 그에 대해 여전히 방관·묵인하였다. 뿐만 아니라 '교양
인 만들기'와 함께 '신앙인 만들기'를 종교 교육과정의 교육 목적으로
설정하였다.

이 지점에서 우리는 묻지 않을 수 없다. '도대체 정교분리, 교육-종
교의 분리, 학교의 공공성 등을 추구하는 국가가 다른 교과에서 감히
상상하기 어려웠던 교육 목적(신앙인 만들기)을 종교 교육과정에 포함
시킨 특별한 이유가 무엇이었는가?' 그에 대한 추측은 독자의 상상에
맡긴다.

최근에는 종립 중등학교의 '특정 종교를 위한 교육'과 관련된 여러
문제들이 불거져 나오고 있다. 교육과 종교의 분리 문제, 학교교육의
공공성 문제, 종교의 자유와 양심의 자유를 둘러싼 인권 문제, 학습권
의 보장 문제 등이다. 이런 문제들은 종교 교과가 공인되었지만 종교
수업의 경향 자체에 변화가 없는, 그리고 국가가 이를 방관묵인하는
상황과 무관하지 않다. 이런 상황에서 그 동안 방관묵인되었던 학교의
종교교육 문제들이 점차 사회 이슈화 되고 있다. 우리가 관심을 갖고
연구해야할 문제들이 많아진 것이다.

이 책은 종교교육 문제와 기존의 연구 성과에 대한 필자의 관심에서

출발했지만, 종교 교과교육의 역사와 제반 담론들을 전반적으로 서술한 최초의 연구서라고 평가할 수 있다. 이런 평가는 종교 교과교육에 대한 우리의 관심이 부족한 현실, 그리고 특정 종교를 위한 교육이 아닌 종교 교과교육 일반에 관심을 가진 연구자가 부족한 현실을 드러내는 것이기도 하다.

필자가 종교 교과교육에 관심을 갖게 된 계기는 대학에서 교육학, 대학원에서 종교학을 전공한 경험에서 시작되었다. 처음부터 종교 교과교육 연구를 위해 교육학을 전공한 후에 종교학을 전공한 것은 아니었다. 그렇지만 필자는 이 두 가지 경험을 통해 '교육학과 종교학의 중첩 지점'으로서 종교 교과교육을 볼 수 있는 안목을 갖게 되었다.

교육학의 탐구 영역에 종교 교과교육이 포함되고, 종교학의 탐구 영역에 여러 종교들을 둘러싼 교육 내용이 포함된다면 분명히 두 영역은 중첩된다. 어떤 학문이든 상호 중첩되는 영역에 대해 관심을 가질 때 탐구 영역이 확장되지 않을까? 그렇지만 아직까지 특정 종교를 위한 교육이 아닌 종교 교과교육 일반에 관심을 가진 연구자들은 적은 것으로 보인다. 종교 교과교육을 둘러싼 여러 문제들에 대처하기 위해서라도 향후에 교육학 연구자와 종교학 연구자들이 서로의 탐구 영역에 관심을 갖기를 기대한다.

이 책에는 필자가 기존에 수행한 연구 성과를 바탕으로 종교 교과교육의 역사와 맥락과 담론들, 그리고 향후의 대안이 서술되었다.[1] 따라

---

1) 이 책의 내용은 필자가 쓴 「한국의 종교교육-중등 종립학교를 중심으로」(『종교연구』 46, 2007); 「중등학교 종교 교과의 교수·학습 방식」(『교육연구』 43, 2008); 「종립사학과 종교 교과교육의 공공성과 자율성」(『정신문화연구』 32-4, 2009); 「국가 교육과정 내의 다문화교육과 '종교'교과교육」(『종교연구』 61, 2010) 등의 연구 성과를 바탕으로 전개된다.

서 필자의 논문들을 함께 읽으면 이 책을 이해하는 데에 도움이 된다. 필자가 제시한 대안에 대해서는 바라보는 관점에 따라 이견이 있을 수 있다. 대안을 좀 더 구체화하는 작업도 남아 있다. 모두 필자의 몫이다. 다만 이 책이 향후에 종교 교과교육에 대한 관심과 학문적 논의를 확대·심화하는 계기로 이용되기를 기대한다.

이 책은 출간되기까지 여러 차례의 우여곡절을 겪었다. 그럼에도 불구하고, 한국학술진흥재단(현, 한국연구재단)의 지원, 종립학교의 지인들과 동료 연구자들의 격려, 박문사 대표이사의 출판 제의 등으로 출간에 이르게 되었다. 책 한 권이 나오기까지 많은 분들의 도움이 필요했다. 머리말을 교정할 때까지도 후배와 벗의 도움을 받았다. 도움을 주신 분들께 마음으로 고마움을 전한다. 다시 한 번 인간이 '함께 살아가는, 고마움으로 남아야 하는 존재'임을 절감하게 된다.

한국학중앙연구원 문화와 종교연구소
2012년 5월 18일(음 3월 28일)
고 명 철

목 차

들어가면서

Ⅰ 들어가면서

1. 종교 교과교육[1]의 정체성 혼란

　길을 가던 사람이 '중등학교에 국어 교과가 있습니까'라는 질문을 받았다고 가정해보자. 어떤 반응을 보일까? 대체로 질문한 사람을 이상하게 볼 것이다. '당연한 사실'을 묻는다고 생각할 것이기 때문이다. 그렇다면 '중등학교에 종교 교과가 있습니까'라는 질문을 받았을 때 어떤 반응을 보일까? 그 반응은 다양할 것이다. 일부는 단호하게 '있다'거나 '없다'라고, 일부는 '글쎄'라고 대답할 것이다. 필자는 강의실에서 만난 대학생들을 통해 이와 유사한 반응을 접한 경험이 있다.

　종교 교과에 대한 반응이 다양한 이유는 무엇인가? 실제로 중등학교에 종교 교과가 있다거나, 없다는 시각이 모두 가능하기 때문이다. 종교 교과는 국가 교육과정에서 '선택 교과'이고, 중등학교에서 채택된다는 점에서 분명히 있다. 그렇지만 종교 교과를 채택하는 학교가 한정된 현실에서 보면 중등학교에 종교 교과는 없다. 종교 교과를 채택한

---

1) 교육학계에서 학교의 교육과정은 '의도성' 등을 기준으로 표면적 교육과정과 잠재적 교육과정으로 구분된다. 이 저서에서 '종교교육'은 대체로 국가 교육과정에 있는 표면적 교육과정으로서 종교 교과교육을 의미한다.

학교에 다닌 경우와 그렇지 않은 경우, 그리고 그런 학교가 있다는 것을 모르는 경우에 따라 반응은 다를 수밖에 없는 것이다.

　종교 교과를 채택한 학교는 주로 종교계에서 세운 중등학교, 즉 종립 중등학교이고, 그 가운데 종립 고등학교가 대부분이다. 종교 교과가 국가 교육과정에서 고등학교의 교양선택교과로 정해져 있기 때문이다. 2005년의 경우, 종립 고등학교는 개신교 163개교, 가톨릭 38개교, 불교 13개교, 안식교 8개교, 원불교 6개교, 통일교 3개교, 대순진리회 3개교, 정교회 1개교 등 모두 235개교이다.2) 2008년 자료에 따르면, 약 513개의 종립 중등학교 가운데 종립 고등학교는 개신교(126개), 천주교(37개), 불교(16개) 등 모두 296개교이다.3) 이런 자료들은 학교 교육에서 종립 중등학교가 차지하는 비중이 크다는 것을 보여준다. 사립 중・고등학교에서 종립 중・고등학교의 비율은 각각 약 25% 정도이다.

　이런 상황에서 종교 교과가 종립 중등학교에서만 채택되고, 국립・공립・비(非)종교계 중등학교4)에서 회피되는 현상이 논리적으로 설명될 수 있을까? 이런 현상은 논리적으로 설명되기 어렵다. 국가 교육과정의 선택 교과에 종교 교과가 있다는 것은 어떤 학교든지 종교 교과를 채택할 수 있어야 한다는 것을 의미하기 때문이다.

　국가 교육과정에 명시된 종교 교과가 국립・공립・비(非)종교계 사립 중등학교에서 채택되지 않는 이유는 무엇인가? 답변은 다양하다.

---

2) 강돈구・윤용복・조현범・고병철, 《종교교육의 현황과 개선방안》, 문화관광부・한국학중앙연구원, 2005, 24-26쪽.
3) 문화체육관광부, 『한국의 종교현황』, 2008, 119쪽.
4) 국립 중등학교로는 국립부산해사고등학교, 국립전통예술중고등학교(서울특별시), 국립인천해사고등학교, 국립부산기계공업고등학교, 국립전북기계공업고등학교 등이 있다.

첫째, 학교장이나 임원들의 성향에 맞지 않기 때문이라는 답변이 가능하다. 그렇지만 이는 학교의 교과과정에 학교장뿐 아니라 학생의 취향이 고려되어야 한다는 점을 간과한 것이다.

둘째, 종교 교과가 입시 위주의 학교교육에서 '사실상 필요 없다'는 답변이 가능하다. 종교 교과교육이 입시교육에 도움이 되지 않는다는 것이다. 이런 태도는 학교교육의 토대인 국가 교육과정에 포함된 현실을 외면하는 것이다.

셋째, '종교 교과교육의 정체성'이 혼란스럽기 때문이라는 답변도 가능하다. 이 경우에 문제는 복잡해진다. '종교 교과교육의 목적에 대한 상충된 이해'가 유통되고 있기 때문이다. 현재 교육과정에서 국어 교과교육은 국어와 관련된 제반 능력의 증진을 목적으로 삼는 교육이라고 규정될 수 있다. 그에 비해 종교 교과교육은 '종교와 관련된 제반 능력의 증진을 목적으로 삼는 교육'으로 규정되기 어렵다. 한국에는 '교육과 종교의 분리'나 '정치와 종교의 분리' 원칙이 통용되기 때문이다. 그렇지만 종립학교들은 흔히 종교 교과교육의 목적을 '종교 활동의 증진'이나 '특정 종교에 대한 신앙의 증진'에 두고 있다. 이에 대한 반론이 만만치 않지만, 종립학교 측도 교육 목적을 쉽게 바꿀 것 같지 않다. 특정 종교를 교육하기 위해 학교를 설립한 경우가 적지 않기 때문이다.

종교 교과교육의 정체성이 혼란스럽게 된 계기는 무엇인가? 그 계기는 제4차 국가 교육과정에 종교 교과가 포함된 것이었다. 종교 교과가 국가 교육과정에 포함되기 이전부터 종립 중등학교들은 '특정 종교인 길러내기'라는 목적 하에 공공연하게 종교 교과교육을 해왔다. 이런 종류의 목적 설정은 특정 종교적 관점을 전제로 설립된 종립학교 측에서 볼 때 일면 '당연'한 것이었다. 그렇지만 국가 교육과정에 포함된 순간부터 종교 교과의 목적은 비판 대상이 되었고, 그로 인해 복잡한 문제 상황이 시작되었다.

우선, 교육부는 국가 교육과정에 종교 교과를 포함시키면서 기존의 종립학교에서 설정한 교육 목적을 수용하였는데, 그로 인해 국·공립학교에서 종교 교과의 채택이 어려워졌다. 정교분리와 교육-종교의 분리를 지향하는 국가의 국·공립학교에서는 특정 종교를 위한 교육이 법적으로 금지되고 있었기 때문이다. 게다가 이런 분위기는 비(非)종립학교가 '특정 종교인 길러내기'라는 목적의 종교 교과교육을 채택할 수 없게 만드는 상황을 연출하였다.

다음으로, 교육부가 종교 교과를 국가 교육과정에 포함시키는 순간부터 종립 중등학교 측에도 문제 상황이 만들어졌다. 종립 중등학교는 학교의 설립 이념을 실현하기 위해 '특정 종교인 길러내기'를 목적으로 종교교육을 진행해왔지만, 종교 교과가 국가 교육과정에 포함된 순간부터 사회적으로 '편향된' 교육을 한다는 지적을 받았다. 게다가 이런 종류의 목적 설정이 다종교사회나 다문화사회라는 한국 사회의 특성에 부합되지 않는다는 지적도 받게 되었다.

이런 문제 상황은 현재형이고, '획기적인 변화'가 없는 한, 미래형이다. 이런 문제 상황을 직시하고 교육적 해법을 찾기 위해서는 한국 중등학교의 종교 교과교육 현상을 여러 측면에서 역사적으로 성찰하고 현재를 진단하면서 그 방향을 전망하는 일이 필요하다. 이것은 이 저서의 집필 목적이다.

이 저서에서 역사적 성찰의 대상은 종교 교과교육의 배경, 내용, 담론의 흐름이다. 이는 종교 교과교육의 정체성 혼란 현상을 보다 잘 이해하기 위해서이다. 다만 종교 교과교육이 학교교육이라는 점을 감안하여 종립학교를 많이 보유하고 있으면서 종교 교과서를 발행해온 종교의 경우가 중점적으로 서술될 것이다. 이러한 역사적 성찰은 종교 교과교육의 과거와 현재 수준을 진단하면서 미래의 방향을 전망하기 위한 것이고, 종교 교과교육의 적절한 방향을 설정하는 데에 필요한 모종의 담론을 구축하기 위한 것이기도 하다.

2. 종교 교과교육의 사회이슈화

한국에서 '근대적' 학교교육, 즉 서양 학문 분야에 입각한 학교교육은 언제부터 시작되었을까? 한국의 근대 학교교육 성립 초기와 관련하여 주로 언급되는 학교는 1855년에 가톨릭 사제 양성을 위해 설립된 배론 성요셉 신학당, 1883년에 최초의 근대학교로 설립된 원산학사와 통변(通辯)을 위한 동문학(通辯學校, 외국어학교), 1885년에 아펜젤러(H. G. Appenzeller)가 설립한 배재학당, 1886년에 여성교육의 선구로서 스크랜턴(M. Scranton) 부인이 설립한 이화학당과 최초의 관립 근대학교로서 조선 정부가 설립한 육영공원(育英公院, 1886-94) 등이 지적된다.5)

근대적 학교교육과 관련하여 주목할 부분은 1884년의 갑신정변 등 1880년대에 개화파 움직임이 활발했다는 점이다. 한국에서 근대적 학교교육의 등장은 '개화'운동과 관련되어 있었기 때문이다. 이런 맥락에서 개화를 지향한 근대적 학교교육은 1880년대 중반 전후부터 시작되

---

5) 안상원, 「우리나라 근대학교의 태동에 관한 일고」, 『교육논총』 3, 건국대학교 교육대학원, 1983, 7쪽.

었다고 할 수 있다.

흥미로운 부분은 근대적 종립학교도 1880년대 중반 전후의 근대적 학교교육과 함께 시작되었다는 점이다. 이는 배재학당과 이화학당의 존재를 통해 알 수 있다. 뿐만 아니라 조선 정부가 육영공원의 교사로 채용한 길모어(G. W. Gilmore), 벙커(D. A. Bunker), 헐버트(H. B. Hulbert) 등도 뉴욕의 유니온신학교 학생이었다. 당시 고종과 관리들이 학생들에 대한 개신교 교육을 금지했지만, 육영공원 교사들은 3개월이 지난 후에 관리들의 경계가 느슨해지자 학생들과 유교와 개신교의 장점을 토의하는 등 간접적으로 선교활동을 했다고 한다.6) 이런 상황을 보면, 1880년대 중반 전후부터 공식적이든 또는 비공식이든 학교에서 종교교육이 시작되었음을 알 수 있다.

한국에서 근대적 종립학교와 종교교육은 어떻게 전개되었을까? 그와 관련하여 두 가지를 지적할 수 있다. 하나는 한국의 근대적 학교교육이 제도적으로 시작된 계기가 육영공원이 실질적으로 폐지된 해인 1894년, 즉 정부 차원에서 진행된 갑오개혁(1894-96)이었지만 조선 정부는 제도적 실천력을 가지고 있지 않았다. 특히 사립학교에 대한 규제력은 부족한 상황이었다. 갑오개혁을 주도한 조선 정부의 내각 구성이 열강의 세력 다툼에 의해 좌우되었기 때문이다.7) 이런 상황은 1897년 2월에 고종이 러시아 공사관에서 경운궁(慶運宮: 德壽宮)으로 환어(還御)한 이후 대한제국 정부(1897.10-1910.8)가 조직되면서 일단락

---

6) 유방란, 「육영공원 소고」, 『교육사학 연구』 4, 서울대학교 교육사학회, 1992, 135쪽.
7) 청일전쟁(1894-95)의 결과로 인한 일본의 부각, 일본에 대한 러시아 · 프랑스 · 독일의 간섭(삼국간섭, 1895.5)으로 개혁(갑오 · 을미 개혁) 추진세력인 온건개화파 내각의 동요 및 명성황후와 그 지지 세력의 입각, 명성황후 시해(을미사변, 1895.8)로 인한 온건개화파 중심의 내각 개편, 단발령(1895.11.17), 전국적인 의병운동, 고종의 러시아공사관 피신(아관파천, 1896.2)과 친일 온건개화파 내각의 실각, 그리고 대한제국의 탄생 등.

된 것처럼 보인다.

다른 하나는 대한제국 정부가 기존의 조선 정부에 비해 종립학교에 우호적인 모습을 보였다는 점이다. 그 사례로 대한제국 정부가 배재학당에 관비생 교육을 위탁·지원하였다는 점을 들 수 있다.

대한제국 정부가 근대 사립학교에 대한 실질적 제재 조치를 취하지 않고, 종립학교에 우호적이었던 상황에서 종립학교의 수는 전반적으로 급증하는 모습을 보였다. 가톨릭계 종립학교도 점차 확대되었고, 개신교계 종립학교는 1897년부터 선교부가 설치된 지역 중심으로 급속히 확대되었다. 후술하겠지만, 1910년 2월말까지 가톨릭은 46개교, 개신교계의 장로회파와 감리회파는 각각 501개교와 158개교의 종립학교를 보유하고 있었다. 이런 상황은 일제강점기 이전에 이미 근대적 학교교육으로서 종교 교과교육이 널리 진행되었음을 시사한다.

일제강점기는 이전과 달리 사립학교와 종립학교의 종교교육에 대해 제한 조치가 진행된 시기였다. 조선총독부는 제1차 조선교육령 시행기에 1915년의 '개정사립학교규칙'을 통해 '종교를 선전하는 것이 교회 관할, 교육 사업이 정부 관할'이라는 논리로 종립학교의 교육과정에 역사나 지리 과목과 함께 '성서' 과목을 두지 못하도록 제재를 가하였다. 당시의 제재 조치는 1908년 〈사립학교령〉을 통해 현 정부를 공격하는 정론가(政論家)가 없다면 종교와 학교의 자유'를 인정하겠다는 통감부의 입장과도 다른 것이었다.

그렇지만 조선총독부는 '문화통치' 표방과 선교사들의 반발 등 제반 상황을 고려하여 제재 조치를 완화하는 입장을 취하였다. 성서교육과 예배의식에 대해 당시 고등보통학교는 방과 후 별도로, 각종학교나 지정학교는 정규 과목으로 운영하도록 조치했던 것이다. 이는 일제강점기의 종교교육 담론이 정치-종교의 분리, 종교-교육의 분리 구도에서 시작되었음을 시사한다.

해방 이후에도 과거의 종립학교들이 존속되거나 종립학교들이 신설되면서 학교의 종교교육은 지속되었다. 비록 종교 교과가 제3차 교육과정(1973-81)까지 국가수준의 교육과정에 포함되지 않았지만, 종립학교들은 공공연하게 기존 방식으로 종교교육을 진행하였다. 그에 대해 정부는 국가 교육과정에 편성되지 않았던 종교 교과교육이 종립학교에서 비공식적으로 진행된다는 것을 알면서도 종립학교의 종교교육에 대해 아무런 제재 조치를 취하지 않았다. 정부가 종립학교의 종교교육에 암묵적으로 동의했던 셈이다.

1974년의 고교평준화 제도의 도입 이후 사립학교가 평준화되면서 종교계와 특정 신앙을 가진 일부 교육학자들은 종교 교과를 국가 교육과정에 공식 교과로 편입시키려는 노력을 기울였다. 종교 교과는 제4차 교육과정(1981-87)에서부터 제3차 교육과정에 설치된 자유선택교과 안에 포함될 수 있었고, 종교 교과서도 인정 도서로 승인될 수 있었다. 그동안 종립학교의 종교 교과교육이 비공식적이었다는 점을 감안하면, 국가 교육과정에 종교 교과를 포함하여 학교 차원의 공식적 종교교육을 가능하게 만든 제4차 교육과정은 학교 종교교육의 역사적 전환점이었다고 할 수 있다.

종교 교과가 제4차 교육과정에 자유선택교과로 포함된 것은 종립학교의 종교교육을 사회적 이슈로 만드는 계기가 되었다. 국교 불인정과 정치와 종교의 분리, 종교의 자유 보장, 교육과 종교의 분리 등 국가적 지향점과 특정 종교를 위한 교육이라는 종립학교의 지향점이 충돌하는 상황이 대두되었기 때문이다. 종립학교가 사립학교로서 건학 이념과 특수성을 인정받는다고 하더라도, 특정 종교를 위한 교육이 평준화 제도의 적용을 받는 학생들의 종교 자유를 침해한다는 인식도 대두되었다. 그에 따라 종교문화교육(윤이흠) 또는 종교에 대해 가르치는 교육(정진홍) 등 '종교교육의 방향 설정'이 당시 종교교육 담론의 주제가 되었다.

제5차 교육과정(1987-92)과 제6차 교육과정(1992-97) 시기에는 종립학교의 종교 교과교육과 관련된 정부 차원의 조치들이 발표되었고, 그로 인해 종교교육 담론이 변화·확대되었다. 제5차 교육과정 시기에는 종교 교과가 교양선택교과가 되었고, 교과 단위가 2단위로 고정되었다. 1990년부터는 교육부가 종교교사 자격증이 없었던 종교교사를 대상으로 종교교사 자격증을 주기 위해 자격연수도 시작하였다. 제6차 교육과정 시기에는 종교 교과 단위가 4단위로 증가되었고, 교육부의 자격연수도 지속되었다.

제5차·제6차 교육과정 시기에 종교교육 담론의 주제는 대체로 '종교교육의 방향 설정'이었다. 연구자들은 종교에 대한 지식의 교육과 학습(정진홍), 종교과학적 입장에서 종교 그 자체를 이해하는 교육(이은봉), 초종파적 기구를 통한 종교교육에 관한 교과과정 검토(김종서), 성찰적 지식 교육(존 실리) 등 다양한 방향을 제시하였다. 그 외에 도덕적 진공 치료(김종서), 종교교육과 도덕교육의 연계(류성민, 알랜 해리스) 등 종교교육과 인성교육의 연계를 주장한 논의들도 등장하기 시작하였다.

제7차 교육과정(1997-2007)과 개정(2007.2.28.)·재개정(2009.12.23.) 시기에 종교 교과는 교양선택교과로 유지되었고, 교육부는 교사 자격연수를 확대 실시하였다. 자격연수의 경우, 초기에는 주로 무자격 교사에게 종교2급 정교사 자격증을 수여하기 위한 것이었지만, 2000년 이후에는 종교2급 정교사에게 종교1급 정교사 자격을 부여하려는 것이었다.

제7차 교육과정 시기에 종교교육의 담론 주제는 기존과 유사했시만, 종교교육의 성격 등에 대한 새로운 관점이 제시되었다. 기존의 담론에서 종교학적 종교교육이 주요 흐름이었다면 이 시기에는 종교학적 종교교육과 신앙적 종교교육을 보편과 특수의 내적 연관 관계로 파악해야 한다거나(고진호), 종립학교의 입장에서 개방된 종교교육의 수용 여지를 재고해야 한다거나(양은용), 종교학적 종교교육과 신앙교육적 종교교육의 병행이 필요하다(손원영)는 등의 주장이 담론의 한 축을 이루었다. 그리고 영성교육과 함께 종교적 교육(religious education)의 필요성도 김청봉, 사미자, 박범석 등에 의해 제시되었다.

한국에서 학교 종교교육은 제6차 교육과정 시기인 1995년경에 숭실대 채플과목 미이수와 졸업 여부의 연관성 문제 때문에 사회적으로 부각된 측면이 있었지만, 제7차 교육과정 시기에 대광고 문제와 사립학교법 개정안 문제 등으로 인해 사회이슈로 부각되었다. 대광고 문제 이후 '학교종교자유를 위한 시민연합'이 결성되었고, 인터넷 상에 '기독교 대 안티기독교'의 대립 구도로 논쟁이 전개되었다. 인간교육실현 학부모연대, 미션스쿨종교자유, 종교자유정책연구원 등의 시민단체들도 학교의 종교교육 문제에 대해 적극적으로 발언하기 시작하였다. 그 과정에서 국회 승인을 통과한 〈사립학교법〉 개정도 종립학교뿐만 아니라 사립학교 건학이념을 훼손한다는 비판을 받으면서 사회이슈가 되었다.

2011년 8월에는 〈초중등교육법〉 제23조 제2항에 의거하여 제7차 교육과정이 다시 개정되었다.[8] 그로 인해 중등학교의 종교 교과교육에 대한 현실적인 변화 가능성이 주목을 받고 있다. 물론, 종립 중등학교가 전체 사립 중등학교에서 약 25%를 차지하는 상황을 감안하면, 종교 교과교육의 방향 정립에 대한 논란의 소지는 남아있다. 종립학교의 종교교육이 계속해서 사회이슈가 될 소지가 있는 것이다.

필자는 학교의 종교 교과교육을 진단하고 향후 방향을 설정하기 위해서 ①종교 교과교육에 대한 정책의 변화, ②중등학교의 종교교육의 상황 변화, ③종교교육 담론의 변화 등 세 가지 측면과 그 시기별 변화에 주목하였다. 학교의 종교 교과교육은 이 세 가지 측면이 상호 접목된 역사를 가지고 있기 때문에 중등학교 종교교육의 현실을 진단하면서 미래의 발전 방향을 조망하기 위한 통시적인 연구로 접근되어야 한다.

3. 통시적 성찰의 필요성

중등학교의 종교교육에 대한 학문적 논의는 제4차 교육과정(1981-87) 시기 전후부터 시작되었다. 그 후, 제6차 교육과정(1992-97) 시기인 1995년에 한국종교교육학회가 설립되었고, 학회지(『종교교육학연구』)가 발간되면서 현재까지 연구 성과들이 꾸준히 나오고 있다. 그 가운데 이 연구의 목적을 감안하여 시기별 종교교육 정책, 종교교육의 상황, 종교교육 담론, 그리고 신앙교육론·인성교육론·영성교육론·종교학교육론 등의 영역별 주요 선행 연구를 살펴보면 다음과 같다.

---

8) 교육과학기술부, 『고등학교 교육과정』(교육과학기술부 고시 제 2011-361호), 2011.8.9.

첫째, 종교교육 정책에 대한 연구에는 「일제의 종교/교육 정책과 종교자유의 문제-기독교학교를 중심으로-」(이진구, 『종교연구』 38, 2005), 「한국의 종교정책과 종교교육」(강돈구, 『종교연구』 48, 2007) 등이 있다. 2005년 문화관광부의 정책 용역으로 수행된 〈종교교육의 현황과 개선방향〉도 참조할 수 있다. 이외에도 '종교와 정치'가 한국종교교육학회의 기획 주제가 되기도 하였다(『종교교육학연구』 15, 2002). 이러한 선행 연구들은 일제강점기 이후 최근까지의 종교교육 영역 전반에 걸친 정책적 내용과 변화를 부분적으로 파악하는 데에 도움이 된다.

둘째, 종립학교 상황에 대한 연구는 종단별, 시기별 연구로 구분된다. 전자에는 「예수성심신학교의 사제 양성 교육」(노용필, 『인간연구』 5, 2003), 「한국 근대불교의 개혁론과 교육개혁」(김귀성, 『원불교학』 9, 2003), 「종립학교에서의 종교교육에 관한 연구」(최연순, 『원불교학연구』 11, 1980), 「천도교 교육론 연구」(정혜정, 『종교교육학연구』 12-1, 2001), 「일제 강점기 여성교육과 개신교」(임희숙, 『한국기독교신학논총』 37, 2005) 등이 있다. 다만 일부 연구를 제외하면 선행연구에서 호교론적 서술의 소지를 확인할 수 있다. 후자에는 「한국의 종교교육-중등 종립학교를 중심으로-」(고병철, 『종교연구』 46, 2007) 등이 있다. 이러한 선행연구들은 종립학교 상황을 부분적으로, 시기적으로 이해하는 데에 도움이 된다.

셋째, 종교교육 담론에 대한 선행 연구는, 이진구의 연구(「일제의 종교/교육 정책과 종교자유의 문제」)가 개신교계와 조선총독부 간의 담론 투쟁을 분석하여 일제강점기의 종교교육 담론에 대한 이해를 제공하고 있지만, 사실상 거의 없는 편이다. 앞으로 이 부분에 대한 연구는 주로 각종 언론 자료, 「敎務院의 大英斷-宗立學校의 整理斷行을 듯고」(『불교사 불교』 81, 1931) 등의 종단 내부 자료, 그리고 서신이나 선언문 자료 등에 대한 자료 집적과 분석을 필요로 한다.

넷째, 종교교육 방향에 대한 연구는 제4차 교육과정 시기 전후부터 시작되어 그 성과가 어느 정도 축적된 상황이다. 현재까지의 논의는 대체로 신앙교육(education of religion), 종교교육(education about religion), 종교적 교육(religious education)이 대립 구도를 이루고 있다. 이런 구도는 「교육과정의 관점에서 본 종교적 경험의 통합적 성격」 (박범석, 『종교연구』 37, 2004), 「한국 종교교육의 정황과 방향」(고병철, 『종교교육학연구』 21, 2005), 「기독교계 사립학교에서의 종교교육-〈초,중등교육법 일부 개정법률안〉과 관련하여-」(손원영, 『종교교육학연구』 32, 2010), 「종립학교 종교교육의 다원적 접근」(윤재근, 『종교교육학연구』 34, 2010) 등에서 확인할 수 있다.

신앙교육론과 종교학교육론의 대립 구도에서 개별 신학자들이나 교학자들이 신앙교육론을 지향한다면, 종교학연구자들은 대체로 후자를 지향한다. 「종교 다원문화 속에서의 종교교육」(윤이흠, 『종교연구』 2, 1986), 「공교육과 종교교육」(정진홍, 『종교연구』 2, 1986), 「학교에서의 종교교육의 필요성」(이은봉, 『학문과 종교』, 도서출판 주류, 1987), 「종교교육의 실태」(정진홍, 『철학 종교사상의 제문제』 6, 1990), 「종교교육 실태분석」(김종서, 『철학 종교사상의 제문제』 6, 1990), 『종교교육이론』(존 실리, 강돈구 외 역, 서광사, 1992) 등이 그에 해당된다.

신앙교육론과 종교학교육론의 대립 구도에서 어느 한쪽보다 양자의 병존을 지향하는 입장을 보이는 연구도 있다. 2001년 한국종교교육학회의 기획물로서 『종교교육학연구』 13권(2001)에 실린 「제7차 교육과정과 중등 불교교육의 방향」(고진호), 「제7차 교육과정과 원불교의 종

교교육」(양은용), 「제7차 교육과정과 기독교학교의 종교교육」(손원영)
등이 그에 해당된다. 그 외에 「공교육에서 종교교육의 개념모형 탐색」
(김귀성) 등 종교교육에서 표면적 교육과정과 잠재적 교육과정을 구분
해야 한다는 지적도 있다.

인성교육으로서 종교교육은 「학교 도덕교육에 영향을 주는 종교적
변수」(김종서, 『교육개발』, 14-6, 1992), 『중고등학교 종교교육의 현
실과 개선방향』(류성민, 현대사회연구소, 1994), 『도덕교육과 종교교
육』(Alan Harris, 정현숙 역, 집문당, 1993) 등에서 논의되었다. 이 연
구들은 종교교육과 도덕교육의 연계성, 즉 도덕교육으로서 종교교육
의 가능성을 시도하고 있다. 남궁달화 등을 포함한 한국도덕교육학연
구회 소속의 일부 학자들도 윌슨(J. Wilson)의 이론을 통해 정서교육으
로서 종교교육의 가능성을 강조하기도 하였다. 다만 그에 대해 정서교
육과 종교교육의 연계에 따른 제반 문제점에 대한 논의가 명확하게 이
루어지지 못했다는 한계도 지적된다.

영성교육으로서 종교교육은 「종교교육학의 정체성 수립을 위한 시
도」(김청봉, 『한국기독교신학논총』 34, 2004), 「교육과정의 관점에서
본 종교적 경험의 통합적 성격」(박범석, 『종교연구』 37, 2004) 등에서
논의되었다. 이런 주장들은 '종교적 교육론'과 연결된, 즉 '종교적 교육'
이 교조적인 특정 신앙교육과 주지주의적인 종교교육 사이의 조율자
라거나, 초월과 세속의 이분법을 탈피하여 인간 내면의 종교적 성향을
체현할 수 있다는 논리를 전제로 한 것으로 보인다. 그와 관련하여 영
성교육에 대한 형이상학적 전제 등 제반 문제를 검토하는 작업이 선행
되어야 할 것이다.

대안교육으로서 종교교육은 『종교교육학연구』 23집(2006)에 실린 「자

유종교교육 모형 탐색-기독교종립대안학교를 중심으로-」(송순재), 「종
교교육의 실천적 대안을 위한 방향 탐색」(고진호) 등에서 논의되었다.
다만 현재까지 이런 종류의 연구는 대체로 특정 종단과 대안교육의 연
계성에 국한되는 경향을 보인다. 분명한 점은 대안교육으로서 종교교
육의 가능성을 주장하려면 '어떤 지향의 종교교육'을 비판한 대안교육
인지가 제시되어야 한다는 것이다. 그렇지 않으면 대안교육으로서 종
교교육론은 하나의 '입장'이나 '관점'으로 정착되기 어려울 것이다.[9]

전반적으로 선행연구들은 중등학교의 종교교육을 부분적으로 이해
하는 데에 도움이 된다. 그렇지만 중등학교 종교교육에 대해 통시적인
접근, 즉 종교교육 영역에 대한 역사적 성찰이 미진하다. 또한 종교교
육의 방향 설정과 관련하여 신앙교육론, 인성교육론, 영성교육론, 종
교학교육론 등에 대한 장단점이 명확히 제시되어 있지 않기 때문에 현
재 상황의 진단에 어려움이 있다. 이런 상황에서 본 저서는 종교교육
영역에 대한 통시적인 접근과 함께 각 종교교육론의 가능성을 검토하
여 중등학교 종교교육의 방향 설정에 기여하고자 한다.

4. 주요 내용의 구성

본 저서의 내용은 한국 사회에서 중등학교의 종교교육 영역이 문제
로 부각된 배경과 내용, 그리고 관련 담론을 역사적으로 분석한 후, 종

---

9) 시민교육으로서 종교교육론에 대해서도 비슷한 지적이 가능하다. 시민교육으로서 종
교교육론도 어떤 지향의 종교교육론을 비판 대상으로 삼는지, 그리고 정치교육이나 사회
교육의 성격이 강한 시민교육을 종교교육과 관련하여 어떤 개념으로 제시하는 것인지
를 명확히 해야 만이 학교 종교교육에 대한 하나의 '입장'으로 인정될 수 있을 것이다.

교교육의 미래상을 조망하는 것으로 구성된다. 이는 종교교육에 대한 역사적 성찰을 통해 현재를 진단하고, 미래를 전망하기 위한 것이다. 종교교육에 대한 논의는 일제강점기, 해방 이후의 시기로 구분된다. 연구 내용은 종교교육의 미래 부분을 포함시켜 3부로 구성된다.

제1부에서는 일제강점기에 종교교육 영역이 사회 문제로 부각된 배경과 내용, 그리고 관련 담론이 분석된다. 일제강점기의 종교교육에 대한 연구 내용은 크게 세 부분이다. 첫 번째는 통감부와 총독부의 종교교육 정책과 변화이다. 두 번째는 당시 기독교계와 불교계 종립학교의 종교교육 상황과 변화이다. 세 번째는 당시 사회에서 형성된 종교교육 담론의 분석이다.

일제강점기는 종립학교의 수가 급증하면서 관련 정책이 등장하고, 사회적 이슈로 부각되어 종교교육 담론이 유통되기 시작한 초기에 해당된다. 이 시기에 대한 제반 검토는 학교 종교교육의 초기 상황을 파악하는 데에, 그리고 초기 종립학교의 사회적 또는 교육적 위상을 평가하는 데에 기여할 것이다.

제2부에서는 해방 이후부터 제7차 교육과정 이전까지 종교교육 영역이 사회 문제로 부각된 배경과 내용, 그리고 관련 담론이 분석된다. 연구 내용은 제1부의 경우처럼 세 부분으로 구성된다. 첫 번째는 종교교육 정책 부분, 즉 국가 교육과정의 변화에 따른 종교 교과의 방향과 세부 내용에 대한 분석이다. 두 번째는 기독교계, 불교계, 신종교계 종립 중등학교의 종교교육 상황에 대한 분석이다. 세 번째는 종교교육 담론과 그 변화 추이에 대한 분석이다.

종교교육 정책의 범위는 제1차 교육과정부터 제7차 교육과정까지의 제반 내용이다. 종립학교 종교교육의 내용은 교육부의 자료, 국정감사

자료, 각 종단의 자료, 각종 실태조사 자료 등에 의해 재구성된다. 종교교육 담론 부분에서는 쟁점 위주의 분석을 통해 각 문제점과 장점이 함께 검토된다. 제2부의 내용을 제1부의 경우와 비교 검토하면 중등학교 종교교육 영역의 변화와 그 방향이 파악될 수 있을 것이다.

제3부에서는 중등학교 종교교육의 미래가 여러 측면에서 전망된다. 종교교육의 미래를 전망하기 위해서는 중등학교 종교교육론에 설정된 방향이 성찰되어야 한다. 종교교육론의 방향을 판단하는 기준들에 대한 검토도 필요하다. 필자는 다종교·다문화사회의 중층적 함의와 공공성의 관점을 기준으로 제시하고자 한다. 종교교육이 다종교·다문화사회에서 필요한 태도를 지닌 인간의 양성, 그리고 사회적 공공성을 높이는 데에 기여할 수 있어야 하기 때문이다.

특히 제3부에서는 중등학교의 종교교육론에 설정된 방향을 성찰하기 위해 종교교육에 대한 학문적 접근 방식(세로축)과 종교교육의 강조점(가로축)을 상호 교차시켜 학교 종교교육의 유형이 분석될 것이다. 그에 따라 기존의 종교교육론은 다음과 같은 구도를 보인다.

```
                      신학·교학적 접근
                   (형이상학적 전제, 고백주의)

                  ①                    ②
               (신앙 교육)           (영성 교육)
   지식   ─────────────────┼─────────────────   가치(도덕·정서)
                  ③                    ④
               (종교학 교육)          (인성 교육)

                    인문학·사회과학적 접근
                        (비고백주의)
```

세로축에서 위쪽 지점은 종교교육에 대한 신학·교학적 접근을 강조하는 입장이고, 아래쪽 지점은 인문학적·사회과학적 접근을 강조하는 입장이다. 가로축에서 좌측 지점은 종교교육에서 지식교육을 강조하는 입장이고, 우측 지점은 종교교육에서 가치(도덕·정서)교육을 강조하는 입장이다. 물론 각 입장이 혼재되기도 한다는 점에서 이런 분류는 학교 종교교육의 현실을 그대로 반영하기 위한 것이라기보다 학교 종교교육의 현실을 분석하기 위한 것이다. 위의 도표에 따르면 종교교육의 미래에 대한 연구 내용은 크게 네 부분으로 구성된다.

첫 번째는 신앙교육으로서 종교교육의 가능성이다. 주요 내용은 신앙교육의 당위성을 주장하는 논리, 신앙교육의 특징, 신앙교육의 방향 등으로 구성된다. 신앙교육의 특징으로는 형이상학적 전제, 고백주의, 고백주의적 인간 양성 등이 제시될 것이다. 그리고 신앙교육의 방향에서는 신앙교육론의 당면 문제들이 제시될 것이다.

두 번째는 인성교육으로서 종교교육의 가능성이다. 주요 내용은 인성교육의 개념과 등장 배경, 인성교육으로서 종교교육의 논리, 인성교육의 특성과 방향 등이다. 다만 인성교육 개념은 도덕교육과 정서교육 등을 포함하는 것으로 설정될 것이다. 인성 개념이 도덕성과 정서를 포괄하고 있기 때문이다.

세 번째는 영성교육으로서 종교교육의 가능성이다. 주요 내용은 영성교육론의 배경, 영성 개념의 차이, 영성교육 방법의 차이, 영성교육론의 방향 등이다. 이 부분에서는 대안학교의 종교교육도 동시에 검토된다. 상당수의 대안학교들이 신앙교육론뿐 아니라 체험 위주의 영성교육론과 접목되는 지점을 가지고 있기 때문이다. 대안학교의 수는 1998년 이후 일부 미인가 대안학교들이 특성화학교 형태로 법제화되고, 2005

년에 '대안학교'가 법률 용어에 포함되고, 2007년에 〈대안학교의 설립·운영에 관한 규정〉10)이 제정되는 과정에서 점차 확장되는 추세에 있고, 대안학교의 상당수가 종립 대안학교라는 부분도 영성교육론 부분에서 대안학교의 종교교육론을 검토하는 배경이 된다.

　네 번째는 종교학교육의 가능성이다. 주요 내용은 종교학교육론의 등장 배경, 종교학교육의 의미, 종교학교육의 특징과 방향 등이다. 종교 교과가 국가 교육과정에 포함된 제4차 교육과정 시기부터 종교학교육론은 활발해지기 시작했는데, 종교문화교육, 종교에 대한 교육 등으로 표현되었다. 종교학 연구자들은 대체로 학교의 종교교과교육이 종교학교육이 되어야 한다는 유사한 입장을 보이고 있다.

　필자는 종교교육론의 미래와 관련하여 성찰적 종교교육(reflexive education about religion)의 가능성을 제시하고자 한다. 주요 내용은 교양교육의 개념, 성찰적 종교교육의 의미 등으로 구성된다. 교양교육의 개념 분석은 교양교육으로서 성찰적 종교교육의 가능성을 탐색하기 위한 것이다. 성찰적 종교교육의 의미는 교육 목표, 교육 내용, 교육 방법, 교육의 지향점으로 구분되어 분석될 것이다.

　성찰적 종교교육은 학생들을 종교 현상이나 경험 안으로 흡수하기보다 그것을 인식의 대상으로 삼아야 한다는 기본 전제를 가진다. 이런 점에서 종교학교육(religious studies education)의 입장과 유사하다. 그렇지만 종교학과 관련된 지식 전반을 학생들에게 그대로 전달하지 않고, 오히려 어떤 내용이 '지식'으로 발견되고 강조되는지를 메타적으로 사유할 수 있어야 한다는 입장을 가진다는 점에서 종교학교육론

10)　〈대안학교의 설립·운영에 관한 규정〉(대통령령 제20116호, 2007.6.28.).

과는 차이가 있다. 다양한 종교현상을 지적 대상으로 인식·사유·종합할 뿐만 아니라, 그 인식·사유·종합의 논리도 메타적으로 반추(反芻)하는 교육을 지향하는 것이다. 이런 맥락에서 성찰적 종교교육은 일차적 목적에서 신앙교육, 인성교육, 영성교육 등과 다르지만, 이 유형들을 배제하기보다 오히려 사유 대상으로 삼는다.

5. 주요 개념의 이해

이 저서에서 비교적 자주 쓰이는 용어는 종교 교과, 종립학교, 종교교육이다. 종교 교과는 국가 교육과정을 구성하는 교과의 일종을 지칭하는 용어이다. 종교교육은 종립학교에서 이루어지는 종교 교과교육과 잠재적 교육과정으로서의 종교교육을 지칭하는 용어이다. 종교교육은 엄밀하게 종립학교의 종교교육에 한정되지 않고 '학교 종교교육'을 지칭하는 용어이다.

종립학교라는 용어는 종립학교를 '종교계에서 설립한 학교'로 규정할 때 그 외연이 넓어진다. '종교계'라는 용어가 특정 종교교단이나 초교파나, 종교인 모두를 포괄하기 때문이다. 다만 현실적으로 종립학교라는 용어는 국·공립학교와 사립학교를 구분할 때 설립주체가 종교와 연관된 사립학교를 지칭한다. 그리고 기독교학교, 천주교학교, 불교학교, 원불교학교 등의 표현을 포괄하는 상위 범주이기도 하다.

설립주체만을 기준으로 종립학교를 규정할 수 있는지에 대해서는 재고의 여지가 있다. 다음과 같은 질문이 가능하기 때문이다. 종교인·종교단체가 설립주체인 학교라고 해도, 종교적 건학이념이 없다면 종립학교라고 할 수 있는가? 설립주체가 종교인·종교단체이거나 특정 종교단체에서 신앙 지도를 받는 상호 협력 관계가 있는 학교라고 해도, 종교교육이 없다면 종립학교라고 할 수 있는가? 이런 질문들은 다른 유형의 질문으로 연결된다.

한 가지 질문은 종립학교의 개념 설정에 필요한 항목들이 무엇인가라는 것이다. 그 항목에는 학교의 ①설립·운영 주체, ②특정 종교적 세계관에 입각한 건학이념, ③특정 종교단체와의 지속적인 관계, ④명시적·잠재적 교육과정으로서의 종교교육 등이 포함될 수 있다. 예를 들어, 어떤 학교에서 비공식적으로 종교 활동을 진행하거나 종교 교과목을 운영해도 설립·운영주체가 국가나 지방자치단체라면 사립학교 범주에 속한 종립학교로 볼 수 없다. 건학이념이나 학교 운영이 종교와 무관한 사립 중등학교가 종교 교과를 교양선택 과목으로 채택해도 그 학교를 종립학교로 볼 수 없다. 종교 교과는 교양선택 교과의 일종으로 운영되었을 뿐이기 때문이다.

주목할 부분은 위의 항목에서 특정 종교교단과의 지속적인 관계나 종교적 세계관에 입각한 건학이념이 반드시 필요한 것이 아니라는 점이다. 종립학교에서 특정 종교교단의 신앙 지도와 무관하게 학교 자체적으로 종교교육을 진행할 수 있고, 건학이념도 종교와 무관하게 제시할 수 있기 때문이다. 그렇다면 종립학교 개념 요소들 가운데 핵심은 '종교교육'이 된다.

학교 종교교육을 이해할 때 한국이 정교분리를 지향하는 국가이고, 국가 교육과정에 종교 교과가 포함되어 있으며, 사립학교도 국가 교육과정을 준수해야 한다는 점을 감안할 필요가 있다. 그렇다면 현재 중등학교의 종교교육은 특정 종교 명칭과 결합된 기독교교육이나 불교

교육 등과 다른 것이다. 기독교교육이 기독교를, 불교교육이 불교를
가르치는 교육이라고 해도, 정교분리 국가의 교육과정에 포함된 종교
교과교육은 특정 종교를 가르치는 교육이 될 수 없기 때문이다.

이 저서에서 종교교육은 주로 명시적 교육과정으로서 종교 교과교
육(수업)을 의미하지만 때때로 잠재적 교육과정으로서 다양한 '종교
활동'을 포함하며, 특정 종교교육을 포괄하는 상위 개념이다. 그에 따
라 종립학교 개념도 '종교와 관련된 주체가 설립·운영하면서 명시적·
잠재적 교육과정으로서 종교교육을 진행하는 학교'로 규정된다.

다른 질문은 종립학교 개념을 사용할 때 어떤 효과가 있는가라는 것
이다. 종립학교 개념을 사용했을 때 발생하는 효과에 대해서는 논자들
의 관점에 따라 다를 수 있다. 현재는 종립학교가 법적 용어가 아님에
도 불구하고, 학계에서는 빈번하게 사용된다.

종립학교 개념은 연구자들이 정치와 종교의 분리, 교육과 종교의 분
리라는 원칙과 전제에 입각하여 '근대 교육의 공공성'을 강조하는 장치
가 될 수 있다. 한편, 신앙교육론자들이 신앙교육이나 영성교육 등의
'또다른 교육의 공공성'을 강조하는 장치로 사용하거나, 종립학교에 특
정 신앙고백에 입각한 종교교육을 요청하거나,11) 종교교육 정책에 대
한 대응 차원의 결속을 도모하는 장치가 될 수도 있다. 이러한 양자의
입장은 현실적으로 어느 하나만을 취사선택되기 어렵다는 점에서 앞
으로 상호 조율될 필요가 있다.

---

11) 2007년 제92회 대한예수교장로회 총회에서 채택된 '기독교학교교육헌장'(취지문과 10
개 항목)에 따르면, 기독교학교는 "본 교단의 신앙고백의 토대 위에서 교육하며, 본 교
단의 신앙적 지도를 받고 상호 협력하는 학교"로 정의된다(박상진, 「기독교학교의 나
아가야 할 방향-기독교학교교육헌장에 근거하여」, 『교육교회』 380, 2009, 15쪽.).

일제강점기의 종교교육

Ⅱ 일제강점기의 종교교육

1. 통감부 · 총독부의 종교교육 정책

1) 대한제국 시기: 학무아문(1894)과 학부(1895)

학교 종교교육은 한국의 근대학교 출현 과정을 통해 살펴볼 필요가 있다. 근대학교는 서양 학문분과를 교과로 선정하고 그에 따라 교육하는 학교를 의미한다. 근대학교는 조선의 정치가 외세의 직접적 영향을 받았던 1880년대 이후의 정치적 상황에서, 주로 종교와 연관되어 출현하였다.

1880년대 정치적 상황을 이해하는 핵심 가운데 하나는 개화(開化)에 대한 열망이다. 김옥균(金玉均)을 중심으로 1874년경부터 본격적으로 형성되기 시작한 개화당은 1876년의 개항 이후 근대국가 건설을 위한 개혁을 추진하였다. 그렇지만 1882년 7월에 임오군란이 발생하고, 그로 인해 정치 상황이 변화되면서 문제 상황에 직면하였다. 임오군란으로 잠시 흥선대원군이 집권했지만, 정권은 다시 청의 힘을 빌린

민비 수구파의 몫이 되었다. 임오군란 진압 직후인 1882년에 '조중상민수륙무역장정(朝中商民水陸貿易章程, 음 8.28.)'이 체결되어 조선은 청국의 '속방(屬邦)'이 되었고, 민비 정권은 청과 함께 개화당의 개화 정책과 개화 운동을 저지하는 모습을 보였다.

그에 대해 개화당 인사들은 1883년부터 청군 축출과 정권 장악을 위한 무장 정변을 모색하였다. 1884년 9월(음력 8월)에는 동년 8월에 발발한 청불전쟁에서 프랑스가 우위를 보이자 무장정변을 결정하고, 10월에 일본공사 다케조에[竹添進一郞]에게 병력과 비용 협조를 확인받았다. 그리고 12월 4일(음력 10월 17일) 홍영식(洪英植)이 총판으로 있던 우정국 낙성식 축하연을 계기로 '첫 번째의 가장 적극적인 자주 근대화 운동'으로 평가되는 갑신정변을 시도하였다.[1]

그 직후에 개화당은 민비 수구파를 국왕의 이름으로 처단하고, 개화당 인사와 국왕 종친의 연립내각 형태로 신정부를 수립하였다. 고종은 12월 5일에 개혁 정부 수립을 공포하였다. 그리고 12월 5일 저녁부터 12월 6일 새벽까지 협의된 갑신정변의 혁신 정강을 6일 오전에 전교형식(傳敎形式)으로 공포하였고, 오후에 조서(詔書)를 통해 정강의 실시를 선언하였다.

그렇지만 고종이 조서를 내린 12월 6일 오후, 청군은 창덕궁에 대한 공격을 시작하였다. 외위를 담당한 조선군과 중위를 담당한 일본군은 청군에게 패퇴하였다. 그 결과 개화당의 집권은 '3일 천하(三日天下)'로 막을 내렸다. 갑신정변은 1885년 청·일 사이에 양국 군대의 철병 약속이 담긴 〈천진조약(天津條約)〉을 체결하는 계기가 되었다.

---

1) 『한국민족문화대백과』 갑신정변(甲申政變) 항목.

조선 정부는 개화당 세력을 축출한 후, 약 9년이 지나는 동안 별다른 개혁정책을 단행하지 못하였다. 그 상황에서 1894년에 민란과 전쟁에 직면하였다. 1894년 1월에는 전북 고부민란(古阜民亂), 3월에는 농민군의 재봉기(제1차 갑오동학농민전쟁)가 시작되었다. 동년 6월에는 청·일 양국군 출병과 청·일전쟁(1894.6-95.4), 7월에는 갑오내각의 조직과 갑오개혁(1894.7-1896.2), 10월에는 폐정개혁을 외친 제2차 갑오동학농민전쟁 등에 직면하였다.

1894년의 상황에서 조선 정부가 개혁 움직임을 보였지만, 이런 움직임은 외세의 압력에 의한 것이었다. 그와 관련하여 1894년 6월 1일에 일본은 청·일전쟁(1894.6-95.4)을 준비하면서, 당시의 오토리 게이스케[大鳥圭介] 공사를 통해 조선 정부에 5개항의 내정개혁방안 강목을 제시하였다.[2] 조선 정부는 동년 6월 11일에 동학농민의 폐정개혁 요구와 일본의 내정간섭 압력을 타개하고자 내정개혁 정책 입안을 위해 임시방편으로 교정청(校正廳)을 설치하였지만, 교정청 개혁은 의정혁파조건(議政革弊條件) 12조의 고시 수준에 그쳤다.

이 상황에서 일본군은 동년 7월 23일(음 6.21.)에 경복궁을 침입하여 고종을 감금하고 조선군의 무장을 해제하여 내정개혁을 강요하였다. 그에 따라 동년 7월 27일, 반청(反淸)·반민비(反閔妃) 입장인 대원군의 섭정과 김홍집(金弘集) 중심의 제1차 갑오내각(1894.7.27-12.7)이 조직되었다. 교정청은 폐지되었고 군국기무처(軍國機務處, 1894.7.27-12.17)가 의정부(내각)의 하위 부서로 신설되었다.[3]

---

2) 정교, 『대한계년사2』(조광 편), 소명출판, 2004, 41-44쪽.
3) 조정규, 「갑오개혁의 개혁내용과 주체세력의 분석」, 『한국동북아논총』, 한국동북아학회, 1999, 303-309쪽; 김무조, 「校正廳攷-王朝 實錄을 중심으로-」, 『民俗文化』 2-1, 한국민속문화연구소, 1980, 62쪽; 민경식, 「洪範十四條」, 『中央法學』 9-2, 중앙법학회,

군국기무처 중심의 개혁운동이 1894년 7월부터 1896년 2월까지 약 19개월 동안 3차에 걸쳐 추진되었는데, 이것이 갑오개혁(1894.7-1896.2)[4]이다. 개혁의 핵심 기구인 군국기무처는 군국기무처회의를 통해 대소사무를 타상(妥商)하였는데, 영의정 김홍집 총재, 내무독판 박정양(朴定陽), 내무협판 민영달(閔泳達)과 김종한(金宗漢), 강화유수 김윤식(金允植), 외부협판 김가진(金嘉鎭), 외무참의 유길준(兪吉濬) 등 18명이 구성원이었다.[5] 그 후 각 아문대신과 장신(將臣)과 경무사(警務使)가 군국기무처회의원을 겸하였다.[6] 군국기무처는 1894년 9월 11일부터 의회(議會)가 의사부(議事部), 정부(政府)가 행정부(行政府)로 구분되면서 정부에 예속되지 않았을 뿐 아니라 정부와 대등한 지위를 갖게 되었다.[7]

군국기무처는 1894년 9월 제2차 갑오동학농민전쟁 등의 상황에도 불구하고 1894년 7월 24일부터 동년 10월 29일까지 교육제도 개혁 4건을 포함하여 약 208건의 개혁안을 의결하는 활동량을 보였다.[8] 그렇

2007, 46-48쪽.

4) 3차의 개혁운동 가운데, 1895년 을미사변을 계기로 추진된 제3차 개혁(1895.8.-1896.2.)을 별도로 '을미개혁'(태양력 사용, 연호 사용, 단발령 실시 등)이라고 하는데, 그 직전인 1895년 7월 학부(學部)는 신학제 제정을 위해 '소학교령'을 제정·공포하고, 장동(壯洞)·정동(貞洞. 현 봉래초등학교)·재동(齋洞)소학교 등을 설립하였는데, 소학교는 1906년 8월의 '보통학교령'에 따라 보통학교, 1938년 제3차 조선교육령에 따라 심상소학교(尋常小學校), 1941년 3월의 일왕 칙령에 따라 '국민학교(황국신민의 학교)', 1996년 초등학교로 바뀌게 된다.

5) 詔勅 〈軍國機務處를 設置하는 件〉, 1894.6.26(음)., 『한말근대법령자료집 Ⅰ』, 대한민국국회도서관, 2쪽.

6) 議案 〈各衙門大臣·將臣·警務使가 軍國機務處會議員을 兼하는 件〉, 1894.9.11(음)., 『한말근대법령자료집 Ⅰ』, 대한민국국회도서관, 63-62쪽.

7) 議案 〈軍國機務處의 地位를 政府와 對等하게 하는 件〉, 1894.9.11(음).; 議案 〈軍國機務處와 政府의 地位를 對等케 하고 承宣院을 政府로 移屬하는 件을 鎖案〉, 1894.9.21(음)., 『한말근대법령자료집 Ⅰ』, 대한민국국회도서관, 101-102쪽, 104-105쪽.

8) 軍國機務處 編, 『議案』, 刊寫者未詳, 1894, 1-156쪽. 이 자료는 1884년 6월 28일(음) 草記된 것이다.

지만 갑오내각은 1895년 10월 일본공사 미우라 고로[三浦吾樓] 중심
의 명성황후[민비] 시해사건(乙未事變), 11월 제4차 김홍집·유길준
내각의 단발령과 복제개혁 등으로 확산된 '을미 반일의병운동'을 거쳐,
결국 1896년 2월 11일 아관파천(俄館播遷) 직후 고종의 친러파내각이
조직되면서 붕괴되었다. 다만 갑오내각은 아관파천 이전까지 4차례 개
각에도 불구하고 개혁 기조를 유지했다는 평가를 받기도 하고,9) 갑오
개혁은 군국기무처의 활동뿐만 아니라 아관파천 이전까지의 서구 지
향형 근대화운동을 총칭하는 것으로도 이해되고 있다.10)

　이상의 상황은 1884년 12월의 '3일천하'(갑신정변) 이후에 진행된
조선 정부의 개혁 조치가 일본의 영향력 하에 진행되었음을 보여준다.
갑오개혁을 주도한 군국기무처도 일본의 주도하에 갑오개혁을 추진한
비상 입법정책발의기구 겸 합의제 최고정책결정기관이라는 성격을 지
니고 있었다.

　갑오개혁은 근대 교육 개혁과 관련하여, 두 가지 부분에서 주목될
만하다. 하나는 '국내교육 학무정책(學務等政)'을 위해 학무대신(學務
大臣) 1인과 협판(協辦) 1인, 참의(參議) 6인, 주사(主事) 18인으로 구
성된 학무아문(學務衙門)이 신설되었다는 점이다.11) 학무아문은 다수

---

9) 김용욱, 「1894년 갑오농민혁명과 갑오경장-구체제의 위기와 혁명,경장의 다중적 비교」,
　『한국동북아논총』 34, 한국동북아학회, 2005, 336-337쪽. 김홍집(1842-1896)은 1880년
　예조참의로 수신사에 포함되어 『朝鮮策略』을 조선에 소개한, 위정척사파의 견제 이후
　1882년 임오군란 처리와 제물포조약 체결에 관여한 인물이다. 1894년 7월 30일 조정은
　칙령 제1호로 통치기구를 의정부와 궁내부로 이원화하고 궁내부 대신을 의정부 총리
　대신 다음 서열로 정하였다. 당시 군국기무처는 의정부(내각)의 하위 부서였다.
10) 위의 글, 337-338쪽; 조정규, 「갑오개혁의 개혁내용과 주체세력의 분석」, 『한국동북아
　논총』, 한국동북아학회, 1999, 300쪽. 章程案은 특정 분야의 규정·규칙·규례안, 議
　定案은 특정문제에 대한 시정·정책사항을 의미한다.
11) 議案 〈各衙門官制〉, 1894.6.28(음)., 『한말근대법령자료집 Ⅰ』, 대한민국국회도서관,
　6-14쪽.

의 학생들이 특정 교사(校舍)에서 서양지식을 배우는 풍토가 조성되는 계기를 마련할 수 있는 기구였다.[12) 1894년 6월 28일의 군국기무처 자료에 따르면, 학무아문은 '국내교육 학무정책'을 관리하기 위해 총무국, 성균관 및 상교서원(庠校書院)사무국, 전문학무국, 보통학무국, 편집국, 회계국을 두고 책임자로 참의 각 1인씩을 두었다.[13) 7월 11일에는 관상감(觀象監)을 개칭한 관상국(觀象局)을 학무아문에 소속시켰고, 성균관 참의를 대사성(大司成)·주사를 전적(典籍)으로 개칭하였다.[14) 7월에는 학무아문 관제가 개정되면서 인원이 참의 7인, 주사 22인으로 증보되었다.[15) 학무아문은 현재의 '교육부'에 해당되는 부서였던 셈이다.

〈표 1〉 학무아문의 조직 변화

	조직 변화
1894.6.28(음)	- 학무대신 1인, 협판 1인, 참의 6인, 주사 18인 - 6국: 총무국, 성균관및상교서원(庠校書院)사무국, 전문학무국, 보통학무국, 편집국, 회계국
1894.7.11.	- 7국: 관상감을 관상국으로 개칭하여 학무아문에 소속 - 성균관 참의를 대사성(大司成)·주사를 전적(典籍)으로 개칭
1894.7.28.	- 참의 7인, 주사 22인

---

12) 후루카와 아키라[古川 昭], 『구한말 근대학교의 형성』(이성옥 옮김), 경인문화사, 2006, 1-11쪽.
13) 軍國機務處 編, 『議案』, 1894, 12-13쪽. 총무국은 각 국(局)의 서무(庶務) 총괄, 성균관 및 상교서원사무국은 선성선현(先聖先賢)·사묘(祠廟)·경적(經籍), 전문학무국은 중학교·대학교·기예학교·외국어학교·전문학교, 보통학무국은 소학교·사범학교, 편집국은 국문(國文)·철자(綴字)·각국문번역·교과서 편집, 회계국은 학무아문의 출납재부(出納財簿) 업무를 담당하였다.
14) 議案 〈議政府·宮內府·學務衙門官制 改正〉, 1894.7.11(음)., 『한말근대법령자료집 Ⅰ』, 대한민국국회도서관, 28쪽.
15) 議案 〈學務衙門官制 改正 및 增補〉, 1894.7.28(음)., 『한말근대법령자료집 Ⅰ』, 대한민국국회도서관, 81-82쪽.

- 성균관은 知事 1인이 학무대신, 참의가 대사성, 주사가 전적을 겸함. - 관상국은 天文·曆數·測候 등의 사무를 관장하고 참의 1인, 주사 6인으로 함.

다른 하나는 조선 정부가 근대 교육을 '국가 보존의 근본'으로 인식했다는 점이다. 1895년 1월 문건인 〈홍범14조〉의 핵심은 '자주독립'이었는데 그 방안에 '국중의 총명흔 주제를 넓히 외국에 파견ㅎ야 학술(學術)과 기예(技藝)를 전습(傳習)ㅎᄂᆞᆫ 일'(제11항)이 포함되었다.16) 동년 2월의 〈교육에 관한 건〉에서는 교육이 국가보존의 근본이고, 허명(虛名)이 아닌 실용(實用)이 중요하고, 교육강령이 덕양(德養)과 체양(體養)과 지양(智養)에 있으며, 정부가 학교를 광설(廣設)하고 인재를 양성하는 목적이 국가의 중흥에 있다는 점이 강조되었다. 아래의 인용문을 통해 당시 교육에 대한 고종의 인식을 볼 수 있다.

> …民을 敎치아니면 國家를 鞏固케ㅎ기 甚難하니 宇內의 形勢를 環顧ㅎ건딕 克富ㅎ며 克强ㅎ야 獨立雄視ㅎᄂᆞᆫ 諸國은 皆其人民의 知識이 開明ㅎ고 知識의 開明홈은 敎育의 善美ㅎ므로 以홈인 則 <u>敎育이 實로 國家保存ㅎᄂᆞᆫ 根本</u>이라 … 朕.이 敎育ㅎᄂᆞᆫ 綱領을 示ㅎ야 虛名을 是祛ㅎ고 實用을 是崇ㅎ노니 曰 德養은 五倫의 行實을 修ㅎ야… 曰 體養은 動作에 常이 有ㅎ야… 曰 智養은 物을 格호믹 知를 致ㅎ고… 曰 此三者ᄂᆞᆫ 敎育ㅎᄂᆞᆫ 綱紀니 朕이 政府를 命ㅎ야 學校를 廣設ㅎ고 人材를 養成호믄 爾臣民의 學識으로 國家의 中興大功을 贊成ㅎ기 爲ㅎ미라 爾臣民은 忠君愛國ㅎᄂᆞᆫ 心性으

---

16) 詔勅 〈警告文(洪範14條)〉, 1894.12.12(음)., 『한말근대법령자료집 Ⅰ』, 대한민국국회 도서관, 133-137쪽. 다만 〈홍범14조〉는 1894년 10월 오토리 공사 후임으로 부임하여 제2차 김홍집 내각을 구성하게 하고 11월 20일 어전회의에 제출한 이노우에의 〈내정개혁강령〉 제20조에 의해 촉구된 것이라는 점에서 한계를 보인다(민경식, 「洪範十四條」, 『中央法學』 9-2, 중앙법학회, 2007, 50-53쪽, 62-67쪽, 78쪽.).

로 爾德 爾體 爾智를 養ᄒ라 王室의 安全홈도 爾臣民의 敎育에 在
ᄒ고 國家의 富强홈도 爾臣民의 敎育에 在ᄒ니 爾臣民의 敎育이
善美ᄒ 境에 抵치 못ᄒ면 朕이 엇지 글아디 朕의 治가 成ᄒ다 ᄒ며
朕의 政府가 엇지 敢히 글아디 其責을 盡ᄒ다 ᄒ리오… <u>學識의 等
級으로 其 功效의 高下를 奏ᄒ느니</u>…17)

　　1894년 학무아문의 신설과 1895년 초의 〈홍범14조〉와 〈교육에 관
한 건〉에도 불구하고, 조선 정부의 교육제도 개혁은 갑오개혁(1894.7-
96.2) 가운데 을미사변(1895. 음 8.20./양 10.8.)이 계기였던 제3차 개
혁(1895.8-96.2) 직전부터 본격화되었다. 그와 관련하여 1895년 4월에
〈내각관제〉와 〈각부관제통칙〉, 학무아문의 학부(學部) 개편이 담긴
〈학부관제〉가 발표되었다.

　　〈학부관제〉에 따르면, 학부 구성원은 학부대신 1인, 전임참사관(專
任參事官) 3인(제3조), 주사(主事) 11인(제8조) 등 15인이었고, 기존
의 학무국과 편집국은 각각 이등국(二等局)과 삼등국(三等局)이 되었
다. 학부대신이 관장한 대신관방(大臣官房)에는 4가지 업무(제2조),
이등국인 학무국(學務局)에는 5가지 업무(제6조), 삼등국인 편집국(編
輯局)에는 교과도서 업무가 주어졌다(제7조).18) 4월 11일(음)에는 대
신관방에 비서과·문서과·회계과가 신설되었고(제1-4조), 편집국 사
무도 구체화되었다(제6조).19) 기존의 학무아문의 6국 체제에 비해 인

17) 詔勅 〈敎育에 관한 件〉, 1895.2.2(음)., 『한말근대법령자료집 Ⅰ』, 대한민국국회도서
　　관, 180-181쪽.『官報』開國504年 2月初 2日. 관련 자료로『高宗皇帝 洪範十四條(宗
　　誓廟告文)敎育立國詔書』(姜萬吉, 高麗大學校, 1974) 참조.
18) 勅令第38號 〈內閣官制〉; 勅令第41號 〈各部官制通則〉; 勅令第46號 〈學部官制〉, 1895.
　　3.25(음)., 『한말근대법령자료집 Ⅰ』, 대한민국국회도서관, 198-213쪽. 勅令第41號
　　〈各部官制通則〉은 外部·內部·度支部·軍部·法部·學部·農商工部에 적용된
　　다(제1조).
19) 〈學部分課規程〉, 1895.4.11(음)., 『한말근대법령자료집 Ⅰ』, 대한민국국회도서관, 227-

원은 적었지만 업무가 전문화된 것이다.

〈표 2〉 학부 담당 업무의 변화

부서	담당 업무 / 1895.3.25(음)	담당 업무 / 1895.4.11(음)
大臣 官房	①公立學校職員의 進退 身分에 關ᄒᆞᄂᆞᆫ 事項 ②敎員의 檢定에 關ᄒᆞᄂᆞᆫ 事項 ③本部 所管 經費 及 諸收入의 豫算 決算 幷 會計에 關ᄒᆞᄂᆞᆫ 事項 ④本部 所管 官有財産 及 物品 幷 其 帳簿調製에 關ᄒᆞᄂᆞᆫ 事項	-秘書課: ①機密에 關ᄒᆞᄂᆞᆫ 事項, ②官吏의 進退 身分에 關ᄒᆞᄂᆞᆫ 事項, ③大臣官印 及 部印의 管守에 關ᄒᆞᄂᆞᆫ 事項, ④公立學校 職員의 進退 身分에 關ᄒᆞᄂᆞᆫ 事項, ⑤敎員의 檢定에 關ᄒᆞᄂᆞᆫ 事項 -文書課: ①공문서류 급 성안문서의 접수발송에 關ᄒᆞᄂᆞᆫ 事項, ②통계보고의 조사에 關ᄒᆞᄂᆞᆫ 事項, ③공문서류의 편찬 보존에 關ᄒᆞᄂᆞᆫ 事項 -會計課: ①本部 所管 經費 及 諸收入의 豫算 決算 幷 會計에 關ᄒᆞᄂᆞᆫ 事項, ②本部 所管 官有財産 及 物品 幷 其 帳簿調製에 關ᄒᆞᄂᆞᆫ 事項
學務局	①小學校 及 學齡兒童의 就學에 關ᄒᆞᄂᆞᆫ 事項 ②師範學校에 關ᄒᆞᄂᆞᆫ 事項 ③中學校에 關ᄒᆞᄂᆞᆫ 事項 ④外國語學校 專門學校 及 技藝學校에 關ᄒᆞᄂᆞᆫ 事項 ⑤外國 派遣ᄒᆞᄂᆞᆫ 留學生에 關ᄒᆞᄂᆞᆫ 事項	좌동
編輯局	敎科圖書의 編輯 飜譯 及 檢定에 關ᄒᆞᄂᆞᆫ 事務	①敎科用圖書의 繙譯에 關ᄒᆞᄂᆞᆫ 事項 ②敎科用圖書의 編纂에 關ᄒᆞᄂᆞᆫ 事項 ③敎科用圖書의 檢定에 關ᄒᆞᄂᆞᆫ 事項 ④圖書의 購入 保存 管理에 關ᄒᆞᄂᆞᆫ 事項 ⑤圖書의 印刷에 關ᄒᆞᄂᆞᆫ 事項

학부는 1895년의 개편 이후, 교육 관련 다양한 법령과 규칙을 공포하였다. 1895년에서 1904년까지 교육 부서였던 학부의 변화, 그리고 학부가 발표한 교육 관련 주요 법령과 규칙들을 정리하면 다음과 같다.[20]

228쪽.

20) 勅令第136號〈成均館官制〉(7.2.); 勅令第145號〈小學校令〉; 勅令第146號〈官立公立小 學校敎員의 官等俸給에 관한 件〉; 勅令第147號〈漢城師範學校敎員의 官等俸給에 관

〈표 3〉 학부의 변화 및 교육 법령과 규칙

	교육 부서	주요 법령 및 규칙 발표(음력)	비고
1895 (양력)	學部 (2국)	- 1894.12.12. 詔勅 〈警告文(洪範14條)〉 - 1895.2.2. 詔勅 〈敎育에 관한 件〉 - 1895.3.25. 칙령 제46호 〈학부관제〉 - 1895.4.11. 〈學部分課規程〉 - **1895.4.16. 칙령 제79호 〈한성사범학교관제〉/ 칙령 제79호 〈한성사범학교직원관등봉급령〉** - **1895.5.12. 칙령 제88호 〈외국어학교관제〉/ 칙령 제89호 〈외국어학교직원의 관등 봉급에 관한 건〉** - **1895.7.2. 칙령 제136호 〈성균관관제〉** - **1895.7.19. 칙령 제145호 〈소학교령〉**/ 칙령 제146호 〈관립공립소학교교원의 관등봉급에 관한 건〉/ 칙령 제147호 〈한성사범학교교원의 관등봉급에 관한 건〉 - 1895.7.23. 학부령 제1호 〈한성사범학교규칙 · 동부속소학교규정〉 - 1895.8.9. 학부령 제2호 〈성균관경학과규칙〉 - 1895.8.12. 학부령 제3호 〈소학교교칙대강〉 - 1895.9.28. 학부고시 제4호 〈경성 내 壯洞 · 貞洞 · 廟洞 · 桂洞 四處에 소학교를 설립하는 건〉 - 1895.11.1. 학부령 제4호 〈각종학교 퇴학생도 학비 환입 조규〉	-4월 〈내각관제〉/ 〈학부관제〉 -8월(양10월) 을미사변 -1895.8-96.2. 제3차 개혁
1896 (양력)	學部	*1896.1. 칙령 제2호 〈무관학교관제〉 - 1896.1. 칙령 제6호 〈성균관관제 개정〉 - 1896.2.20. 학부령 제1호 〈보조공립소학교규칙〉 - 1896.3. 학부령 제2호 〈관공립 각종학교 생도 黜學처분에 관한 건〉 - 1896.3. 학부령 제3호 〈각종학교 퇴학생도 학비환입 조규 개정〉 *1896.4. 詔勅 〈內外를 區別치 아니하고 人民을 均一히 保護하는 件〉	-2월 俄館播遷 -7월 독립협회 설립 * 1896.9.24. 詔勅 〈內閣을 廢止하고 議政府를 復設하는 件〉/칙령 제1호

한 件〉(7.19.); 學部令第1號 〈漢城師範學校規則 · 同附屬小學校規定〉(7.23.), 學部令第2號 〈成均館經學科規則〉(8.8.), 學部令第3號 〈小學校校則大綱〉(8.12.), 學部告示第4號 〈京城內 壯洞 · 貞洞 · 廟洞 · 桂洞 四處에 小學校를 設立하는 件〉(9.28.), 學部令第4號 〈各種學校 退學生徒 學費 換入 條規〉(11.1.), 『한말근대법령자료집 Ⅰ』, 대한민국국회도서관, 501-502쪽, 513-517쪽, 519-527쪽, 538-543쪽, 545-550쪽, 587쪽, 605쪽.

		- 1896.6. 칙령 제27호 〈성균관관제 개정〉 - 1896.7. 학부령 제4호 〈성균관경학과규칙 개정〉 - 1896.7. 학부광고 〈銅峴에 관립소학교를 설치하고 학도를 모집하는 건〉 - 1896.7. 학부광고 〈安洞에 관립소학교를 설치하고 학도를 모집하는 건〉 - 1896.9. 학부령 제5호 〈지방공립소학교의 위치를 정하는 건〉 - 1896.9. 학부령 제6호 〈관립학교 퇴학생도 처리에 관한 건〉	〈議政府官制〉 발표(단, 學部는 존속하여 학부대신도 내부대신 등처럼 '議政' 범위에 포함됨)
1897	學部	- 1897.2. 칙령 제13호 〈성균관관제 개정〉	-2월 환궁 -8월 光武 -9월 圜丘壇 -10월 황제즉위식(대한 제국)
1898	學部	*1898.4. 奏本 〈武官學校를 實施하는 건〉 *1898.5. 칙령 제11호 〈무관학교관제 개정〉 - 1898.5. 칙령 제14호 〈성균관관제 개정〉 *1898.7. 칙령 제24호 〈무관학교관제 개정〉 - 1898.8. 奏本 〈各學校學徒・外國遊學卒業生을 需用하는 件〉 *1898.8. 칙령 제34호 〈무관학교관제 개정〉	-3월 만민공동회(종로) 개최 -11월 中樞院新官制 -12월 만민공동회 해산
1899		- 1899.1. 칙령 제1호 〈관립각종학교 교관교원봉급 개정〉 - 1899.3. 칙령 제8호 〈성균관관제 개정〉 - 1899.4. 칙령 제11호 〈中學校官制〉 - 1899.4. 학부령 제7호 〈관공립학교 교원 敍任時 시험규칙〉 - 1899.4. 학부령 제8호 〈한성사범학교규칙 개정〉 - 1899.4. 詔勅 〈學校敎育振興・商工學校開設에 관한 件〉 **1899.4. 詔勅 〈宗敎를 崇尙하고 성균관관제를 개정하는 건〉 - 1899.7. 학부령 제9호 〈醫學校規則〉 - 1899.7. 학부령 제10호 〈관립학교 교관교원의 褒證及陞級規則〉 *1899.11. 詔勅 〈무관학교관제 개정〉	-8월. 奏本 〈大韓國國制〉 제정・공포
1900		*1900.4. 칙령 제16호 〈學部官制 改正〉 - 1900.6. 학부령 제11호 〈外國語學校規則〉	

		- 1900.8. 학부령 제12호 〈中學校規則〉 *1900.8. 詔勅 〈무관학교관제 개정〉 - 1900.10. 학부령 제13호 〈보조공립소학교규칙 개정〉 - 1900.10. 칙령 제40호 〈외국어학교·의학교·중학교 졸업인을 諸學校에 收用하는 件〉 *1900.12. 칙령 제55호 〈宗人學校官制〉(*親王과 郡王을 위한 학교) - 1900.10. 학부령 제12호 〈中學校規則〉	
1902		*1902.1. 詔勅 〈國歌를 制定하는 件〉 - 1902.3. 학부령 제14호 〈외국어학교규칙 개정〉	
1904	학부	*1904년 칙령 23호 〈학부관제 개정〉 및 칙령 26호 〈학부관제 개정〉.	1월 局外中立 2월 러일전쟁. 韓日議定書 8월 韓日協約

당시 공포된 교육 관련 법령과 규칙들의 핵심 내용은 무엇인가? 이를 파악하기 위해서는 당시 발표된 내용 가운데 1895년 4월의 〈한성사범학교관제〉, 5월의 〈외국어학교관제〉, 7월의 〈성균관관제〉와 〈소학교령〉에 주목할 필요가 있다. 이는 처음으로 근대 학교의 관제가 공포되었음을 보여주기 때문이다. 이 내용을 좀 더 구체적으로 보면 다음과 같다.

1895년 4월의 〈한성사범학교관제〉에 따르면 한성사범학교는 교관 양성을 목적으로(제1조) 2개년 과정의 본과(本科)와 6개월 과정의 속성과(速成科)를 두고, 각각 3개년 과정인 심상과(尋常科)와 고등과(高等科)를 둔(제2-5조) 부속소학(附屬小學)을 설치한 학교였다. 교직원은 학교장 1인(주임), 교관 2인 이하(奏任或判任), 부교관 1인(판임), 교원 3인 이하(판임), 서기 1인(판임) 등 8명 이내였다. 학교장은 학부 참서관(學部叅書官)이 겸직했고, 교관은 생도 교육, 부교관은 교관 직무의 보조, 교원은 부속소학교의 아동교육을 담당하였으며, 서기는 학부주사(學部主事)가 겸직하여 서무와 회계를 담당하였다(제6-11조).[21] 한성사범학교 졸업생에게는 소학교 교원 자격이 주어졌고, '시의(時宜)'에 따라 각종 학교교원으로 임용될 수 있었다. 한성사범학교생도는 부속소학교에서 교수법을 실습할 수 있었다.[22]

1895년 5월의 〈외국어학교관제〉에 따르면 학부대신은 생도들이 배울 외국어를 시의(時宜)에 따라 정할 수 있었고(제2조), 지방에 지교(支校)를 설치할 수 있었다(제3조). 교직원은 학교장 1인(주임), 교관 4인 이하(奏任及 判任), 부교관 5인 이하(판임), 서기 3인 이하(판임)로 하여 전체 13인을 넘지 않도록 하였다(제4조).[23]

1895년 7월의 〈성균관관제〉에 따르면 성균관은 학부대신의 관리를 받아 '文廟를 虔奉ᄒ고 經學科를 肄習ᄒᄂ 處'(제1조)로서 성균관장 1인(주임), 교수 2인 이하(주임 或 판임), 直員 2인(판임)으로 구성되었다. 성균관장은 학부주임관이 겸임하였고(제3조), 경학과 정도(程度)는 학부대신이 정했다(제6조). 동년 8월의 〈성균관경학과규칙〉에 따르면 3개년 과정인 경학과의 요지(要旨)는 '經學을 肄習ᄒ고 德行을 修飾ᄒ야 文明ᄒᆫ 進步에 注意홈'이었고(제1조), 학과목에는 '『三經』, 『四書』, 『諺解』, 『綱目』(宋元明史 幷)『本國史』, 『作文』'을 중심으로 하여 '時宜에 따라 『本國地誌』, 『萬國史』, 『萬國地誌』, 『算術』'이 포

---

21) 勅令第79號 〈漢城師範學校官制〉; 勅令第80號 〈漢城師範學校職員官等俸給令〉, 1895. 4.16(음)., 『한말근대법령자료집 Ⅰ』, 대한민국국회도서관, 348-350쪽. 시행일은 모두 5월 1일부터임.

22) 學部令第1號 〈漢城師範學校規則・同附屬小學校規定〉, 1894.7.23(음)., 『한말근대법령자료집 Ⅰ』, 대한민국국회도서관, 519-527쪽.

23) 詔勅 〈獨立慶日을 定하는 件〉; 勅令第88號 〈外國語學校官制〉; 勅令第89號 〈外國語學校職員의 官等 俸給에 관한 件〉, 1895.5.10(음)., 『한말근대법령자료집 Ⅰ』, 대한민국국회도서관, 379-381쪽.

함될 수 있었으며(제2조; 제8조), 임시·정기·졸업시험이 있었다(제
16조-22조).[24]

이상의 내용에서 확인할 수 있는 부분은 국가의 교육행정과 학교교
육이 분리되지 않았다는 것이다. 이는 학부참서관이 한성사범학교의
학교장을 겸직하고, 학부대신이 외국어학교 생도들의 외국어 과목을
정하고, 학부주임관이 성균관장을 겸임한 부분을 통해 확인할 수 있다.
또한 성균관을 통한 정부의 유학교육도 '문명개화 담론' 속에서 진행되
었음을 볼 수 있다.

1895년 7월의 〈소학교령〉에 따르면,[25] 설립 목적은 만7-15세의 아
동에게(제16조), '兒童身體의 發達홈에 鑑ᄒ야 國民敎育의 基礎와 其
生活上 必要ᄒ 普通知識과 技能을 授홈'(제1조)이었다. 소학교 종류
는 설립주체에 따라 관립·공립·사립소학교(제2조), 학교 편제는 심
상과(尋常科, 3년)·고등과(2 또는 3년)로 구분되었다(제6·7조). 교
과목은 심상과의 경우에 수신·독서·작문·습자(習字)·산술·체조
였고, 고등과의 경우에 심상과 교과목 외에 본국지리·본국역사·외
국지리·외국역사·이과(理科)·도화(圖畵)가 추가되었다.

다만 '시의(時宜)'에 따라 심상과의 경우에 체조 과목의 삭제, 본국
지리, 본국역사, 도화, 외국어 등의 추가가 가능했다. 고등과에서는 외
국어 과목의 추가, 외국지리·외국역사·도화 등의 삭제가 가능했다.
또한 두 과 모두 여아(女兒)용으로 재봉(裁縫) 과목의 추가가 가능했
다(제8·9조). 다만 교과목의 가감에는 학부대신의 허가가 필요했고

---

24)　勅令第136號 〈成均館官制〉(7.2.); 學部令第2號 〈成均館經學科規則〉(8.8.), 『한말근
　　대법령자료집 Ⅰ』, 대한민국국회도서관, 501-502쪽, 538-543쪽.
25)　勅令第145號 〈小學校令〉(7.19.), 『한말근대법령자료집 Ⅰ』, 대한민국국회도서관, 513-
　　516쪽.

(제10조), 교과용 도서[敎科用書]도 학부의 편집본이나 학부대신의 검정(檢定)본을 사용해야 했다(제15조).

1895년 8월의 〈소학교교칙대강〉에 따르면, 소학교의 주안점은 '德性을 涵養ᄒ고 人道를 實踐홈을 勉,ᄒᄂ' 것, 그리고 '智識과 技能을 確實ᄒ야 實用에 適홈을 要ᄒᄂ 故로 日常生活에 必要ᄒ 事項을 擇ᄒ야 敎授ᄒ고 反復 練習ᄒ야 適用이 自在케 홈'에 있었다(제1조).[26] 동년 9월의 〈경성 내 壯洞·貞洞·廟洞·桂洞 四處에 소학교를 설립하는 건〉에서는 '敎育은 開化의 本이라 愛國의 心과 富强의 術이 皆 學文으로 붓터 生ᄒᄂ니 惟國의 文明은 學校의 盛衰에 係ᄒ지라 今에 二十三府에 學校를 아즉 다 設始치 못ᄒ엿거니와 爲先 京城內에 小學校를 壯洞과 貞洞과 廟洞과 桂洞 四處에 設立ᄒ야 兒童을 敎育'한다는 것이었다.[27]

학부가 추진한 1895-96년 교육개혁의 핵심, 즉 '소학교 체제 마련하기'를 보려면 소학교 규정에 주목할 필요가 있다. 그와 관련하여 1896년 2월에는 〈소학교령〉 제28조에 근거한 〈보조공립소학교규칙〉(학부령 제1호), 8월에는 〈소학교규칙대강〉(학부령 제3호), 10월에는 〈소학교규칙대강〉에 의거하여 학부 학무국장 한창수(韓昌洙)의 이름으로 학부대신의 허가를 거친 한성사범학교 부속소학교 및 관립 소학교규칙으로서 〈소학교규칙〉이 공포되었다.[28]

---

26) 學部令第3號 〈小學校校則大綱〉, 1895.8.12(음)., 『한말근대법령자료집 Ⅰ』, 대한민국 국회도서관, 545-550쪽.
27) 學部告示第4號 〈京城內 壯洞·貞洞·廟洞·桂洞 四處에 小學校를 設立하는 件〉, 1895.9.28(음)., 『한말근대법령자료집 Ⅰ』, 대한민국국회도서관, 587쪽.
28) 學部 編, 『小學校令 附 校則』, 1897(5月), 1-48쪽. 학부 자료 23쪽에는 〈소학교규칙대강〉이 8월에, 그리고 〈소학교규칙〉이 개국504년(1895년) 10월로 기록되었다. 그렇지만 〈소학교규칙〉이 학부령 제3호였고, 1896년 2월 20일에 발표된 〈보조공립소학교규칙〉이 학부령 제1호였음을 감안할 때, 〈소학교규칙〉은 그 이듬해인 1896년 10월로 보

학부의 〈소학교령〉은 현대 학교교육 정책과의 유사성을 기준으로
보면 세 가지 측면에서 주목된다. 첫 번째는 소학교에서 추구한 보통
교육의 학령(學齡)이 만7~15세의 아동이었고, 이들에 대한 최초의 의
무교육을 지향했다는 점이다.29) 두 번째는 학부 방침을 존중하되 각
부(府) 관찰사가 관내(管內) 소학교규칙을 정하고 학부대신의 허가를
받도록 하여(제11조) 소학교규칙에 대한 지역별 차이를 인정했다는 점
이다. 당시 관립소학교는 학부 직할이었지만, 공립소학교는 관찰사 직
할이었고, 관찰사에게 사립소학교의 감독권도 있었다(제20조). 세 번
째는 사립소학교의 경비 일부를 지방이재(地方理財)나 국고(國庫)에
서 보조하도록 하고(제5조), 각 부군(府郡)에 공립소학교를 설치(제17
조)하기 이전까지 사립소학교를 대용(代用)하도록 하여(제18조),30) 사
립소학교의 공립소학교화를 추구하였다는 점이다.

〈소학교령〉 발표 이후의 정부 상황은 어떠했는가? 을미사변 이후
조직된 제4차 갑오내각은 일세일원연호(一世一元年號), 태양력 사용,
단발령 실시 등 개혁을 단행했지만, 전국적으로 의병항쟁에 직면하였
다. 그 상황에서 친러파 인사들은 1896년(건양 1) 2월 11일에 국왕과
왕세자를 정동(貞洞)의 러시아 공관으로 옮기고[俄館播遷], 김홍집(총
리대신)과 유길준(兪吉濬) 등 5명을 역적으로 규정하여 친일 성향의 갑

인다. 한편, 칙령에는 김홍집(내각총리대신)과 이완용(학부대신), 〈보조공립소학교규
칙〉에는 윤치호(학부대신서리 학부협판)의 이름이 보인다.

29) 韓國統監府 編, 『韓國敎育』, 韓國統監府, 1906.

30) 勅令第145號 〈小學校令〉, 1895.7.19(음)., 『한말근대법령자료집 I』, 대한민국국회도
서관, 513-517쪽; 學部 編, 『小學校令 附 校則』, 1897(5月), 1-10쪽. 실제로 〈소학교규
칙〉도 〈소학교령〉 제1조의 지의(旨意)에 따라 아동을 교육하되 '德性을 涵養ᄒᆞ고 人
道를 實踐홈을 勉호이 敎育上에 第一 主眼'이 된다고 명시하였다(제1조). 동시에 제2
조에서는 그에 가장 적합한 과목으로 수신(修身)이 강조되었다. 그리고 제11조에 따르
면 고등과 교과목에 첨가할 수 있는 외국어는 '將來 生活上에 其 智識의 緊要홈'을 이
유로 '일본어' 과목을 지칭한 것이었다(같은 책, 23-25쪽, 39쪽.).

오내각을 해체하고 새 내각을 구성하였다. 고종은 그로부터 약 1년간 러시아 공관에 머문 후, 1897년 2월 25일에 경복궁이 아닌 경운궁(慶運宮, 현 덕수궁)으로 환궁하였다.

1897년 2월 환궁 이후, 독립협회(설립: 1896.7.)와 수구파 일부는 칭제건원(稱帝建元)을 위해 동년 8월에 연호를 광무(光武)로 고치고, 9월에 원구단(圜丘壇)을 세우고, 10월 12일의 황제즉위식을 통해 대한제국을 성립시켰다. 그렇지만 양측은 입헌군주제로 할 것인지 아니면 전제군주제로 할 것인지 정체(政體) 문제로 대립하였다.

대립 초기에는 1898년 3월 10일 종로에서 약 1만 명이 참가한 만민공동회로 부산 영도(絶影島)의 러시아 조차(租借)가 취소되고, 4월에 내정(內政) 불간섭이 핵심인 제3차 러일협약(Nish-Rosen Agreement)이 체결되고, 정부가 11월에 중추원신관제(中樞院新官制)를 공포하는 등 독립협회 측이 우세하게 보였다. 그러나 독립협회는 고종 폐위설로 공격을 받았고, 개혁파 정부 대신에 조병식(趙秉式) 중심의 수구파 정부가 수립되었으며, 독립협회와 함께 황국협회(皇國協會)의 공격을 받았던 만민공동회도 1898년 12월경에 해산상태가 되었다.[31]

1899년 8월 17일, 수구파 내각은 대한제국(국호)을 전제군주제(정체)로 규정한 대한국국제(大韓國國制)를 제정·공포하였다. 그렇지만 수구파 정부가 친러적 경향을 보이는 동안, 일본은 만주와 대한제국의

---

[31] 1896년 7월 2일에 정권 실무자들이 참여한 서재필 중심의 독립협회가 결성되었다. 서재필 등은 결성 이전인 4월부터 『독립신문』을 발간하였고, 이후 『독립신문』은 윤치호(尹致昊)·H.G.아펜젤러·엠벌리 등으로 이어지다가 정부에 의해 1899년 12월 4일자로 폐간되었다. 1898년 11월 고종의 내각 개편과 함께 양 협회 대표에게 그 요구를 모두 수용할 것을 약속하고 해산을 명령한 이후, 독립협회는 만민공동회라는 이름으로 존속하다가 1899년 초 해산하였고, 그에 따라 황국협회도 해산되었다. 독립협회의 정신은 대한자강회(大韓自强會)와 대한협회(大韓協會)로 그 정신이 이어졌다고 평가된다.

지배권을 확보하기 위해 러일전쟁을 준비하였다. 비록 정부가 1904년
1월에 국외중립(局外中立)을 선언하였지만, 일본은 1904년 2월 8일에
여순항 공격으로 러일전쟁을 시작하여 대한제국의 수도를 점령하였고,
2월 23일에 〈한일의정서〉(5개조), 8월 22일에 〈한일협약〉(3개항, 이
후 제1차 한·일협정)[32]을 체결하였다. 1905년 9월 5일에 러일전쟁이
끝난 이후, 11월 17일에는 을사조약(乙巳條約)을 체결하여 대한제국
의 외교권을 박탈하였다. 대한제국은 외교권을 박탈당한 채(제1조) 1910
년 8월 29일까지 그 존재를 유지하였다.[33]

대한제국 수립 후, 수구파 내각은 1900년 정도까지 갑오개혁 시기의
교육 개혁을 이어갔다. 그렇지만 그 이후 별다른 교육 개혁 조치가 없던
상황에서 1904년에 러일전쟁에 직면하였고, 러일전쟁 직후인 1905년에
을사조약이 체결되어 더 이상 자율적인 교육 개혁을 시도할 수 없었다.

1895년 학부 시기부터 1905년 을사조약까지 약 10년 동안 가장 중
요했던 교육 개혁은 소학교 체제를 마련했다는 것이다. 그와 관련하여
수구파 내각이 1899년에 "實業에 就코자 하는 人民에게 正德利用厚
生하는 中等敎育을 普通으로 敎授"하고자(제1조) 발표한 7년(4년: 尋
常科, 3년: 고등과) 과정(제3조)의 〈중학교관제〉[34]도 소학교 체제를
전제로 할 때 가능한 것이었다.

〈소학교령〉은 종교계 학교에 어떤 영향을 미쳤는가? 이 상황을 파
악할 수 있는 적절한 자료는 찾아보기 어렵다. 다만 1895년 7월의 〈소

---

32) 1904년 8월 22일에 〈한일협약(韓日協約)〉으로 인해 대한제국은 일본이 추천한 일본인
과 외국인 각 1명을 재무고문((顧問, 1항)과 외교고문(2항)으로 두고, 외국과 관계 처
리에 대해 일본정부와 협의해야 했다(3항).
33) 統監府 編, 『韓國二關スル條約及法令』, 統監府, 1906, pp.14-17, pp.23-25.
34) 〈勅令 第11號로 中學校官制를 裁可하여〉, 『고종시대사』 4, 1899년 4월 4日(火).

학교령〉은 종교계 소학교의 유지와 확장에 이익이 되었을 것이다. 종
교계 소학교가 사립소학교에 해당되어 정책적으로 지방이재(地方理
財)나 국고(國庫)에서 경비 일부를 지원받을 수 있었기 때문이다. 또한
〈소학교령〉에는 학부대신과 관찰사가 검정을 거친 공·관립소학교 교
원을 판임(判任) 신분으로 임명하는 규정이 있었지만(제21·22·23·
24조) 사립소학교 교원 관련 임용 규정이 없었다는 점에서 외국인 선
교사들의 사립소학교 교원 임용 작업은 수월했을 것이다.

2) 통감부 시기: 학부(1905)

　대한제국은 1905년 2월에 기존의 〈학부관제〉(칙령 46호, 1895년),
〈학부관제 개정〉(칙령 16호, 1900년), 〈학부관제 개정〉(칙령 23호)·
〈학부관제 개정〉(칙령 26호, 1904년)을 폐지하고(제12조), 새롭게 〈학
부관제〉(칙령 22호)를 공포하였다. 당시 공포 내용은 아래의 표와 같
이 1895년 당시와 유사했지만, 인적 구성원이 학부대신 1인, 학부참사
관 4인(제3조), 학부주사 11인(제8조)과 학부기수(技手) 1인(제9조) 등
17인으로 기존에 비해 증가되었다.[35]

〈표 4〉 대신관방·학무국·편집국의 업무 변화

부서	담당 업무 / 1895.3.25(음)	담당 업무 / 1905.2.26(음)
大臣官房	①公立學校職員의 進退 身分에 關ᄒᆞᄂᆞᆫ 事項 ②敎員의 檢定에 關ᄒᆞᄂᆞᆫ 事項	①官公立學校職員의 進退 身分에 關ᄒᆞᆫ 事項 ②敎員檢定에 關ᄒᆞᆫ 事項

---

35) 勅令第22號 〈學部官制〉, 1905.2.26(음)., 『한말근대법령자료집 IV』, 39-40쪽. 1895년
　당시의 학부 인원은 학부대신 1인, 학부 전임참사관(專任參事官) 3인(제3조), 학부주
　사(主事) 11인(제8조) 등 15인이었다.

	③本部 所管 經費 及 諸收入의 豫算 決算 并 會計에 關ㅎ는 事項 ④本部 所管 官有財産 及 物品 并 其 帳簿調製에 關ㅎ는 事項	③本部 所管 經費 及 諸收入의 豫算 決算 并 會計에 關ㅎ 事項 ④本部 所管 官有財産 及 物品 并 其 帳簿調製에 關ㅎ 事項
學務局	*2등국 ①小學校 及 學齡兒童의 就學에 關ㅎ는 事項 ②師範學校에 關ㅎ는 事項 ③中學校에 關ㅎ는 事項 ④外國語學校 專門學校 及 技藝學校에 關ㅎ는 事項 ⑤外國 派遣ㅎ는 留學生에 關ㅎ는 事項	*1등국 ①小學校에 關ㅎ 事項 ②師範學校에 關ㅎ 事項 ③中學校에 關ㅎ 事項 ④外國語學校 專門學校 技藝學校에 關ㅎ 事項 ⑤外國 派遣 留學生에 關ㅎ 事項
編輯局	*3등국 教科圖書의 編輯 飜譯 及 檢定에 關ㅎ는 事務	*2등국 教科圖書의 編輯 飜譯 及 檢定에 에 關ㅎ 事務

1905년 11월 17일에는 〈한일협약〉(5개조, 乙巳條約 또는 제2차 한·일협약)의 통감(統監)과 이사관(理事官) 제도 신설 조치(제3조)에 따라,[36] 대한제국에 통감부가 설치되었다. 그 상황에서 학부는 1907년 12월 13일의 〈학부관제 개정〉을 통해 업무를 재정비하고 구성원을 서기관 전임 7인, 사무관 전임 4인, 기사(技師) 전임 3인, 번역관 전임 2인, 주사 전임 28인, 기수(技手) 전임 6인 등 50여 명 이상으로 확대하였다.[37] 1908년 8월 26에는 〈학부분과규정〉을 통해 대신관방(大臣官房)에 비서과·문서과·회계과, 학무국에 제1과·제2과를 설치하고 주임관(奏任官) 직위의 과장을 두었다.[38]

---

36) 統監府 編, 『韓國二關スル條約及法令』, 統監府, 1906, pp.14-17, pp.23-25.

37) 勅令第54號 〈學部官制 改正〉, 1907.12.3., 『한말근대법령자료집 Ⅵ』, 대한민국국회도서관, 140-142쪽. 당시 학부의 업무를 보면 학무국은 ①師範敎育, ②普通敎育과 幼稚園, ③實業敎育과 專門敎育, ④各種學校, ⑤敎員檢定과 許狀, ⑥通俗敎育과 敎育會, ⑦學校衛生과 學校建築, ⑧外國留學生, ⑨敎育費補助에 관한 사항(제4조), 편집국은 ①圖書編輯 繙譯及 出版, ②圖書給與及 發賣, ③敎科用圖書 檢定, ④曆書에 관한 사항이었다(제5조).

1909년 1월에는 〈학부분과규정〉을 개정하고 2월에 〈학부관제〉 개정을 통해 편집관 전임 2인과 편집관보 전임 3인을 두고(제7조; 제10조의 2), 주사를 기존의 28인에서 34인으로 확대하였다(제10조).[39] 1910년 2월에는 〈학부관제〉를 다시 개정하여 주사 34인을 36인으로 확대하였다(제10조).[40] 학교교육 정책을 관할했던 학부는 기본적으로 대신관방(大臣官房)-학무국(學務局)-편집국(編輯局) 체제로 1910년 8월 29일 '합병'까지 점차 확대되었던 것이다.[41]

학부의 교육정책은 〈제2차 한·일협약〉을 근거로 공포된 1905년 12월 20일 〈통감부 및 이사청관제(統監府及理事廳官制)〉(제33개 조문) 이후에 본격화되었다. 당시 통감은 외무성이 아니라 천황의 직예(直隷)로서 제국정부를 대표하여 외국영사관과 외국인 사무를 통할하고, 한국의 안녕·질서와 관련하여 한국수비군 사령관에게 병력 사용을 명령할 수 있는(제2조-4조), 그리고 이사청의 위치와 관할구역을 정하는 존재였다(제22조). 통감부는 1906년 1월 19일 통감부령 제6호를 통해

---

38) 〈學部分課規程〉, 1908.1.28., 『한말근대법령자료집 Ⅵ』, 대한민국국회도서관, 253-255쪽. 당시 업무를 보면 학무국 제1과는 ①성균관·고등학교·외국어학교·여학교·유치원, ②사립학교, ③유학생 해외파견, ④주관학교교육비에 관한 사항(제5조), 제2과는 ①사범학교, ②관공립보통학교, ③교원의 검정급 허장, ④통속교육급 교육회, ⑤학교건축급 학교위생, ⑥주관학교의 교육비보조에 관한 사항이었다(제6조).

39) 〈學部分課規程 改正〉, 1909.1.4.; 勅令第6號 〈學部官制 改正〉, 1909.2.4., 『한말근대법령자료집 Ⅷ』, 대한민국국회도서관, 1-2쪽, 28-29쪽. 1909년 1월 당시 업무를 보면 학무국 제1과는 ①성균관, ②외국어학교, ③실업학교, ④각종학교, ⑤學會及 通俗教育, ⑥일본국유학생(제5조), 제2과는 ①사범학교, ②고등학교, ③고등여학교及 幼稚園, ④보통학교, ⑤학교인정, ⑥교원검정 許狀, ⑦학교건축及 營繕에 관한 관한 사항이었다(제6조). 기존에 비해 '사립학교'에 해당되는 별도의 업무가 사라진 것이다.

40) 勅令第6號 〈學部官制 改正〉, 1910.2.2., 『한말근대법령자료집 Ⅸ』, 대한민국국회도서관, 302-303쪽.

41) 詔勅 〈合併에 관한 件〉, 1910.8.29., 『한말근대법령자료집 Ⅸ』, 대한민국국회도서관, 591쪽. 이 조칙의 논리는 '…韓國의 統治權을 從前으로 親信依仰ᄒ든 隣國大日本皇帝陛下의 讓與ᄒ야 外으로 東洋의 平和를 鞏固케ᄒ고 內으로 八域의 民生을 保全케 ᄒ노니…日本帝國文明新政을 服從ᄒ야 幸福을 共受ᄒ라…'였다.

이사청을 부산, 마산, 군산, 목포, 경성, 인천, 평양, 진남포, 원산, 성진 등 10개 지역에 설치하여[42] 일본인을 보호하고 고문과 차관을 통해 조선의 정치에 간섭하였다.[43] 통감부가 주한 일본공사관, 이사청이 구 영사관(舊領事館)을 대신하여 설치되면서, 통감이 새로운 권력의 핵 심으로 등장했던 것이다.[44]

1908년 1월의 통감부 조직은 총독관방·과무부·감사부·지방부를 직할 조직으로 하고, 수평 조직으로 이사청·통신관리국·철도관리국· 법무원·관측소·영림소(營林所)를 두면서 그 밑에 부(部)와 과(課) 를 편제하는 형태였다. 별도의 교육 부서는 없었다. 그에 비해 당시 대 한제국의 정부 조직은 내각을 중심으로 표훈원(表勳院)·법제국·외 사국·법전조사국 등을 두고, 다시 내부(內部)·탁지부(度支部)·군 부(軍部)·원수부(元帥府)·대심원(大審院)·법부·학부·농상공부 를 둔 형태였다. 교육 부서인 학부는 대신관방·학무국·편집국 체제 였고, 학무국은 관립한성사범학교·관립한성고등학교·관립한성외국 어학교·관립인천일어학교·관립평양일어학교·(각)직할보통학교 등

---

42) 統監府 編, 『韓國二關スル條約及法令』, 統監府, 1906, pp.26-28, pp.30-31. 〈統監府 及理事廳官制〉은 통감부(제1조~제21조)와 이사청(제22조-제33조) 관련 조문으로 구 성된다. 당시 통감은 친임(親任)이었고(제2조), 총무장관은 칙임(勅任), 농상공무총장 과 경무총장은 칙임 또는 주임(奏任), 비서관·서기관(7인)·경시(2인)·기사(5인)· 통역관(10인)은 주임, 그리고 나머지는 45인은 통감이 100% 임면할 수 있는 판임(判 任)이었다.

43) 강창석, 「통감부 연구-이사청의 조직과 성격을 중심으로」, 『釜山史學』 13-1, 1987, 32 쪽, 46쪽.

44) 1906년 3월에 부임한 제1대 통감인 이토 히로부미[伊藤博文, 재임: 1906.3-1909.6]는 1904년 8월의 〈제1차 한·일협정〉으로 외교권 대행과 고문정치(顧問政治), 1905년 11 월의 〈제2차 한·일협약〉으로 통감정치, 1907년 7월 헤이그밀사사건 직후의 〈한·일 신협약〉(정미조약)으로 차관정치를 진행하였다. 차관정치는 통감이 대한제국 정부의 각부 차관을 임명하여 실무를 담당하게 했다는 점에서 고문정치에 비해 실권을 장악한 조치였다. 차관정치는 제2대 통감인 소네 아라스케[曾禰荒助, 재임: 1909.6-1910.5], 제 3대 통감인 데라우치 마사타케[寺內正毅, 재임: 1910.5-]의 경우에도 마찬가지였다.

과 성균관을 관리하였다.[45]

물론 1904년 8월 이후의 외교권 대행과 고문정치, 1905년 12월 이후의 통감정치, 1907년 7월 이후의 차관정치 등은 대한제국의 교육정책에 대한 일본의 개입 가능성을 시사한다. 통감부의 영향 하에 1905년 학부 재편 당시부터 1910년 한일합방 이전까지 공포된 교육 관련 내용들은 다음과 같다.[46]

〈표 5〉 1905~1910년 교육 관련 법령과 규칙

부서	주요 법령 및 규칙 발표(음력)	
1905 학부	cf. 1905.2. 칙령 22호 〈학부관제〉 *1905.12.20. 칙령 267호 〈統監府及理事廳官制〉	

1906	- 1906.4.20. 학부령 17호 〈각종학교 퇴학생도 학비환입 조규 개정〉
	- 1906.4.11. 칙령 제18호 〈학부관제 개정〉
	- 1906.6.14. 학부령 제27호 〈前京城學堂을
	  官立漢城第二日語學校로 定하는 件〉
	- 1906.7.19. 탁지부령 13호 〈임시교육확장비 회계규정〉
	- 1906.8.27. 칙령 40호 〈학부직할학교 급 공립학교관제〉; 칙령 41호
	  〈사범학교령〉; 칙령 42호 〈고등학교령〉; 칙령 43호
	  〈외국어학교령〉; **칙령 44호 〈보통학교령〉**; 학부령 20호
	  〈사범학교령시행규칙〉; 학부령 21호 〈고등학교령시행규칙〉;
	  학부령 22호 〈외국어학교령시행규칙〉; 학부령 23호
	  〈보통학교령시행규칙〉
	- 1906.9.1. 학부령 24호 〈학부직할보통규칙 명칭〉; 학부령 25호
	  〈관립교동보통학교를 관립한성사범학교부속보통학교로 대용하는
	  건〉; 학부령 26호 〈관립한성고등학교에 예과를 설치하는 건〉;
	  학부령 27호 〈공립소학교・사립소학교를 보통학교령에 의하여
	  설립된 학교로 인정하는 건〉/ 1906.9.3. 칙령 45호
	  〈학부직할학교직원정원령〉/ 1906.9.18. 학부령 28호 〈한성부 급
	  각 관찰부 소재 공립보통학교의 명칭〉
	*1906.11. 統令 제45호 〈宗敎ノ宣布二關スル規則〉
		3월
		伊藤博文

---

45) 統監府, 『韓國最近事情一覽』, 總督府, 1908.1., pp.18-19, p.21.
46) 統監府 編, 『韓國二關スル條約及法令』, 統監府, 1906, pp.14-17, pp.23-25; 學部 編, 『私立學校令』, 學部, 1908, pp.1-38; 韓國內部地方局 編, 『法令類纂』, 韓國內部地方局, 1910, pp.433-453, pp.847-854.

1907	- 1907.1.1. 학부령 29호 〈공립한성보통학교를 관립 京橋보통학교로 개정 증설하는 건〉/ 1907.1.4. 학부령 1호 〈학부직할학교명칭 개정〉 - 1907.3.4. 학부령 3호 〈학부소관 일본국유학생규정〉 - 1907.5.1. 의정부고시 〈통감부령 제16호 외국여권규칙을 고시하는 건〉 - 1907.12.13. 칙령 54호 〈학부관제 개정〉/ 1907.12.13. 칙령 55호 〈학부직할학교급 공립학교관제 개정〉/ 1907.12.30. 칙령 83호 〈보통학교령 개정〉/ 1907.12.31. 학부령 5호 〈보통학교령시행규칙 개정〉	6월 헤이그특사사건(고종의 강제 퇴위와 순종 즉위 -〈韓·日 新協約〉 체결(次官 政治) 시작
1908	- 1908.1.26. 〈학부분과규정〉 - 1908.4.2. 〈고등여학교령〉/ 1908.4.6. 〈고등여학교령시행규칙〉; 학부령 제10호 〈관립한성고등여학교학칙〉; 학부령 제11호 〈관립보통학교보습과규정〉; 학부고시 제1호 〈관립교동보통학교에 보습과를 설치하는 건〉; 학부고시 제2호 〈관립경교보통학교 개칭〉/ 1908.4.6. 학부고시 제3호 〈공립보통학교 명칭·위치〉 - 1908.5.7. 칙령 제28호 〈외국어학교령 개정〉/ 1908.5.11. 학부령 제12호 〈관립한성외국어학교속성과규칙〉/ 1908.5.25. 학부령 제13호 〈고등학교시행규칙〉 - 1908.6.22. 학부훈령 제66호 〈학무위원규정준칙〉 *1908.7. 칙령 제50호 〈享祀釐正二關スル件〉; 〈各地方寺刹ノ所有財産保護二關スル件〉(內部훈령 제263호) - **1908.8.26. 칙령 62호 〈사립학교령〉**/ 학부훈령 2호 〈사립학교령 반포 관련 훈령〉/ 학부고시 16호 〈사립학교 학칙기재 사례〉/ 학부훈령 3호 〈서당 관련 훈령〉/ 칙령 63호 〈학회령〉/ 학부령 14호 〈사립학교보조규정〉/ 학부령 15호 〈공립사립학교인정 관련 규정〉/ 학부령 16호 〈교과용도서 검정규정〉 - 1908.9.14. 학부령 17호 〈관립한성사범학교강습과규정〉 - 1908.9.15. 학부령 18호 〈학부편찬교과용도서 발매규정〉 - 1908.10.21. 한성부령 2호 〈학무위원규정〉 *1908.12. 칙령 제85호 〈享祀釐正二關スル件〉 개정 - 1909.1.4. 〈학부분과규정 개정〉 - 1909.2.4. 칙령 6호 〈학부관제 개정〉/ 칙령 7호 〈학부직할학교及 공립학교관제 개정〉/ 칙령 8호 〈학부직할학교직원정원령 개정〉 - 1909.4.19. 칙령 51호 〈사범학교령 개정〉/ 칙령 52호 〈고등학교령 개정〉/ 칙령 53호 〈외국어학교령 개정〉/ 칙령 54호 〈고등여학교령 개정〉/ 칙령 55호 〈보통학교령 개정〉	
1909	- 1909.7.5. 학부령 1호 〈실업학교령시행규칙〉/ 학부령 2호	6월

	〈고등여학교령시행규칙〉/ 학부령 3호 〈사범학교령시행규칙〉/ 학부령 4호 〈고등학교령시행규칙〉/ 학부령 5호 〈외국어학교령시행규칙〉/ 학부령 6호 〈보통학교령시행규칙〉 - 1909.10.20. 학부고시 7호 〈관립한성고등여학교학칙・관립보통학교보습과규정・관립한성 사범학교강습과규정 폐지〉/ 학부고시 12호 〈관립한성사범학교속성과규정〉/ 학부고시 12호 〈관립한성사범학교속성과규정〉/ 학부고시 12호 〈관립한성사범학교속성과규정〉/ 학부고시 13호 〈관립교동보통학교보습과규정〉/ 학부고시 14호 〈관립한성외국어학교학칙〉/ 학부고시 15호 〈관립한성고등학교학칙〉/ 학부고시 16호 〈관립평양고등학교학칙〉/ 학부고시 17호 〈관립한성고등여학교학칙〉 - 1910.2.22. 칙령 15호 〈학부관제 개정〉/ 칙령 16호 〈학부직할학교직원정원령 개정〉	曾彌荒助
1910.	- 1910.8.29. 조칙 〈合倂에 관한 件〉	5월 寺內正毅

위의 표를 보면, 대한제국의 교육정책은 통감이 부임한 1906년부터
본격화되었다. 구체적으로, 1906년 3월에는 '학교가 설립되면 인재를
기를 수 있고 인재를 기르면 치화(治化)가 흥한다'는 논리로 학교 설립
의 필요성이 강조되었다.[47] 4월에는 학사 시찰과 학교 검열을 위해 기
존의 학부참사관의 업무를 학부시찰관 2인에게 부여하고, 주사 11인
을 13인으로 개정하여 학부 조직을 정비하였다.[48] 5월에는 관립한성
사범학교에 18세 이상 30세 이하의 50명 정원인 교원임시양성과를 설
치하고, 『교육』, 『외국어』, 『수학』, 『이과』, 『지지(地誌)』, 『역사』, 『체
조』를 가르치되 '시의(時宜)'에 따라 과목을 증가시키고, 수업생(受業

---

47) 詔勅 〈學校의 設置와 敎育에 관한 件〉, 1906.3.26., 『한말근대법령자료집 Ⅳ』, 대한민
국국회도서관, 533-534쪽.
48) 勅令第18號 〈學部官制 改正〉, 1906.4.11., 『한말근대법령자료집 Ⅳ』, 대한민국국회도
서관, 542-543쪽.

生)에게 만 1개년 동안 학부대신이 지정한 학교에 취직하여 복무하게
하였다(제10조).[49] 6월에는 경성학당을 관립한성제2일어학교로 정하
고,[50] 7월에는 교육 비용을 증대시켰다.[51]

1906년 8월에는 칙령으로 〈학부직할학교 급 공립학교관제〉·〈사범학
교령〉·〈고등학교령〉·〈외국어학교령〉·〈보통학교령〉, 학부령으로 〈사
범학교령시행규칙〉·〈고등학교령시행규칙〉·〈외국어학교령시행규
칙〉·〈보통학교령시행규칙〉을 발표하였다. 〈학부직할학교 급 공립학
교관제〉에서는 보통학교 이외에 성균관·관립한성사범학교·관립한
성고등학교·관립한성일어학교·관립한성한어학교·관립한성영어학
교·관립한성독어(德語)학교·관립한성불어(法語)학교·관립인천일
어학교가 학부직할학교로 규정되었다(제1조).[52]

〈사범학교령〉에서는 관립·공립을 구분하여 보통학교의 교원 양성
이 목적인 사범학교에 본과(本科, 3개년)와 예과·속성과·강습과(1
개년 이내)를 두고, 졸업자에게 학부대신이 지정한 보통학교에 종사할
의무를 부여하였다.[53] 〈고등학교령〉에서는 관립·공립을 구분하면서
고등학교의 목적을 '男子에 必要혼 高等普通教育을 施홈'으로 규정하
고(제1조), 본과(4개년)와 예과·보습과(1개년 이내)를 설치하게 하였

49) 學部令第18號 〈官立漢城師範學校教員 臨時養成科 規則〉, 1906.5.17., 『한말근대법
령자료집 Ⅳ』, 대한민국국회도서관, 566-567쪽.
50) 學部令第27號 〈前京城學堂을 官立漢城第二日語學校로 定하는 件〉, 1906.6.14., 『한
말근대법령자료집 Ⅳ』, 대한민국국회도서관, 584쪽.
51) 度支部令第13號 〈임시교육확장비 회계규정〉.
52) 勅令第40號 〈學部直轄學校及 公立學校官制〉, 1906.8.27., 『한말근대법령자료집 Ⅴ』, 대
한민국국회도서관, 84-86쪽.
53) 勅令第41號 〈師範學校令〉, 1906.8.27., 『한말근대법령자료집 Ⅴ』, 대한민국국회도서관, 86-
87쪽. 사범학교에는 학부대신의 인가를 거친 교과서를 사용하고(제8조), 부속보통학교
를 설치하도록 하였다(제9조). 사범학교 본과 입학 자격은 15세 이상의 남자로서 보통
학교졸업 이상의 학력이 있는 자였다(제6조).

다.54) 〈외국어학교령〉에서는 외국어학교의 목적을 '外國語에 鍊熟ㅎ
야 實務에 適合ㅎ 人材를 養成홈'에 두고, 본과(3개년)와 연구과(2개
년 이내)를 설치하게 하였다(제5조). 외국어학교의 경우에는 사범학교·
고등학교와 달리 관립·공립 이외에 '사립'도 인정하였지만(제2조), 설
치 및 폐지는 학부대신의 인가를 받도록 하였다(제3조).55)

　이런 변화 속에서 1906년 교육개혁의 핵심은 〈소학교령〉 폐지와
〈보통학교령〉(9.1.시행)의 발표였다. 보통학교의 본지(本旨)는 '學徒
의 身體發達에 留意ㅎ야 道德敎育及 國民敎育을 施ㅎ고 日常生活에
必要ㅎ 普通知識과 技藝를 授홈'이었다(제1조). 외국어학교처럼 관립·
공립 외에 사립보통학교도 인정되었고(제2조), 학부대신의 허가를 받
아야 설치·폐지가 가능했다(제3조). 수업연한은 4개년이었고(제4조),
보습과(補習科)를 둘 수 있었다(제5조). 교과목은 수신·국어·한문·
일어·미술·지리·역사·이과·도화(圖畵)·체조였고, 여학생에게
『수예(手藝)』를, 시의(時宜)에 따라 창가·수공·농업·상업 등을 추
가할 수 있었다(제6조). 교과목의 가감은 학부대신 인가 사항이었고
(제7조), 교과서는 학부에서 편찬했거나 학부대신 인가를 거친 것을
사용하게 하였다(제8조).56)

　〈보통학교령시행규칙〉에 따르면 사립보통학교는 '①學校의 名稱,
②開校의 豫定期日, ③設立者의 履歷書, ④學校基址의 圖形(但, 地

54) 勅令第42號〈高等學校令〉, 1906.8.27., 『한말근대법령자료집 Ⅴ』, 대한민국국회도서관, 87-
88쪽. 고등학교에서는 학부대신의 인가를 거친 교과서를 사용하고(제7조), 수업료를
징수하도록 하였다(제8조). 고등학교 본과 입학 자격은 12세 이상으로 보통학교를 졸
업한 자 혹은 그와 동등한 학력이 있는 자였다(제6조).
55) 勅令第43號〈外國語學校令〉, 1906.8.27., 『한말근대법령자료집 Ⅴ』, 대한민국국회도서관, 88-
89쪽. 외국어학교 입학 자격은 12세 이상의 남자가 상당한 학력이 있는 자였다(제6조).
56) 勅令第44號〈普通學校令〉, 1906.8.27., 『한말근대법령자료집 Ⅴ』, 대한민국국회도서관, 86-
87쪽; 韓國內部地方局 編, 『法令類纂』, 韓國內部地方局, 1910, pp.436-438.

名과 坪數와 方位와 校舍의 位置를 明記홈), ⑤校舍의 平面圖(但 各
敎室의 面積及 厠舍의 位置等을 明記홈), ⑥授業料를 徵收홀 時는
學徒一人에 對흔 月額, ⑦一個年間 經費의 收支 預算, ⑧學校維持
의 方法(寄附金及 基本金이 有흔 時는 其 全額)'을 구비하여 학부대
신의 인가를 받아야 했다(제2조). 또한 보습과(補習科) 설치(제3조),
교사(校舍)·교명(校名)·교지(校地) 변경(제4조), 부득이한 폐교(제6
조), 직원 채용(제49조)은 학부대신의 인가 사항이었고, 수업 개시일
(제5조)과 보습과 폐지(제7조), 직원 해임(제49조)에 대해 학부대신에
게 보고하도록 하였다. 교과용도서는 학부에서 편찬한 것을 사용하되
특별한 경우에 학교장이 학부대신의 인가를 받아 학부편찬 이외의 도
서를 사용할 수 있도록 하였다(제31조).[57]

통감부에 따르면 소학교 제도의 폐지와 보통학교 제도의 도입은 1906
년까지의 초등교육기관인 소학교, 중등교육기관인 사범학교·중학교·
외국어학교·농상공학교·의학교, 유교교육기관인 서당·성균관의
제반 학교를 정리하고, 학제(學制)를 단순화하여 '오로지 실용에 적합
하게 할 필요'를 충족하기 위한 것이었다. 실제로 통감부는 보통학교의
확장을 위해 교육확장비 50만원 가운데 36만원을 보통학교의 신축과
개축 등의 증설, 그 외 16만원을 사범학교, 농림학교, 상업학교, 기타
중등 정도의 각 학교의 공사 및 설비 등에 배정하였다.[58]

그 이외에도 1906년 9월 1일에는 관립교동보통학교를 관립한성사범
학교 부속보통학교로 대용하고, 기존의 공립소학교·사립소학교를 보

---

57) 學部令第23號〈普通學校令施行規則〉, 1906.8.27.,『한말근대법령자료집 Ⅴ』, 대한민국국
회도서관, 118-133쪽.
58) 韓國統監府 編,『韓國敎育』, 韓國統監府, 1906, p.7, pp.9-17.; 1906.8., 칙령 제44호
〈보통학교령〉.

통학교령에 따라 설립된 학교로 인정하는 정책을 발표하였다. 그에 따라 사립소학교도 학부대신 인가를 받으면 보통학교령시행일부터 사립보통학교로 인정되었다(제3조).59) 1907년 1월에는 공립한성보통학교를 관립경교(京橋)보통학교로 개정 증설하여 관립보통학교를 모두 10개로 확충하였다.60)

〈보통학교령〉에서는 종립학교에 대한 별다른 규제 조항이 보이지 않는다. 그렇지만 교과서 내용을 통해 종교에 대한 부정적 인식이 유포되었다. 학교 입학 목적을 '여러 가지 일을 빅화 착흔 사람이 되고져 흠'으로 규정한 1907년 학부의 『(보통학교학도용)수신서(修身書)』를 보면,61) 제3권 제10과 「愚人의 迷信(一)」에서는 요괴(妖恠)와 마귀(魔鬼)를 믿는 사람은 용기 없는 사람이라는 서술이 보인다. 제11과 「愚人의 迷信(二)」에서는 '妖恠나 魔鬼쑨아니라 星宿를 보고 吉凶을 占흐며 掌紋을 보고 禍福을 論괴흐며 祈禱로 病을 다스리고져흐며, 大旱에 祈雨祭를 지니여 비를 엇눈줄로 밋음이 愚人中에 最多흐니라"는 서술과 그 사례로 집 모퉁이[家隅]에 신단(神壇)을 설치하고 기도하면 영험(靈驗)이 신기(神奇)하다고 말하는 것 등이 열거되었다.62) 이는

---

59) 學部令第25號 〈官立校洞普通學校를 官立漢城師範學校附屬普通學校로 代用하는 件〉; 學部令第27號 〈公立小學校・私立小學校를 普通學校令에 의하여 設立된 學校로 認定하는 件〉, 1906.9.1., 『한말근대법령자료집 Ⅴ』, 대한민국국회도서관, 133-135쪽.
60) 學部令第29號 〈公立漢城普通學校를 官立京橋普通學校로 改正 增設하는 件〉, 1907. 1.1.; 學部令第1號 〈學部直轄學校名稱 改正〉, 1907.1.4., 『한말근대법령자료집 Ⅴ』, 대한민국국회도서관, 391쪽.
61) 學部 編, 『(普通學校學徒用) 修身書』(卷一), 學部, 1910, 1쪽(제1권 제1과 '학교'). 이 『수신서』는 1907년 2월에 발행되어 1910년 8월에 6판(版)을 발행한 것이다. 목차는 '第一課 學校, 第二課 착한學徒, 第三課 活潑한氣像, 第四課 誼됴흔朋友, 第五課 司馬溫公, 第六課 爭鬪하지말나, 第七課 거짓말잘하난兒孩, 第八課 華盛頓(一), 第九課 華盛頓(二), 第十課 父母의樂, 第十一課 身體, 第十二課 自己의物他人의物, 第十三課 物件을잘看守할일, 第十四課 物件을貴重히녁이난兒孩, 第十五課 約束'으로 구성되었다.

민간신앙을 포함한 종교단체의 치병의례(治病儀禮)를 '미신'으로 치부한 것이었다.

1907년 6월에는 헤이그 특사사건을 계기로 고종황제의 강제 퇴위와 순종(康熙)의 즉위가 이루어졌다. 게다가 〈한·일신협약(韓·日新協約)〉이 체결되어 기존의 고문제도(顧問制度)가 폐지되고 각 부처 차관 이하 중요 관직에 일본인 차관이 임명되는 차관정치(次官政治)가 시작되었다.[63] 군대도 강제로 해산되면서 한국의 정부조직은 반식민지화 상태에 돌입하였다. 그렇지만 그 이후 1908년에도 수많은 교육관련 법령과 규칙들이 공포되었다.

1908년 4월에는 '女子에게 須要흔 高等普通敎育及 技藝를 授홈'을 목적으로 〈고등여학교령〉을 발표하고, 예과와 기예전수과를 설치할 수 있는 고등여학교(3개년 과정)를 관립·공립·사립의 세 종류로 구분하고, 공립·사립의 경우에 설치와 폐지를 학부대신의 '인가'로 규정하였다(제2조-5조). 입학 자격은 12세 이상의 '보통학교 졸업자' 또는 '그와 동등한 학력이 있는 자'로 하되, 예과 입학 자격은 10세 이상의 '보통학교 제2학년수료 이상의 학력이 있는 자'로 규정되었다. 교과서는 학부 편찬 또는 학부대신의 인가를 거친 것을 사용하게 하였다(제6조-7조). 고등여학교에는 부속유치원을 설치할 수 있게 하였다(제10조).[64] 동년 4월 7일에는 〈고등여학교령시행규칙〉을 통해 교과목과 교수요지(敎授要旨)를 정하고, 사립의 경우에 설립자·교장·교원·

---

62) 學部 編, 『(普通學校學徒用) 修身書』(卷三), 學部, 1909, 36쪽. 이 『수신서』는 1907년 2월에 발행되어 1910년 8월에 5판(版)을 동경의 삼성당서점(三省堂書店)에서 인쇄한 것이다.

63) 정시채, 『한국행정제도사』, 법문사, 1986, 389-400쪽.

64) 勅令第22號 〈高等女學校令〉, 1908.4.2., 『한말근대법령자료집 Ⅵ』, 대한민국국회도서관, 346-347쪽.

외국교사의 변경을 '보고 사항'으로, 설치와 폐지를 학부대신의 '인가
사항'으로 규정하였다(제4조-5조; 제12조; 제14조).[65]

　1908년 5월에는 〈고등학교시행규칙〉을 개정하여 수의과목으로 외
국어를 추가하고 외국어 범위에서 일어를 제외하였다(제4조).[66] 동년
6월에는 학부대신 이재곤이 '普通敎育이 普及發達홈을 圖홈은 方今
急先務'라는 논리로 〈학무위원규정준칙〉(훈령)을 발표하여 관공립보
통학교 소재지에 1개교 7인 이하로 명예직인 학무위원을 두게 하였다
(제1조-8조). 이 준칙은 사립보통학교에 적용되지 않았지만,[67] 보통교
육에 대한 의지를 보여준 것이었다. 그렇지만 이런 조치들은 사실상
식민교육을 향한 통감부고시와 일본법령의 확대이기도 하였다.[68]

　학부는 1908년 8월에 〈사립학교령〉·〈사립학교령 반포 관련 훈령〉·
〈사립학교 학칙기재 사례〉·〈서당 관련 훈령〉·〈학회령〉·〈사립학
교보조규정〉·〈공립사립학교인정 관련 규정〉·〈교과용도서 검정규
정〉, 9월에 〈학부편찬교과용도서 발매규정〉을 공포하였다.[69] 〈사립
학교령〉(시행 동년 10.1.)은 사립학교 명칭에 '사립'을 포함하도록 했

65) 學部令第9號 〈高等女學校令施行規則〉, 1908.4.7., 『한말근대법령자료집 VI』, 대한민국
　　국회도서관, 356-362쪽. 당시 학교 休業日은 1897년(光武1) 제정된 ①繼天紀元節(황
　　제 즉위일)·②興慶節(고종 즉위일)·③萬壽聖節(황제 탄일)·④千秋慶節(동궁 또는
　　황태자 생일)·⑤皇后陛下誕辰, 1908년(隆熙2) 제정된 ⑥乾元節(순종황제 탄생일),
　　그리고 ⑦開國紀元節(太祖의 創業 記念日)·⑧일요일·⑨춘계휴업·⑩하계휴업·
　　⑪동계휴업 등으로 황제를 중심으로 배치되었다(제10조).
66) 學部令第13號 〈高等學校施行規則 改正〉, 1908.5.25., 『한말근대법령자료집 VI』, 대한민
　　국국회도서관, 441-442쪽.
67) 學部訓令第66號 〈學務委員規程準則〉, 1908.6.22., 『한말근대법령자료집 VI』, 대한민국
　　국회도서관, 486-487쪽.
68) 內閣告示第1號 〈統監府告示를 揭布하는 件〉, 1908.8.6., 『한말근대법령자료집 VII』, 대
　　한민국국회도서관, 133-134쪽. 이후 내각은 내각고시를 통해 통감부고시와 일본 법령을
　　'揭布'하거나 '公布'하였다.
69) 學部 編, 『私立學校令』, 學部, 1908, pp.1-38.

고(제4조), 그 설립을 학부대신의 '인가사항'에 포함시켰다(제2조). 교
과용도서는 학부 편찬이나 학부대신의 검정을 거친 도서를 선택하게
하였다(제6조). 설립자・학교장・교원 자격에는 4가지 제한을 두었고
(제8조), 법령 규정 위반 시에 학부대신에게 사립학교의 폐쇄 명령권
(제10조)과 비인가 학교의 사업 금지 명령권이 주어졌다(제11조). 사
립학교는 지방관의 감독을 받아야 했고, 학부대신에게 문서를 제출할
때에도 지방관을 경유해야 했다(제13조-14조). 이미 설립된 사립학교
는 〈사립학교령〉 시행일로부터 6개월 이내에 〈사립학교령〉 규정에
준하여 학부대신의 '인가'를 받아야 했다(제17조).70)

〈공립・사립학교 인정에 관한 규정〉에 따르면, 사립학교는 〈사립학
교보조규정〉에 준하여 〈보통학교령〉에 의해 설립되었거나 보통학교
의 교과과정에 준하였거나, 상당한 교육과 설비가 갖추었거나, 설립
후 2개년이 지났거나, 성적이 우수핸佳良] 경우에 학교장이 '보조금'을
신청하여 예산범위 내에서 1년 4회에 걸쳐 경비를 보조받을 수 있었다
(제1조-3조; 제7조). 학부대신은 규정과 학부대신의 명령에 복종하지
않으면 보조를 폐지할 수 있었고(제8조), 보통학교 정도가 아닌 학교
라도 '특별히' 필요하다고 인정하면 사립학교에 경비를 보조할 수 있었
다(제10조).71) 〈사립학교보조규정〉의 내용은 전반적으로 〈소학교령〉

---

70) 勅令第62號 〈私立學校令〉, 1908.8.26., 『한말근대법령자료집 Ⅶ』, 대한민국국회도서
   관, 277-279쪽. 사립학교는 설립에 필요한 항목은 학교의 목적・명칭・위치, 학칙, 교
   지교사(校地校舍) 평면도, 1개년 수지예산, 유지방법, 설립자・학교장・교원의 이력
   서, 교과용도서명이었다(제2조). 禁獄以上의 刑에 處ᄒ얏던 者(단, 特賜復權者 제외),
   懲戒處分에 依ᄒ야 免冠에 處ᄒ고 2個年을 經치 아니한 者(단, 懲戒를 免흔 者 제외),
   敎員許狀還收 處分을 受ᄒ고 2個年을 經치 아니흔 者, 性行不良으로 認ᄒᄂ 者는 사
   립학교의 설립자, 학교장, 교원이 될 수 없었다(제8조).
71) 學部令第14號 〈私立學校補助規程〉; 學部令第15號 〈公立・私立學校認定에 관한 規
   程〉, 1908.8.26., 『한말근대법령자료집 Ⅶ』, 대한민국국회도서관, 283-286쪽.

과 유사했지만, 학부대신의 재량권이 커졌다는 데에서 차이를 보인다. 보조금 신청 자격이 미달인 학교일지라도 학부대신이 재량으로 보조금을 줄 수 있었던 것이다(제10조).

1906년 '학정쇄신(學政刷新)'에 없었던 사립학교 관련 법령이 1908년 8월에 제정된 이유는 무엇인가? 학부 측 설명에 따르면, 1906년 당시에는 교육 상태를 보고 자연적 발달에 맡겼는데, 이후 향학심이 발흥하고 도처에 학교가 경쟁적으로 신설되었다고 한다. 그렇지만 그 내용과 조직이 부실하여 교육기관의 실질을 갖추지 못한 학교도 있었고, 학교의 설립과 폐교가 수시로 발생하여 더 이상 자연적 추이에 맡기면 그 폐해가 심해져 〈사립학교령〉이 반포된 것이었다고 한다. 그와 관련된 내용은 다음의 인용문에서 확인할 수 있다.

> 光武十年 學政刷新時를 當ᄒᆞ야 私立學校에 關ᄒᆞ야 法令을 制定치 아니혼 所以ᄂᆞᆫ 蓋 其 當時의 敎育上 狀態를 鑑ᄒᆞ야 姑其 自然의 發達에 委홈이 可홈으로 認홈인ᄃᆡ 爾來 時運의 趨向이 頓然히 向學心의 勃興을 促ᄒᆞ야 到處 學校의 新設을 競ᄒᆞ야 日惟不足의 狀을 물ᄒᆞ니 是固 奎運隆興의 徵狀이라 詢甚 可慶이나 但 其 實況을 顧察컨ᄃᆡ 其 內容이 不備ᄒᆞ고 其 組織이 不完全ᄒᆞ야 毫末도 敎育機關됨즉혼 實質을 具備치 못한 者ㅣ 有ᄒᆞ고 甚或 基礎가 鞏固치 못ᄒᆞ야 朝興夕廢ᄒᆞᄂᆞᆫ 者ㅣ 不勘ᄒᆞ니 若 使此로 其 自然의 推移에 一任ᄒᆞ면 流弊의 所及이 加測키 難홈에 至ᄒᆞ리니 是乃 及今ᄒᆞ야 私立學校令이 頒布된 所以라[72]

학부 측에 따르면 〈사립학교령〉은 사립학교에 대한 검속(檢束)이

72) 學部訓令第2號 〈私立學校令 施行에 關한 件〉, 1908.8.26., 『한말근대법령자료집 Ⅶ』, 대한민국국회도서관, 289-290쪽.

아니라 장려(獎勵)나 교정(矯正)을 위한 것이었다. 아래의 인용문처럼, 학부는 이 주장의 근거로 〈사립학교보조규정〉과 〈공립·사립학교인 정규정〉을 제시하였다. 학부는 국가의 교육 시설이 미흡한 상황에서 사립학교가 교육에서 차지하는 비중이 크지만 외관만 갖추는 일에 힘 쓰고 교육의 본지를 몰각하여 오히려 학생에게 해로움을 주는 경우가 많아 국가의 장래를 저해할 우려가 있다는 점 등을 지적하면서 〈사립 학교령〉의 취지가 학교 수의 증가보다 그 실질적인 내용의 완비에 있 었음을 밝혔다.

> 雖然이나 本令은 私立學校를 徒爲 檢束ᄒᆞ랴는 것이 아니오 私
> 立學校로 完全ᄒᆞᆫ 者는 此를 益益獎勵ᄒᆞ고 弊가 有ᄒᆞᆫ 者는 此를 矯
> 正ᄒᆞ야 提撕誘掖ᄒᆞ야 各 其 本然의 目的을 遂케 흠은 本令의 精神
> 이니 今回에 別로 頒布ᄒᆞᆫ 學部令第拾四號 私立學校補助規程及
> 學部令第拾五號 公立 私立學校認定規程等도 實로 此 趣旨를 表
> 現ᄒᆞᆫ 者에 不外흠이다. '私立學校는 敎育普及흠과 將又 世敎補益
> 흠에 資ᄒᆞᄂᆞᆫ 비 不尠ᄒᆞᆫ 故로 其 存在흠을 藐視키 不可ᄒᆞ거든 況
> 敎育에 關ᄒᆞᆫ 國家의 施設이 尙且 未洽ᄒᆞᆫ 今日이리오 雖然이나 世
> 界風潮를 趨ᄒᆞ야 濫率히 設立을 企劃ᄒᆞ며 又 外觀의 粉飾만 務ᄒᆞ
> 고 敎育의 本旨를 沒却ᄒᆞᄂᆞᆫ 者는 小則 人子를 賊ᄒᆞ고 大則 國家의
> 進運을 阻害흠 虞가 有흠으로 認하는 故로 本 大臣은 徒其校數를
> 多케 흠보다 寧히 一般內容을 完備케 흠을 切望不已하는 비라[73]

〈사립학교령〉과 관련하여 9가지 주의 사항도 하달되었다. 그 내용 은 〈보통학교령〉 또는 〈고등학교령〉을 〈사립학교령〉보다 우선 적용 할 것(①), 학교의 목적·학칙·유지방법이 가장 중요한 사항임(②),

---

73) 學部訓令第2號 〈私立學校令 施行에 關한 件〉, 1908.8.26., 『한말근대법령자료집 Ⅶ』, 대한민국국회도서관, 289-290쪽; 〈學部訓令 第2號〉(學部 編), 『學校令』, 1908, 14-15쪽.

사립학교의 폐쇄처분이 최종 수단임(③), 기존 학교도 〈사립학교령〉
에 따라 인가를 재청할 것(④), 지방관의 책임 강화와 감독의 유효성을
위해 사립학교의 모든 문서를 지방관을 경유하여 제출할 것(⑤; ⑥;
⑦), 사립학교 설립자가 외국인이어도 설립인가를 청할 것(⑧), 지방관
이 5가지 사항에 주의하여 학교의 건전한 발달을 이루게 할 것(⑨) 등
이었다. 여기서 5가지 사항이란 외관보다 교육내용을 충실히 할 것, 산
업의 진흥 발달이 부국(富國)의 기초이므로 교육도 실업사상을 보급하
고 실업상의 지식기능을 양성하는 이용후생을 강조할 것, 사립학교 설
립을 위해 기부금 강요 등보다 근본적인 재원 마련에 노력할 것, 교육
과 정치의 분리, 장발을 강제하고 의복을 청결하게 하되 병식훈련이나
호외(戶外)운동에 열중하거나 대규모의 운동회 개최를 이유로 수업을
하지 않는 폐풍(弊風)을 제거할 것 등이었다.[74]

학부는 1909년 4월에 칙령으로 〈사범학교령〉·〈고등학교령〉·〈외
국어학교령〉·〈고등여학교령〉·〈보통학교령〉을 개정하고, 7월에 학
부령으로 〈실업학교령시행규칙〉·〈고등여학교령시행규칙〉·〈사범학
교령시행규칙〉·〈고등학교령시행규칙〉·〈외국어학교령시행규칙〉·
〈보통학교령시행규칙〉을 발표하였다. 그 가운데 〈보통학교령시행규
칙〉에서는 보통학교가 〈보통학교령〉 제1조의 취지를 준수하되, 도덕
교수, 생활에 필요한 지식기예의 반복 연습, 학도의 심신 발달에 대한
적합성, 각 교과목 교수의 상호 연결 등이 강조되었다(제7조). 그에 따
라 교과목은 수신, 국어급한문, 일어, 산술, 지리 역사, 이과, 도화, 체
조, 수예, 창가, 수공, 농업, 상업 등 13과목이 되었다(제8조).[75]

---

74) 學部訓令第2號 〈私立學校令 施行에 關한 件〉, 1908.8.26., 『한말근대법령자료집 Ⅶ』,
   대한민국국회도서관, 290-294쪽.

조선총독부의 등장 직전인 1910년 초에는 학부가 관공립학교뿐만 아니라 사립학교 교사와 학생에게도 교육과 정치의 분리를 주문하였다. 그와 관련하여 1910년 1월에는 훈령으로 〈관공사립학교직원급 학원 학도가 정치에 관계함을 금하는 건〉과 훈유(訓諭)로 〈관공사립 각 학교직원이 정치에 관계함을 금하는 건〉을 발표하였다.[76] 관공립학교의 경우 교직원이 정치에 관여할 수 없다는 것이 당시 일본의 방침이었지만 그런 방침이 사립학교에 적용된 것은 사립학교의 확산에 따른 위기의식의 반영, 사립학교의 관공립화 등으로 해석될 수 있다. 사립학교의 약 절반이 종립학교였다는 점을 감안하면 종립학교에 종교와 정치의 분리까지 주문한 셈이었다.

한편, 1910년의 사립학교 상황을 보면, 사립학교에 대한 재정 지원 정책과 함께 일본인교사 우대정책을 확인할 수 있다. 그와 관련하여 1910년 7월 3일 사립보성학교(私立寶城學校)의 1개년 경상비정관(經常費定款) 자료를 보면, 사립학교에는 교장 이외에 일본인교사 1인, 한문교사 1인, 부교사 1인, 가학(家學)교사 겸 서기 1인이 있었다. 교사직원의 월급[月給報勞金]은 당월 21일에 교장이 청구서를 감독관청으로 제출하면 감독관청에서 학교에 지급명령을 발표하여 25일 이후에 지급하였다. 그리고 연급(年給)은 한문교사가 180원, 부교사가 60

---

75) 勅令第51號 〈師範學校令 改正〉/ 勅令第52號 〈高等學校令 改正〉/ 勅令第53號 〈外國語學校令 改正〉/ 勅令第54號 〈高等女學校令 改正〉/ 勅令第55號 〈普通學校令 改正〉, 1909.4.19.; 學部令第1號 〈實業學校令施行規則〉/ 學部令第2號 〈高等女學校令施行規則〉/ 學部令第3號 〈師範學校令施行規則〉/ 學部令第4號 〈高等學校令施行規則〉/ 學部令第5號 〈外國語學校令施行規則〉/ 學部令第6號 〈普通學校令施行規則〉, 1909.7.5., 『한말근대법령자료집 Ⅷ』, 대한민국국회도서관, 222-226쪽, 291-354쪽.
76) 學部訓令第1號 〈官公私立各學校職員及 學員 學徒가 政治에 關係함을 禁하는 件〉; 學部訓諭第1號 〈官公私立各學校職員이 政治에 關係함을 禁하는 件〉, 1910.1.28., 『한말근대법령자료집 Ⅸ』, 대한민국국회도서관, 267-269쪽.

원, 가학교사 겸 서기가 48원, 교장이 36원인데 비해 일본인교사는 384원으로 월등히 많게 책정되었다.[77]

이런 일련의 정책들로 인해 통감부 시기의 교육 방침은 우민화(愚民化), 관·공립 보통학교의 확장을 통한 점진적 동화, 일본어의 보급 등을 통한 문맹정책(文盲政策), 사립학교에 대한 통제 등으로 평가되고 있다.[78] 당시 사립학교의 통제는 사립학교 가운데 거의 절반을 차지했던 종립학교에 대한 통제이기도 하였다. 다만 당시 일본은 국제관계 속에서 조선 통치의 정당성을 확인받기 위해 종립학교에 대한 서양 선교사들의 입장과 직접적인 충돌을 피하려는 태도를 보였다.

3) 조선총독부 시기: 학무국(1910년 8월 이후)

1910년 8월 22일의 〈한일합방조약〉 체결로 대한제국은 통치권 일체의 완전 또는 영구적 양여(讓與)(제1조)와 일본국 병합(倂合)을 용인하였고(제2조), 8월 29일에 〈합병에 관한 건〉이 공포되면서 멸망하였다. 대한제국이라는 국호는 다시 '조선'이 되었다. 합병 당시는 통감부 관제였으나 9월에 〈조선총독부 관제〉와 〈조선총독부 소속관서 관제〉 및 〈조선총독부 지방관제〉가 공포되고 10월부터 시행되었다.[79] 당시 조선총독부의 관제는 내각총리대신[侯爵 桂太郞·육군대신[子爵 寺內正毅]·해군대신[男爵 齋藤實]의 이름으로 관방(官房)과 4부

---

77) 私立寶城學校 編, 『私立寶城學校經費定款』, 1910, 5-7쪽, 9쪽.
78) 손인수, 『한국근대교육사 1885-1945』, 연세대학교출판부, 1992, 47-55쪽.
79) 〈朝鮮總督府官制(勅令第354號)〉, 『朝鮮總督府官報』 28號, 1910.9.30. 정시채, 『한국행정제도사』, 법문사, 1986, 404-406쪽. 이 글에서 관제(官制)는 직제(職制)와 유사한 말로 조선총독부 부서의 설치·조직 및 직무범위 등을 정한 제도를 의미한다.

(部) · 9국(局) · 6과(課)의 중앙관서(官署), 중추원 · 취조국 · 각도(各道) 등 19개 소속관서로 구성되었다.[80] 그 가운데 권력의 중심은 친임관(親任官)인 총독(總督)과 정무총감(政務總監)이었다.[81]

조선총독부 관제 가운데 종무행정과 교육 담당 부서는 내무부였다. 내무부에서 교육 담당 부서는 학무국(學務局)이었다. 학무국은 1910년 10월 1일 학부 폐지와 동시에 내무부에 설치되었고, 학무과(學務課)와 편집과(編輯課)로 구성되었다.[82] 1912년 3월에 1관방(官房) 4부(部) 체제로 개정된 조선총독부 관제를 보면,[83] 내무부 지방국의 제1 · 2과가 '신사와 사원과 종교와 향사' 업무, 학무국 학무과가 교육과 학예, 교원, 학교와 유치원과 도서관, 조선총독부관측소, 경학원 업무, 학무국 편집과가 '교과용 도서'와 '민력의 출판과 반포' 업무를 담당하였다.[84]

다만 '종교취체(宗敎取締)' 업무는 내무부가 아니라 총독부 소속관서(所屬官署)인 경무총감부(警務總監部) 담당이었고, 경무총감부 내에서도 경무과(警務課)가 아니라 고등경무과(高等警務課) 기밀계(機密係) 담당이었다.[85] 고등경무과의 종교취체 업무 담당은 1911년 8월

---

80) 朝鮮總督府, 『施政二十五年史』, pp.27-29.
81) 정시채, 앞의 책, 407-408쪽. 총독은 육군 · 해군 대장 중에서 임명되고 천황에 직속된다. 총독 보좌직인 정무총감은 서무의 통리(統理)와 각 부국(部局)별 사무를 감독한다. 총독이 무관(武官)이라면 정무총감에는 주로 문관(文官)이 임명되었다. 한편, 제4대 총독 宇垣一成은 齋藤實이 워싱턴 군축회의에 日本帝國 全權委員으로 출석하는 동안 6개월 정도 총독의 임시대리를 맡았기 때문에 제4대 총독으로 간주되지 않기도 한다.
82) 이명화, 「조선총독부 학무국의 기구 변천과 기능」, 『한국독립운동사연구』 6, 독립기념관 한국독립운동사연구소, 1992 참조.
83) 〈朝鮮總督府官制中改正(칙령 제22호)〉, 『관보』 473호, 1912.3.27.
84) 〈朝鮮總督府 事務分掌規程 改正(훈령 제27호)〉, 『관보』 475호, 1912.3.30. 제6조.
85) 〈朝鮮總督府 警務總監部 事務分掌規程(조선총독부 훈령 제4호)〉, 『조선총독부관보』 29호, 1910.10.1. 朝鮮總督府 경무총감부(警務總監部)에는 庶務課, 高等警察課, 警務課, 保安課, 衛生課가 있었고(제1조), 部課係 체제였다. 예를 들어, 高等警察課에는 機密係와 圖書係,(제3조) 警務課에는 警務係, 警備係, 民籍係, 警官練習所가 있었다(제4조). 高等警務課에 機密係와 圖書係를 둔다. 기밀계에서는 査察, 集會와 多衆運動과 結社, 외국

과 1912년 개정 시에도 지속되었다.[86]

1915년 4월에 '관방'이 '총독관방'으로 개정되고 5월에 사무분장 규정이 개정되었지만 학무국은 여전히 내무부에 소속되어 유사한 업무를 담당하였다.[87] 조선총독부 시기의 학무국 부서 변화와 교육 관련 법령을 시기별로 정리하면 다음과 같다.[88]

〈표 6〉 학무국의 변화와 교육 관련 법령

總督		政務總監 姓名(就任)	학무국 변천	교육 관련 법령
姓名	在任			
1.寺內正毅	'10.10.1 -'16.10.9	1대('10.10) 山縣伊三郎	1910.10. 〈내무부→ **學務局**〉→ 학무과·편집과 1911.3.31. 학무/편집과 **·관측소**	-1911.8.23. 제1차 〈조선교육령〉(勅令 제229); 동년.11.1. 시행령(府令 제109) -1911.10.20.〈사립학교규칙〉(府令 제114); 〈보통학교규칙〉(제110); 〈고등보통학교규칙〉(제111); 〈여자고등보통학교규칙〉(제112); 〈실업학교규칙〉(제113) -1915.3.24.〈사립학교규칙 개정〉(府令 제24); 〈사립학교교원시험규칙〉(제25); 〈전문학교규칙〉(26)

인, 暗號, 宗敎取締 관련 업무를, 도서계에서는 신문과 집지와 출판물과 등 관련 업무를 담당하였다.

86) 〈朝鮮總督府 事務分掌規程中 改正(조선총독부 훈령 제67호)〉; 〈朝鮮總督府 警務總監部 事務分掌規程中 改正(조선총독부 훈령 제68호)〉, 『관보』 281호, 1911.8.5.; 〈朝鮮總督府 警務總監部 事務分掌規程 改正(훈령 제18호)〉 473 1912-03-28.
87) 〈朝鮮總督府官制中改正(칙령 제60호)〉, 『관보』 號外, 1915.4.30.; 〈朝鮮總督府 事務分掌規程 改正(훈령제26호)〉, 『관보』 제821호, 1915.5.1, 제1조; 제3-6조.; 〈조선총독부 사무분장 규정 개정(조선총독부 訓令제26호)〉, 『조선총독부관보』 號外, 1915.5.1.
88) 배성준,『조선총독부 조직구조와 분류체계 연구』, 한국국가기록연구원, 2004, 141-150쪽; 내무부 학무국 편, 『사립학교관계법규』, 내무부 학무국, 1915, 1-58쪽; 學事狀況報告第六回要錄 學部學務局 編 學部學務局 1910.2.; 정시채, 앞의 책, 408쪽 등을 조합함.

2.長谷川好道	'16.10.16 -'19.8.12			
3.齋藤實	'19.8.12 -'27.2.10	2대('19.8) 水野練太郎	1919.8.19. 〈조선총독 부→학무국〉 →학무/편 집/**종교과**	-1922.2.4. 제2차 〈조선교육령〉(勅令 제19)
		3대('22.6) 有吉忠一	1921.3.학무 /편집/종교/ 고적조사과	
			1924.3.학무 과·편집과· 종교과	
		4대('24.7) 下岡忠治		
		5대('25.12) 湯淺倉平		
4.宇垣一成	'27.4.15 -'27.10.1			
5.山梨半造	'27.12.10 -'29.8.17	6대('27.12) 池上四郎		
		7대('29.6) 兒玉秀雄		
6.齋藤實	'29.8.17 -'31.6.17			
7.宇垣一成	'31.6.17 -'36.8.5	8대('36.6) 今井田淸德	1932.2.13. 학무/편집/ **사회과** 1936.4.학무 /편집/사회 교육과	
8.南次郎	'36.8.5 -'42.6	9대('36.8) 大野綠一郎	1939.9.학무 /편집/사회 과/**교학연구 소/중견청년 수련소**	-1938.3.3. 제3차 〈조선교육령〉(勅令 제103)
		10대('41.5) 田中武雄		

| 9.小磯國昭 | '42.6 -'45.8 | | 1943.12.학무/편집/**연성과** | -1943.4.1. 제4차 〈조선교육령〉(勅令 제113) |
| 10.阿部信行 | '44.7.24 -'45.8.15 | 11대('44.7) 遠騰隆作 | 1944.11.**전문교육/국민교육**/편수/연성/**교무과** | |

　조선총독부는 토지조사사업(1910-18)의 종결과 1919년 3·1운동 이후, 1919년 8월 20일에 제3차 관제 개정을 통해 1관방(官房) 6국(局) 체제, 즉 기존의 부(部)·과(課)체제를 국(局)·과(課) 체제로 전환하였다. 당시까지 내무부 소속이었던 학무국은 총독부 직할 부서로 승격되었고 그 안에 종교과(宗敎課)를 신설하였다. 이런 구조는 1931년 만주사변 직후인 1932년 2월 13일에 종교과가 폐지되고 사회과가 신설되는, 즉 총독부 조직이 전시기로 진입하는 준비 단계까지 지속되었다.[89] 당시 독립 관서였던 경무총감부는 폐지되었고, 경무국(警務局)이 총독부 직할 관서로 설치되었다. 헌병경찰제가 보통경찰제로 전환된 것이었다.

　1924년 12월에는 제4차 관제 개정을 통해 총독관방 주도의 식민지 기반구축 사업이 일단락되면서 총독관방에 집중된 기능과 역할이 통상적인 부서로 분산되었다. 그렇지만 1관방 6국의 국(局)·과(課) 체제는 큰 변동 없이 1945년까지 유지되었다. 다만 부(部) 제는 산림부, 토지개량부, 기획부 등처럼 정책적 필요에 따라 설치된 특별기구에만 적용되어 국(局)과 동일한 위상을 부여받기도 하였다.[90]

---

89) 배성준, 위의 글, 5-17쪽. 1910년 9월 이후 조선총독부 조직은 성립기(1910-1918), 정비기(1919-1936), 전시기(1937-1945)로 구분된다.
90) 위의 글, 10쪽.

조선총독부의 교육 정책은 제1대 데라우치 마사타케[寺內正毅], 제3
대 사이토 마코토[齋藤實], 제8대 미나미 지로[南次郎], 제9대 고이소
구니아키[小磯國昭] 총독 시기에 각각 제1차, 제2차, 제3차, 제4차 조
선교육령을 통해 변화되었다. 특히 교육과 종교의 분리 정책은 1915년
3월 24일 〈사립학교규칙 개정〉(府令 제24)의 공포와 1935년 신사참배
에 대한 문제제기를 계기로 보다 분명히 제시되었다.

(1) 제1차 조선교육령(1911.8.23-1922.2.4)

조선총독부는 조선 병합 일 년여 만인 1911년 8월 23일에 천황 재가
를 거쳐 내각총리대신의 이름으로 〈제1차 조선교육령〉(칙령 제229호)
을 공포하고, 동년 11월 1일부터 시행하였다(府令 제109호).[91] 〈조선
교육령〉은 조선인의 모든 교육에 적용되는 기반이었고(제1조), 1895
년에 식민지가 되었지만 그 후 약 27년 만인 1922년 2월 6일에 등장한
〈대만교육령〉(칙령 제26호)에 비해 빠르게 제정된 것이었다.[92]

〈제1차 조선교육령〉의 핵심 취지는 '교육칙어'의 취지에 기초한 '공
립 보통학교제'였다. 그에 따라 기존의 보통학교 체제가 체계적으로 재
정비되었다. 이러한 보통학교의 재정비는 식민지 교육체제 구축을 목
적으로 한 조선인 교육의 기본 체제가 되었다. 이 시기 조선 내의 일본
인 교육은 조선인 교육과 달리 일본 본국의 법령과 다른 규정을 적용
받아 진행되었다.

〈제1차 조선교육령〉의 내용은 크게 '제1장 강령', '제2장 학교', 부칙

---

91) 勅令第229號 〈朝鮮敎育令〉, 『朝鮮總督府官報』 304號, 1911.9.1.; 〈府令〉 第109號, 『朝
鮮總督府官報』 第345號, 1911.10.20.
92) 〈臺灣敎育令〉 勅令26號第, 『朝鮮敎育法規』(朝鮮總督府學務局 編), 朝鮮總督府學務
局, 1937, 525쪽. 〈대만교육령〉은 1933년(제24호), 1935년(제45호)에 각각 개정되었다.

등 전체 2장 30조로 구성되었다. 제1장의 주요 내용은 〈조선교육령〉에 근거한 조선인 교육(제1조), 교육칙어 취지에 기초한 충량한 국민 육성이라는 교육의 본의(제2조), 시세(時勢)와 민도(民度)에 적합한 교육(제3조), 보통교육·실업교육·전문교육(제4조), 보통의 지식기능(知識技能)을 제공하고 국민 성격의 함양으로서 국어 보급을 강조한 보통교육의 목적(제5조), 농업·상업·공업 관련 지식기능(知識技能) 제공이라는 실업교육의 목적(제6조), 고등의 학술기예(學術技藝)이라는 전문교육의 목적(제7조) 등이었다.

제2장의 주요 내용은 보통학교(4년 기준, 제8조-제10조), 고등보통학교(4년 기준, 제11조-제14조), 여자고등보통학교(3년 기준, 제15조-제19조), 실업학교(2년 내지 3년 기준, 제20조-제24조), 전문학교(3년 내지 4년 기준, 제25조-제27조)에 관한 것이었다. 공립과 사립의 보통·고등보통·여자고등보통·실업·전문학교의 설치 또는 폐지가 '조선총독의 허가 사항'이라는 점(제28조), 교과목 및 그 과정, 직원, 교과서, 수업료 관련 규정을 조선총독이 정한다는 점(제29조), 그리고 제2장 이외의 학교 규정을 조선총독이 정한다는 점도 명시되었다(제30조).

〈제1차 조선교육령〉에 따르면, 8세 이상의 아동은 국민교육의 기초인 보통교육을 시키는, 즉 신체 발달에 유의하고 국어[일에]를 가르치며 덕육을 베풀어 국민된 성격을 양성하고 그 생활에 필요한 보통지식과 기능을 가르치는 보통학교(4년)에 입학할 수 있었다(제8조). 보통학교 졸업생(12세 이상)은 첫째, 상급학교인 고등보통학교·여자고등보통학교에 진학할 수 있었다. 그 가운데 남학생은 상식을 기르고 국민된 성격을 도모하여 생활에 유용한 지식과 기능을 가르치는 고등보통학교(4년), 여학생은 부덕을 기르고 국민된 성격을 도야하며 생활에 유용한 지식과 기능을 가르치는 여자고등보통학교(3년)에 입학할 수 있었다(제11조; 제15조). 둘째, 농업·상업·공업 교육을 하는 농업학교·상업학교·공업학교·간이실업학교 등의 실업학교(2-3년)에 입학할 수 있었다(제20조-21조). 간이실업학교의 수업 연한 및 입학 자격은 조선 총독이 정하였다(제24조).

고등보통학교·여자고등보통학교 졸업생에게는 첫째, 보통학교의 교원 자격이 주어졌다. 그 가운데 남학생은 관립고등보통학교의 사범과(1년)에, 고등보통학교 제2학년 과정 수료자로 16세 이상일 경우에 교원 속성과(1년 이내)에 입학하여 보통학교 교원이 될 수 있었다(제14조). 여학생은 관립여자고등보통학교 사범과(1년)에 입학하여 보통학교의 교원이 될 수 있었다(제19조). 둘째, 고등보통학교 졸업생으로 16세 이상인 학생은 고등한 학술과 기예를 교수하는 전문학교(3-4년)에 입학할 수 있었다(제25조).[93]

〈제1차 조선교육령〉의 학교 체제에서는 보통학교를 졸업해야 상급학교인 고등보통학교·여자고등보통학교 또는 실업학교의 진학, 고등보통학교·여자고등보통학교를 졸업해야 관립고등보통학교·관립여자고등보통학교의 사범과나 교원속성과 또는 전문학교의 진학이 가능하였다. 〈제1차 조선교육령〉이 몇 차례 개정되었지만, 학교의 기본 단위는 보통학교였던 것이다.[94]

그에 비해 〈제1차 조선교육령〉 시기의 조선 내 일본인학교의 기본

---

93) 〈朝鮮敎育令〉(勅令第220號), 『朝鮮總督府官報』 304號, 1911.9.1.; 〈朝鮮敎育令施行期日〉(府令第109號), 『朝鮮總督府官報』 345號, 1911.10.20. 단, 지방 실정에 따라 보통학교 학제는 1년 단축이 가능했다(제9조).
94) 〈朝鮮敎育令施行ニ關スル件〉, 『朝鮮總督府官報』 361號, 1911.11.9.; 〈朝鮮敎育令改正ニ關スル件〉, 『朝鮮總督府官報』 2477號, 1920.11.12.

단위는 일본의 〈소학교령〉·〈중학교령〉·〈고등여학교령〉에 따른 소
학교였다. 일본인학교는 소학교(6년)-중학교(5년)-고등여학교(4년)의
학제 구조였고, 실업학교·전문학교 등은 조선인·일본인 공학제로
운영되었다.

1911년 10월에는 부령(府令)으로 〈보통학교 규칙〉(제110호), 〈고등
보통학교 규칙〉(제111호), 〈여자고등보통학교 규칙〉(제112호), 〈실업
학교 규칙〉(제113호), 〈사립학교 규칙〉(제114호), 〈경성전수학교 규정〉
(제115호), 〈경성고등보통학교 부설 임시교원양성소 규정〉(제116호),
〈조선공립보통학교직원정원 규정〉(제117호) 등이 공포되었다. 그리고
고시(告示)로 〈경성고등보통학교 및 경성여자고등보통학교 부속 보통
학교의 수업연한, 교과목, 교과과정 及 매주 교수 시수〉(제312호), 〈경
성여자고등보통학교 기예과(技藝科) 설치와 그 수업연한, 교과목, 교과
과정 및 매주 교수 시수(敎授 時數)〉(제314호) 등이 공포되었다. 이 부
령과 고시는 〈조선교육령〉처럼 1911년 11월 1일부터 시행되었다.[95]

조선총독은 1911년 11월 1일에 〈조선교육령〉시행에 관한 유고(諭
告)를 발표하여 일시동인과 일신일가를 강조하였지만, 조선의 사정이
아직 일본과 같지 않기 때문에 시세와 민도를 고려하여 덕성 함양과
국어 보급을 통해 '제국신민'이 될 자질과 품성을 갖추게 해야 한다고
주장하였다. 또한 조선의 교육을 보통교육과 실업·전문교육으로 대
별하여 보통교육의 본지는 국어 교육과 덕육을 통해 국민될 성격을 양
성하고 생활에 필요한 지식기능을 교수하는 데에, 여자 교육에 '정숙온
량(貞淑溫良)한 덕(德)'의 함양에 있다고 주장하였다. 특히 사립학교

---

95) 『朝鮮總督府官報』 號外, 1911.10.20. pp.1-18.

교육도 법령에 준거하여 제국교육의 본지에 따라야 하고, 그에 따라 관·공립학교뿐만 아니라 법령으로 학과과정을 규정한 학교에서 종교 상의 교육을 시행하거나 그 의식을 진행하지 못한다고 강조한 점은 학교 종교교육과 관련하여 주목되는 부분이다.[96]

당시 규정된 학교의 교육목적을 보면, 보통학교와 고등보통학교의 목적은 '아동의 덕성 함양으로 忠良하고 勤勉한 國民 養成', 여자고등 보통학교는 '貞淑하고 勤儉한 女子를 養性' 등이었다.[97] 경성전수학 교의 목적은 법률과 경제 관련 지식을 익혀 공사(公私)의 사무에 종사 할 수 있는 조선인 남자의 양성, 임시교원양성소의 목적은 보통학교 교원의 보충을 위해 조선인 남자에 대한 보통학교 교원 양성이었다.[98] 보통학교의 교육 목적이 잘 드러난 교과목은 국민정신과 덕성 함양 관 련 국어 과목, 교육칙어에 기초한 도덕상의 사상과 정조(情操) 양성과 실천궁행(實踐躬行)의 권장(勸奬) 관련 수신 과목이었다.[99]

보통학교의 휴업일은 ①사방배(四方拜), ②원시제(元始祭), ③효명 천황제(孝明天皇祭), ④기원절(紀元節), ⑤춘계황령제(春季皇靈祭), ⑥신상제(神嘗祭), ⑦천장절(天長節), ⑧신상제(新嘗祭), ⑨일요일, ⑩하계휴업(夏季休業, 7.21-8.31.), ⑪동계휴업(冬季休業, 12.29-翌年 1.5), ⑫학년말휴업(學年末休業, 3.26-3.31)이었다. 고등보통학교, 여 자고등보통학교, 실업학교, 경성전수학교, 경성고등보통학교 부설 임

---

96) 〈朝鮮教育令施行二關スル諭告〉, 1911.11.1. 『私立學校關係法規』, 朝鮮總督府內務部 學務局, 1915, 5-6쪽.
97) 〈보통학교 규칙〉 제7조; 〈고등보통학교 규칙〉 제10조; 〈여자고등보통학교 규칙〉 제9조.
98) 〈경성전수학교 규정〉 제1조; 〈경성고등보통학교 부설 임시교원양성소 규정〉 제1조.와 제3조. 임시교원양성소의 입학 자격은 16세 이상 고등보통학교 1학년 과정을 수료한자 또는 그와 동등 이상의 학력을 가진 자로 한정되었다(제3조).
99) 〈보통학교규칙〉 제7-9조; 〈고등보통학교규칙〉 제10-13조; 〈여자고등보통학교규칙〉 제 9-12조.

시교원양성소에서는 보통학교 휴업일에 신무천황제(神武天皇祭)와
추계황령제(秋季皇靈祭)가 추가되었다.[100] 학교별 인가 조건과 교과
목을 정리하면 다음과 같다.

〈표 7〉 학교별 인가 조건과 교과목

	인가조건 (총독보고)	학교별 전체 교과목	비고
보통학교 (4년)	①명칭/위치 ②수업연한/교과목 ③아동定數 ④개교연월일 ⑤校地學舍 평면도/소유자 ⑥1년收支예산 ⑦유지방법	- ①修身 ②國語 ③朝鮮語及漢文 ④算術 ⑤(理科, 唱歌, 體操, 圖畵, 手工, 裁縫及手藝, 農業初步, 商業初步)	- 제1조 - 제6조
고등보통 학교 (4년)	①명칭/위치 ②개교년월일 ③학칙 ④校地學舍 평면도/소유자 ⑤1년收支예산 ⑥유지방법	- ①修身 ②國語 ③朝鮮語及漢文 ④歷史 ⑤地理 ⑥數學 ⑦理科 ⑧實業(農業 또는 商業)及法制經營 ⑨習字 ⑩圖畵 ⑪手工 ⑫唱歌 ⑬體操 ⑭英語 - (사범과) ①修身 ②教育 ③國語 ④朝鮮語及漢文 ⑤算術 ⑥理科 ⑦實業 ⑧習字 ⑨圖畵 ⑩手工 ⑪音樂 ⑫體操 - (교원속성과) ①修身 ②教育 ③國語 ④朝鮮語及漢文 ⑤歷史及地理 ⑥算術 ⑥理科 ⑦實業 ⑧習字 ⑨圖畵 ⑩手工 ⑪音樂 ⑫體操	- 제7-9조 - 사범과 교육실습: 2학기 이후 10주간
여자고등 보통학교 (3년)	고등보통학교와 동일	- ①修身 ②國語 ③朝鮮語及漢文 ④歷史 ⑤地理 ⑥算術 ⑦家事 ⑧習字 ⑨圖畵 ⑩裁縫及手藝 ⑪音樂 ⑫體操 - (사범과) ①修身 ②教育 ③國語 ④朝鮮語及漢文 ⑤算術 ⑥理科	- 제1조 - 제7-8조 - 사범과 교육실습은 위와 동일

100) 〈보통학교 규칙〉 제26조; 〈고등보통학교 규칙〉 제34조; 〈여자고등보통학교 규칙〉 제
31조; 〈실업학교 규칙〉 제16조; 〈경성전수학교 규정〉 제8조; 〈경성고등보통학교 부설
임시교원양성소 규정〉 제7조.

		⑦實業 ⑧習字 ⑨圖畫 ⑩裁縫及手藝 ⑪音樂 ⑫體操	
실업학교 (2년, 매 3학기제)	고등보통학교와 동일 *종류: 농업, 상업, 공업학교, 簡易실업학교)	- ①修身 ②실업 관련 교과及실습 ③국어 ④朝鮮語及漢文 ⑤數學 ⑥理科 단, 지리, 도화, 체조 교과목 추가 가능	- 제1조 - 제8조
사립학교	①목적 ②명칭/위치 ③학칙 ④校地學舍 평면도/소유자 ⑤1년收支예산 ⑥유지방법/기본재 산/기부금 증빙서류 ⑦설립자/학교장/교 원의 氏名과 이력서	-제9조: 교과용도서는 총독부가 편찬한 것이나 총독의 검정을 받은 것. 두 경우에 해당되는 교과용도서가 없으면 총독의 인가를 받아야 사용할 수 있음	- 제2조
京城專 修學校 (3년, 매 3학기)	별도 조항 없음	- ①修身 ②國語 ③法學通論 ④憲法及行政法 ⑤民法 ⑥商法 ⑦刑法 ⑧民事訴訟法 ⑨刑事訴訟法 ⑩國際公法 ⑪經濟 ⑫實務練習 ⑬體操	-제4조
임시교원 양성소 (3년)	별도 조항 없음	- ①修身 ②敎育 ③國語 ④朝鮮語及漢文 ⑤歷史 ⑥地理 ⑦數學 ⑧理科 ⑨實業 ⑩習字 ⑪圖畫 ⑫手工 ⑬音樂 ⑭體操	- 제4조 - 교과목은 교원속성과 와 유사

　학교 관련 규칙 가운데 종립학교에 적용된 규칙은 1911년 10월 20
일의 〈사립학교규칙〉이었다. 〈사립학교규칙〉에 따르면 사립학교의
설립·폐지는 조선 총독의 '인가 사항'(제2조-4조), 변경은 '신고 사항'
이었다(제3조). 사립학교에는 보통학교와 달리 교육목적, 교과용도서,
휴업일 등이 별도로 규정되지 않았다. 그렇지만 총독이 설립인가 취소
나 교원 해고 명령(제11조-12조), 설비·수업 등의 변경 명령(제13조),
교과용 도서인가(제9조-10조), 폐쇄명령(제14조) 등 제반 권한을 가지
고 있었다. 이 규칙을 근거로 조선총독부는 사립학교에게 매년 5월 말

에 학교 현황을 총독에게 신고[屆出]하게 하여(제3조; 제16조) 사립학교의 현황을 파악할 수 있었다.[101]

1916년 5월경 사립 각종학교 수는 1,045개였고, 그 가운데 421개교가 종립학교였는데, 약 7년 전의 조선교육령 실시 당시와 비교하면 626개교가 줄어든 수치였다. 이 가운데 고등 정도에 속한 것이 27개교, 보통 및 고등 정도의 교과를 설치한 것이 125개교, 기타는 대략 초등 정도에 속했다. 학교 수가 가장 많은 지역은 평안남도(190개), 함경남도(160개), 경기도(155개) 순이었고, 최소 지역은 전라남도(16개)였다. 교원 수를 보면 전체 3,460명 가운데 여자가 273명, 일본인이 110명으로 학교 평균 3명이었고, 생도 15명당 1명이었다. 생도 수는 재적 54,197명으로 학교당 평균 46명이었다. 생도 가운데 종교인은 22,227명(여자 8,280명)으로 약 41%였다.[102]

(2) 제2차 조선교육령(1922.2.4-1938.3.3)

일본에서는 1918년 9월에 데라우치[寺內正毅] 내각이 하라 다카시[原敬, 1856.2.-1921.11.][103] 내각으로 교체되었다. 내각총리대신인 하

---

101) 〈私立學校規則〉(府令제114號), 『朝鮮總督府官報』號外, 1911.10.20. pp.1-18. 사립학교는 특별한 규정이 있는 경우를 제외하고 도장관(道長官)의 감독(監督)을 받아야 했다(제18조). 부칙(附則)에 따르면 〈사립학교규칙〉 시행 이전에 설치 인가된 사립학교는 〈사립학교규칙〉에 의해 설치된 학교로 간주되었다.
102) 〈最近私立學校狀況〉, 『(中央)靑年會報』 32號, 朝鮮中央基督敎靑年會, 1917.7., 3쪽. 1916년도 졸업생 4,299명 가운데 종교학교가 1,677명이었다. 졸업생 상황은 가업종사 2,293명, 관공서 또는 은행 회사 등의 취직 278명, 상급학교 입학 1,523명(관립 263명, 실업 188명, 사립 1,072명), 일본 유학 18명, 기타 269명, 사망 18명이었다. 경비는 총액 602,562원 가운데 종교학교는 285,777원이었고, 학교당 평균 577원, 생도 1명당 11원 9전 꼴이었다.
103) 하라 다카시는 1892년 조선의 방곡령사건(防穀令事件)에 대해 조선정부와 배상액 협상을 위해 내한했던, 그리고 1896년 조선주재 일본공사로 부임한 후 이듬해 사임했던 인물이다.

라는 1919년 3·1운동 이후, 8월에 총독을 하세가와 요시미치[長谷川
好道]에서 사이토 마코토[齋藤實, 3대]로 교체하였다. 사이토 마코토
총독은 총독부관제를 개정하고 헌병경찰제를 폐지하고 문화정치를 내
세웠다. 이는 하라 다카시가 내세운, 즉 조선 식민지에 대해 '일시동인
(一視同仁)의 취지에 따라 차별 철폐를 기하고 내지와 동일한 제도를
적용한다는 내지연장주의(內地延長主義)' 방침의 연장선이었다.

하라 내각의 내지연장주의에 따라 총독부는 〈제1차 조선교육령〉의
학교종류 및 수업연한에 따른 조선인과 일본인의 차별을 없애고 동일
학제를 마련하기 위해, 즉 동일 제도 하에서 내선(內鮮) 공통의 정신
을 도모하기 위해 1922년 2월 4일에 〈제2차 조선교육령〉(칙령 제19
호)을 공포하였다. 〈제2차 조선교육령〉이 공포된 시점은 다카하시 고레
키요(高橋 是淸) 내각(1921.11.-1922.6.) 시기였지만, 내지연장주의 관
점은 유지되었다. 그렇지만 조선인에게는 보통학교·고등보통학교·여
자고등보통학교 등의 보통교육, 실업교육, 전문교육, 사범교육, 조선
내의 일본인에게는 소학교·중학교·고등여학교의 소학교 교육이 적
용되었다.

〈제2차 조선교육령〉 개정 1년 전인 1921년 2월에 학무국장은 신임
총독이 '速히 內朝人間에 敎育의 差等이 無케 됨'을 위해 부임 직후부
터 보통학교와 기타 각종학교의 증설·확장 계획을 수립하여 실행하고
있음을 밝혔다. 그리고 교육령 개정의 주요 내용으로 보통교육을 '生民
敎育之根軸'으로 인식하고 보통학교의 수업연한을 4년에서 6년으로 연
장하되 지역 정황에 따라 5년 내지 4년으로 하는 방안, 보통학교 교과
목의 필수과목에 이과(理科)·체조·도화(圖畵)를 추가하는 방안, 6년
의 보통학교에 지리·역사를 추가하는 방안, 고등보통학교 졸업생을

위해 2년 이내의 보습과(補習科)를 설치하는 방안 등을 언급하였다. 또한 고등보통학교 보습과 졸업생에게 일본 본국의 고등학교와 전문학교 입학시험 자격을 얻을 수 있도록 한다는 내용도 언급하였다.[104]

〈제2차 조선교육령〉(전32조 부칙)의 주요 내용은 세 가지 정도였다.[105] 첫째, 국어[일어] 상용자와 미상용자에게 다른 학제가 적용되었다. 국어 상용자의 보통교육은 소학교령, 중학교령, 고등여학교령에 따라 이루어졌지만(제2조), 국어 미상용자에게 보통교육을 하는 학교는 보통학교, 고등보통학교 및 여자고등보통학교로 규정되었다(제3조). 특별한 사정이 있는 경우에는 조선총독이 정하는 바에 의해 국어를 상용하는 자가 보통학교, 고등보통학교 또는 여자고등보통학교에, 국어를 상용하지 않는 자가 소학교, 중학교 또는 고등여학교에 입학할 수 있었다(제25조).

둘째, 보통학교 체제가 일본 본국의 소학교 체제와 유사하게 변화되었다. 보통학교의 수업연한은 6년(지역 정황에 따라 5년 또는 4년)이 되었고, 6년의 보통학교에 2년 이내의 고등과(高等科)를 설치할 수 있게 하였다(제5조). 고등보통학교의 수업연한은 5년(제7조), 여자고등보통학교의 수업연한은 5년 또는 4년(제9조)으로 규정되었다. 그에 따라 6세 이상의 아동은 '보통학교(6년)→ 보통학교 고등과(2년) 또는 고등보통학교(5년) 또는 여자고등보통학교(5년 또는 4년)'의 과정을 거

104) 一記者, 「敎育令改正에 就하야: 柴田學務局長談」, 『儒道』 1號, 儒道振興會, 1921. 2., 55-56쪽.
105) 勅令第19號 〈朝鮮敎育令〉 『朝鮮總督府官報』 號外, 1922.2.6.; 〈朝鮮敎育令〉(1922. 2.) 勅令第19號, 『朝鮮敎育法規』(朝鮮總督府學務局 編), 朝鮮總督府學務局, 1937, 1-8쪽; 「朝鮮敎育令」, 『會報-江原道儒道闡明會』 1號, 江原道儒道闡明會, 1922.9. 〈제2차 조선교육령〉은 1929년 4월(제82호), 1933년 3월(제23호), 1935년 4월(제44호)에 개정되었다. 그에 대해서는 〈朝鮮敎育令中改正〉, 『朝鮮總督府官報』 1853號, 1933.3.15; 〈朝鮮敎育令中改正〉, 『朝鮮總督府官報』 2467號, 1935.4.6. 등 참조.

치게 되었다. 또한 보통학교·고등보통학교·여자고등보통학교에는 보습과를 설치하도록 하였고, 그 수업연한과 입학자격은 조선총독이 정하도록 규정하였다(제5조; 제7조; 제9조).

보통교육(보통학교·고등보통학교·여자고등보통학교)의 목적은 기존 〈제1차 조선교육령〉의 내용과 유사하였다. 보통학교의 교육 목적은 아동의 신체 발달에 유의하여 덕육과 일상적 보통 지식과 기능의 습득을 통한 '국민될 성격 함양'과 '국어 습득'이었다(제4조). 고등보통학교·여자고등보통학교의 목적도 '국민될 성격 함양'과 '국어 숙달'이었다(제6조; 제8조).

셋째, 사범교육을 통해 조선인 교육과 일본인 교육이 명확히 이원화되었다. 사범학교는 소학교 교원과 보통학교 교원 양성에 목적을 두고 제1부와 제2부를 설치하여, 제1부에서 소학교 교원, 제2부에서 보통학교 교원을 양성하게 하였다(제13조-14조). 사정에 따라 제1부나 제2부만을 설치할 수도 있었다. 수업연한은 보통과(5년)와 연습과(1년)를 합쳐 6년이었지만, 여자의 경우는 보통과(4년)와 연습과(1년)를 합쳐 5년이었다(제15조). 보통과에는 주로 심상소학교 졸업자, 연습과에는 보통과 수료자, 중학교나 고등여학교(4년) 졸업자가 입학할 수 있었다(제16조). 특별한 사정이 있는 사범학교에는 고등소학교(2년) 졸업자가 입학할 수 있는 3년 또는 2년 과정의 특과(特科)를 두거나 특과만을 둘 수 있게 하였고(제17조), 연구과 또는 강습과를 설치할 수 있게 하였다(제19조).

그리고 교육 실습을 위해 사범학교에 부속 소학교와 보통학교를 설치하되, 상황에 따라 공립소학교를 부속소학교, 공립보통학교를 부속보통학교로 둘 수 있게 하였다(제20조). 사범학교는 관립 또는 공립만

허용되었고(제21조), 보통학교・고등보통학교・여자고등보통학교처럼
교과, 편제, 설비 및 수업료 등에 관해 조선총독이 정하게 하였다(제23조).

  그 외에 실업교육은 실업학교령, 전문교육은 전문학교령, 대학교육
과 그 예비교육은 대학령에 따르되 전문학교의 설립과 대학 예과(豫科)
의 교원 자격은 조선총독이 정하게 하였다(제12조). 공립・사립의 보통
학교・고등보통학교・여자고등보통학교와 공립사범학교의 설립・폐
지는 조선총독의 인가 사항이었다(제24조). 〈제2차 조선교육령〉의 규
정을 제외한 사립학교, 특수한 교육을 하는 학교 기타 교육시설은 조
선총독이 정하는 바에 따르게 하였다(제26조).

  〈제1차 조선교육령〉이 보통학교 체제와 소학교 체제의 이원화 교육
속에서 수업연한 단축 등 조선인에게 낮은 보통교육을 제시하였다면 〈제
2차 조선교육령〉은 이원화 교육을 유지하되 수업연한을 유사하게 하고,
조선인과 조선 내의 일본인에게 상호 교차 교육을 가능하게 하였다. 즉
일본인이 조선인 학교, 조선인이 일본인 학교에 진학할 수 있었다. 그렇
지만 여전히 교육의 이원화 시스템이 작동되었다는 점에서 조선인과 일
본인 사이의 차별은 유지되었다. 이 점은 사범학교에 일본인을 위해, 즉
고등소학교 졸업자를 위해 설치된 예과에서 확인할 수 있다.

  사이토 마코토[齋藤實]의 유고(諭告)에 따르면 〈제2차 조선교육령〉
은 시세의 추이에 따른 교육의 쇄신이었고, 그 의도는 동일제도 하에
서 시설을 정비하여 조선인과 일본인 사이에 공통의 정신을 마련하는
것이었다. 그럼에도 불구하고 조선과 일본의 상황이 동일하지 않기 때
문에 차이를 둘 수밖에 없다는 인식을 보였다. 그와 관련된 내용을 다
음의 인용문에서 확인할 수 있다.

是今回 新히 師範敎育及大學敎育을 加ᄒ고 且普通敎育 實業
敎育 幷 專門敎育의 程度를 向上ᄒ야 內鮮共通의 精神에 基ᄒ야
同一制度下에 施設의 完整을 基홈에 至홍 所以로다 但 內鮮이 自
然事情의 不同홍 것이 有홈으로써 普通敎育**機**關은 特히 從來의
名稱을 襲用ᄒ야 敎育을 施ᄒ고 又 子弟의 特別혼 事情에 應ᄒ야
適當히 學習홈을 得홀 途를 開ᄒ얏도다 … 新히 朝鮮敎育令이 公
布됨은 是에 依ᄒ야 益益敎育의 普及徹底를 圖ᄒ야 民衆으로ᄒ야
금 一層文明의 惠澤에 浴ᄒ며 其福祉를 增케ᄒ고저ᄒᄂ 趣旨에
不外ᄒ나니[106]

〈제2차 조선교육령〉 발표 이후 관련 교육 규정이 연이어 개정되었다. 기존의 각급학교 '규칙'이 '규정'으로 개정되었다. 〈보통학교규정〉(1922), 〈고등보통학교규정〉(1922), 〈여자고등보통학교규정〉(1922), 〈실업학교규정〉(1922), 〈공립사립전문학교규정〉(1922) 등이 그에 해당된다. 사범학교와 관련하여 〈사범학교규정〉(1922), 관립전문학교 관련으로〈경성법학전문학교규정〉(1922), 〈경성의학전문학교규정〉(1922), 〈경성고등공업학교규정〉(1922), 〈수원고등농림학교규정〉(1922), 〈경성고등상업학교규정〉(1922), 대학 관련 규정으로 〈경성제국대학예과규정〉(1924), 〈대학규정〉(1926) 등의 규정들도 신설되었다.

1935년 당시, 사립학교 현황은 학교 수 576, 학급 수 2,144, 교직원 수 3,142, 학생 생도 수 10,170명으로 조선 전체 교육기관의 약 20%였다. 그렇지만 신교육령 발표와 조선총독부의 교육 방침 때문에 대다수의 학교는 제도 변혁과 재정적 기초 확립 등으로 과도기적 상황이었

---

106) 朝鮮總督 男爵 齋藤實 〈論告〉『官報』號外, 1922.2.6.;「朝鮮敎育令」, 『會報-江原道儒道闡明會』1號, 江原道儒道闡明會, 1922.9.;〈朝鮮敎育令〉, 『時事評論』創刊號, 時事評論社, 1922.1., 65-68쪽.

고, 이미 정제(整齊)된 학교도 과거의 전통과 기개가 대부분 소멸되어 사학의 특색이 쇠약해진 형편이었다고 평가되었다. 당시 사립학교의 약 50%는 종교단체가 경영한 학교였다. 구체적으로 전문학교 8개교 중 5개교, 고등보고 11개교 중 4개교, 여자고보 10개교 중 6개교, 중등 각종 44개교 중 21개교, 각종초등 413개교 중 180개교였다.[107]

(3) 제3차 조선교육령(1938.3.3-1943.4.1)

1931년 7월에 제6대 조선총독으로 부임한 우가키 가즈시케[宇垣一成]는 9월의 만주사변 이후 '황국신민화(皇國臣民化)' 정책을 추진하였다. 1936년에 부임한 제7대 총독 미나미 지로(南次郎)는 1937년 7월 중일전쟁 발발 이후 전시체제 구축을 위해 10월 2일에 국민의식에 관한 문건을 발표하여 진충보국(盡忠報國)의 일상 생활화와 황국신민의 자각, 국민정신과 국가의식 등을 강조하였고, 그에 따라 〈황국신민의 서사〉 교육을 추진하였다. 당시의 식민지 정책정강은 국체명징(國體明徵)·선만일여(鮮滿一如)·교학진작(敎學振作)·농공병진(農工竝進)·서정쇄신(庶政刷新) 등이었다. 학무국도 그와 관련하여 1937년 10월 2일에 국민의식을 강조한 문건을 발표하였다.[108] 1938년 2월에는 중일전쟁 병력을 조선인으로 충원하는 〈육군특별지원병령〉도 공포되었다.[109]

1938년 3월 3일에는 대륙침략전쟁이 명분인 총동원체제 구축을 위해

---

107) 〈十萬健兒를 敎育시키는 全朝鮮私立學校現況總觀〉, 『中央』 3-3, 朝鮮中央日報社, 1935, 36쪽.
108) 〈國民意識ノ强調二關スル件〉(학무국, 1937.10.2.), 『朝鮮敎育令及 學校規定綴』 券一(學務局 編), 刊寫者未詳, 1939, 1-2쪽.
109) 勅令第95號 〈陸軍特別志願兵令〉, 『朝鮮總督府官報』 3332號, 1938.2.26.

조선과 일본의 교육 체제를 통일하려는 〈제3차 조선교육령〉(칙령 제103
호)이 공포되었다. 〈제3차 조선교육령〉은 1938년 2월 23일에 추밀원
정례본회의에서 원안 가결되어 내각에서 정식으로 결정한 후, 4월 1일
부터 시행되었다. 조선인의 지원병제를 포함한 〈육군특별지원병령〉도
4월 3일의 신무천왕제를 계기로 실시되었다. 미나미 지뢰[南次郞]도 이
미 1938년 3월 4일에 유고(諭告)를 통해 〈육군특별지원병령〉과 〈제3
차 조선교육령〉의 상관성을 주장하였다.[110] 당시 일부에서는 〈제3차
조선교육령〉과 〈육군특별지원병령〉으로 인해 납세, 교육, 병역의 3대
국민의무가 정비되는 단계에 들어섰다고 평가되기도 하였다.[111]

조선총독부는 만주에서도 〈제3차 조선교육령〉과 조선인지원병제라
는 두 제도의 실시를 축하하는 행렬과 환호를 유도하였다. 봉천(奉天)
에서는 각종 축하대회가 개최되었고, "朝鮮人自身도 이러한 感激에
소래처웨친 일이 過去 三十年來에 처음이엇을 것이다. 四月三日 半
島의 山川은 이 歡呼의 聲으로 振動하엿으며… 滿洲百萬同胞도 이날
이 잇음을 기다렷으니" 등으로 선전되었다.[112] 또한 두 제도의 실시를
축하하는 조선신궁봉고제(奉告祭), 경성부교육회 주최 축하회 등이 개
최되었고 그 과정에서 황국신민서사를 세 가지로 요약했다는 국체명
징(國體明徵)·내선일체·인고단련(忍苦鍛鍊)이 강조되었다.[113]

〈제3차 조선교육령〉의 핵심은 보통학교를 소학교, 고등보통학교를

---

110) 朝鮮總督 南次郞 〈諭告〉, 『朝鮮總督府官報』 3337號, 1938.3.4.
111) 「朝鮮人志願兵令과 改正된 朝鮮敎育令」, 『批判』 6-4, 批判社, 1938.4.
112) 「志願兵制度·新敎育令實施」, 『在滿朝鮮人通信』 49/50號, 興亞協會, 1938.4. 2쪽.;
　　「志願兵制度及 新敎育令實施 奉天祝賀會二祝辭」, 『在滿朝鮮人通信』 49/50號, 興
　　亞協會, 1938.4. 86쪽.
113) 「改正敎育令 陸軍特別志願兵令 兩制度實施祝賀狀況(四月三日)」, 『文敎の朝鮮』 152
　　號, 朝鮮敎育會, 1938, 169-177쪽.

중학교, 여자고등보통학교를 고등여학교로 개정하고, 동시에 기존의 4년제를 전부 6년제로 바꾼 것이었다. 이런 맥락에서 〈제3차 조선교육령〉은 '內鮮一體의 大本 新敎育令과 內鮮一體具現에 精神的 一大動力될 朝鮮敎育令'으로,[114] '內鮮共學을 主體로 한 新敎育令'과 '一視同仁의 聖旨를 基調로 한 것'으로 선전되었다.[115]

〈제3차 조선교육령〉(전 16조 부칙)의 주요 내용은 다음과 같다.[116] 첫째, 조선인과 조선 내 일본인 교육을 통합한 보통학교 체제(〈제2차 조선교육령〉)가 소학교 체제로 변화되었다. 보통교육의 근거가 〈소학교령〉·〈중학교령〉·〈고등여학교령〉이 되었던 것이다(제2조). 그에 따라 보통학교는 소학교, 고등보통학교는 중학교, 여자고등보통학교는 고등여학교로 개칭되었다. 다만 이들 학교에서도 민족별 '별학 체제'는 유지되었다.

보통학교 체제가 소학교 체제로 바뀌면서 사범학교의 목적도 소학교 교원 양성으로 규정되었다(제5조).[117] 사범학교의 수업연한은 기존의 6년에서 보통과(5년)와 연습과(2년)의 7년, 여자의 경우는 보통과(4년)와 연습과(2년)의 6년으로 규정되었다(제6조). 보통과에는 심상소학교 졸업자, 연습과에는 보통과 수료자나 중학교나 수업연한 4년 이상의 고등여학교 졸업자에게 입학이 허용되었다(제7조). 특별한 사정이 있는 경우에는 심상소학교 졸업자를 위한 5년 또는 4년(여자) 과정

---

114)「內鮮一體의 大本新敎育令」,『在滿朝鮮人通信』47/48號, 興亞學會, 1938.3. 3-4쪽.

115)「內鮮共學을 主體로 한 新敎育令」,『在滿朝鮮人通信』49/50號, 興亞學會, 1938.4. 15-23쪽.

116) 勅令第103號 〈朝鮮敎育令改正)〉,『朝鮮總督府官報』3337號, 1938.3.4.

117) 한편 실업교육은 〈실업학교령〉, 전문교육은 〈전문학교령〉, 대학교육 및 그 예비교육은 〈대학령〉에 따르도록 하였다. 다만 실업교육에서 신설된 실업보습학교, 실업학교의 설립 및 교과서, 전문학교의 설립 및 대학예과의 교원 자격 등에 관해서는 조선총독이 정하는 바에 따르도록 하였다(제3조-4조).

의 심상과를 또는 심상과만 둘 수 있게 하였다(제9조). 심상과만 설치
한 사범학교에는 연습과를 둘 수 있었다(제10조).[118] 보통학교·고등
보통학교·여자고등보통학교를 각각 소학교·중학교·고등여학교로
변경하면서 재학생과 수료자와 졸업자 체제도 소학교 체제로 변경하
게 하였다. 다만 심상소학교의 수업연한은 당분간 지역 정황에 따라 4
년이 될 수 있었다(부칙).[119]

둘째, 소학교 체제 하에서 '충량한 황국신민 육성'이 지향되었고, 그
에 따라 소학교에서 조선어 교육은 수의과목(隨意科目)이 되었다. 1938
년 3월 15일에 개정된 〈소학교규정〉에 따르면,[120] 소학교 종류는 심
상소학교(6년)와 고등소학교(2년) 또는 그 두 가지를 병치한 심상고등
소학교로 구분된다(제2조; 제12조). 이들 소학교의 목적은 '兒童身體의
健全한 發達에 留意하여 國民道德을 涵養하야 國民生活에 必須한 普
通의 知能을 得케하야써 忠良한 皇國臣民을 育成함에 努力할 것으로
함'이었다(제1조). 〈소학교규정〉에 따르지 않으면 소학교로 부르거나
명칭에 소학교라는 표현을 사용할 수 없었다(제4조). 공립·사립소학
교의 설립과 폐지는 도지사(道知事)의 인가사항이었다(제6조-9조).[121]

---

118) 제11조(사범학교의 연구과 또는 강습과 설치), 제12조(부속소학교 설치), 제13조(사립
　　사범학교 설치 불가), 제14조(사범학교의 교과서 편성·설비·수업연한-총독 규정),
　　제15조(공립사범학교의 설립·폐지-인가사항) 등 사범학교 관련 규정들은 〈제2차 조
　　선교육령〉과 유사한 내용이었다.
119) 〈제3차 조선교육령〉 부칙에 따르면, 심상소학교 재학생과 졸업자는 심상소학교(6년)
　　상당 학교의 재학생 또는 제4학년 수료자, 수업연한 6년의 보통학교 졸업자는 심상소
　　학교 졸업자로, 수업연한 4년의 보통학교 졸업자는 수업연한 6년의 심상소학교 제4학
　　년 종료자로, 보통학교(6년) 졸업자로서 보통학교 고등과 1학년 수료자를 고등소학교
　　1학년 수료자, 보통학교 고등과 졸업자를 고등소학교(2년) 졸업자, 고등보통학교졸업
　　자는 중학교졸업자, 여자고등보통학교 졸업자는 동등수업연한의 고등여학교졸업자로
　　간주되었다.
120) 府令第24號 〈小學校規程 改正〉, 『朝鮮總督府官報』 3346號, 1938.3.15.
121) 수업연한의 경우 심상소학교는 당분간 지역 정황에 의해 4년으로 할 수 있었고, 고등

1938년 3월의 〈개정 소학교규정〉에서 강조된 부분은 아동교육에서 유의할 9가지였다(제16조). 그 주된 내용은 "敎育에 關한 勅語의 趣旨에 基하야 國民道德의 涵養에 努力하며 國體의 本意를 明徵히하야 兒童으로서 皇國臣民인 自覺을 振起하야 皇運扶翼의 道에 徹底시킴에 努力할 것"이었다. 그리고 아동의 덕성 함양으로 황국신민의 자질을 얻게 할 것(2항), 근로호애(勤勞好愛)의 정신을 길러 흥업치산(興業治産)의 지조(志操)를 견고히 할 것(3항), 지식과 기능의 경우 생활에 필수적인 사항을 선택하되 특별히 산업에 관한 사항을 반복 연습시킬 것(4항), 국어[일어]를 습득시켜 '皇國臣民된 性格을 涵養'할 것(7항), 교수 용어를 국어로 할 것(8항) 등이었다. 그와 관련하여 〈제3차 조선교육령〉 앞부분에는 '황국신민 서사를 마음에 새기는 방법'도 소개되었다. 당시 학무국이 기획한 황국신민서사의 보급 방법은 축제일, 학교의 조회(朝會) 등을 활용하는 것이었다.122)

〈제3차 조선교육령〉이 발표된 직후인 1938년 3월 15일에는 조선총독부령으로 〈소학교규정〉·〈중학교규정〉·〈고등여학교규정〉·〈사범학교규정〉·〈실업학교규정〉 등이 개정되었고, 조선인이 대상이었던 기존의 〈보통학교규정〉·〈고등보통학교규정〉·〈여자고등보통학교규정〉이 폐지되었다. 각 보통학교의 명칭도 소학교 체제로 변경되었다. 예를 들어, 경성제1공립고등보통학교는 경기공립중학교, 양정고등보통학교는 양정중학교, 배재고등보통학교는 배재중학교, 보성고등보통학교는 보성중학교, 휘문고등보통학교는 휘문중학교, 영생고등보통학

교는 영생중학교, 숙명여자고등보통학교는 숙명고등여학교, 진명여자
고등보통학교는 진명고등여학교, 이화여자고등보통학교는 이화고등여
학교, 영생여자고등보통학교는 영생고등여학교 등이 되었다.[123]

　교육기관 명칭이 소학교·중학교·고등여학교로 통일되면서 표면
적으로 조선인 학교와 일본인 학교의 구별이 사라졌다. 이는 조선인
교육을 일본 본국의 교육과 대체로 동일한 학제로 만들어 '일시동인
(一視同仁)의 성려(聖慮)'를 받들게 하기 위한 의도였다.[124] 〈제3차
조선교육령〉은 〈전시체제령〉(1937.7)·〈황국신민서사〉(1937.10) 이후
1938년 2월 22일에 공포된 〈조선육군지원병령〉(칙령제95호)의 후속
정책으로 황국신민화와 전시체제 구축을 전제했던 것이다.[125] 당시 학
무국장[大竹]에 따르면, 〈제3차 조선교육령〉은 1938년 2월의 〈육군특
별지원병령〉에 따라 교육제도의 개혁 차원에서 공포된 것으로 '半島
의 同胞로 하여금 眞實로 皇國臣民인 自覺을 培養하야써 我國防의
任務를 負荷'하게 하려는 의도를 가진 것이었다.[126] 또한 당시 동북제
국대학 교수에 따르면, 1938년 5월에 국가총동원·총동원물자·총동
원업무로 요약되는 〈국가총동원법〉의 공포도 〈제3차 조선교육령〉과
연관된 것이었다.[127]

　1939년에는 황국신민서사의 요약으로서 국체명징·내선일체·인고
단련이 조선교육의 3대 강령이 되었다. 그리고 학교에서 매일 거행될

123) 〈朝鮮敎育令ノ改正ニ伴フ公私立中等學校ノ名稱變更〉, 『朝鮮總督府官報』 3360號,
　　　1938.4.1.
124) 〈朝鮮敎育令改正ニ關スル說明〉, 『朝鮮敎育令及學校規定綴』券二(學務局 編), 刊
　　　寫者未詳, 1939, 55-56쪽.
125) 「陸軍特別志願兵令」, 『文敎の朝鮮』 152號, 朝鮮敎育會, 1938, 149쪽.
126) 大竹內務局長 談, 「皇國臣民의自覺培養國防任務를負荷」, 『在滿朝鮮人通信』 47/48
　　　號, 興亞協會, 1938.3., 7-8쪽.
127) 廣濱嘉雄, 「國家總動員法と敎育」, 『文敎の朝鮮』 155號, 朝鮮敎育會, 1938, 16-30쪽.

것으로서 조회·학습훈련·휴양시간·봉사근무·신사참배·정좌수행, 일심(一心)으로 단련할 것으로서 황국신민체조·건국체조·합동운동·소년검도·열단(閱團)분열식·비상훈련, 국민정신총동원의 강화로서 국민교화와 정신작흥·사회풍조일신 생활개선·근로보국소년대·총후보국강조주간·국민정신총동원연맹 등이 강조되었다.128)

1940년 학무국은 국민정신총동원운동의 방법으로 문장(文章)·포스터·연설·강연과 같은 개인적 연성뿐만 아니라 조직 구성, 즉 국민정신총동원연맹과 애국반을 포함하여 하위 조직을 구성하게 하였다. 그리고 학교의 참여를 위해 1940년 3월 25일에 〈학교교직원으로서 국민정신총동원운동을 추진하는 건〉과 〈본부(本府)통첩 중 지도요항〉을 발령하면서 각 초·중등학교에서 '국민정신총동원○○학교연맹'을 결성하여 '국민정신총동원운동의 정신을 학생의 일상생활에 철저하게 구현하도록 지시하였다.129)

1941년 2월 28일에는 일본에서 초등보통교육의 목적을 '황국의 도리에 따른 기초적 연성의 달성'에 둔 〈국민학교령〉(제148호)이 공포되자, 조선에서도 같은 일시에 종래의 〈소학교령〉을 개편한 〈국민학교령〉(칙령제148호)이 공포되었다.130) 조선에서도 〈국민학교령〉의 목적은 만6세에서 14세의 취학 아동을 대상으로(제8조) '황국(皇國)의 도(道)를 따라 초등보통교육을 실시하여 국민의 기초적 연성(練成)을 도모하는 것'이었다(제1조). 그리고 초등학교에는 초등과·고등과를 설치하되 지역 정황에 따라 하나만 설치할 수 있게 하였다(제2조). 또한 고

---

128) 中根晃, 「國體明徵內鮮一體忍苦鍛鍊 三大敎育綱領を具現せる學校經營案」, 『文敎の朝鮮』 3號, 1939, 9-53쪽.

129) 學務局, 「國民精神總動員に就いて」, 『文敎の朝鮮』 176號, 朝鮮敎育會, 1940, 3-15쪽.

130) 문철수, 「교육칙어'와 수신교육」, 『일본학보』 74, 한국일본학회, 2008, 381-386쪽.

등과 수료자를 위해 1년 과정의 특수과(特修科)를 설치할 수 있게 하였다(제5조). 초등과·고등과의 수업연한은 각각 6년과 2년이었고(제3조), 두 과의 교과를 국민과(수신·국어·국사·지리), 이수과(理數科; 산술·이과), 체련과(體練科; 체조·무도, 단 女兒는 무도 제외 가능), 예능과(음악·습자·도화·工作)로 하고, 고등과에 실업과(농업·공업·상업 또는 수산)를 추가하게 하였다. 초등과 여아에게는 재봉, 고등과 여아에게는 가사·재봉 과목을 추가하게 하였다(제4조).[131]

일본은 1943년 1월에 〈중등학교령〉(1943.1.21)을 발표하여 〈중학교령〉·〈고등여학교령〉·〈실업학교령〉을 폐지하고 중등학교 수업연한을 5년에서 4년으로 단축시켰다. 그에 따라 〈사범학교령〉(1943.3.8)도 개정되어 사범학교가 관립전문학교 정도로 승격되었다.[132] 그로 인해 총독부도 동년 1월 20일에 종래의 〈중학교령〉·〈고등여학교령〉·〈실업학교령〉을 통합·개편한 〈중등학교령〉(칙령제36호)을 공포하였다.

〈중등학교령〉에 따라, 중등학교는 중학교·고등여학교·실업학교로 구분되었고(제2조), 교육목적은 '황국(皇國)의 도(道)를 따라 고등보통교육 또는 실업교육을 통한 국민의 연성(練成) 도모'(제1조)가 되었다.[133] 그와 동시에 〈고등학교령〉(칙령제38호)·〈전문학교령〉(칙령제39호) 등이 개정되었고, 3월 6일에 〈중등학교령〉과 관련하여 〈사범학교령〉(칙령제109호)이 공포되었다.[134] 또한 3월 27일에 〈중학교규정〉(부령제58호)·〈고등여학교규정〉(부령제59호)·〈실업학교규

---

131) 朝鮮敎育會, 「新 '國民學校令' 發布サル」, 『文敎の朝鮮』 188號, 1941, 25-50쪽.
132) 勅令第113號 〈朝鮮敎育令中 改正〉, 『朝鮮總督府官報』 4836號, 1943.3.18.
133) 勅令第36號 〈中等學校令〉(1943.1.20), 『朝鮮總督府官報』 號外, 1943.3.27.
134) 칙령제38호〈고등학교령〉; 칙령제39호 〈전문학교령〉(1943.1.20), 『朝鮮總督府官報』 號外, 1943.3.27; 칙령제109호 〈사범학교령〉(1943.3.6), 『朝鮮總督府官報』 號外, 1943.3.27.

정〉(부령제60호)·〈실업보습학교규정〉(부령제61호)·〈사범학교규정〉(부령제62호)이 제정·공포되었다.[135]

1941년 3월에는 〈국민학교령〉과 〈국민학교규정〉(1941.3.31)이 동시에 공포되었다. 이는 기존의 소학교제를 '국민학교제'로 재편한 것이었고, 그로 인해 초등학교에서 '조선어' 교과가 폐지되었다. 그리고 동년 12월에 일본은 진주만과 필리핀의 미국 군사시설을 공격하여 연합국과 '태평양전쟁'을 시작하였다. 전시 총동원 체제로 재편하였다.

(4) 제4차 조선교육령(1943.4.1-1945.8.15)

1941년 12월에 태평양전쟁이 시작된 이후, 전쟁이 장기화되면서 일본은 식민지 통치 방침을 전시 총동원 체제로 재편하기 시작하였다. 조선총독부도 전시 총동원 체제를 위해 일본의 교육법령 개정에 근거하여 1943년 3월 9일에 〈제4차 조선교육령〉(칙령 제113호)을 공포하였다.

〈제4차 조선교육령〉의 진행 과정과 핵심 사항과 당위성 등은 개정 이전부터 언론을 통해 유포되었다.[136] 그 주된 내용은 고이소[小磯國昭] 총독이 표현한 것처럼 대동아건설의 필요성과 황국신민(皇國臣民)의 연성(鍊成)을 위해 1943년 4월 1일부터 〈제4차 조선교육령〉이 시행된다는 것이었다.[137] 〈제4차 조선교육령〉의 주요 내용은 다음과 같다.[138]

---

135) 府令第58號 〈中學校規程〉; 府令第59號 〈高等女學校規程〉; 府令第60號 〈實業學校規程〉; 府令第61號 〈實業補習學校規程〉; 府令第62號 〈師範學校規程〉, 『朝鮮總督府官報』 號外, 1943.3.27.
136) 〈朝鮮教育令改正案 樞府本會議서 可決〉, 『每日申報』, 1943.2.18.; 〈朝鮮教育令改正要綱發表〉; 〈朝鮮教育令의 變遷史〉, 『每日申報』, 1943.2.20.
137) 〈(朝鮮教育令改正二伴フ總督) 諭告〉, 『朝鮮總督府官報』 4848號, 1943.4.1.; 〈皇國臣民 鍊成에 主眼 改正朝鮮教育令公布〉, 『每日申報』, 1943.3.11.
138) 〈改正朝鮮教育令全文, 九日公布, 四月一日實施〉, 『每日申報』, 1943.3.11.

첫째, 기존의 소학교 체제(〈제3차 조선교육령〉)가 1941년 일본의
〈국민학교령〉 공포에 따라 '국민'학교 체제로 변경되었다. 구체적으로
〈중학교령〉과 〈고등여학교령〉은 〈중등학교령〉 가운데 중학교 및 고
등여학교에 관한 부분(제2조), 사범교육은 〈사범교육령〉에서 사범학
교에 관한 부분에 따르도록 규정되었다(제5조). 실업교육은 〈중등학교
령〉의 실업학교 부분, 실업보습교육은 조선총독이 정하는 바에 따르
도록 규정되었다(제3조). 부칙에서는 1943년 4월 1일부터 〈제4차 조선
교육령〉이 시행되지만(제1조), 실업학교와 사범학교의 경우에 당분간
지역 정황을 반영한다는 점(제2조-3조) 등이 명시되었다.

둘째, 일본의 〈국민학교령〉과 조선의 〈국민학교규정〉에 따라 국민
학교에서 조선어 교육이 폐지되었다. 〈제4차 조선교육령〉 개정 이후
1943년 3월 27일에는 〈중학교규정〉·〈고등여학교규정〉·〈실업학교규
정〉·〈실업보습학교규정〉·〈사범학교규정〉 등이 개정되었고, 각급
학교의 교육목적은 '황국의 도에 기초한 국민의 연성(鍊成)'으로 규정
되었다.

1945년 7월에는 〈전시교육령〉·〈전시교육령시행규칙〉이 발표되었
다.[139] 〈전시교육령〉에서는 학생에게 '충성'과 '전시에 필요한 일에 앞
장 설 것[挺身]'이 요구되었다(제1조). 교직원에게는 학생과 함께 '전시
에 필요한 일에 앞장 설 것', '전시 교육훈련을 위해 학교마다 학생과
함께 학도대(學徒隊)를 조직하고 지역마다 학도대의 연합체를 조직할
것' 등이 요구되었다(제2조). 징집이나 소집 등으로 군인이 되거나 전
시 참여 과정에서 사망하거나 부상하거나 전시에 필요한 전공학과를

139) 勅令第320號 〈戰時教育令〉; 府令第151號 〈戰時教育令施行規則〉; 訓令第37號 〈訓
令〉, 『朝鮮總督府官報』 號外, 1945.7.1.

이수하는 학생에게는 재학하지 않거나 정규시험을 받지 않아도 졸업할 수 있게 하였다(제5조). 1945년 7월 당시, 총독이 각 도지사와 관립학교장과 공·사립전문학교장을 대상으로 발표한 〈훈령〉에 따르면, 이러한 조치는 '대동아전쟁 발발'에 따른 것이었다.[140]

2. 종립학교의 종교교육

1) 근대 종립학교와 학교 선교

조선에서 근대적 사립학교를 최초로 설립한 것은 천주교였다. 천주교는 1855년에 충북 제천(堤川) 배론에 요셉신학교(초대교장: R. P. Pourthie 申神父)를 설립하였다. 요셉신학교는 1866년 3월에 교난(敎難)으로 교장이 순교하면서 폐쇄되었지만, 1885년 10월 28일에 강원도 원주군에 신학교가 재흥되다가, 1887년에 용산으로 전교(轉校)하여 예수성심신학교가 되었다. 1911년에는 대구교구가 생기면서 성(聖)유스띠노신학교, 1927년에는 원산교구가 생기면서 덕원신학교가 분립되었다. 1929년 9월에는 덕원신학교[同校] 중등과가 혜화동으로 옮겨졌다.[141]

---

140) 訓令第37號 〈訓令〉, 『朝鮮總督府官報』 號外, 1945.7.1.
141) 「聖神大學昇格!神學校機構는이로써完成」, 『가톨릭청년』 5-2, 가톨릭 청년사, 1947.5. 34쪽. 요셉신학교 설립은 1836년 12월 김(金)안드레아 등 세 명의 신학생이 마카오신학교(神學校)에 유학을 떠나 1845년 8월 17일에 안드레아 김대건 신부가 상해 부근의 성당에서 서품(敍品)을 받은 상황에서 진행된 것이다. 이 신학교는 1947년 4월 30일에는 성신대학으로 승격되었다. 이 자료에는 1855년 요셉신학교 설립부터 신학교 기구의 신생기, 그 이전을 배태기로, 그리고 1887년 용산으로 신학교를 전교하여 예수성심신학교로 개칭한 시기부터 성장기, 그리고 1947년 성신대학으로 승격된 시기부터

천주교에 비해 개신교는 갑신정변 다음 해인 1885년 이후부터 일제
강점기 사이에 적지 않은 종립학교를 보유하였다. 개신교계가 사립학교
설립에 관심을 기울인 이유는 학교교육을 선교의 일환으로 이해했기 때
문이다. 개신교 선교사들은 1882년의 〈조미조약(朝美條約)〉(第14款)과
1883년의 〈조영통상조약(朝英通商條約)〉(Article 13), 갑신정변 이후의
1886년 〈조불통상조약(朝佛通商條約)〉(第13款) 등을 통해 선교가 가
능한 상황이었다. 선교 활동과 관련된 조약의 내용은 다음과 같다.

먼저, 제물포조약(濟物浦條約, 1882.8.30)의 계기였던 1882년 7월의
임오군란 직전, 즉 동년 4월에 〈조미조약〉이 체결되었다. 〈조미조약〉
은 선교사의 조선 입국과 조선에 관한 '학습'을 가능하게 했다.[142] 다
음으로 1883년 10월의 〈조영통상조약〉은 선교사에게 개항장 내 종교
행위의 자유(the free exercise of their religion)를 보장해주었다.[143]
조선은 갑신정변으로 인한 1885년 1월의 〈한성조약(漢城條約)〉(5개
항)과 동년 4월의 〈천진조약〉 이후,[144] 1894년 3월까지 약 9년간 외국
군 주둔이 필요 없는 상황에서 1886년 6월에 〈조불통상조약〉을 체결
하였다. 〈조불통상조약〉은 선교사에게 호조(護照)를 발급받으면 개항
장 이외 지역을 여행하는 것과 교수활동[敎誨]을 가능하게 하였다.[145]
〈조불통상조약〉은 수차례의 교안(敎案)에도 불구하고 개신교 선교사
의 선교활동까지 유리하게 만들었다는 평가를 받고 있다.[146]

완성기로 설명한다.
142) 〈朝美條約〉(第14款, 1822.4.6.) 第4款; 第11款.
143) 〈朝英修好通商條約〉(Article 13, 1883.10.27. 會同) Article IV-1, IV-2.
144) 統監府 編, 『韓國二關スル條約及法令』, 統監府, 1906, pp.5-6; 조정규, 앞의 글, 1999, 301쪽.
145) 〈朝佛通商條約〉(1886.6.4.) 第4款 六; 第九款 二. 기존 연구에 '遊歷'로 표현된 것은 '游歷'의 오기로 보인다.
146) 이진구, 「조불조약이 초기 개신교의 선교활동에 미친 영향」, 『교회사연구』 27, 한국교

개신교계 선교사가 학교 선교를 시작한 주요 시점은 〈조불통상조약〉 체결 전후였다. 1886년 5월 11일에는 미국 북장로회의 언더우드(Horace Grant Underwood)가 학생 1명으로 '언더우드학당'(고아원학교)을 시작했는데, 이것이 1905년에 경신(敬新)학당이 되었다. 동년 5월 31일에는 미감리회의 스크랜튼(M. R. Scranton) 부인이 이화여학당을 시작하였다. 동년 6월 8일에는 아펜젤러(Henry Gerhard Appenzeller)가 학생 2명으로 정식 학교를 시작했는데, 이것이 한국 근대교육의 효시라는 배재학당(培材學堂)이 되었다. 1887년 6월에는 미국 북장로회의 엘러즈(A. J. Ellers)가 정동여학당을 시작하였다.[147]

그 이후 1905년까지 기독교계 학교로서 정신여학교(1887, 장로회), 광성학교·숭덕학교·정의여학교(1894, 감리회), 일신여학교(1895, 감리회), 정진학교·공옥학교(1896, 감리회), 숭실학교(1897, 장로회), 신군학교·영화여학교(1897, 감리회), 배화여학교·맹아학교(1898, 감리회), 명신학교(1898, 장로회), 평양신학교(1900, 장로회), 루씨여학교(원산여학교, 1903, 감리회), 정명여학교(1903, 장로회), 덕명학교·의창(懿昌)학교(1904, 감리회), 영명학교(1905, 감리회) 등이 신설되었다. 또한 1909년까지 계성학교·신성학교·보성여학교(1906, 장로회), 의명학교(1906, 안식교), 한영서원·미리흠(美理欽)학교(1906, 감리회), 약현학교(1907, 천주교), 수피아(須皮亞)여학교·신명여학교·기전여학교(1907, 장로교), 신흥학교·창신학교(1908, 장로교), 의정학교(1909, 감리회) 등이 신설되었다.[148]

회사연구소, 2006, 34-53쪽. 이 글은 〈조미조약〉과 〈조영통상조약〉과 〈조불통상조약〉에 따른 선교사들의 위상 변화를 자료에 근거하여 설명하고 있다.
147) 한국기독교역사연구소, 『한국기독교의 역사 I』, 기독교문사, 1997, 194-199쪽.
148) 손인수, 『한국근대교육사, 1885-1945』, 연세대학교출판부, 1992, 24-25쪽.

1886년에 육영공원에서 외국어 교사였던 선교사 헐버트(H. B. Hul bert)에 따르면, 1906년경에 "선교단체가 서울과 평양에 저명한 학교를 설립하였고, 학교 졸업생들이 정부의 요직에 참여하면서 대중으로부터 존경을 받았다. 교재도 선교단체가 발행한 것이 가장 우수했다. 대부분이 선교단체 소속인 많은 외국인들이 '조선교육회'(Educational Association of Korea)를 구성하여 모든 학문 명칭을 체계 있게 명명하는 기초 작업을 수행하였다."149) 1905년 11월의 을사조약 이전까지 근대적 사립학교의 설립 움직임은 대체로 종립학교의 선교 활동이었다.

2) 사립학교 통제와 종립학교의 증가

1906년 2월의 통감부(1906.2.-1910.8.) 설치 이후 대한제국의 학부는 교육법규 체제 완비를 위해 끊임없이 관련 규정들을 공포하였다. 〈보통학교령〉·〈보통학교령시행규칙〉, 〈사범학교령〉·〈사범학교령시행규칙〉, 〈고등학교령〉·〈고등학교령시행규칙〉, 〈고등여학교령〉·〈고등여학교령시행규칙〉, 〈실업학교령〉·〈실업학교령시행규칙〉, 〈외국어학교령〉·〈외국어학교령시행규칙〉, 〈학회령(學會令)〉, 〈서당에 관한 훈령〉 등이 그에 해당한다. 학부는 이런 규정들을 통해 보통학교·사범학교·고등학교·고등여학교·실업학교·외국어학교·학회·서당 체제를 정

---

149) Homer B. Hulbert, *The Passing of Korea*(1906); 『大韓帝國滅亡史』(신복룡 옮김), 평민사, 1985, 328-329쪽. 헐버트는 1889년 7월에 George W. Gilmore 부부, Dalzell A. Bunker 부부와 함께 육영공원의 초빙 교사로 내한한, 1891년 12월에 귀국한 후, 1892년 7월에 H. G. Appenzeller 목사의 권유를 받고 1893년 9월에 가족과 함께 내한하여 감리교계 출판사인 Trilingual Press를 운영한, 1901년부터 감리교계 월간지인 The Korea Review(1906년까지 지속) 편집을 주관한, 1905년 10월 15일에 고종의 밀서를 미국에 전달한, 1907년 7월에는 만국평화회의와 관련하여 을사보호조약의 부당함을 알린 인물이다(5쪽).

비하였다.150)

　1905년 을사조약 이후에 사립학교의 설립 움직임은 증가되었고, 1906년 학제개혁 이후에 교육열도 보다 증가되었다. 그렇지만 학부는 불완전한 설비와 부적당한 교과서, 교육과 정치를 혼동한 불온·위험 사상의 주입, 학교 설립과 관련된 재산 쟁탈과 기부금 강요, 권력 장악 등을 이유로 이런 현상을 부정적으로 인식하였다. 이런 인식은 1908년 8월에 사립학교 설립을 학부의 '인가 사항'으로, 교과서 사용을 학부 편찬이나 검정으로 제한하는 〈사립학교령〉 공포로 이어졌다.

　1908년 당시, 종립학교도 사립학교로서 1908년 8월의 〈사립학교령〉, 〈사립학교 보조규정〉, 〈사립학교령 반포에 관한 훈령〉, 〈사립학교 학칙 기재례(例)〉, 〈공립·사립학교 인정에 관한 규정〉, 〈교과용도서 검정규정〉 등에, 그리고 〈학부 편찬 교과용도서 발매규정〉 등을 적용받아야만 했다. 그렇지만 〈사립학교령〉은 사립학교를 검속(檢束)하기 위한 것이라는 비판을 받기도 했고, 선교사들이 치외법권을 이유로 〈사립학교령〉에 의한 인가 신청을 거부하는 경향도 있었다.151)

　1915년의 학무국 자료에 따르면, 사립학교는 기존의 서당과 향교 등의 유학교육을 제외하면 기독교 선교사 등이 포교와 함께 자녀교육을 위해 설치한 것이었다. 그리고 1899년과 1900년에 점차 발흥(勃興)하여 1905년 통감부 설치 전후에 교육열의 왕성한 발흥으로 경쟁적으로 도처에 설립되었다. 대한제국 정부가 1906년의 학제개혁으로 한 동안 검속(檢束)하였지만, 사립학교는 시세(時勢)를 분개하고 교육과 정치를 혼동하고 학생들에게 불온한 사상을 주입하거나 학교 설립을 이유

---

150)　大韓帝國學部, 『敎育法規抄』, 大韓帝國學部, 1909 참조.
151)　學部 編, 『韓國敎育』, 學部, 1909, pp.33-35.

로 재산을 쟁탈하거나 기부금을 강제하거나 권세를 쟁탈하는 등의 '폐
해'가 있었다고 한다. 그리고 이런 맥락에서 '학교감독의 필요'에 따라
1908년 8월에 〈사립학교령〉을 발포하고 조선내의 모든 사립학교가 학
부의 설립인가를 받아 지도감독을 받게 했다고 한다.[152]

　조선총독부 설치 직전인 1910년 2월말의 종립학교 현황을 보면, 종
립학교가 경쟁적으로 설립되었음을 알 수 있다. 당시 종립학교의 수는
장로교회 501개교, 감리교회 158개교, 영국성공회 4개교, 강림교회(안
식교) 2개교, 각파 합동의 1개교, 천주교 46개교, 기독교종파 미상의
84개교, 불교의 5개교 등 모두 801개교였다. 이를 1910년 5월말의 사
립학교 인가 상황과 비교해 보면 선교사들이 '인가 신청 거부'라는 초
기의 대응 방식을 바꾸어 보다 적극적으로 인가에 참여하였음을 알 수
있다. 1910년 5월 종립학교의 인가 수는 한성부 24개교, 경기도 64개
교, 충청남도 16개교, 충청북도 7개교, 경상남도 18개교, 경상북도 74
개교, 전라남도 4개교, 전라북도 31개교, 강원도 6개교, 황해도 182개
교, 평안남도 254개교, 평안북도 121개교, 함경남도 21개교 등 모두 823
개교였다.[153] 종립학교 수가 1910년 2월의 경우보다 증가된 것이다.

3) 사립학교 관리와 종교교육 통제

　조선총독부는 병합 당시 2,200여개 학교에 설립인가를 받게 하였는
데, 그 가운데 개신교 각 교파나 외국선교사와 직·간접적 관계를 가
진 학교는 800여개였다. 그 후에 전체 학교 수가 점차 증가되었지만,

---

152) 朝鮮總督府內務部學務局, 『朝鮮敎育要覽』, 朝鮮總督府內務部學務局, 1915, p.60.
153) 이만규, 『朝鮮敎育史(下)』, 을유문화사, 1949, 153-154쪽, 159-160쪽.

공립고통학교가 보급되면서 1915년경에는 460여 학교가 감소되었다. 당시 조선총독부는 사립학교에 대해 불온한 설립동기, 불량 교과서 사용, 불온사상의 주입, 병식(兵式)체조와 연합운동회 등을 통한 적개심 고취 등 부정적으로 인식하였다. 특히 선교와 교육이 병행된 선교사 관련 종립학교에 대해서는 의사소통이 되지 않아 총독부의 진의가 철저히 후퇴하였기 때문에 관공립학교의 내용을 충실히 하여 그 실적을 가지고 선교사와 의사소통을 시도해야 한다고 판단하였다. 이는 사립학교를 선도하려는 방식이기도 하였다.154)

조선총독부는 사립학교에 대해 기초가 박약하다고 판단될 경우에 유지 곤란으로 합병하거나 폐교시켰고, 국어[일어-역자 주] 과목을 확대하여 교과를 정리·개선하였다. 병합 후에는 사립학교의 지도감독을 강화하고자 1911년에 〈사립학교규칙〉을 공포하였다. 그리고 기존의 〈사립학교령〉에 대신하여 총독부에 시학관(視學官)과 시학(視學)을 설치한 후, 관·공립학교의 지도와 지방 순회를 통해 사립학교에 대한 지도·감독을 시도하였다. 각 도(道)에도 학무(學務) 인원의 수를 늘리고, 성적이 양호한 사립학교는 공립보통학교로 변경하여 그 수를 감소시켰다. 사립학교의 교과과정도 공립학교에 준하여 개선되었고, 일본인 교원의 채용도 점차 증가되었다.155)

1911년 5월 말, 〈사립학교령〉 제12조에 근거하여 제출된 사립학교 관련 보고서에 따르면, 전체 사립학교 수는 1,655개교, 그 가운데 종립학교 수는 637개교였다. 종립학교의 통계에 차이가 있는 주된 이유는 보고서를 제출하지 않은 학교들이 있었기 때문이다. 조선총독부에 따

---

154) 朝鮮總督府内務部學務局, 『朝鮮敎育要覽』, 朝鮮總督府内務部學務局, 1915, p.61.
155) 위의 책, pp.61-2

르면, 보고서를 제출하지 않은 학교 가운데 많은 경우가 폐교 수속을 이행중이거나 유지 곤란 등으로 인해 휴교 상태였다고 한다. 1911년 5월 말의 발표된 조선인 교육 사립학교의 현황은 다음과 같다.156)

〈표 8〉 조선인 교육 사립학교 情況 一覽(1911년 5월말 현재)

道別	種別	校數	직원수		생도수		교과용 도서				교회 보조	보고 미제출
			전체	日人	재적	출석	편찬	검정	인가	不認可		
경기도	일반	163	307	△27	11,528	10,452	859	323	484	80	0	16
	종교	63	250	△3	3,474	3,236	228	141	173	30	46,710	11
충북	일반	32	69	△5	1,560	1,198	249	23	27	0	0	0
	종교	7	13		195	172	32	5	41	0	1,107	0
충남	일반	13	135	△13	3,242	2,445	377	18	129	0	0	46
	종교	10	23		446	33	31	4	57	0	578	7
전북	일반	35	69	△17	2,141	1,696	237	29	29	0	0	0
	종교	23	47		872	689	107	28	96	0	1,511	0
전남	일반	22	43	△8	1,258	1,037	161	4	20	0	0	1
	종교	7	11	△2	350	212	14	19	43	0	3,183	2
경북	일반	49	190		2,572	1,884	298	58	136	0	0	1
	종교	57	89		1,081	1,033	75	17	376	0	1,093	2
경남	일반	57	132	△20	3,036	2,655	390	74	111	23	0	6
	종교	15	35	△1	616	532	56	20	53	7	2,926	2
황해	일반	70	116	△7	2,611	2,057	307	94	251	1	0	0
	종교	104	157	△7	2,682	2,324	240	137	605	4	3,945	0

156) 〈朝鮮人敎育私立學校情況一覽〉, 『朝鮮總督府月報』 2-9, 朝鮮總督府, 1912, pp.80-81. 이 표에는 경비(토지수입, 기금수입, 설립자출자, 교회보조, 수업료, 기부금, 기타)와 평균(1郡당 학교수과 생도수) 관련 내용도 있지만 지면상 생략하였다. 〈표〉 하단의 '비고'에 따르면, 이 표는 〈사립학교령〉 제12조에 의거하여 각 사립학교(조선인교육)가 제출한 보고서에 기초한 통계이다. '종별'란의 '종교'는 교과과정 가운데 '종교'에 관한 내용을 포함시킨 학교이다. '직원'란의 △는 총수에 포함된 일본인(內地人) 수이다. 교과용도서의 '불인가'교과서사용에 관한 일부 취체가 별도로 이루어지고 있다.

평남	일반	147	305	△7	5,880	4,596	636	185	178	4	0	0
	종교	204	343	△1	6,387	5,503	777	269	1,733	3	5,804	32
평북	일반	201	339	△11	7,368	6,464	685	305	702	47	0	3
	종교	110	231		4,071	3,872	152	201	673	150	5,084	3
강원	일반	26	73		1,501	1,147	101	31	46	0	0	1
	종교	5	8		145	120	20	3	4	0	123	1
함남	일반	147	233	△10	6,309	5,157	843	128	417	5	0	0
	종교	22	46	△1	647	551	45	14	250	0	3,387	1
함북	일반	46	98		1,550	1,348	253	44	48	0	0	1
	종교	0	0		0	0	0	0	0	0	0	0
계	일반	1,008	2,109	△129	50,559	42,136	5,366	1,316	3,088	162	0	75
	종교	637	1,253	△15	20,963	18,665	1,777	858	4,004	194	35,481	61
	총계	1,655	3,362	△144	71,522	60,801	7,103	2,174	7,092	356	35,481	136

1910년 5월과 1911년 5월의 일반사립학교와 종립학교의 상황을 비교해보면, 전반적으로 사립학교의 수가 감소 추세였고, 종립학교의 수도 감소 추세를 보였다. 그리고 사립학교에 일인 교사의 비율은 증가되는 추세였다. 다만 전체 사립학교에서 종립학교의 비중은 차이를 보였다.[157]

---

157) 위의 책, 1912, pp.82-83. 이 표에는 생도수의 변화, 경비액의 변화가 담겨있지만 본문에서는 지면상 생략하였다. 이 표는 〈사립학교령〉 제12조에 의거하여 각 사립학교(조선인교육)가 제출한 보고서에 기초한 통계이다. '종별'란의 '종교'는 교과과정 가운데 '종교'에 관한 내용을 포함시킨 학교이다. '직원'란의 △는 총수에 포함된 일본인(內地人) 수이다.

<표 9> 조선인 교육 사립학교 情況 一覽(1911년 5월말과 1910년 5월말)

道別	種別	校數 1911.5	校數 1910.5	校數 증감	직원수(△일인) 1911.5 전체	1911.5 일인	1910.5 전체	1910.5 일인	증	감
경기	일반	163	199	▼36	307	△27	1023	△7	△20	716
	종교	63	69	▼6	250	△3	318	△2	△1	68
충북	일반	32	36	▼4	69	△5	117	△2	△3	48
	종교	7	7	0	13		18		0	5
충남	일반	13	63	▼50	135	△13	196	△12	△1	61
	종교	10	18	▼8	23		50	△1	0	28 △1
전북	일반	35	46	▼11	69	△17	131	△15	△2	82
	종교	23	27	▼4	47		69	△2	0	22 △2
전남	일반	22	19	▲3	43	△8	58	△8	0	15
	종교	7	7	0	11	△2	16	△1	△1	5
경북	일반	49	63	▼14	190		162	△32	28	△33
	종교	57	65	▼8	89		147	△1	0	58 △1
경남	일반	57	71	▼14	132	△20	224	△33	0	52 △13
	종교	15	16	▼1	35	△1	49		△1	14
황해	일반	70	87	▼47	116	△7	276	△3	△5	160
	종교	104	144	▼40	157	△7	339		△7	192
강원	일반	26	33	▼7	73		96	△4	0	23 △4
	종교	5	4	▲1	8		12		0	4
평남	일반	147	167	▼20	305	△7	443	△6	△1	138
	종교	204	284	▼44	343		169	△2	174	△1
평북	일반	201	247	▼45	339	△11	662	△4	0	323 △1
	종교	110	125	▼15	231		307		△7	76
함남	일반	147	161	▼14	233	△10	450	△5	△5	217
	종교	22	16	▲6	46	△1	59	△1		13
함북	일반	46	35	▲11	98	△3	109	△5		11 △2
	종교	0	0	0	0		0			0
계	일반	1,008	1227	▼219	2,109	△129	3,947	△137	?	1,838
	종교	637	746	▼123	1,253	△15	1,553	△10	△5	300
	총계	1,635	1973	▼342	3,362	△144	5,500	△147		2,138 △3

1911년 8월의 〈제1차 조선교육령〉에 이어 10월에 〈사립학교규칙〉이 공포되었는데, 당시 학무국은 '국민교육이 국가적 사무로 사인(私人)에게 위임하는 것이 변칙'이라는, 사내 총독은 사립학교가 선교사

들의 경영에 달려있는 상황에서 독립을 고취하거나 일본제국에 반항
을 장려하는 것을 단속해야 한다는 입장이었다. 그 입장이 〈사립학교
령〉(1908)의 개정판인 〈사립학교규칙〉이었던 것이다. 그 후 종립학교
는 〈사립학교규칙〉 제16조에 따라 매년 5월말에 의무적으로 조사보고
서를 제출하였다. 조사보고서에 기초하여 1920년대 중반까지 집계한
총독부의 통계 자료를 보면, 종립학교는 〈제1차 조선교육령〉 공포 이
후 점차 폐지되는 추세를 보였다.[158]

　1911년 12월의 보도 자료에 따르면, 총독부는 〈제1차 조선교육령〉에
이어 〈사립학교규칙〉을 근거로 하여 외국인이 관계한 종립학교들을 시
세에 적합하도록 개선·개량한다는 방침을 가지고 있었다. 이러한 방침
은 시학관을 파견하여 교수 내용을 감독하는 형태로 나타났다. 한편 당
시의 학생들도 외국인 또는 외래 종교[外敎]의 감화를 받은 조선인 교사
들의 교육 형태에 쉽게 복종하지 않는 경향이 있었다고 하는데,[159] 그
에 따르면 총독부의 방침도 학생들의 입장과 연결된 것이었다.

　조선총독부는 학무국이 1913년 10월에 평양 진남포를 포함하여 관
련 지역의 종립학교[宗敎學校]와 기독교회의 상황을 조사한 것처럼,[160]
종립학교의 통제에 관심을 보였다. 그에 따라 1910년대에 종립학교는
전반적으로 개교보다 폐교 경향을 보였다. 1912년 6월말의 상황을 보
면, 전체 조선인 대상 사립학교 수(1,459개) 가운데 교과과정에 '종교'
를 추가한 종립학교가 575개교였는데, 1월 이후에 설치·인가된 종립
학교가 전체(17개) 가운데 5개교, 1월 이후 폐교된 종립학교가 전체(269

158) 〈朝鮮總督府官報〉 315號, 1911.9.14.; 손인수, 앞의 책, 106-107쪽.
159) 「宗敎學校監督」, 『海洋硏究所報』, 1911.12.15.
160) 「宗敎學校情況調査」, 『每日申報』, 1913.10.30.

개) 가운데 110개교였다. 폐교 지역은 평안남도(43개교), 황해도(33개
교), 평안북도(12개교) 순이었다.161)

1913년 6월말에는 전체 조선인 대상 사립학교 수(1,377개) 가운데
종립학교가 518개교였는데, 1월 이후 설치·인가된 종립학교가 전체
(50개) 가운데 16개교, 1월 이후 폐지된 종립학교가 전체(112개) 가운
데 50개교였다. 폐교 지역은 평안남도(23개교), 평안북도(8개), 황해도
(4개교) 순이었다. 1913년 당시 사립학교 현황은 다음과 같다.162)

〈표 10〉 朝鮮人敎育私立學校數調(1913년 6월말 현재)

	종별	경기	충북	충남	전북	전남	경북	경남	황해	평남	평북	강원	함남	함북	합계
現在校數	일반	132	19	24	13	16	26	56	48	111	181	27	158	48	859
	종교	73	5	14	22	6	37	14	64	159	92	8	22	2	518
	계	205	24	38	35	22	63	70	112	270	273	35	180	50	1,377

1914년 6월말에는 전체 조선인 대상 사립학교 수(1,290개) 가운데
종립학교가 473개교였는데, 1월 이후 설치·인가된 종립학교가 전체
(17개) 가운데 7개교, 1월 이후 폐지된 종립학교가 전체(59개) 가운데
32개교였다. 폐교 지역은 평안북도(12개교), 평안남도(9개교), 황해도
(8개교), 경상남도(7개교) 순이었다.163) 1914년 12월말에는 전체 조선
인 대상 사립학교 수(1,268개) 가운데 종립학교가 482개교였는데, 1월
이후 설치·인가된 종립학교가 전체(23개) 가운데 10개교, 1월 이후

161) 〈私立學校數調〉, 『朝鮮總督府官報』 569號, 1912.7.19.
162) 〈朝鮮人敎育私立學校數調〉, 『朝鮮總督府官報』 295號, 1913.7.24.; 〈法令〉, 『朝鮮總督府月報』, 3-8, 朝鮮總督府, 1913, p.101.
163) 〈朝鮮人敎育私立學校數調〉, 『朝鮮總督府官報』 431號, 1914.1.9.; 〈朝鮮人敎育私立學校數調〉, 『朝鮮總督府官報』 594號, 1914.7.24.

폐지된 종립학교가 전체(86개) 가운데 25개교였다. 폐교 지역은 평안
남도(10개교), 황해도(9개), 경기도(3개교) 순이었다.[164]

　종립학교를 포함하여 사립학교는 1910년 이후 1915년까지 전반적
으로 감소 추세를 보였다. 종립학교의 감소 경향은 평안남도, 평안북
도, 경기도 순이었다. 1910년부터 1915년까지 사립학교의 변동 상황은
다음과 같다.[165]

〈표 11〉 사립학교 상황(1910-1915)

| 道別 | 1915년 (6월 말일 현재) | | | | | | | | | | | | | | 1914년 | 1913년 | 1912년 | 1911년 | 1910년 |
	경기	충북	충남	전북	전남	경북	경남	황해	평남	평북	강원	함남	함북	계					
일반	112	18	18	8	9	19	49	34	86	159	28	157	49	746	786	834	885	1,044	1,302
종교	71	5	13	21	7	34	15	45	139	80	10	22	3	465	482	496	555	677	778
계	183	23	31	29	16	53	64	79	225	239	38	179	52	1,211	1,268	1,330	1,440	1,721	2,080

　총독부는 학교에서 교육과 종교가 분리되어야 한다는 입장을 보였
다. 그와 관련하여 일본은 이미 1899년에 자국의 관립·공립학교에서
종교교육과 종교의식을 금지한 바 있었다.[166] 조선에서는 이런 입장이
1915년 3월에 개정된 〈사립학교규칙〉(府令 제24호)으로 표면화되었
다. 이 개정 〈사립학교규칙〉은 종립학교의 존폐 문제에도 직접적인 영

---

164) 〈朝鮮人敎育私立學校數調〉, 『朝鮮總督府官報』 737號, 1915.1.20.
165) 朝鮮總督府內務部學務局, 『朝鮮敎育要覽』, 朝鮮總督府內務部學務局, 1915, pp.63-
　64. 이 자료에서 1915년 경우 일반 학교의 합계(736)가 각 도별 실제 합계(746)와 일
　치하지 않아 746개로 수정하였다.
166) 〈官立公立學校及學科課程ニ關シ法令ノ規定アル學校ニ於テ宗敎上ノ敎育儀式施行禁止〉
　(明治 32, 文部省訓令第12號, 『宗敎關係法規集』(文部省宗敎局), 內閣印刷局, 1942, p.395.

향을 미쳤다. 개정 〈사립학교규칙〉 제6조 2항에 따르면 보통학교·고
등보통학교·여자고등보통학교·실업학교·전문학교뿐 아니라 보통·
실업·전문교육을 하는 사립학교도 보통학교규칙·고등보통학교규칙·
여자고등보통학교규칙·전문학교규칙에 준한 교과과정을 마련해야
했기 때문이다. 그런 경우에만 보통학교규칙·고등보통학교규칙·여
자고등보통학교규칙·전문학교규칙에 규정된 이외의 교과과정을 추
가할 수 있었다.167)

　개정 〈사립학교규칙〉의 핵심은 '사립학교의 관·공립보통학교화'였
다. 당시 사내 총독의 훈령 제16호에 따르면, 〈사립학교규칙〉의 개정
의도는 사립학교에 대해 '관·공립 교육기관과 균일한 교육의 실시',
'시운(時運)의 진보를 감안한 국민교육의 통일'을 완성하는 데에 있었
다. 이 규칙이 학교로 인가되지 않았던 성서연구회(Bible schools)나
일요학교(Sunday schools) 등에 적용된 것은 아니었다. 그렇지만 총독
부는 '국민교육이 종교와 무관하다는 주의'에 따라 관·공립학교뿐만
아니라 법령으로 학과과정을 규정한 학교의 종교교육[宗敎上ノ敎育]
또는 종교의식[其ノ儀式]을 허가하지 않았다. 다만 교원의 국어[日語]
통달 등을 포함한 개별 학교 사정을 감안하여 1915년 4월 이후부터 10
년간의 유예기간이 주어졌을 뿐이다.168) 이후 총독부는 사립학교교원
의 시험규칙을 발표하고, 각 도에서 자격인정시험을 진행하게 하는 등
의 조치를 취했지만, 유예기간 이후 사립학교에 학과(學科)를 두어 종

---

167) 府令 第24號 〈私立學校規則 改正〉(1915.3.24.),『朝鮮總督府官報』789號, 1915.3.24.
　　한편 기존 연구에서 제6조 2항에 직접적으로 '그 밖의 학과목은 일체 부과할 수 없었고,
　　따라서 성경·지리·역사 등의 과정을 추가할 수 없었다'는 식의 서술이 보인다(손인수,
　　앞의 책, 113쪽). 그러나 제6조 2항에는 그런 표현이 확인되지 않는다. 다만 그 내용은
　　조선총독부 훈령 제16호(1915.3.24.)에서 확인된다.
168) 朝鮮總督府 訓令 第16號,『朝鮮總督府官報』789號, 1915.3.24.

교(宗敎)를 가르치게 한다는 입장을 보이기도 하였다.[169]

1915년 각 도별 사립학교 교원, 생도수, 교과서, 경비 상황은 아래의 표와 같다.[170] 표에서 교과서 부분에 수치가 기록되지 않은 것은 사립학교 측에서 내용을 누락한 것 등으로 인해 조사되지 않았기 때문으로 보인다.

〈표 12〉 사립학교 상황(1915년 5월 말일)

| 道別 | 種別 | 校數 | 직원수 | | | 생도수 | 교과서 | | 경비 |
			朝鮮人	內地人	계		편찬	기타	
경기	일반	104	538	21	559	8,558	821	149	92,165
	종교	70	401	11	412	6,135	494	378	109,245
충북	일반	17	36	3	39	877	146	0	8,080
	종교	5	12	0	12	235	40	31	2,596
충남	일반	15	37	7	44	610	125	10	8,646
	종교	13	48	2	50	600	105	64	6,292
전북	일반	7	23	0	23	459	73	1	5,260
	종교	20	84	0	84	666	137	97	12,426
전남	일반	9	31	5	36	524	83	0	9,372
	종교	7	42	4	46	485	54	37	10,136
경북	일반	23	71	7	78	899	172	12	14,362
	종교	29	100	3	103	1,019	223	81	9,264
경남	일반	45	91	19	110	2,245	402	38	23,465
	종교	15	45	7	52	1,113	121	60	15,838
황해	일반	31	94	2	96	1,277	237	11	10,464
	종교	45	135	2	137	1,776	282	124	13,762
평남	일반	81	207	12	219	3,185	650	19	22,459
	종교	138	420	11	431	6,485	948	555	62,299
평북	일반	145	350	15	365	4,960	1,118	94	47,704
	종교	76	192	1	193	2,310	399	369	19,086
강원	일반	26	75	0	75	1,282	209	2	10,960
	종교	10	29	0	29	331	79	14	4,413
함남	일반	153	438	6	444	7,347	1,413	23	80,637
	종교	19	65	3	68	950	122	102	14,107
함북	일반	48	134	1	135	2,310	282	8	11,818
	종교	3	12	0	12	149	21	16	2,104
계	일반	704	2,125	98	2,223	34,531	5,731	367	355,392
	종교	450	1,584	44	1,628	22,264	2,023	1,618	281,668
	총계	1,154	3,709	142	3,851	56,795	7,754	1,985	637,060

169) 朝鮮總督府內務部學務局, 『朝鮮敎育要覽』, 朝鮮總督府內務部學務局, 1915, pp.61-62. 사립학교의 학과(學科)를 통해 종교(宗敎)를 가르치게 한다는 입장은 특정 종교를 위한 교육과 구별되는 것으로 보인다.
170) 위의 책, pp.64-65.

선교사들은 개정 〈사립학교규칙〉에 대해 총독부에 학교교육을 전적으로 이양하고 그 비용과 노력을 다른 방식의 선교(포교)로 전환하라는 취지로 인식하였다. 당시 선교연합회는 일본에서 사립학교에 교수의 자유를 허용하고 있다는 점, 개정 〈사립학교규칙〉이 기독교학교에서 성경 교수의 자유를 확약한 기존의 총독부 입장과 위배된다는 점 등을 들어 반대 의견을 제시하였다. 그에 대해 조선총독부는 별다른 반응을 보이지 않았다. 결국 개정 〈사립학교규칙〉으로 인해 개신교계 학교는 사립중학교의 고등보통학교 승격 문제에 직면하였다. 장로교계 일부 학교에서는 선교에 성경 과목과 종교 의식이 필요하다는 명분으로 고등보통학교로의 교명 변경을 거부하고 심지어 폐교까지 선택하였다. 그에 비해 감리교계 일부 학교는 학생 모집 문제와 함께 교과 과정 이외의 학교 선교 가능성을 감안하여 승격 문제에 찬성하는 모습을 보였다.[171]

개정 〈사립학교규칙〉 이후 학교 승격 문제는 지속적인 관심을 받았다.『매일신보』에 실린 1910년대의 〈農林學校陞格〉(1916.12.22.), 1920년대의 〈恩津學校昇格〉(1920.5.11.) 등이 그 사례이다.[172] 1920년대『시대일보』에 실린 〈歷史가 만흔 箕成學校昇格〉(1925.7.14.), 〈新明學校 昇格運動 面民大會에서〉(1925.12.29.), 〈永明學校 昇格運動〉(1926.6.10.), 같은 시기에『중외일보』에 실린 〈寧邊農學校 昇格運動 具體化〉(1926.12.11.), 〈大興學校昇格運動〉(1927.6.4.), 〈私立金村學

---

171) 손인수, 앞의 책, 115-130쪽.
172) 1920년대에는『매일신보』에만 해도 학교 승격 문제와 관련된 기사들이 적지 않았다. 〈恩津學校昇格〉(1920.5.11.), 〈學校昇格不能乎〉(1920.12.20.), 〈學校昇格案通過〉(1922.3.17.), 〈平壤崇實校의 專門學校昇格〉(1925.9.15.), 〈崎南學校 昇格運動〉(1927. 3.22.), 〈學校昇格을 爲하야 校長이 賣藥行商〉(1927.6.11.), 〈中學校 代身에 農業校 昇格運動〉(1927.9.3.) 등이 그에 해당된다.

校 昇格運動猛烈 〉(1928.3.2.) 등도 해당 사례이다.

1930년대 이후에도 학교승격에 대한 관심은 지속되었다. 1930년대 『조선중앙일보』의 〈羅津海洋學院 學校昇格을 企圖〉(1934.8.27.), 『매일신보』의 〈龍川正則私立學校 公普校昇格運動〉(1931.8.28.) 등이 해당 사례이다. 1940년대 『매일신보』의 〈寧邊 崇德學校 昇格은 時間問題〉(1941.3.3.), 〈私立學校도 內容보아 國民學校昇格可能〉(1941.3.8.) 등도 해당 사례이다.[173]

조선 불교계도 1928년에 불교전수학교(佛敎專修學校)[174]와 관련하여 '現下 敎育制度로 본 學校의 唯一한 生命으로 看做되는 昇格問題'라고 표현할 정도로 학교 승격 여부를 학교의 존폐 문제로 인식하였다. 그에 대해 당시 학무국은 '目的이 布敎師 養成이닛가 昇格하는 것이 그다지 不必要하다'는 입장이었다. 그러나 학교승격 여부는 졸업자의 활용, 학생 모집 등 제반 문제와 연관된 것이었다. 당시 교무원이사회에서 궁여지책으로 사출자액(寺出資額)에 비례하여 매년 정원을 기송(記送)하기로 했지만, 문제는 '無資格한 學校에 志願할 者가 업슬 것이며 設使 잇다하드래도 無資格한 入學者로 無價値한 學校'가 된다는 것이었다. 이 상황은 재원을 증액하여 승격해야 하고, 승격하지 못하면

---

173) 1930년대의 『매일신보』에는 〈三水郡自新學校 昇格運動具體化〉(1931.12.21.), 〈馬山商業學校 昇格實現乎〉(1933.2.1.), 〈私立淸德學校 普校昇格認可〉(1934.2.5.), 〈六年制의 普校로 彰德學敎昇格〉(1935.4.28.), 〈歷史깁흔 安法學校 六年制普校昇格〉(1937.4.22.), 〈廣院簡易學校昇格〉(1938.12.10.), 〈寧邊桂林學校 昇格運動猛烈〉(1939.1.9.), 〈江陸農業學校 昇格運動白熱化〉(1939.2.4.), 〈小學校昇格運動〉(1939.8.30.) 등이 실렸다. 1930년대의 『매일신보』에는 〈師範學校昇格問題〉(1942.12.13.), 〈師範學校昇格에 따라 初等敎員을 再敎育〉(1943.5.18.), 〈誠信女學校昇格〉(1945.4.11.) 등이 실렸다.

174) 불교전수학교는 1925년에 동광학교(東光學校, 설립: 1921)와 보성고등보통학교(普成高等普通學校, 인수: 1922)를 병합한 것이다. 이후 1930년에 중앙불교전문학교(승격), 1940년에 혜화전문학교(惠化專門學校), 1946년 9월에 동국대학(東國大學, 1953년 동국대학교 승격)이 되었다.

'學校보다 特殊講院'의 간판을 붙여야 한다는 것으로 정리되었다.[175]

4) 종립학교와 종교교육의 변화

개정 〈사립학교규칙〉 이후에도 종립학교는 사립학교와 함께 감소 추세를 보였다. 1915년 12월말에는 전체 조선인 대상 사립학교 수(1,137개) 가운데 종립학교가 444개교였는데, 동년 1월 이후 설치·인가된 종립학교가 전체(4개) 가운데 3개교, 1월 이후 폐지된 종립학교가 전체(134개) 가운데 41개교였다. 폐교 지역은 평안북도(12개교), 평안남도(11개교), 경상북도(7개교) 순이었다.[176]

1916년 6월말에는 전체 조선인 대상 사립학교 수(1,062개) 가운데 종립학교가 422개교였는데, 1월 이후 설치·인가된 사례는 보이지 않는다. 그에 비해 1월 이후에 폐지된 종립학교는 전체(75개) 가운데 23개교였다. 폐교 지역은 평안북도(18개교), 평안남도(16개교), 경기도(14개교) 순이었다.[177]

1917년 6월말에는 전체 조선인 대상 사립학교 수(908개) 가운데 종립학교가 362개교였는데, 1월 이후에 설치·인가된 종립학교가 전체(1개) 가운데 1개교, 1월 이후에 폐지된 종립학교가 전체(117개) 가운데 49개교였다. 폐교 지역은 평안북도(34개교), 평안남도(23개교), 경기도(23개교) 순이었다. 1917년에 설치 인가된 종립학교 1개교는 불교지방학교였다.[178] 1917년 12월말에는 전체 조선인 대상 사립학교 수(863

---

175) 曹學乳「本校庶務主任」,「佛專昇格에對하야」,『一光』第1號, 中央佛教專門學校 校友會, 1928. 1. 18-20쪽.
176) 〈朝鮮人敎育私立學校數調〉,『朝鮮總督府官報』1033號, 1916.1.17.
177) 〈朝鮮人敎育私立學校數調〉,『朝鮮總督府官報』1190號, 1916.7.21.

개) 가운데 종립학교가 339개교였는데, 1월 이후에 설치·인가된 종립학교가 전체(3개) 가운데 3개교, 1월 이후에 폐지된 종립학교가 전체(166개) 가운데 74개교였다. 폐교 지역은 평안북도(39개교), 평안남도(32개교), 경기도(37개교) 순이었다. 1916년 말과 비교했을 때, 종립학교 71개교를 포함하여 사립학교 전체 수가 161개교 감소된 것이었다.[179]

1918년 6월말에는 전체 조선인 대상 사립학교 수(809개) 가운데 종립학교가 323개교였는데, 1월 이후에 설치·인가된 종립학교는 전체(2개) 가운데 포함되지 않았고, 1월 이후에 폐지된 종립학교는 전체(56개) 가운데 16개교였다. 폐교 지역은 평안남도(7개교), 경기도(4개교) 순이었다. 1917년 12월말과 비교했을 때, 종립학교 16개교를 포함하여 전체 53개교가 감소된 것이었다.[180] 1918년 12월말에는 전체 조선인 대상 사립학교 수(779개) 가운데 종립학교가 312개교였는데, 1월 이후에 설치·인가된 종립학교는 전체(8개) 가운데 2개교였고, 1월 이후에 폐지된 종립학교는 전체(92개) 가운데 29개교였다. 폐교 지역은 평안북도(15개교), 평안남도(9개교), 함경남도(8개교), 그리고 황해도(5개교)·경상남도(5개교) 순이었다.[181]

1919년 6월말에는 전체 조선인 대상 사립학교 수(753개) 가운데 종립학교가 299개교였는데, 1월 이후에 설치·인가된 종립학교는 전체(4개) 가운데 2개교였고, 1월 이후에 폐지된 종립학교는 전체(30개) 가운데 7개교였다. 폐교 지역은 전라북도(2개교), 경기도·충청남도·경상북도·황해도·함경남도(각 1개교) 순이었다. 당시 총독부 관보에

178) 〈朝鮮人敎育私立學校數調〉, 『朝鮮總督府官報』 1505號, 1917.8.9.
179) 〈朝鮮人敎育私立學校數調〉, 『朝鮮總督府官報』 1633號, 1918.1.18.
180) 〈朝鮮人敎育私立學校數調〉, 『朝鮮總督府官報』 1793號, 1918.7.27.
181) 〈朝鮮人敎育私立學校數調〉, 『朝鮮總督府官報』 1932號, 1919.1.18.

따르면, 사립학교 30개교가 감소된 것은 유지 곤란하여 폐지되어 공립보통학교로 조직을 변경했기 때문이었다.[182] 1919년 12월말에는 전체 조선인 대상 사립학교 수(732개) 가운데 종립학교가 295개교였는데, 본년(本年) 중에 설치된 종립학교가 전체(8개) 가운데 4개교였고, 본년 중에 폐지된 종립학교가 전체(55개) 가운데 13개교였다. 폐교 지역은 경상북도 · 경기도 · 충청남도 · 전라북도 · 황해도(각 2개교), 함경남도(1개교) 순이었다.[183]

1920년 6월말에는 전체 조선인 대상 사립학교 수(715개) 가운데 종립학교가 289개교였는데, 1월 이후에 설치된 종립학교는 전체 사립학교(9개) 가운데 보이지 않았고, 1월 이후에 폐지된 종립학교는 전체(26개) 가운데 6개교였다. 폐교 지역은 경기도(3개교), 평안남도(2개교) 순이었다. 당시 총독부 관보에 따르면, 사립학교 26개교의 감소는 유지 곤란하여 폐지되어 공립보통학교로 조직을 변경한 것이라고 한다.[184]

1921년 6월말에는 전체 조선인 대상 사립학교 수(667개) 가운데 종립학교가 279개교였는데, 1월 이후에 설치된 종립학교는 전체 사립학교(8개) 가운데 3개교였고, 1월 이후에 폐지된 종립학교는 전체(31개) 가운데 6개교였다. 폐교 지역은 경상남도 3개교 등이었다. 총독부 관보에 따르면, 폐지된 31개교의 사립학교는 유지 곤란하여 폐지되어 공립보통학교로 조직을 변경한 것이라고 한다.[185] 1921년 12월말에는 전체 조선인 대상 사립학교 수(652개) 가운데 종립학교가 275개교였는데, 1월 이후에 설치된 종립학교는 전체 사립학교(13개) 가운데 4개교였고,

---

182) 〈朝鮮人敎育私立學校數調〉, 『朝鮮總督府官報』 2086號, 1919.7.24.
183) 〈朝鮮人敎育私立學校數調〉, 『朝鮮總督府官報』 2261號, 1920.2.27.
184) 〈朝鮮人敎育私立學校數調〉, 『朝鮮總督府官報』 2377號, 1920.7.13.
185) 〈朝鮮人敎育私立學校數調〉, 『朝鮮總督府官報』 2707號, 1921.8.18.

1월 이후에 폐지된 종립학교는 전체(51개) 가운데 11개교였다. 폐교 지역은 전라남도·경상남도(각 3개교) 등이었다. 총독부 관보에 따르면, 폐지된 51개교 가운데 34개교는 공립보통학교로 조직을 변경하기 위하여 폐지된 것이고, 17개교는 유지곤란으로 폐지된 것이라고 한다.[186]

1919년 3·1운동 이후 동년 8월에 부임한 사이토 마코토[齋藤實] 총독은 소위 문화정치를 지향하였고, 교육에서도 일본과 조선의 차별을 지양하는 입장을 보였다. 개신교계도 '천황과 위정자를 위해 축복하는 것이 일요예배의 일부'라고 하면서 종교교육의 제한을 철폐하라는 주장을 전개하였다. 그 상황에서 총독부는 1920년 2월에 〈사립학교규칙〉을 재개정하여 교원 자격을 완화시키고, 교육과 종교의 절대 분리주의를 시정하여 보통학교·고등보통학교·여자고등보통학교의 인가를 받지 않은 소위 사립 각종학교(各種學校)에 대해 성서를 가르칠 수 있다는 방침을 내세웠다.[187] 그리고 1922년 2월에는 일본의 교육제도에 준거하여 학제를 개혁한 〈제2차 조선교육령〉을 공포하였다.

〈제2차 조선교육령〉 시기에도 종립학교의 수는 일반 사립학교의 수처럼 여전히 감소 추세를 보였다. 1922년 6월말에는 전체 조선인 대상 사립학교 수(655개) 가운데 종립학교가 275개교였는데, 1월 이후에 설치된 전체 사립학교(19개) 가운데 종립학교 사례는 없었고, 1월 이후에 폐지된 전체 사립학교(16개)에서도 종립학교 사례는 없었다. 총독부 관보에 따르면, 폐지된 16개교에서 5개교는 공립보통학교로 조직을 변경하기 위하여 폐지된 것, 11개교는 유지 곤란으로 폐지된 것이

---

186) 〈朝鮮人敎育私立學校數調〉, 『朝鮮總督府官報』 2833號, 1922.1.25. 이 자료의 '公私立普通學校二組織變更'이라는 표현은 '公立普通學校二組織變更'의 오기로 보인다.
187) 손인수, 앞의 책, 160-175쪽.

라고 한다.[188] 1922년 12월말에는 전체 조선인 대상 사립학교 수(666개) 가운데 종립학교가 277개교였는데, 1월 이후에 설치된 종립학교는 전체 사립학교(43개) 가운데 4개교였고, 1월 이후에 폐지된 종립학교는 전체 사립학교(29개) 가운데 2개교였다. 총독부 관보에 따르면, 폐지된 29개교에서 25개교가 공립보통학교로 조직을 변경하기 위하여 폐지된 것, 4개교가 유지 곤란으로 폐지된 것이라고 한다.[189]

1923년 6월말에는 전체 조선인 대상 사립학교 수(666개) 가운데 종립학교가 275개교였는데, 1월 이후에 설치된 종립학교는 전체 사립학교(16개) 가운데 2개교였고, 1월 이후에 폐지된 종립학교는 전체 사립학교(14개) 가운데 4개교였다. 총독부 관보에 따르면, 폐지된 14개교에서 4개교는 공립보통학교로 조직을 변경하기 위하여 폐지된 것, 10개교는 유지 곤란으로 폐지된 것이라고 한다.[190] 1923년 12월말에는 전체 조선인 대상 사립학교 수(660개) 가운데 종립학교가 273개교였는데, 본년 중에 설치된 종립학교는 전체 사립학교(20개) 가운데 2개교였고, 본년 중에 폐지된 종립학교는 전체 사립학교(26개) 가운데 6개교였다. 총독부 관보에 따르면, 폐지된 26개교에서 19개교는 공립보통학교로 조직을 변경하기 위하여 폐지된 것, 7개교는 유지 곤란으로 폐지된 것이라고 한다.[191]

1924년 6월말에는 전체 조선인 대상 사립학교 수(657개) 가운데 종립학교가 271개교였는데, 1월 이후에 설치된 종립학교는 전체 사립학교(14개) 가운데 1개교였고, 1월 이후에 폐지된 종립학교는 전체 사립

---

188) 〈朝鮮人教育私立學校數調〉, 『朝鮮總督府官報』 2984號, 1922.7.24.
189) 〈朝鮮人教育私立學校數調〉, 『朝鮮總督府官報』 3136號, 1923.1.27.
190) 〈朝鮮人教育私立學校數調〉, 『朝鮮總督府官報』 3284號, 1923.7.21.
191) 〈朝鮮人教育私立學校數調〉, 『朝鮮總督府官報』 3435號, 1924.1.29.

학교(17개) 가운데 3개교였다. 총독부 관보에 따르면, 폐지된 17개교에서 7개교는 공립보통학교로 조직을 변경하기 위하여 폐지된 것, 10개교는 유지 곤란으로 폐지된 것이라고 한다.192) 1924년 12월말에는 전체 조선인 대상 사립학교 수(652개) 가운데 종립학교가 270개교였는데, 6월 이후 설치된 종립학교는 전체 사립학교(9개) 가운데 2개교였고, 6월 이후에 폐지된 종립학교는 전체 사립학교(14개) 가운데 3개교였다. 총독부 관보에 따르면, 폐지된 14개교에서 7개교는 공립보통학교로 조직을 변경하기 위하여 폐지된 것, 7개교는 유지 곤란으로 폐지된 것이라고 한다.193)

1930년대에도 보통학교로 승격하지 못하고 각종학교에 머물러 있었던 종립학교의 감소 추세는 지속되었다. 이런 감소 추세는 1938년 3월의 〈제3차 조선교육령〉 공포 이후에도 마찬가지였다. 예를 들어, 1931년 5월말에 사립각종학교의 수는 전체 478개교였는데 그 가운데 종립학교가 209개교였다. 그렇지만 1940년 5월말에 사립각종학교 수는 전체 257개교였고 그 가운데 종립학교 수가 120개였다. 1941년 5월말에는 사립각종학교 수가 전체 236개교였고 그 가운데 종립학교 수가 116개교였다.194) 이런 수치의 변화는 1930년대부터 종립학교가 사립학교와 함께 급격히 감소했음을 보여준다.

한편, 1930년대 중반에는 현대교육의 많은 폐단을 극복하기 위해 학교교육에 종교정신을 가미하여 인격도야에 치중해야 한다는 문제 제기가 있었다. 1934년 10월의 보도 자료에 따르면, 학교교육에 종교정신

192) 〈朝鮮人敎育私立學校數調〉, 『朝鮮總督府官報』 3585號, 1924.7.25.
193) 〈朝鮮人敎育私立學校數調〉, 『朝鮮總督府官報』 3799號, 1925.4.17.
194) 손인수, 앞의 책, 230-234쪽, 282-289쪽; 朝鮮總督府學務局, 『朝鮮諸學校一覽』, 1931; 朝鮮總督府學務局, 『朝鮮諸學校一覽』, 1940; 『朝鮮年鑑』, 京城日報社, 1943, p.522.

을 가미하자는 주장은 사회교화진흥책 차원에서 제시된 것으로, 학교교
육에 철저한 인격도야 정신교육이 필요한데 종교가 신념 양성에 도움이
된다는 논리였다. 그에 대해 다종교상황에서 종교를 채택하는 문제, 종
교의식의 문제, 학교교육에 종교정신을 가미했을 때 학교교육상의 폐해
여부 문제, 목적 달성 여부 문제 등 여러 문제가 제시되었다.[195]

학교교육과 종교정신의 관계에 대한 1930년대 중반의 총독부 입장
은 기존의 입장과 달라졌다고 보기 어렵다. 실제로 1935년부터 종립학
교를 포함한 교육기관에 신사참배가 강요되었고, 종립학교에서도 성경
과목이 폐지되었기 때문이다. 학교에서 특정 종교를 위한 교육을 허용
하지 않던 기존의 입장에는 변화가 없었던 것이다. 오히려 1930년대 입
장은 서로 연결된 두 가지 차원에서 이해될 수 있다.

하나는 총독부가 황민화를 위해 교육사업에 종교계를 활용하려던
차원이었다고 이해된다. 종교계와 교육사업의 관계가 밀접했기 때문
이다. 1935년 당시의 교육사업을 보면, 종교계는 유치원에서 전문학교
까지 많은 학교를 보유하고 있었다. 당시 전문학교로는 조선불교계 중
앙불교전문학교(경성)와 기독교계 숭실전문학교(평양) 등이 있었다.
중등학교로는 조선불교계 보성고등보통학교(경성)와 기독교계 영생(함
흥)·배재(경성)·광성(평양)·송도(개성) 등의 고등보통학교, 영생(함
흥)·호도숙(개성)·이화(경성)·정의(평양)·배화(경성)·루씨(원산)
등의 여자고등보통학교, 동성상업학교(경성)·숭인상업학교(평양)·영
명실수학교(공주) 등의 실업학교, 22개의 기타 남녀 각종학교 등이 있
었다. 그 외에 218개의 초등교육 기관, 226개의 유치원, 244개의 강습

195)「學校敎育을 改革 宗敎精神을 加味」,『朝鮮中央日報』, 1934.10.30.

소 및 서당, 특종(特種)학교인 평양맹아학교(기독교) 등도 있었다.[196]

다른 하나는 학교교육에 특정 종교를 위한 신앙심이 아니라 '일본 제국주의에 헌신할 수 있는 종교정신'을 강조하는 차원이었다고 이해된다. 이는 당시 총독부의 입장이었다. 그와 관련하여 1931년 7월에 부임한 우가키 가즈시게[宇垣一成] 총독은 1934년 3월에 31본사 주지로 구성된 조선불교중앙교무원 평의원회에서 '조선불교를 부흥시켜 정신계를 진척시키는 데 공헌'해달라고 주문했다. 1935년 1월의 총독부 국장회의에서는 심전개발(心田開發) 정책을 제시하였고, 1936년 1월에는 총독부가 심전개발 정책의 시행과 관련하여 국체관념의 명징, 경신숭조(敬神崇祖)의 사상 및 신앙심 함양, 보은(報恩)・감사・자립정신 양성이라는 세 가지 목표를 제시하였다. 1935년에는 일본이 '종교적 정조의 함양'에 대한 유의사항을 통첩으로 하달하기도 하였다.[197]

1935년부터 신사참배와 성경 과목의 폐지를 강요받은 개신교계에서는 교육 총인퇴론(總引退論)이 제기되기도 하였지만,[198] 1936년 8월에 부임한 미나미 지로[南次郞] 총독은 내선융화(內鮮融和)나 내선일체를 통해 황국신민화를 더 강조하였다. 그와 관련하여 1937년 4월에는 제2차 도지사회의에서 국체명징(國體明徵)・선만일여(鮮滿一如)・교학진작(敎學振作)・농공병진(農工竝進)・서정쇄신(庶政刷新) 등 5대 강령이 발표되었다. 동년 10월에는 '일본제국의 신민, 천황에 대한 충성, 인고단련(忍苦鍛鍊)을 통한 강한 국민' 등 세 가지 항목을 내용으로 한 '황국신민의 서사(誓詞)'가 제정되었다. 여기서 교학진작은 일

---

196) 金大羽, 「宗敎團體の社會事業」, 『朝鮮の宗敎及信仰』, 朝鮮總督府, 1935, pp.11-15.
197) 〈宗敎的情操ノ涵養ニ關スル留意事項〉(昭和 10, 通牒發普 第160號), 『宗敎關係法規集』(文部省宗敎局), 內閣印刷局, 1942, pp.396-398.
198) 손인수, 앞의 책, 235-248쪽.

본어 교육 확대를 통한 조선인의 정신적인 황민화 작업이었다. 게다가 1938년 3월 〈제3차 조선교육령〉 공포 당시에는 국체명징・내선일체・인고단련이 3대 교육 방침으로 규정되었다. 이후에도 1940년의 창씨개명 등 황국신민화 정책은 강화되었다.

3. 종교교육 담론 분석

1) 정교 분리 담론과 교육-종교 분리 담론

현행 한국의 〈헌법〉 제11조와 제20조는 법 앞의 평등과 종교로 인한 법 앞의 차별 금지, 종교의 자유, 국교 불인정, 정교 분리 등을 보장하고 있다. 특히 제20조는 국민의 기본권인 종교의 자유가 국교가 인정되지 않고 정치와 종교가 분리되는 상황에서 보장될 수 있다는 논리를 보여준다. 또한 〈교육기본법〉 제4조에서는 종교로 인한 교육 차별 금지, 제6조에서는 '국・공립 학교에서 특정한 종교를 위한 종교교육 금지'가 명시되고 있다. 〈헌법〉과 〈교육기본법〉을 동시에 고려하면 정교 분리라는 틀에서 교육과 종교의 분리가 가능하다는 점, 즉 교육과 종교의 분리 담론이 정교분리를 전제하고 있다는 점을 알 수 있다. 이런 맥락에서 학교의 종교교육, 학교교육과 종교의 관련성을 검토하려면 먼저 정교분리 담론에 주목할 필요가 있다.

정교분리 담론은 19세기말에서 20세기 초에 한국・일본・중국에서 유통되었다. 조선에서는 유길준의 『서유견문(西遊見聞)』(1895) 등, 일본에서는 후꾸자와 유키치[福澤諭吉]의 『문명지개략(文明之槪略)』

(1875), 니시 아마네[西周]의 『백일신론(百一新論)』(1874)과 『교문론
(敎門論)』(1874), 고자키 히로미찌[小崎弘道]의 『정교신론(政敎新論)』
(1886) 등, 중국에서는 양계초의 『음빙실전집(飮氷室全集)』(1902) 등
을 통해 정교분리 담론이 유통되었다. 당시 유통된 정교분리 담론의
구도를 그림으로 표현하면 다음과 같다.

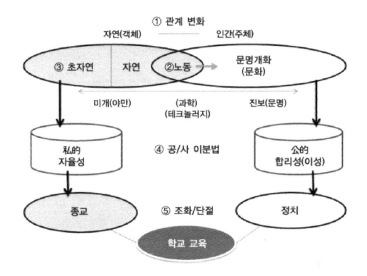

    정교분리 담론의 구도는 다섯 가지의 내용으로 지적될 수 있다. 첫
째, 정교분리 담론에는 인간과 자연의 관계 변화가 전제된다. 인간과
자연의 상호 조화가 아니라 자연의 타자화, 즉 주체로서의 인간과 객
체로서의 자연이 구분되는 것이다. 둘째, 인간은 다양한 노동과 기술
을 통해 자연을 개척한 후, 개척한 내용을 문명개화로 인식한다. 셋째,
인간은 개척이 가능한 영역을 자연에, 개척이 불가능하다고 판단된 영
역을 초자연에 배당한다. 넷째, 문명개화 영역을 합리적 이성이 작동

되는 공(公)적 영역에, 초자연적 영역을 비합리적 자율성이 작동되는 사(私)적 영역에 배당한다. 다섯째, 공적 영역을 정치에, 사적 영역을 종교에 배당한다. 이렇게 본다면 근대 국가의 정교분리 담론에는 다양한 양분법들이 내재되어 있다고 할 수 있다.[199]

정교분리 담론의 구도에서 학교 종교교육의 위치는 모호하다. 학교교육 영역이 한편으로는 정치 영역(공적 영역), 다른 한편으로는 정치 영역과 단절된 듯이 보이는 종교 영역과 연결되어 있기 때문이다. 이런 맥락에서 학교 종교교육은 정치와 종교 두 영역을 조화시키는 매개체로 옹호되기도 하고, 단절 대상으로 인식되기도 한다. 여기서 학교 종교교육은 신앙교육을 의미한다.

조선의 정교분리 담론 상황을 구체적으로 살펴보자. 조선에서 정교분리 담론을 유통시킨 주된 존재는 외국 문물을 수용하려는 개화파들, 그리고 조선에서 직·간접적으로 선교 활동을 전개하면서 정치 영역과 마찰을 경험한 서양 선교사들이었다. 식민지 상황에서 학교교육을 선교에 활용하고자 했던 서양 선교사들은 정교분리를 주장할 수밖에 없는 상황이었다.

서양 선교사들이 조선에서 교육 영역을 개척한 것은 1882년의 〈조미조약〉, 1883년의 〈조영통상조약〉, 1886년의 〈조불통상조약〉 등으로 어느 정도 활동의 자유를 누렸기 때문이다. 그 가운데 교육 영역과 관련된 부분은 1882년 〈조미조약〉 제4관(款)의 치외법권(治外法權) 보장과 제11관의 '兩國生徒往來學習語言文字律例藝業等事'라는 표현, 1883년 〈조영통상조약〉 Article IV-2의 개항장 내 거주권과 종교 행위

---

199) 장석만, 「19세기말-20세기초 한·중·일 삼국의 정교분리담론」, 『역사와 현실』 4, 한국역사연구회, 1990, 194-218쪽.

의 자유 보장, 1886년 〈조불통상조약〉 제4관 6 부분의 '惟法國人民 亦
准持照 前往朝鮮各處游歷'과 제9관 2 부분의 '凡有法國民人前往朝鮮
國 學習或敎誨語言文字 格致律例技藝者' 등이었다.[200]

특히 1882년 〈조미조약〉의 '제11관'과 달리, 〈조불통상조약〉 '제9관
2' 부분에 '학습(學習)' 외에 새롭게 첨가된 '교회(敎誨)'라는 표현은 교
수(敎授)의 의미로 해석될 수 있었다. 그로 인해 프랑스 선교사들은 호
조(護照) 발급을 통해 거주지 이외 지역을 다니면서 비공식적이나마
'종교'를 가르칠 수 있는[敎誨] 치외법권 상황을 활용할 수 있었다. 이
때문에 1882년의 〈조미조약〉이 '의사'나 '교사'의 자격으로 미국 선교
사의 내한과 제한된 활동을 가능하게 했다면, 1886년의 〈조불통상조
약〉은 수차례의 교안(敎案)에도 불구하고 프랑스 선교사가 선교활동
을 점차 공식화할 수 있었던 근거로 평가된다. 게다가 개신교 선교사
들도 〈조불통상조약〉을 근거로 프랑스 선교사들과 동일한 권리나 처
우를 주장하면서 활동 영역을 확장할 수 있었다.[201]

이 조약들은 외국 선교사들의 교육 영역 진출을 가능하게 만든 근거
였다. 1882년 〈조미조약〉 제11관에 언급된 '학습'은 교수(敎授)와 상
반된 개념이었지만, 정부 초빙 형태로 서양 선교사들이 학교에서 조선
인에게 개인적으로 선교하는 것을 가능하게 만들었다. 〈조불통상조
약〉 제9관 2부분에 새로 첨가된 '교회'(敎誨)도 선교사가 교사 입장에
서 학생들에게 선교하는 것을 가능하게 만들었다. 물론 이런 활동은
치외법권이 보장되기 때문에 가능한 것이었다. 그와 관련하여 〈조불

200) 〈朝美條約〉(第14款, 1822.4.6.) 第4款; 第11款; 〈朝英修好通商條約〉(Article 13, 1883.
    10.27. 會同) Article IV-1, IV-2; 〈朝佛通商條約〉(1866.6.4.) 第4款 六; 第九款 二.
201) 이진구, 앞의 글, 2006, 34-53쪽.

통상조약) 이후 선교사가 관계된 사립학교들은 증가 추세를 보였다.

교육과 종교의 분리 담론도 1900년대 이전부터 정교분리 담론과 함께 사회적으로 유통되었다. 그와 관련하여 1899년 8월에『황성신문』은 일본의 종교 상황을 불교회 1,379개, 신도 1,504,322명, 신도교회 5,306개, 신도 15,695,800명, 야소교회(耶蘇教會) 835개, 신도 77,849명, 각 교회 소속 학교 127개교와 소속 학생 8,051명 등으로 소개하면서 교육과 종교의 분리에 대해 지적하였다. 그 내용은 일본 문부성이 각 학교에 훈령을 보내 학과과정 외에 종교교육이나 종교의식을 불허하였고, 내무성에서 각 불교파(佛敎派)에게 훈시(訓示)를 내려 종교가(宗敎家)가 정사(政事) 등에 관여하지 못하게 하였다는 것이다.[202]

정교분리 담론도 1905년 이후『대한매일신보』,『만세보』,『황성신문』,『신한민보』,『매일신보』등의 언론을 통해 유통되었다. 그 내용은 주로 외국의 정교분리 원칙을 소개하면서 정교분리의 당위성을 주장한 것이었다.[203]

한편 인재 양성 차원에서 정교 병행론이 제시되기도 하였다. 그와 관련하여 1906년 4월 15일 당시, 태학(太學)과 관련된 의정부 참정대신(박제순)의 주장을 참조할 필요가 있다. 그 내용은 "나라에 태학이 있는 것은 종교를 존숭하고 현사(賢士)를 양성코저 하는 까닭이다.… 본조(本朝)가 개국함에 도(道)와 교(敎)를 존중하는 것으로서 급선무를 삼어 태학을 수건(首建)하였는 바 그것은 나라가 있으면 반드시 종

---

202) 「學校와 宗敎」,『皇城新聞』, 1899.8.17.
203) 「宗敎改革이 爲政治改革之原因」,『大韓每日申報』, 1905.10.11.;「佛國의 政敎分離」,『만세보』, 1906.08.23.;「宗敎와 政治의 關係」,『皇城新聞』, 1909.11.20.;「佛國敎育과 宗敎」,『皇城新聞』, 1910.01.29.;「西國政治宗敎衝突」,『신한민보』, 1910.08.03.;「政治와 宗敎」,『每日申報』, 1912.11.01.;「露國政敎分離」,『每日申報』, 1918.02.10. 등.

교가 있어야 하는 때문"이었다.204) 이는 정치와 종교, 국가와 종교의
관계에 대해 다른 태도가 동시에 존재했음을 보여주는 대목이다.

2) 담론 이해의 이질성

정교분리 담론과 교육-종교 분리 담론은 유통 과정에서 통일된 내용
이 아니라 각계의 현실 인식과 판단에 따라 다르게 이해되었다. 예를
들어, 개신교 선교사들, 학부나 학무국, 불교계는 정교담론에 대해 다
른 이해를 보였다. 각 계의 정교분리 담론과 교육-종교 분리 담론에 대
한 이해를 구체적으로 살펴보면 다음과 같다.

개신교 선교사들의 경우, 1901년 9월에 장로교공의회에서 이미 정
교분리를 선언한 바 있었다. 당시 선언문의 제4항은 "교회가 교인이 사
사로이 나라 일 편당에 참예하는 것을 시킬 것 아니오. 또 만일 교인이
나라 일에 실수하거나 범죄하거나 그 가운데 당한 일은 교회가 담당할
것 아니오. 가리울 것도 아니오"라는 내용이었다. 그에 대해 한쪽에서
는 협성회나 독립협회 활동 등으로 옥중생활을 하던 조선인들이 출옥
하여 다시 정치사회운동에 참여할 때 그 여파가 교회에 미치지 않도록
하기 위한 것으로서, 한국 교회에 비정치화와 몰역사적인 태도가 형성
된 직접적인 출발선이 되었다고 평가된다. 다른 쪽에서는 정치사회운
동을 하던 기독교인들을 배려하여 교회 밖에서 정치사회운동에 참여
하는 것에 정당성을 부여한 것이었다고 평가된다.205)

---

204) 詔勅 〈太學을 修葺하는 件〉, 1906.4.15., 『한말근대법령자료집 Ⅳ』, 대한민국국회도
     서관, 548-549쪽.
205) 김권정, 「초기 한국기독교의 '정교분리' 문제와 사회참여」, 『한국기독교역사연구소소
     식』 79, 한국기독교역사연구소, 2007, 50-58쪽; 윤정란, 「초기 한국기독교의 '정교분리'

학부는 1908년의 〈사립학교령〉 공포 후에 발표된 〈훈령〉을 통해
교육과 정치의 관계에 대한 인식을 드러냈다. 1908년 8월의 〈훈령〉에
따르면, 학부는 학교를 정치기관으로 이용하거나 정해진 교육과정 대
신 현재의 정치와 사회문제를 다루는 것이 학교와 학생의 본분을 망각
하는 폐단이며 징계 대상이라는 인식을 보였다. 그와 관련된 내용은
다음과 같다.

> 敎育으로 ㅎ여곰 政治以外에 特立케 홈은 學政상 必要혼 事ㅣ라
> 然이나 往往 學校를 政治機關으로 利用코져 ㅎ는 者ㅣ有ㅎ며 又 所
> 定課程을 閑却ㅎ고 現時 政治上 社會上의 問題를 提來ㅎ야 討究論
> 議케 ㅎ는 者ㅣ有ㅎ니 前者의 不可홈은 固不須論이오 後者도 亦 學
> 校 本然의 目的을 沒却홈인 故로 沈戒홈이 可ㅎ니 盖 學生된 者는
> 專心一意ㅎ야 力을 其 學業에 主홀 것이어늘 彼 政論에 參加ㅎ고
> 又 時事에 關與ㅎ는 等事는 修學時代에 斷然히 此를 避케 아니치
> 못홀지니 不然則 學生으로 ㅎ야곰 課業에 對혼 誠意를 自缺ㅎ고 放
> 漫 自制치 못ㅎ야 맛춤닉 其 本分을 失케 ㅎ는 弊에 陷홀지라.206)

1910년 1월의 〈훈령〉에서는 학교 교원의 본분이 '敎育의 效果로 ㅎ
야곰 利用厚生의 途에 副케 홀 覺悟'에 있지만, 종종 직원이나 학원학
도가 '職務에 等閑ㅎ며 學業을 抛擲ㅎ야 輕擧妄動으로 耳를 政談에
傾ㅎ야 時勢를 憤慨ㅎ고 世局을 論議ㅎ며 或은 社會問題에 容喙ㅎ
야 言說動止가 常軌를 逸ㅎ는 者-有홈'을 본분을 망각한 것으로 보았
다.207) 교육과 정치를 혼동하지 않아야 한다는 논리였다. 그 외에 당시

문제와 사회참여에 대한 논찬」, 『한국기독교역사연구소소식』 79, 한국기독교역사연
구소, 2007, 59-60쪽.
206) 學部訓令第2號 〈私立學校令 施行에 關한 件〉, 1908.8.26., 『한말근대법령자료집 Ⅶ
』, 대한민국국회도서관, 293쪽.

의 〈훈유(訓諭)〉에서는 '特히 今日의 急務는 遊惰의 俗을 易호야 勤勞히 治産호는 良風을 興起호며 人民으로 某 堵를 安호야 文明혼 德澤에 浴케 함에 在'함에도 불구하고, '학문을 정권 진출의 수단으로 삼는 동양의 통폐(通弊)'가 현재 조선에 지속되어 정치와 교육을 혼동하는 일이 발생한다는 인식을 보였다.[208]

통감부는 교육과 종교가 전적인 단절보다 상호 연계되어야 한다는 입장이었다. 구체적으로 1910년 8월 구마모토(隈本繁吉)가 작성한 〈학정에 관한 의견〉에서는 교육의 목적으로 유교를 활용하되, 사립학교를 감독해야 한다는 인식이 보였다. 여기에서 감독 대상은 사립학교 가운데에서도 종립학교였다.[209]

조선총독부는 교육과 종교가 전적으로 단절되어야 한다는 입장이었다. 1911년 11월의 〈제1차 조선교육령〉 시행과 관련하여 총독이 발표한 〈유고(諭告)〉에 따르면, 총독부의 방침은 종교교육에 대한 금지였다. 주된 내용은 사립학교도 '제국교육'의 본지에 따라 교육해야 하고, 법령에 준거하여 학과과정을 규정해야 하며, 그에 따라 종교상의 교육이나 그 의식을 진행할 수 없다는 것이었다.[210]

교육과 종교의 분리론에 대한 총독부의 입장은 1915년 3월의 개정 〈사립학교규칙〉에 따른 〈훈령〉에서 보다 명확하게 드러난다. 〈훈령〉

207) 學部訓令第1號 〈官公私立各學校職員及 學員 學徒가 政治에 關係함을 禁하는 件〉, 1910.1.28., 『한말근대법령자료집 IX』, 대한민국국회도서관, 267쪽.
208) 學部訓諭第1號 〈官公私立各學校職員이 政治에 關係하는 件〉, 1910.1.28., 『한말근대법령자료집 IX』, 대한민국국회도서관, 268-269쪽.
209) 隈本繁吉, 「學政ニ關スル意見」, 渡部學・阿部洋 編, 『日本植民地敎育政策史料集成(朝鮮編)』 69卷, 淸溪書舍, 1991, p.5.; 강명숙, 「일제시대 제1차 조선교육령 제정 과정 연구」, 『한국교육사학』 29-1, 2007, 1-3쪽에서 재인용.
210) 〈朝鮮敎育令施行ニ關スル諭告〉(1911.11.1.), 『私立學校關係法規』, 朝鮮總督府內務部學務局, 1915, 5-6쪽.

의 주요 내용은 사립학교도 관·공립학교와 균등하다는 점, 국민교육과 종교가 무관하다는 것이 일본 학정의 원칙이라는 점, 〈제1차 조선교육령〉 당시에도 법령으로 교과과정을 규정한 학교에서 종교교육(religious education)과 그 의식(religious ceremonies)이 불가능했다는 점, 사립학교에서 종교교육(religious teaching)이나 그 의식을 진행할 수 없다는 점 등이었다.[211]

당시 학무국장[關屋貞三郞]도 1915년 개정 〈사립학교규칙〉의 2대 요점이 교육과 종교의 관계 설정과 교원자격에 대한 적극적 요구라고 지적한 후, 개인에게 신교(新敎)의 자유를 인정하지만 국민교육이 종교와 무관하다는 것이 일본 학정의 원칙이라고 지적하였다. 그리고 '통일된 국민교육'을 위해 관공립학교뿐 아니라 사립학교에서도 종교교육이나 종교의식이 불가능하고, 상호 분리된 교육과 종교 영역을 혼동하지 않아야 한다고 지적하였다. 양자를 혼동할 경우에는 다른 종파의 학교에 입학할 수 없게 되거나, 속마음은 신자가 아닌데 신앙을 강요하거나, 다른 종교를 믿는 경우를 금지하고 억압하여 신교의 자유뿐 아니라 교육의 발달이 저해된다는 논리였다. 결국 그에 따르면 1915년 3월의 개정 〈사립학교규칙〉의 목적은 교육과 종교의 관계에 대한 새로운 규정이 아니라 '제국학정(帝國學政)의 본지'를 명확히 실시하기 위한 것이었다.[212]

---

211) 〈私立學校規則等改正發布等二關スル訓令〉(1915.3.24.); 〈Instructions Concerning the Revision and the Enforcement of the Private School Regulations & etc.〉『私立學校關係法規』, 朝鮮總督府內務部學務局, 1915, 20-21쪽. In the educational administration of the Empire the principle is, as has been maintained from early times, to keep education independent of religion.… In such schools no religions teaching is permitted to be included in their curricula nor religious ceremonies can be allowed to be performed(같은 책, 29-30쪽.).

212) 〈私立學校規則改正ノ要旨〉(1915.3.24.), 『私立學校關係法規』, 朝鮮總督府內務部

일본은 이미 1899년에 관립·공립학교에서 종교교육과 종교의식을 금지하는 방침을 채택하였다.[213] 그 후, 1930년대까지 교육-종교의 분리 담론이 지속적으로 유통되었다. 『종교와 교육(宗敎と敎育)』(姉崎正治, 博文館, 1912), 『교육과 종교(敎育と宗敎)』(谷本富, 同文館, 1925), 『비상시의 교육과 종교(非常時の敎育と宗敎)』(谷本富, モナス, 1938) 등이 그에 해당된다. 그렇지만 주된 기조는 교육-종교의 '단절'보다 '국가를 위한 종교의 교육적 역할'이었다. 예를 들어, 슈교또교이꾸(姉崎正治)는 '국교(國敎)'를 통해 정교일치(政敎一致)를 시도했던 중세 로마제국의 분열, 일본의 제정일치(祭政一致)와 정교일치 경험 등과 함께 정교분리의 의미를 조망하면서, 다른 한편으로 종교의 교육적 효과를 지적하였다. 종교가 현재의 혼돈상태에 대한 치유 차원에서 도덕과 예술, 개인의 시간적 성장과 인격의 완성, 사회 유지 및 사회사업, 국가의 문명화, 교화(敎化)와 감화(感化)를 통한 애국심과 자기희생과 종족단결 등과 밀접하게 연관된다는 것이었다.[214] 교육-종교 분리를 정교분리와 연관시켜 이해하면서 동시에 교육과 종교의 관계를 '종교의 교육적 효과' 차원에서 이해했던 것이다.

조선불교계는 교육과 종교의 관계에 대해 종교교육이 국민을 인재로 만들 수 있다는 입장을 보였다. 그와 관련하여 1913년의 불교측 자료에서는 청년교육에서 '종교적 정신'을 정곡으로 가르치면 도덕의 배양과 윤리의 강명(講明)이 가능하고, 그에 따라 문명국의 교육은 종교를 숭봉(崇奉)하고 도덕윤리를 전숭(專崇)해야 한다는 논리가 보인다.

學務局, 1915, 24-27쪽.
213) 〈官立公立學校及學科課程ニ關シ法令ノ規定アル學校ニ於テ宗敎上ノ敎育儀式施行禁止〉 (明治 32, 文部省訓令第12號, 『宗敎關係法規集』(文部省宗敎局), 內閣印刷局, 1942, p.395.
214) 姉崎正治, 『宗敎と敎育』, 東京: 博文館, 1912, pp.1-109, pp.452-491, pp.535-559.

동시에 인간은 과학적인 면에서 부족해도 품행이 단결(端潔)하고 덕성
이 온건하면 사회에서 경애를 받지만, 과학에 해박하여 학사나 박사의
식견을 가져도 행위가 정잡(淨雜)하고 언사가 광패(狂悖)하면 사회에
서 인정을 받지 못한다는 점도 지적되었다.215) 이는 종교적 정신이 도
덕과 윤리, 품행과 덕성에 영향을 주기 때문에 교육되어야 한다는 주
장이었다.

한편, 학교의 휴일이나 축제 문제는 교육과 종교의 분리와 관련하여
기독교계 종립학교와 조선총독부 사이의 갈등을 만드는 매개체가 되었
다. 총독부에서는 1913년에 〈유고(諭告)〉를 통해 기존의 '천장절(天長
節)'을 '천장절축일(天長節祝日)'로 개정한 상황 등을 설명한 바 있
다.216) 그리고 1915년 7월에는 내무부장관이 각 도(道) 장관(長官)에게
〈축제일 당일 사립종교학교 거식예배(擧式禮拜)에 관한 건〉을 발송하
여 '국가 축제일과 관련된 학교 의식은 일본의 일반적인 예식(禮式)이
며 종교상의 예배와 전혀 그 취지가 다르다'는 내용, 예식을 종교상의
예배로 생각하여 참여하지 않는 기독교계 사립학교 당사자와 기타 일
반인에 대해 '오해'하지 않도록 설득하라는 방침 등을 전달하였다.217)

조선에서 교육과 종교의 분리 담론은 1915년 3월의 개정 〈사립학교
규칙〉 이후 활발히 유통되었다. 『매일신보』에는 1915년 4월 10일부터
16일까지 '교육과 종교의 분리'라는 제목의 사설이 연재되었다. 핵심
내용은 정교분리 원칙에 따라 교육이 국가의 공적 영역이고, 사적 영

---

215) 克广生, 「宗敎的敎育이國民을可鑄」, 『朝鮮佛敎月報』 16號, 朝鮮佛敎月報社, 1913.5.
   10-12쪽.
216) 朝鮮總督府, 〈法令〉, 『朝鮮總督府月報』 3-8, 朝鮮總督府, 1913, p.108.
217) 〈祝祭日當日私立宗敎學校擧式禮拜二關スル件(官通牒 第209號)〉, 『朝鮮總督府官
   報』 873號, 1915.7.1.

역인 종교가 개입할 수 없다는 분리론이었다.[218] 또한 동년 7월 27일에 따르면, 조선총독부의 '종교교육 분리'가 미국인의 국제법상 권리를 제한한 것도 아니고, 그에 대해 미국 선교사들로부터 어떤 항의도 없었다'고 한다.[219] 교육과 종교의 분리론은 이후에도 언론 보도를 통해 지속적으로 유통되었다.[220]

1919년 3·1운동 이후, 개신교계는 교육과 종교의 분리에 반대하는 입장이었다. 이는 1919년 9월 미국 남·북감리회, 미국 남·북장로회, 캐나다장로회, 호주장로회 등 6개 선교단연합회가 경성에서 회의를 개최하여 사이토[齋藤實] 총독에게 전달한 진정서를 통해 확인할 수 있다. 진정서의 요지는 조선통치의 시정(施政) 변경 계획에 찬성한다는 점, 1910년 합병 이전에 자신들에게 종교와 교육의 자유가 보장되었으나, 합병 이후 무단정치 속에서 기존의 종교와 교육의 자유가 제한되었다는 점, 조선인에 대한 차별적 대우와 억압이 결국 조선인의 반항과 1919년의 독립 소요(騷擾)로 이어졌다는 점 등이었다.[221]

선교단연합회는 진정서를 통해 교육과 관련된 여섯 항목을 요구하였다. 그 내용은 ①'기독교주의'의 사립학교에서 과목(課目)에 성서와 종교적 의식을 넣을 수 있도록 허락할 것, ②조선어 사용을 제한하지 말 것, ③사립학교 경영에 관해 현재보다 많은 자유를 주고 불필요한 관헌의 간섭을 멈출 것, ④생도와 생도 양심의 자유를 인정할 것, ⑤조

218)「敎育과 宗敎의 分離(一)」,『每日申報』, 1915.04.10.;「敎育과 宗敎의 分離(二)」,『每日申報』, 1915.04.13.;「敎育과 宗敎의 分離(三)」,『每日申報』, 1915.04.14.;「敎育과 宗敎의 分離(四)」,『每日申報』, 1915.04.15.;「敎育과 宗敎의 分離(五)」,『每日申報』, 1915.04.16.
219)「宗敎敎育分離에 就 ㅎ야. 米國大統領言明」,『每日申報』, 1915.7.27.
220)「宗敎와 敎育의 分離」,『每日申報』, 1917.01.14.
221) 李萬珪,『朝鮮敎育史(下)』, 乙酉文化社, 1947, 220쪽.

선인에게 교육상 일본인과 동일한 기회를 주고 교과서 선택에 자유를 주며 조선사와 세계사 교수를 제한하지 말 것, ⑥총독부 허가를 얻은 사립학교의 졸업생에게도 관·공립 졸업생과 동종의 특권을 줄 것 등이었다.[222]

이런 요구 사항의 이면에는 '종립학교를 통한 선교'라는 선교단연합회의 의도가 보인다. ①-④는 선교 관련 항목, ⑤-⑥은 선교뿐 아니라 입학생의 확보와 종립학교의 유지 확대와 관련된 항목이다. 조선어 사용 제한 철폐 요구는 조선어를 통한 선교, 사립학교 경영의 자유 확대 요구는 사립학교의 자유로운 경영을 통한 선교, 그리고 양심의 자유에 대한 인정 요구는 종교의 자유 가운데 신앙의 자유를 보장해 달라는 의미로도 이해될 수 있기 때문이다.

선교단연합회는 종교교육에 관한 요구 사항을 제출하면서 이것이 조선총독부의 시정과 일본에게 유익하다는 점을 분명히 밝혔다. 첫째 항목과 관련해서는 개신교계 사립학교의 목적이 기독교에 입각한 고등보통교육에 있다는 점, 종립학교의 성서 교육과 종교 의식 진행이 세계 각국의 추세라는 점, 종교교육이 '선량한 국민을 기르는 가장 좋은 방법'이라는 점 등을 밝혔다. 둘째 항목과 관련해서는 조선 학생이 일본어를 배우고 익히기 위해 상당한 시간을 쓰는 것이 당연하다고 긍정하였다. 셋째 항목과 관련해서는 사립학교 경영에 대한 과도한 제한 철폐를 주장하면서도 총독부가 사립학교 설립자와 교장의 경력을 고려하거나 학교의 실적에 관해 상당(相當)한 표준을 세울 권리를 갖는다고 긍정하였다. 넷째 항목과 관련해서도 천황에 대한 의식은 예배 차원에서 반대하지만 기독교도는 항상 성서와 교사를 통해 천황[帝王]

222) 위의 책, 221-226쪽.

에 대한 존경과 순종[柔順]을 배우고 있고, 천황과 위정자를 위해 축복하는 것이 일요예배의 일부라는 점을 밝혔다.[223]

선교단연합회의 요구 사항에서 주목되는 내용은 넷째 항목, 즉 '생도와 생도 양심의 자유 인정' 부분이다. 그 구체적인 내용은 두 가지였다. 하나는 기독교계 학교 생도에게 일요일 행사나 관리의 출영(出迎)을 명령하는 것과 일요일에 교사 시험을 시행하는 것은 양심의 자유 침해라는 것이었다. 다른 하나는 기독교계 학교에서 천황예배를 의례화하고 그 사진[陛下寫眞]에 경례하게 하는 것은 천황을 신이나 신과 같은 지고자(至高者)로 예배하는 것이기 때문에 양심의 자유 침해라는 것이었다. 사회적으로 천황의 진영에 대한 경례는 예배 행위로 인식되고, 참여 비기독교도의 대다수도 예배하는 마음을 가지고 있는 상황이며, 기독교도는 양심상 그런 행위를 할 수 없다는 논리였다.[224] 동시에 총독부가 천황 진영에 대한 경례를 단순한 경의 표현으로 설명하는 것이 잘못된 것이라는 주장이기도 하였다.

조선총독부는 1920년 3월에 〈사립학교규칙〉을 재개정하여 사립 각종학교(各種學校) 교과목 제한을 철폐하고, 교원 자격을 완화하고, 교육과 종교의 절대 분리주의를 변경하였다. 그리고 당시 정무총감과 학무국장이 1920년 9월에 개최된 기독교신전도단연합회의(基督敎新傳道團 聯合會議)에 참석하여 선교단연합회의 진정서 내용과 재개정 〈사립학교규칙〉에 대해 설명하였다.[225] 그러한 일련의 과정들은 당시 천주교계가 종교교육에 대해 새롭게 고민하게 만드는 계기가 되었다.[226]

---

223) 위의 책, 221-223쪽.
224) 위의 책, 222-223쪽.
225) 위의 책, 223-224쪽, 251-252쪽.
226) 편집부, 「종교덕 교육 문뎨」, 한국천주교중앙협의회, 『경향잡지』, 1922.12, 529-533쪽;

1920년대의 언론 보도에서는 '인격 완성' 차원에서 종교와 교육의 '결합' 필요성도 지적되었다. 교육과 종교가 동일하지 않지만 서로 결합되어야 '인격의 완성'을 기할 수 있다는, 즉 교육에 종교의 힘을 가미해야 인격 완성과 정신 함양의 효용을 볼 수 있다는 논리였다. 그런 측면에서 1899년 문부성 훈령 제12호 이후 교육제도와 종교 관계가 단절되었다는 점이 비판을 받기도 하였다.[227] 그와 관련하여 미국이 종교와 교육을 분리하는 취지가 일본의 경우와 다르게, 신앙의 자유를 보장하기 위한 것이라는 지적도 제시되었다.[228]

종립학교의 신앙교육으로 발생하는 문제들도 지적되었다. 1924년 6월의 자료에는 여자선교사대회로 학생이 교실을 여러 번 옮기는 과정에서 발생한 인사동 래화여자학관의 여학생 정학 문제가 소개되었다. 핵심 내용은 종립학교의 제일 목적이 종교 선전에 있지만 종교와 교육을 하나로 혼합하고 걸핏하면 종교에만 기울어 학생의 공부 방해에 개의치 않는 모습이 애석하다는 것이었다. 그리고 종립학교 측의 잘못을 인정하고 30-40세의 늦은 나이에 공부하는 학생에 대한 1-2주의 정학 조치를 거두고 복교시켜야 한다는 것이었다.[229]

1930년대 전후에도 개신교계는 교육과 종교의 조화론을 가지고 있었다. 그렇지만 종교교육에 대한 이해 지점은 기존의 경우에 비해 다양해졌다. 1929년 개신교측 자료에 따르면, 기독교계는 '할 수만 잇스면 學校에서도 종교교육을 식히는 것'을 지향하면서 세 가지의 명분을 제시하였다.[230]

편집부, 「종교덕 교육 문뎨」, 한국천주교중앙협의회, 『경향잡지』, 1923.1, 1-4쪽.
227) 「學校와 宗敎의 關係(上)」, 『每日申報』, 1922.5.14; 「學校와 宗敎의 關係(下)」, 『每日申報』, 1922.5.15.
228) 「學校와 宗敎의 關係(下)-敎育과 宗敎를 引離ᄒᆞᄂᆞ 理由」, 『每日申報』, 1922.5.15.
229) 「종교측의 학교에 대하야」, 『시대일보』, 1924.6.7.
230) 채필근, 「宗敎敎育의 本義」, 『신학지남』 48, 신학지남사, 1929.11, 6-10쪽.

첫 번째는 학교교육-인격 완성(인격교육)-문화교육-종교교육의 연관성이었다. 그에 따르면, '교육 목적이 인격 완성이고, 인격교육이 문화와 분리되지 않는다. 학교교육은 문화를 취급하는 일인데 모든 문화의 본원과 중심은 종교이다. 예를 들어, 서양문화 · 인도문화 · 동양문화를 알려면 기독교, 바라문교와 불교, 유교와 도교를 알아야 한다. 따라서 학교에서 종교경전을 교수하는 것은 문화재로서 종교적 문화를 이해하는 것이며, 종교심의 개발까지 수반된다면 행복한 일이다.'

두 번째는 교육자의 인격적 힘과 종교심을 연결시키는 것이었다. 이는 결국 학교에서 종교교육이 필요하다는 주장이었다. 그에 따르면, '종교심은 자발적 각성을 기다려야 발전하는데, 문화재의 학득(學得)보다 교육자의 인격적 힘이 그 근본적인 계기가 된다. 교육자가 아무리 종교적 교양이 풍부해도 모든 피교육자에게 진정한 종교적 경험을 시킬 수는 없다.'

세 번째는 학교 종교교육의 목적이 직접적인 종교인 만들기가 아니라 인간과 종교의 관계에 대해 알려주는 데에 있다는 것이었다. 그에 따르면, 교육은 인격완성을 위해 이지적(理智的) 재료와 분투적(奮鬪的) 정신을 준비시키는 것이다. 종교교육도 종교생활에 대한 직접 체험이 아니라 체험할 수 있는 지반(地盤)을 닦아 방향을 제시하는 것이다. 종교교육은 사람에게 종교의 관계를 알려주는 것뿐이지 종교와 직접관계를 시키는 것이 아니다.

두 번째와 세 번째 부분과 관련하여 종교교육의 단기간 효과를 유발하려는 태도에 대한 비판도 제기되었다. 1933년 개신교측 자료에 따르면, 교육은 종교에 이르는 도정(道程)이고, 종교에 미치지 못한 교육은 미성품(未成品)에 불과하여 실패로 끝나며, 동시에 종교는 장기간에

걸쳐 교육적으로 수련할 대상이라는 주장이 보인다.[231]

1930년대 전후에 개신교계에서 종교교육에 대해 보여준 인식은 교육과 종교의 관계에 대한 기존의 이해가 확장되었음을 보여준다. 기존에는 학교의 종교교육에 대해 신앙교육과 단기간의 효과를 지향했던 것으로 보인다. 그와 관련하여 1922년 '장로교신학교 입학조례'를 보면, 지원자는 『천로역정(天路歷程)』, 『개인전도(個人傳道)』, 『신경(信經)』, 『소교리문답(小要理問答)』, 『장로교정치』, 『예배모범』, 『권징조례』 등을 '복습'해야 했다(7조). 입학시험을 위해서는 ①국한문(國漢文)이나 일문(日文)이나 영문(英文), ②만국지리(萬國地理), ③산술(算學), ④구약역사(舊約歷史), ⑤야소행적(耶蘇行蹟), ⑥성경지리(聖經地理) 과목을 공부해야 했다(8조).[232]

1930년대 전후에는 학교의 종교교육이 '문화재로서 종교문화의 교수'와 장기간의 효과 지향으로 인식되었다. 학교 종교교육의 목적이 직접적인 종교 체험이 아니라 문화교육 측면에서 문화의 핵심인 종교문화의 교수로 설정된 것이다. 그렇지만 이런 태도도 결국 종교 체험의 기반 준비라는 전제를 가지기 때문에 넓게 보면 신앙교육의 범주에 포함되는 것이었다.

학교 종교교육과 관련하여 1930년대 중반의 신사참배 문제는 개신교계 선교사들과 조선총독부의 갈등을 심화시키는 계기가 되었다. 1930년대의 갈등은 1935년 1월 18일 조선총독부의 신사참배안이 숭실전문학교와 숭실중학교 교장이었던 미국 선교사 윤산온(尹山溫, George

---

231) 주필, 「敎育과 宗敎」, 『성서조선』 52, 성서조선사, 1933, 26쪽.
232) 「長老敎神學校入學條例」, 『神學指南』 4-2, 神學指南社, 1922, 149-152쪽. 다만 기독교대학 졸업생에게는 무시험 입학이 가능했고, 고등정도 이상 학교 졸업생에게는 ①·②·③ 과목 시험, 성경학원 졸업생에게는 ④·⑤·⑥ 과목 시험이 면제되었다.

S. McCune, 1878-1941)과 평양장로회신학교 설립자로 북장로파 선교
사인 마포삼열(馬布三悅, Samuel Austin Moffet, 1864- 1939) 등에게
거부되면서 표면화되었다.[233] 1935년 당시, 북장로파조선선교회는 개
신교계에서도 초등학교 200여 개교, 중등정도학교 10여 개교, 전문정
도학교 45여 개교를 보유한 존재였기 때문에 갈등의 여파는 남장로파
와 호주장로파 등 다른 교파로 확산될 수밖에 없었다.

   신사참배안에 대한 마찰 직후, 동년 7월에 개최된 제1차 조선미선회
총회에서는 총인퇴(總引退)론이 결의되었고, 미국의 외지전도국에서
도 1936년 9월 뉴욕에서 총회를 개최하여 조선미선회총회의 결안안을
가결하였다. 조선미선회총회에서는 이 문제와 관련하여 실행위원회를
결성하였고, 실행위원회는 미선회 지부인 스테이션회와 긴밀히 연락
하여 교육총인퇴안에 따라 미션스쿨 문제를 취급하기 시작하였다. 1937
년 7월에는 평양에서 제53회 미션총회(제2차 조선미선회총회)가 개최
되어 '계속경영파'와 '경영인퇴파'의 격론이 전개되기도 하였다. 결국
초기에 비해 '계속경영파'의 수가 증가했지만 미션총회는 56대 33으로
경영인퇴파의 승리였다.

   '계속경영파'와 '경영인퇴파'는 각각 감리파 선교사들과 장로파 선교
사들을 의미했다. 학교 교육에 대한 이들의 견해 차이는 이미 1915년
개정 〈사립학교규칙〉 당시에 학교의 승격 문제로 표출된 바 있다. 그
차이는 선교원칙의 차이에서 비롯되었다고 지적된다. 장로교 선교부
는 학교를 세속 교육의 장보다 선교의 장으로 인식하여 기독교학교에
서 성서교육 금지를 선교 활동의 포기와 종교의 자유 침해로 받아들였

---

[233] 金晩炯, 「北長老敎界諸學校의 其後 動向」, 『朝光』 5-1, 朝鮮日報社出版部, 1939.1.
    341-346쪽.

고, 감리교 선교부는 장로교에 비해 세속교육이 지니는 의미를 상대적
으로 더 인정하여 종교교육을 포기할 수 있었다는 것이다.[234]

경영인퇴파의 승리에 따라, 1938년 3월에는 평양스테이션 관하의
숭실전문, 숭실중학, 숭의여학교 등 세 학교가 폐교되었다. 그 과정에
서 조선인들의 인계운동이 전개되었다. 1938년 7월 평양에서 개최된
제3차 조선미션회총회에서는 1940년 3월 말일을 최종으로 하여 경성
의 경신학교와 보성여학교를 일괄 폐교하는 동시에 경성의 연희전문
학교와 세브란스의학전문학교에 대한 보조금의 중지, 북장로계 학직
원(學職員) 전원의 인퇴가 결의되었다. 연희전문과 세브란스의학전문
은 감리파와 공동으로 경영하던 재단법인이었기 때문에 일방적으로
폐교할 수 없었던 것이다.

그러나 1938년 7월의 제3차 조선미션회총회 직후인 9월 10일에 평
양에서 개최된 조선예수교장로회총회에서는 신사참배문제에 대해 기
존과 다른 입장이 표출되었다. 총회에는 신사참배안이 상정되었는데
그에 대해 선교사들을 제외한 200여 명의 회원들이 "我等은 神社는 宗
敎가 아니고, 基督敎에 違反치않는 本意를 理解하고 神社參拜가 愛
國的 國家儀式임을 自覺하며 또 이에 神社參拜를 率先勵行가고 進
하여 國民精神總動員에 參拜하여 非常時局 下에서 銃後國民으로서
赤誠을 다하기를 期함"[235]이라는 결의와 성명서를 발표하고, 뒤이어
신사참배를 시행했던 것이다. 그에 대해 선교회는 '종교교육의 인퇴'를
위해 당시 교역자 양성기관인 평양신학교와 남녀고등성경학교의 제2
학기 개교까지 포기하는 모습을 보였다.

---

234) 이진구, 「일제의 종교/교육 정책과 종교자유의 문제-기독교학교를 중심으로」, 『종교
연구』 38, 2005, 224-225쪽.
235) 金晩炯, 앞의 글, 345쪽.

신사참배문제를 통해 보면 학교교육과 종교의 분리론에 대한 조선총독부와 개신교계의 이해는 이질적이었다. 조선총독부는 신사참배안을 제기하면서 신사참배가 종교적 행위가 아니기 때문에 학교교육에서 진행될 수 있다고 보았는데, 이는 학교교육과 종교의 분리를 '단절'로 이해한 것이었다. 개신교계는 신사참배를 개신교와 다른 종교적 행위로 보면서 거부했는데, 이는 학교교육과 종교(개신교)의 분리를 '조화'로 이해한 것이었다. 교육과 종교의 관계에 대해 각각 단절과 조화로 보는 입장이 병존했던 것이다. 물론 '계속경영파'의 주장은 신사참배가 학교교육과 종교(개신교)의 '조화'를 완전히 막는 매개체가 아니라는 시선도 있었음을 보여준다.

조선불교계는 학교 교육에서 특정 종교(불교)교육을 고수하지 않았고, 교리나 신앙 차원에서 신사참배안에 별다른 문제를 제기하지 않았다. 오히려 1940년과 1941년의 불교계 잡지를 보면, 학무국의 교육 정책이 소개되었다.[236) 불교계의 입장은 〈사찰령〉에 근거한 31본산제도로 조선총독부와 관계 정립이 이루어졌다는 점, 신사참배와 불교 교리나 신앙 사이에 충돌 지점이 모색되지 않았던 점 등을 통해 설명될 수 있다.

4. 특징과 과제

지금까지 통감부와 조선총독부 시기의 종교교육 정책과 변화, 종립학교 종교교육의 상황과 변화, 종교교육 담론을 검토하면서 일제강점

---

236) 〈新體制下에 朝鮮佛敎를 再興하라-學務局長 訓示要旨-학무국장〉, 『불교』 28, 불교사, 1940; 〈朝鮮佛敎의 振興을 希望함-眞崎 學務局長談-〉, 『불교』 30, 불교사, 1941.

기를 중심으로 학교 종교교육에 대해 살펴보았다. 이와 관련하여 몇 가지를 지적하고자 한다.

첫째, 종립학교의 종교교육은 정부의 근대 교육의 추구 과정, 즉 정부가 근대 사립학교의 존재를 용인하면서 시작되었다. 조선은 19세기 말까지 일종의 고등교육기관으로서 성균관(成均館), 중등교육기관으로서 사학(四學, 서울)과 향교(鄕校, 지방), 초등교육기관으로서 각지에 서당(書堂)을 가지고 있었다. 당시까지 유가(儒家) 이외의 내용이 이단시되었기 때문에 이들 교육기관의 교육 내용은 주로 성리학이었다.

그렇지만 개항 이후, 1884년의 갑신정변을 거쳐, 1894년 제1차 갑오내각과 함께 군국기무처가 설치되어 진행된 교육개혁으로 근대 학교교육이 시작되었다. 1894년의 학무아문과 1895년의 학부의 등장은 기존의 교육 체제를 근대 교육 체제로 변화시키는 계기가 되었다. 특히 서양 선교사들은 1886년 〈조불통상조약〉을 전후부터 서양식 사립학교를 설립하고 간접적으로 종교교육을 시작하였다. 이러한 간접선교 방식은 성공회(1890), 안식교(1904), 동양선교회(성결교, 1907), 구세군(1908) 등이 전래되면서 점차 확대되었다. 이는 당시 지식인들 사이에 서양식 교육과 개신교에 우호적인 분위기가 조성되었기 때문에 가능한 것이었다. 그렇지만 증가하는 사립학교의 상황을 정리하기 위해 1908년의 〈사립학교령〉이나 1911년의 〈사립학교규칙〉 등이 제시되었다.

둘째, 조선총독부는 종립학교와 종교교육 문제에 대한 관심을 놓지 않았다. 그와 관련하여 조선총독부는 『조선총독부관보』에 매년 '조선인교육사립학교수조(朝鮮人敎育私立學校數調)'라는 제목으로 조선인 관련 사립학교 통계를 게재하였는데, 그 때마다 사립학교의 종류를 '종교'학교와 '일반'학교로 구분하였다. 여기서 '종교' 학교는 교과과정에

'종교'를 포함시킨, 주로 교과과정에 〈성경〉 과목 등을 포함한 개신교
계 학교를 의미했다.

셋째, 종립학교와 종교교육에 대한 조선총독부의 관심에는 정교분
리론이 전제되었다. 19세기 말 이후 정교분리 담론은 자연과 문명개
화, 자연과 초자연, 사적 영역과 공적 영역, 종교와 국가 등이 질적으
로 구분된다는 양분법에 입각한 것이었다. 그와 관련하여 개신교계에
는 학교 교육이 종교와 정치 영역의 조화를 위한 매개체라는 인식이
있었고, 조선총독부에는 학교 교육이 종교 영역과 단절되어야 한다는
인식이 있었다. 조선총독부는 학교 교육에 대해 문명화의 도구로써 정
치 영역에 포함된다고 이해했던 것이다.

넷째, 정교분리 담론에 입각한 교육-종교 분리론의 핵심 논리는 종
교라는 사적 영역과 국가라는 공적 영역이 혼동될 수 없다는 것이었
다. 관·공립학교의 경우에 그런 논리는 보다 명확해진다. 그에 비해
사립학교로서 종립학교의 경우는 공(公)과 사(私)의 교집합이었기 때
문에 양자의 '타협'이 필요했다. 그렇지만 양자의 관계는 1910년 한일
합방 이후에 1911년의 〈제1차 조선교육령〉과 1915년의 개정 〈사립학
교규칙〉 등을 거쳐 단절해야 하는 것으로 이해되었다. 1920년대 이후
에 다소 타협되는 양상이 보였지만, 1930년대 중반부터 신사참배문제
를 계기로 단절해야 하는 것으로 이해되었다.

다섯째, 교육-종교의 관계는 양심의 자유 실현과 연관된다고 인식되
었다. 여기에서 양심의 자유는 '종교인으로서 양심의 자유'를 의미했다.
이는 1919년 3·1운동 이후 개신교계가 신임 총독에게 보낸 진정서에
서 확인되는데, 개신교계는 천황 사진에 경례할 수 없는 근거를 '기독교
도의 양심의 자유' 침해에서 찾았다. 그에 따르면, 학교의 종교교육도

종교인으로서 양심의 자유가 침해되지 않을 때 가능한 것이었다. 그와 관련하여 1930년대 중반 이후 장로교파의 학교교육 총인퇴론도 개신교인으로서의 양심의 자유를 확보하려는 차원에서 설명될 수 있다.

정교분리론에 입각한 교육과 종교의 분리론은 일제강점기뿐만 아니라 해방 이후에도 학교 종교교육에 영향을 끼치게 된다. 그렇지만 종립학교의 종교교육을 '선교교육'으로 전제한 채 교육·종교 분리 담론이 유통되었다는 한계가 보인다. 종립학교의 종교교육에 대해 선교교육 또는 신앙교육 이외에 다른 형태의 교육으로 이해하려는 시도가 보이지 않았다. 종립학교를 통제하려는 조선총독부도, 그에 대해 반발 또는 협상하려는 종교계, 특히 개신교 측도 선교교육의 틀 안에서만 종교교육을 이해하는 모습을 보였던 것이다. 학교의 종교교육과 선교교육을 등치시키는 입장은 해방 이후에도 거의 그대로 한국 사회에 유통된 감이 있다.

해방 이후의
종교교육

Ⅲ 해방 이후의 종교교육

제Ⅱ장에서 통감부와 총독부의 종교교육 정책과 변화, 기독교계와 불교계 종립학교의 종교교육 상황과 변화, 당시의 종교교육 담론에 대해 검토하였다. 제Ⅲ장에서는 해방 이후부터 제7차 개정교육과정까지 종교교육에 대해 세 가지 부분을 검토하고자 한다. 첫 번째 부분은 국가 교육과정의 변화에 따른 종교 교과의 방향과 내용 등 종교교육 정책에 관한 내용이다. 두 번째 부분은 기독교계, 불교계, 신종교계 종립 중등학교의 종교교육에 대한 내용이다. 세 번째 부분은 종교교육 담론에 대한 내용이다.

1. 국가수준 교육과정의 변천

교육과정(curriculum) 개념은 학생의 경험, 교과의 개념과 법칙 등의 구조 파악, 사고력 등의 인지능력 향상, 개인의 의미 구성, 여러 교과목을 관통하는 주제나 경험 등에서 어느 부분을 강조하느냐에 따라 다르게 규정된다. 이 글에서 교육과정은 국가가 학교교육의 목표를 설정하고 목표 달성을 위해 교수-학습 내용과 방법 등을 문서화한 교육계획, 즉 '국가의 학교교육 계획표'를 의미한다. 각 시기별 교육과정의 전개 상황을 정리하면 아래의 표와 같다.

<표 13> 교육과정의 시기 구분

공화국		교육과정	시대구분
제1공화국 '48.8-	미군정기 ('45.8.15-'48.8.14)	※과도기 (1945.8.15-'46.9)	교수요목 ('45.8.15 -'54.4.19)
	1대 이승만 ('48.8.15-'52.8.14)	※교수요목기 (1946.9-'54.4.19)	
	2대~ ('52.8.-'56.8.14)	제1차 교육과정(1954.4.20-'63.2.14)	교과과정 ('54.4.20 -'63.2.14)
	3대~ ('56.8.-'60.4.26)		
제2공화국 ('60.6.-) 4대 윤보선('60.8.~'62.3.23)			
제3공화국 '61.12 -'72.10	5대 박정희 ('63.12.-'67.6.30)	제2차 교육과정(1963.2.15-'73.2.13.초·중 /'74.12.31.고)	교육과정 ('63.2.15 - 현재)
	6대~ ('67.7.-'71.6.30)		
	7대~ ('71.7.-'72.12.27)		
제4공화국 '72.10 -	8대~ ('72.12.-'78.12.26)	제3차 교육과정(1973.2.14-'81.12.30)	
	9대~ ('78.12.-'79.10.26)		
	10대 최규하 ('79.12.-'80.8.16)		
제5공화국 '80.10.27-	11대 전두환 ('80.8.-'81.2.24)		
	12대~ ('81.2.-'88.2.24)	제4차 교육과정(1981.12.31-'87.3.30)	
제6공화국 '88.2.25 - 현재	13대 노태우 (88.2.-'93.2.24)	제5차 교육과정(1987.3.31-'92.6.29)	
	14대 김영삼 ('93.2.-'98.2.24)	제6차 교육과정(1992.6.30-'97.12.29) 제7차 교육과정(1997.12.30-'07.2.27)	
	15대 김대중 ('98.2.-'03.2.24)		
	16대 노무현 ('03.2.-'08.2.24)	제7차 개정 교육과정1(2007.2.28-'09.12.23)	
	17대 이명박 ('08.2.25-현재)	제7차 재개정 교육과정2(2009.12.23-2011.8.9)	
		제7차 재개정 교육과정2(2011.8.9-현재)	

  해방 직후에 국가 교육과정은 마련되지 못했다. 과도기('45.8.15-'46.9)에 임시교과목 편제와 시간배당표가 정해졌고, 교수요목(敎授要目)기('46.9-'54.4.19)에 기존의 교과목 편제와 시간배당표가 수정되어 교수요목이 정해졌고 교과서가 편찬되었다.[1] 교수요목기 이후에 2010년 현재까지 모두 일곱 번의 국가 교육과정이 발표되었다. 그 내용은 제1차('54-'63), 제2차('63-'72), 제3차('73-'81), 제4차('82-'88), 제5차('89-'93), 제6차('95-'97), 제7차 교육과정('97-'07)이다. 제7차 교육과정은 개정('07-'09)・재개정('09-'11)・재개정('11-현재)의 과정을 거친 상황이다.

  국가 교육과정의 변화는 교수요목 시기, 교과과정 시기, 교육과정 시기로 삼분된다.[2] 교수요목 시기는 교수요목이 제정된 미군정기부터 〈교육법〉에 부합되는 '시간배당 기준령'이 제정된 1954년까지 약 10년간이다. 교과과정 시기는 1954년 '교육과정 시간배당 기준령'과 1955년 교과과정이 공포된 후부터 1963년까지 약 8년간이다. 교육과정 시기는 1963년 2월에 기존에 별도로 제시된 '시간배당 기준령'과 '교과과정'을 각급 학교의 '교육과정'으로 묶어 제정・공포한 이후를 의미한다. 각 교육과정별 시간배당 기준령의 변화 과정은 아래의 표와 같다.[3]

---

1) 유봉호・김융자,『한국 근/현대 중등교육 100년사』, 한국교육학회 교육사연구회, 1998, 187쪽.
2) 함종규,『한국교육과정변천사연구-조선주 말부터 제7차 교육과정기까지』, 교육과학사, 2004, 171-172쪽.
3)『초・중・고등학교 국가 수준의 교육과정 기준총론』, 교육부, 1999, 1-2쪽.

〈표 14〉 교육과정 시간 배당 기준령의 역사

교육과정	초등학교	중학교	고등학교
제1차('54.4.20-'63.2.14)	문교부령 제35호('54.4.20 제정·공포)		
	문교부령 제44호 ('55.8.1 제정·공포)	문교부령 제45호 ('55.8.1 제정·공포)	문교부령 제46호 ('55.8.1 제정·공포)
제2차('63.2.15-'73.2.13. 초·중/'74.12.31.고)	문교부령 제119호 ('63.2.15 개정·공포)	문교부령 제120호 ('63.2.15 개정·공포)	문교부령 제121호 ('63.2.15 개정·공포)
	문교부령 제251호 ('69.9.4 부분 개정·공포)	문교부령 제251호 ('69.9.4 부분 개정·공포)	문교부령 제251호 ('69.9.4 부분 개정·공포)
		문교부령 제286호 ('71.8.24 부분 개정·공포)	
		문교부령 제300호 ('72.5.8 부분 개정·공포)	
제3차('73.2.14-'81.12.30)	문교부령 제310호('73.2.14 개정·공포)		문교부령 제350호 ('74.12.31 개정·공포)
		문교부령 제325호 ('73.8.31 개정·공포)	
	문교부령 제424호('79.3.1 정비·고시)		
제4차('81.12.31-'87.3.30)	문교부 고시 제442호('81.12.31 개정·고시)		
제5차('87.3.31-'92.6.29)	문교부 고시 제87-9호 ('87.6.30 개정·고시)	문교부 고시 제87-7호 ('87.3.31 개정·고시)	문교부 고시 제88-7호 ('88.3.31 개정·고시)
제6차('92.6.30-'97.12.29)	교육부 고시 제1992-16호 ('92.9.30 개정·고시)	교육부 고시 제1992-11호 ('92.6.30 개정·고시)	교육부 고시 제1992-19호 ('92.10.30 개정·고시)
	교육부 고시 제1995-7호 ('95.11.1 부분 개정·고시)		
제7차('97.12.30-'07.2.27)	교육부 고시 제1997-15호('97.12.30 개정·고시)		
제7차 개정 교육과정 ('07.2.28-'09.12.23)	교육인적자원부 고시 제2007-79호('07.2.28 개정·고시)		
제7차 재개정 교육과정 ('09.12.23-'11.8.8)	교육과학기술부 고시 제2009-41 호('09.12.23 개정·고시)		
제7차 재개정 교육과정 ('11.8.9-현재)	교육과학기술부 고시 제2011-361 호('11.8.9 개정·고시)		

1) 미군정기: 종교 차별 없는 학교

제2차 세계대전 시기인 1945년 2월 미·영·소 연합국 수뇌들이 독
일의 패전과 관리에 대해 의견을 나눈 후 성립된 얄타(Yalta)체제는 일
제의 파시즘(fascism)[4]이나 소련의 공산주의에 대립된 민주주의를 이
념으로 삼았다. 제2차 세계대전 종전 직전인 1945년 7월에는 독일 포
츠담에서 미·영·중 3개국 수뇌회담 결과로 포츠담선언(Potsdam De
claration)이 만들어졌다. 그리고 미군정은 한국에서 교육에 대한 포츠
담회담의 합의사항, 즉 파시즘과 군국주의를 불식하고 민주주의 이념
을 발전시킨다는 합의사항을 실천하였다.[5]

1945년 8·15광복에도 불구하고 12월 모스크바3상회의에서 미·
영·소 3국의 한반도 신탁통치안이 결의되었고, 그 이후 한반도에 반
탁(反託)과 찬탁(贊託)의 대립 움직임이 발생한다. 그리고 미소공동위
원회의 회합 결렬 이후, UN 총회는 1947년 11월에 한국 정부 수립을
위해 UN 한국위원단(9개국 대표)을 파견하지만 소련이 38선 이북의
입경(入境)을 거부하면서 1948년 2월 가능 지역의 총선거 실시를 결의
한다. 1948년 5월 10일에는 UN 한국위원단의 감시 하에 남한의 총선
거가 실시되고, 5월 31일에 최초의 [제헌]국회가 개원한 후, 7월 17일
에 헌법이 공포된다. 광복 이후부터 제1공화국 이전까지 한국을 통치
한 기구는 미군정청이었다.

---

4) 이탈리아어 파쇼(fascio, 묶음)에서 비롯된 파시즘은 구성원들을 국가·국민·인종 등
  으로 '묶는', 자유주의보다 전체주의를 지향한다. 국가는 과거 영광의 재현을 선전하여
  인종·민족에 입각한 자국의 순수성[國粹主義], 일당독재에 대한 충성·숭배, 적을 부
  각시키고 타도하기 위해 군사적 부강[軍國主義]을 강조하는 경향을 보인다.
5) 이진석, 「한국과 일본의 미군정 초기 교육정책과 사회과 도입에 관한 연구」, 『시민교
  육연구』 35-2, 한국사회과교육학회, 2003, 96쪽.

1946년 1월 4일에 점령군사령관의 명령과 권한을 대행하는 군정기
관이 한국에서 공식 출범했지만, 군정업무는 1945년 9월 10일에 제24
군단장 하지 (J. R. Hodge) 중장이 조선군정장관으로 아놀드(A. V.
Arnold) 소장을 임명하면서 시작된다. 그리고 9월 20일에는 군정 운영
에 대한 미국의 기본지침이나 훈령이 없는 상황에서 아놀드 소장이 군
정청의 성격·임무·기구 및 국·과장급 인사를 발표하면서 군정업무
가 본격적으로 시작된다.6)

점령 초기 상황에서 미군정은 교육보다 치안과 질서유지에 관심을
둔다. 그렇지만 국민들의 지지 유도와 미국의 입지 강화 등 여러 이유
로 교육 분야를 배제할 수 없었다.7) 1945년 9월 11일, 미군정은 군 입
대 이전에 잠시 시카고의 초급대학 영어교사였던 라카드(Earl N. Loc
kard) 대위를 교육책임자로 임명한다. 교육행정 경험이나 한국에 대한
지식이 거의 없었던 라카드 대위는 곧바로 오천석(吳天錫)을 협력자
로 초청한다. 그리고 9월 14일에 〈일반명령 제2호〉으로 미군정 학무
담당자인 학무국장으로 임명되고, 학무국이 사용하던 별관으로 건너
가 학무국을 접수한다는 군대식 선언을 한다.8)

라카드 대위는 오천석이 추천한 최현배·최승만·유억겸·김성수
등과 만나면서 9월 16일에 이들을 포함한 16명을 불러 투표 방식으로
교육계 각 분야의 대표 인사를 선출하여 자문기관을 구성한다. 그 결과
초등교육(김성달)·중등교육(현상윤)·전문교육(유억겸)·고등교육
(김성수)·교육전반(백낙준)·여자교육(김활란)·일반교육(최규동)

---

6) 손인수, 『미군정과 교육정책』, 민영사, 1992, 91쪽.
7) 이진석, 앞의 글, 97-99쪽.
8) 손인수, 앞의 책, 217쪽.

분야를 대표할 7명이 선출되어 한국교육위원회(The Korean Committee on Education)가 조직된다. 이들의 공통점은 대체로 고학력자, 한민당 계열,9) 개신교 신자, 일제강점기의 친일적 또는 소극적 저항 노선자 등으로 알려져 있다.10)

학교교육과 관련하여, 학무국은 1945년 9월 17일 〈일반명령 제4호〉를 공포하여 9월 24일부터 모든 '공립 초등학교'에 수업을 시작하게 하고, 사립 초등학교에 대해 개교 이전에 허가를 받게 하였다.11) 9월 22일에는 학무국의 라카드와 오천석이 초등학교의 교육방침과 교육상 유의할 점, 초등학교 교과목 등을 발표하였다. 교육방침의 핵심은 당분간 현재 상태를 지속하되 일본주의적 색채에 관한 일체의 사항을 없애고, 평화와 질서를 교육목표로 한다는 것이었다. 동시에 일제 잔재의 불식, 평화와 질서의 유지, 생활의 실제에 적합한 지식 기능의 연마 등이 교육방침으로 강조되었다.12)

1945년 9월 28일에는 각 도(道)에 통첩을 보내 중등학교 이상의 학교에서 수업을 시작하게 하였다. 통첩에 따라 중등학교 이상의 관·공

---

9) 한국민주당(韓國民主黨)은 1945년 8·15광복 직후인 9월 6일에 여운형의 조선건국준비위원회가 '조선인민공화국'을 선포하자, 그에 반발한 민족진영(고려민주당, 조선민주당, 한국국민당, 대한민국 임시정부 환국환영국민대회 등)이 9월 16일 천도교회관에서 통합·창당한 것이다(영수: 이승만·김구·이시영 등, 수석총무: 송진우). 우익 민족진영의 대표 세력으로서 미군정에 적극 참여하였고, 이승만의 단정(單政) 추진을 지지하면서 법학자 유진오(兪鎭午)의 작업을 토대로 내각책임제 헌법을 추진했지만, 대통령중심제 헌법으로 전환되면서 이승만 측과 대립하였다. 이후 한민당 세력은 민주국민당, 민주당, 신민당, 민중당, 민정당, 신한당 등으로 이어졌다.
10) 위의 책, 219-226쪽. 9월 22일 김성수가 교육담당관의 고문이 되고 그 자리에 백남훈이 위원으로 취임한다. 그리고 11월에 의학교육(윤일선)·농업교육(조백현)·학계대표(정인보) 등 3명이 보충되어 전체 10인의 위원회가 된다. 그 가운데 김활란·유억겸·김성수·유진오 등은 친일파 논란에 휩싸인다.
11) 중앙대학교 부설 한국교육문제연구소,『文敎史(1945-1973)』, 중앙대학교출판국, 1974, 6쪽.
12) 유봉호·김융자, 앞의 책, 192-193쪽.

립학교는 10월 1일부터 재개되었고, 사립중등학교는 초등학교처럼 학
무국의 인가를 받아 개교할 수 있었다. 아울러 일제강점기에 폐교된
종립학교도 복학(復學)될 수 있었고, 사립 중등학교들도 신설될 수 있
었다.13)

　1945년 9월 29일, 미군정청은 조선군정장관 명의로 〈법령 제6호〉를
공포하여 〈일반명령 제4호〉를 개정하였다. 〈법령 제6호〉의 내용은 공
립학교의 개학(제1조), 사립학교(제2조), 종족(種族)의 종교(제3조),
교훈(敎訓)의 용어, 과정(課程, 제5조), 교사(제6조), 학교건물(제7조)
로 구성되었다. 이 법령에 근거하여 조선인 교사들은 9월 24일과 29일
사이에 학무과(學務課)에 등록해야 했고(제6조), 미국 육군이 점령한
건물을 제외하고 당시 교육 목적이 아니었던 건물을 즉시 인도, 청소,
정리하여 학교로 사용할 수 있게 되었다(제7조).14) 주목할 부분은 〈법
령 제6호〉에 조선학교에서 종족 및 종교의 차별이 없도록 해야 한다고
명시되었다는 점이다(제3조).15) 이는 맥아더가 〈포고〉에 '인권 및 종
교상의 권리 보호'라는 어구를 포함시킨 것의 연장이었다.16)

　학무국은 개학일(10.1.) 하루 전인 1945년 9월 30일에 공·사립학교
와 고등여학교의 교과 및 시간 배당표를 발표하였다. 그 내용은 하루
평균 5-6시간 정도로 일주일에 32-35시간을 배당한다는 것이었다. 당시
발표된 중등학교 교과 편제는 공민, 국어, 지리·역사, 수학, 물리·화
학, 가사, 재봉, 영어, 체육, 음악, 습자, 도화, 수예, 실업 등으로 구성

---

13) 황영희, 「미군정기의 사학 연구」, 『교육연구』 8, 원광대학교 교육문제연구소, 1989, 128-
　　133쪽. 〈표〉는 같은 책 132쪽에서 재인용.
14) 〈법령 제6호〉(1945.9.29), 『미군정법령집』(내무부 치안국), 1956, 8-9쪽.
15) 김경식, 「현대 한국 군정교육의 역사적 평가-법규·법철학 분야를 중심으로」, 『한국교
　　육사학』 13. 한국교육사학회, 1991, 169-170쪽.
16) 손인수, 앞의 책, 95-96쪽.

되었다. 교과별 시간 배당은 대체로 국어, 영어, 수학, 물리·화학, 지리·역사, 체육 순이었다. 실업학교의 경우는 이 배당표에 실업과목을 적당히 넣어 실정에 맞게 교수하도록 하였다.[17]

학무국 방침에 따라 1945년 10월 1일, 경성부(京城府) 내의 각 사립 초등학교도 개교를 시작하였다. 그렇지만 사립학교과 학생의 수는 감소 현상을 보였다. 그와 관련하여 미군정이 끝나고 정부가 수립된 1948년 10월말의 자료에 따르면, 사립 초등학교는 1948년 8·15 당시의 51개교에서 31개교로 20개교가 감소되었고, 학생 수도 26,155명에서 17,547명으로 8천여 명 정도가 감소되었다.[18]

미군정청은 군정업무를 시작한 지 2개월 후인 1945년 11월 2일에 〈법령 제21호〉를 공포하여 조선총독부 당시의 법률과 조직을 존속시켰다. 그에 따르면, 기존의 모든 법률이나 법률적 효력이 있는 규칙·명령·고시·기타 문서 등은 조선군정부(朝鮮軍政府)의 특수명령으로 폐지될 때까지 모두 효력을 발휘하였다. 그리고 군정장관의 명령으로 개정 또는 폐지된 경우를 제외하고 당해 관청에서 폐지할 때까지 조선총독부·도청·부(府)·면·촌의 조직과 국장·과장·부윤(府尹)·군수·경찰서장·세무서장·면장·촌장·기타 하급직원에 관한 법률규정도 존속되었다.[19]

1945년 11월 23일에는 오천석의 설득으로 학무국장 에레트(Paul D. Ehret) 소령이 교육계와 학계에서 약 100명을 초청하여 조선교육심의

---

17) 유봉호·김융자, 앞의 책, 194-195쪽.
18) 황영희, 앞의 글, 125-126쪽.
19) 〈법령 제21호〉(1945.11.2),『미군정법령집』(내무부 치안국), 1956, 23쪽. 〈법령 제21호〉의 내용은 법률의 존속(제1조), 포고·법령·지령(指令)의 시행(제2조), 본령(本令)의 실시기일(제3조)이다. 이 법령은 1945년 11월 2일 夜半에 효력을 발생한다.

회(National Committee on Educational Planing)를 구성하게 하였다. 조선교육심의회는 제1분과위원회[교육이념], 제5분과위원회[중등교육], 제9분과위원회[교과서] 등 10개 분과위원회로 구성되었고, 1946년 3월 7일까지 활동하였다. 중요한 점은 그 과정에서 '홍익인간'이 교육 이념 으로 정해졌고, 의무교육과 학급 신설, 식민지 시대의 복선형 학제 폐 지와 6-3-3-4 단선형 학제 채택 등이 결정되었다는 것이다.[20]

1946년 2월, 조선교육심의회 활동이 끝날 무렵에는 교수요목(敎授 要目, syllabus) 제정위원회가 조직되었다. 교수요목 제정위원회의 목 적은 국민학교 개교일(1945.9.24) 직전(1945.9.22)에 발표된 '당면한 교 육방침, 교육상 유의점, 초등학교 교과목에 관한 사항' 등 교수요목에 관한 사항을 재검토하고, 수정안과 중등학교 교과 편제안을 제시하는 것이었다.

1946년 3월에는 〈법령 제64호〉이 공포되어 학무국이 문교부로 개 칭되었다(제2조).[21] 그 상황에서 동년 9월에는 교수요목 제정위원회가 '국민학교·중등학교 교과편제 및 시간배당'을 마련하였고, 1947년 1 월 10일에는 '각과 교수요목집'이 발간되었다. 당시의 교수요목집은 국 어, 수학, 사회생활, 이과 등 4과목에 한정되었고, 내용상 질적인 차이 가 있었다고 한다.[22] 그렇지만 교수요목이 각 교과목의 교수에 필요한

---

20) 손인수, 앞의 책, 230-238쪽; 이나미, 「미군정기의 민주주의 교육: 일제시기와의 연속성 을 중심으로」, 『동양정치사상사』 3-1, 한국동양정치사상사학회, 2004, 210-211쪽. 조선 교육심의회의 구성원 가운데 체제 유지적 보수주의인 한민당 소속 28명, 반공이념을 지 향한 민족청년당 소속 7명, 온건한 민족주의로 분류되는 흥사단 소속 31명이 포함된다.

21) 〈법령 제64호(조선정부 각부서의 명칭)〉 (1946.3.29), 『미군정법령집』(내무부 치안국), 1956, 56-59쪽. 당시의 조선군정장관인 러치(A. L. Lerch, 재임: 1946.1.4-1947.9.11) 소 장 명의로 공포된 〈법령 제64호〉의 핵심은 기존의 국(局)을 부(部)로 개칭한 것이다. 당시 문교부의 초대 부처장으로는 유억겸, 차장으로는 오천석이 임명된다. 이는 미군 정청이 1945년 12월, 미국인과 한국인이 동시에 국장으로 참여하는 양국장제(兩局長 制)를 실시한 연장선에 있는 것이다.

핵심 내용을 정한 것이고 1954년까지 학교교육과 교과서의 발행지침
이 되었다는 점을 감안할 필요가 있다.[23] 이 점을 감안하면 당시의 교
수요목은 교과별로 교수 사항을 정한 것이었지만('분과주의 교과') 그
후의 교육과정에 준하는 것이었다.

1946년 9월에 발표된 교수요목은 세 가지 특징을 가지고 있었다. 첫
째, 교과의 지도내용을 상세히 표시하고 기초능력의 배양에 주력하였
다는 것이다. 둘째, 분과주의 교과를 채택하여 체계적인 지도와 지력
의 배양에 중점을 두었다는 것이다. 셋째, 교육이념인 홍익인간의 정
신에 입각하여 애국애족의 교육을 강조하고 일제 잔재의 시급한 제거
를 지향했다는 것이다.[24] 교수요목이 교과 편제 및 시간 배당과 연관되
기 때문에 미군정기 교육은 1946년 9월을 기준으로 과도기(해방-1946.
9)와 교수요목기(1946.9-1954.8)로 구분되기도 한다.

1946년 9월 12일에는 문교부 중심으로 '신교육연구협회'가 창설되어
'새교육 운동'이 시작되었다. 동년 11월, 오천석은 『민주주의 교육의
건설』(1946)을 써서 존 듀이(J. Dewey)의 교육사상을 '새교육' 이론으
로 가장 먼저 소개하였다. 실천면에서는 『신교육 서설』(1946)을 펴낸
효제초등학교 교장 윤재천(尹在天)이 중심이 되어 구성한 '새교수법
연구회'의 활동이 주목된다. 새교수법 연구회는 1946년 10월 25일에
효제초등학교에서 연구 성과를 발표하였는데, 당시 문교부관(유억겸)

---

22) 유봉호・김용자, 앞의 책, 218-220쪽. 당시 교수요목을 보면, 사회생활과는 교수목적,
　　교수방침, 교수요목의 운용법, 교수에 관한 주의, 사회생활과의 교육내용의 구조 등으
　　로, 국어과는 교수요지, 교수방침, 교수사항, 교수상의 주의로 구성된다. 그렇지만 수학
　　과 이과의 교수요목에는 제목만 열거되고 교수목표나 지도시 유의사항 등에 대한 언급
　　이 없다.
23) 손인수, 앞의 책, 250쪽.
24) 국가기록원의 '교수요목 제정' 항목: http://contents.archives.go.kr

은 이를 전국의 각 학교에 권장한다는 담화문을 발표하였다. 그 후, 새 교육운동은 미군정청보다 안호상(서울대 교수) 중심의 '민주교육연구회', 백락준(연희대 총장) 중심의 '한국교육 문화협회', 오천석(문교부 차장) 중심의 '새교육협회', 심태진(서울사대 부국교감)과 김기서(서울 사대부국교장) 중심의 '아동교육연구회' 등 민간인 교육연구 단체에 의해 주도되었다.[25]

새교육운동의 이론에 듀이의 사상이 적용된 이유는 미군정이 한국을 '아시아의 이데올로기 전쟁터'로 보고 패전국인 일제의 파시즘, 소련의 공산주의에 대립되는 이념으로서 민주주의를 강조했기 때문이다. 미군정이 강조한 민주주의는 사회주의식 '평등'이 아니라 '자유'가 강조된 개인주의적 · 공리주의적 · 실용주의적 · 탈정치적 영 · 미식 민주주의, 미국식 민주주의를 대표한 존 듀이의 실용주의적 민주주의였던 것이다.[26]

1948년 5월 10일에는 남한 만의 총선거가 실시되었다. 동년 7월 17일에는 국회의장(이승만)이 〈헌법〉을 공포하였다. 동년 8월 15일에는 대한민국 정부수립이 선포되고, 이승만을 대통령으로, 이시영(李始榮)을 부통령으로 하여 제1공화국이 출범하였다. 교육 분야와 관련하여 초대 문교부장관에 안호상, 차관에 문장욱이 임명되었다.

1948년 〈헌법〉은 '민주독립국가(민주공화국)의 재건'을 지향하였다

25) 손인수, 앞의 책, 207-211쪽. 당시 새교육 운동은 주로 초등교육을 대상으로 하였고, 교육과정의 연구보다 학습지도법의 개선에 관심을 보인다. 미군정하의 교육이념은 대체로 듀이의 철학에 따른 교육을 지향하는 것이었고, 새교육운동도 그에 바탕을 둔 것이다(같은 책 211쪽). 따라서 새교육운동에서는 획일적 · 지식 주입식의 전통적 교육이 지양되는 측면이 있다.
26) 이나미, 앞의 글, 205-210쪽. 이미 1927년 컬럼비아 대학에 있는 듀이의 클래스에 한국 학생들이 있었고, 장이욱 · 김홍제 · 조병욱 · 오천석 등 미군정기 교육계 주요인사들도 듀이의 강의를 직접 수강하였다. 또한 김활란 · 서은숙 · 장석영 · 윤성순 · 노재명 등은 듀이의 제자이며 해설자인 킬패트릭의 강의를 수강한 인물이었다.

(제1조). 종교와 관련해서는 "모든 국민은 법률 앞에 평등이며 성별, 신앙 또는 사회적 신분에 의하여 정치적, 경제적, 사회적 생활의 모든 영역에 있어서 차별을 받지 아니한다"(제8조)는, "모든 국민은 신앙과 양심의 자유를 가진다. 국교는 존재하지 아니하며 종교는 정치로부터 분리된다"(제12조)는 점이 명시되었다. 교육과 관련해서는 "모든 국민은 학문과 예술의 자유를 가진다."(제14조)는, "모든 국민은 균등하게 교육을 받을 권리가 있다. 적어도 초등교육은 의무적이며 무상으로 한다. 모든 교육기관은 국가의 감독을 받으며 교육제도는 법률로써 정한다."(제16조)는 점이 명시되었다.[27]

제1공화국의 초대 문교부장관(1948.8.3)인 안호상은 홍익인간의 교육 이념 하에 남북통일을 위해 '일민주의 교육' 또는 '민주주의 민족주의'를 표방하면서, 일민주의의 보급 정책으로 학도호국단을 조직하여 일민주의를 전국적으로 확대하고자 하였다.[28] 안호상의 취임으로부터 약 5개월 후인 1949년 12월 31일에는 〈헌법〉에 근거하여 〈교육법〉이 제정되었다.[29]

1949년의 〈교육법〉에 따르면, 교육 이념은 '홍익인간', 교육 목적은 모든 국민을 대상으로 '민주국가발전에 봉사하며 인류공영의 이념 실현에 기여하게 함'이었다(제1조). 교육 목적을 달성하기 위한 교육방침은 '민족의 고유문화를 계승 앙양' 등 일곱 가지였다(제2조). 그리고 교육 목적이 학교뿐만 아니라 모든 영역에서 항상 강력히 실현할 것과

---

27) 〈대한민국헌법〉(제정 1948.7.17, 헌법 제1호). 학문의 자유(제14조)에는 학문을 하지 않을 자유도 포함되기 때문에 의무교육(제16조) 규정과 배치되는 것처럼 보이지만, 그에 대한 논의는 찾아보기 어렵다.
28) 유봉호·김융자, 앞의 책, 212-213쪽.
29) 〈교육법〉(제정 1949.12.31. 법률 제86호).

특히 공민·과학·실업·사범 교육을 중시해야 한다는 내용도 명시되었다(제3조).

1949년의 〈교육법〉은 국가 및 지방 공공단체에 모든 교육기관에 대한 지도·감독을 명시하고(제6조), 동등한 학교의 수료자·졸업자에게 국·공·사립의 구별 없이 동등한 자격을 부여하였다(제7조). 모든 국민에게는 6년의 초등교육을 받을 권리와 그 친권자 또는 후견인의 의무(제8조)를 명시하였다.[30] 그리고 국가와 지방공공단체가 초등교육을 받지 못한 채 학령을 초과한 자에게 민주국가의 공민으로서 필요한 교양을 주기 위해 적절한 교육시책을 강구·실시해야 한다는 점(제10조), 모든 시설은 그 본래 용도에 지장을 주지 않는 범위 내에서 교육을 위해 이용될 수 있다는 점(제11조) 등을 명시하였다. 그와 함께 "교원의 사회적 지위는 적정하게 우대되어야 하며 그 신분은 반드시 보장되어야 한다"(제13조)는 점도 명시되었다.

또한 군(郡) 단위로 교육구를 법인으로 만들어, 제1차로 도지사, 제2차로 문교부장관과 내무부장관의 지휘·감독을 받게 하고, 교육구가 그 구역 내 학령아동 전원의 취학에 필요한 국민학교를 설치·경영하도록 하였다(제15조-제17조). 교육구에는 임기 4년의 명예직 위원들로 구교육위원회(의장: 군수)를 두어 매월 1회의 회의 결과를 교육감에게 통보하고, 교육감이 다시 그 결과를 도지사와 문교부장관에게 보고하게 하였다(제19-제26조). 구교육위원회에는 조례의 제정·개폐, 예산의 의결과 결산보고의 심사 인정, 교육감 추천 등 18개 항목에 대한

---

30) 1949년의 〈교육법〉 제99조에 따르면, 학령아동의 친권자 또는 후견인으로서 경제적 사유로 학령아동을 취학시키기에 곤란할 때에는 소속 교육구, 시 또는 특별시는 교육비를 보조할 수 있다.

의결 권한이 주어졌다(제27조). 특별시에는 특별시교육위원회, 시에는 시교육위원회(제33조), 도에는 도교육위원회(제46조), 국가에는 30인(임기 4년) 규모의 중앙교육위원회를 두게 하였다(제57조).

교육구·시·특별시는 국민학교 등의 유지·운영을 위해 교육세(제68조)와 특별부과금(제69조)을 부과할 수 있었다. 또한 의무교육에 종사하는 국민학교 교원의 봉급 전액과 공립중학교와 고등학교 교원의 봉급 반액에 대한 국고 부담(제70조), 교육구·시·도·특별시의 교육비에 대한 국고 보조가 명시되었다. 그렇지만 국가, 특별시 또는 도는 사립학교에 대하여 보조를 할 수 없게 하였다(제71조). 국립학교와 법률상 설립의무가 있는 자 이외의 학교 설립은 특별시교육위원회 또는 도지사, 중등학교와 고등학교는 문교부장관의 인가를 받게 하였다(제85조). 사립학교는 교원의 채용 또는 해직에 대해 감독청에 보고해야 했고, 감독청에게 교원 해직권이 주어졌다(제87조). 사립학교에게는 매회계년도 개시 전에 수지예산, 매회계년도의 종료 후 3개월 이내에 수지결산을 감독청에 제출하게 하였다(제88조).

〈교육법〉 이후, 달라진 부분은 대학·사범대학·각종학교를 제외한 각 학교의 학과와 교과가 대통령령, 각 교과의 교수요지와 요목별 수업시간이 문교부령으로 정해지고, 각 교과의 수업량이 년 단위로 표시되고, 교과에 필수과목뿐만 아니라 선택과목을 두게 되었다는 점이다(제156조).[31] 사범대학·대학을 제외한 각 학교의 교과용도서는 대통령령에 근거하여 문교부가 저작권을 가졌거나 검정 또는 인정한 것에

---

31) 중학교는 전 교과의 15퍼센트 이상을 인문계고등학교는 전 교과의 10퍼센트 이상을 실업과목으로 과하며 학생 각자로 하여금 1인1기를 습득케 하여야 한다(제155조). 중학교 또는 고등학교 중에서 전 교과의 30퍼센트 이상을 실업과목으로 하는 학교는 실업중학교 또는 실업고등학교 명칭을 관할 수 있다(제156조).

한해 사용될 수 있었다(제157조).

종교교육과 관련해서는 교육이 본래 목적에 충실하여 정치적, 파당적, 기타 개인적 편견의 선전을 위한 방편으로 이용되지 않도록 해야 한다는 점과 "국립 또는 공립학교는 어느 종교를 위한 종교교육을 하여서는 아니 된다"고 명시되었다(제5조). 그와 관련하여 제81조에는 국민학교·중학교·고등학교·대학 등 일곱 종류의 학교 설치 목적에 대해 "모든 국민으로 하여금 신앙, 성별, 사회적 신분, 경제적 지위등에 의한 차별이 없이 그 능력에 따라 균등하게 교육을 받게 하기 위하여"라는 점이 명시되었다.[32]

1950년 5월, 제2대 문교부장관(1950.5.4)으로 취임한 백낙준은 6월 2일에 교수요목의 제정을 위해 〈교수요목제정심의회규정〉을 공포하였다.[33] 당시의 〈교수요목제정심의회규정〉에 따르면, 교수요목제정심의회(의장: 편수국장)는 교수요목의 제정 원안을 심의하고 기초자료를 조사·연구하기 위하여(제4조) 문교부 편수국에 설치되었고(제1조), 학교 종류와 교과목 종류에 따라 분과제로 운영되었다(제2조). 각 분과별 교수요목제정심의회의 위원은 문교부직원, 현직교육자, 지방청 교육행정관계자 및 기타 학식 경험이 풍부한 자를 선정하여 문교부장관이 위촉하였다(제3조).

그렇지만 1950년 6월의 '의무교육 6개년계획' 시행에도 불구하고, 6월 25일에 한국전쟁(1950.6.15-53.7.27)이 발발하여 학교교육은 중단 상태가 되었다. 의무교육은 1953년 6월에 교육자치제가 발족된 것을

---

32) 1949년의 〈교육법〉 제83조에 따르면, 도·시·교육구가 설립·경영하는 학교는 공립학교(시립·도립·구립학교라고도 함), 법인·사인이 설립·경영하는 학교는 사립학교로 구분한다.
33) 〈교수요목제정심의회규정〉(제정·시행 1950.6.2. 문교부령 제9호).

계기로 본격적인 궤도에 오르게 되었다.[34]

한국전쟁이 발발하자, 문교부는 부산에 임시 사무처를 정하고, 1951년 2월 26일 〈전시하 교육특별조치요강〉, 3월 30일 〈교과과정연구위원회직제〉, 5월 4일 〈대학교육에 관한 전시특별조치령〉[35] 등을 발표하여 중단된 교육을 재개하였다. 그리고 1951년 3월 20일에 〈교육법〉(일부개정), 8월 24일에 〈교육법개정에 따르는 현존학교에 관한 조치령〉(대통령령), 12월 1일에 〈교육법〉(일부개정) 등도 공포하였다.[36] 이는 1951년 3월 이후에 교과과정연구위원회(위원장: 문교부장관)가 각 교과별 분과위원회를 두고, 교과목의 분설 및 폐합, 교재의 선정, 학습지도의 요강, 학습지도계획 및 학습지도요령을 연구해야 했음을 시사한다.[37] 그리고 동년 3월에는 기존의 학제인 6-4-3-4(또는 6년)제가 6(국민학교)-3(중학교)-3(고등학교)-4(대학; 초급대학 2년, 대학 4년 내지 6년)제로 바뀌면서 학제의 골격도 마련되었다.[38]

1952년 4월 23일에는 〈교육법시행령〉이 제정되었다.[39] 1949년 12월 31일의 〈교육법〉 제정 이후, 약 2년 4개월만이었다. 당시의 〈교육

---

34) 함종규, 『한국교육과정변천사연구-조선주 말부터 제7차 교육과정기까지』, 교육과학사, 2004, 237-238쪽.
35) 〈대학교육에관한전시특별조치령〉(제정 1951.5.4. 문교부령 제19호); 〈대학교육에관한전시특별조치령〉(폐지 1958.5.24. 문교부령 제75호).
36) 〈교육법개정에따르는현존학교에관한조치령〉(제정 1951.8.24. 대통령령 제528호); 〈교육법〉(일부개정 1951.3.20. 법률 제178호); 〈교육법〉(일부개정 1951.12.1. 법률 제228호).
37) 〈교과과정연구위원회직제〉(제정·시행 1951.3.30. 문교부령 제16호) 제1조-제8조. 〈교수요목제정심의회규정〉(제정 1950.6.2. 문교부령 제9호)과 〈교과과정연구위원회직제〉(제정 1951.3.30. 문교부령 제16호)는 1959년 3월 11일자로 폐지되고, 〈교육과정심의회규정〉(1959.3.11. 제81호)이 공포·시행된다.
38) 〈교육법〉(일부개정 1951.3.20. 법률 제178호) 제95조; 제102조; 제106조; 제110조. 〈교육법〉(제정 1949.12.31. 법률 제86호) 제정 당시 학제는 6-4-4(또는 2년)-4(또는 6년)제였고, 일차 개정된 〈교육법〉(일부개정 1950.3.10. 법률 제118호)의 학제는 6-4-3-4(또는 6년)제였다.
39) 〈교육법시행령〉(제정 1952.4.23. 대통령령 제633호).

법시행령)에 따르면, 교과는 필수과목과 선택과목(전 교과과정의 1/3),
필수과목은 일반교양과목(필수과목의 1/3)과 전공과목으로 구분되었
다. 일반교양과목은 '일반 지도적 인격을 도야함에 필요한 과목', 전공
과목은 '학과의 전문학술연구상 필수하여야 할 과목'으로 규정되었다.
사회과학계와 자연과학계와 달리, 인문과학계 일반교양과목(12과목)
에는 철학, 윤리학, 문학, 역사학, 심리학, 논리학, 사회학, 종교학, 교육
학, 인문지리학, 인류학, 외국어 등이 포함되었다.[40] 그에 비해 중학교
의 교과는 국어, 사회생활, 수학, 과학, 체육, 실업가정, 음악, 미술, 외국
어였다(제115조). 고등학교는 보통교육용 학과[보통과], 농업·공업·상
업·임업 등 전문교육용 학과로 구분되었고(제117조), 교과는 국어,
사회, 수학, 과학, 체육, 교련, 실업과 가정에 관한 교과, 음악, 미술,
외국어, 철학, 교육이었다(제118조).

　　1953년 4월에는 〈교육공무원법〉이 제정되어 교육공무원인 교사의
자격 기준이 명시되었다. 그에 따르면 교사 자격은 정교사(1급 2급),
준교사, 특수교사, 양호교사로 구분되었고, 교사들은 문교부장관이 수
여한 자격증을 소지해야 했다.[41]

---

40) 〈교육법시행령〉(제정 1952.4.23, 대통령령 제633호) 제125조. 대학의 영역별 교과 지침
　　은 1971년 3월에 삭제된다. 〈교육법시행령〉(일부개정 1971.3.2. 대통령령 제5541호)
　　제119조(대학의 교과).
41) 〈교육공무원법〉(1953. 4.18. 제정·시행, 법률 제285호) 제4조 별표2에서 특수교사와
　　양호교사의 내용은 생략. 특수교사는 국민학교, 중학교, 고등학교에 모두 있었고, 양호
　　교사는 국민학교에만 있었다.

〈표 15〉 교사의 자격(〈교육공무원법〉 별표 제2호, 1953.4.18.)

	고등학교 (사범학교와 고등기술학교 포함)	중학교 (고등공민학교와 기술학교 포함)	국민학교 (유치원과 공민학교 포함)
정교사 (1급)	1. 고교 정교사(2급) 　자격증소유자로, 3년이상의 　교육경험을 가지고 문교부 　소정의 재교육강습을 받은 자 2. 중앙교육자격검정위원회에서 　고교1급 정교사자격검정을 　받은 자	1. 중학교 　정교사(2급)자격증소유자로, 　3년이상의 교육경험을 가지고 　문교부 소정의 재교육강습을 　받은 자 2. 중앙교육자격검정위원회에서 　중학교1급 정교사자격검정을 　받은 자	1. 국민학교 정교사(2급) 　자격증소유자로서 3년이상의 　교육경험을 가지고 　문교부소정의 재교육강습을 　받은 자 2. 중앙교육자격검정위원회에서 　국민학교1급 　정교사자격검정을 받은 자
정교사 (2급)	1. 사범대학(4년제) 졸업자 2. 실업계대학 졸업자 3. 국민학교 또는 중학교 　정교사자격증을 가지고 　대학을 졸업한 자 4. 대학졸업자로서 재학시 　교직과에 관하여 소정의 　학점을 이수한 자 또는 　소정의 교육강습을 받은 자 5. 고교 준교사자격증을 가지고 　재교육강습을 받은 자 6. 중앙교원자격검정위원회에서 　고등학교 2급 　정교사자격검정을 받은 자	1. 사범대학(2년제)졸업자 2. 고교2급 정교사자격증을 가진 자 3. 국민학교 정교사자격증을 　가지고 초급대학을 졸업한 자 4. 초급대학졸업자로, 재학중 　교직과에 관하여 소정의 　학점을 이수한 자 또는 2년 　이상의 교육경험을 가지고 　소정의 교육강습을 받은 자 5. 중학교 준교사자격증과 3년 　이상의 교육경험을 가지고 　소정의 재교육강습을 받은 자 6. 중등교원양성기관을 수료한 자 7. 중앙교원자격검정위원회에서 　중학교 2급 정교사자격검정을 　받은 자	1. 사범학교 졸업자 및 동연습과 　졸업자 2. 중학교와 고등학교의 　정교사(2급)자격증 소유자 3. 대학(초급대학 포함)졸업자로, 　1년 이상의 교육경험을 가진 　자 4. 국민학교 준교사자격증 및 　3년 이상의 교육경험을 　가지고 소정 교육강습을 받은 　자 5. 중앙교원자격검정위원회에서 　국민학교2급 　정교사자격검정을 받은 자
준교사	1. 대학졸업자 2. 중앙교원자격검정위원회에서 　고등학교 준교사자격검정을 　받은 자	1. 대학(초급대학 포함)졸업자 2. 중앙교원자격검정위원회에서 　중학교 준교사 자격검정을 　받은 자	1. 대학(초급대학 포함) 2. 사범학교강습과 수료자 3. 고교 졸업자로서 재학중 소정의 　교직과를 이수한 자 또는 　소정의 교육강습을 받은 자 4. 중앙교원자격검정위원회에서 　국민학교 준교사자격검정을 　받은 자

2) 제1차 교육과정(1954.4.20-63.2.14)

한국전쟁 중에 제3대 문교부 장관(1952.10.30.)으로 불교 신자인 김 법린[42]을 임명하기도 했던 이승만은 제2대 대통령선거를 위해 자유당 (自由黨)을 창당하고, 계엄령 선포와 〈헌법〉 개정(대통령 직선제) 등 으로 대통령에 재선되었다. 1953년 7월 27일에 군사정전(軍事停戰)으 로 한국전쟁이 끝나고, 그로부터 약 1년 후인 1954년 11월에 장기 집권 을 위한 종신대통령제 개헌안이 국회 표결에서 1표 부족으로 부결되 었지만, 사사오입(四捨五入) 논리로 통과되었다. 1954년 사사오입 당 시 제4대 문교부 장관(1954.4-1956.6)은 이선근이었다.

제4대 문교부 장관 취임 전날인 1954년 4월 20일에는 교과과정의 제정을 가능하게 한 국민학교·중학교·고등학교·사범학교의 '교육 과정 시간 배당 기준령'(문교부령 제35호)이 공포되었다. 당시 문교부 는 각 교과위원회를 구성했고, '교육과정제정합동위원회'의 기본 원칙 에 따라 각 교과과정의 편제에 착수하였다. 1954년 11월에 '사사오입' 사건이 있었지만, 정부가 서울로 환도한 1955년에 '교과과정연구위원 회'와 '교수요목제정위원회'가 각 교과위원회안에 대한 심의를 마치고, 1955년 8월 1일에 각급 학교의 교과과정(문교부령 제44호)을 공포하였

---

42) 김상현, 「김법린과 한국 근대불교」, 『한국불교학』 53, 한국불교학회, 2009, 12-20쪽. 초대 문교부 장관(1948.8.3)이 대종교 신자인 안호상, 제2대 문교부 장관(1950.5.4)이 개신교 신자인 백락준이었다면, 제3대 문교부 장관(1952.10.30.)은 한국전쟁 중에 취임 한 불교 신자인 김법린이었다. 김법린은 불교계에서 한역 중심의 전통 불교학에서 탈 피한 원전 연구 중심의 신불교학, 그리고 불교·영어·역사 등을 강원 교육에 포함시 킨 신불교 교육을 지향했던 인물이다. 또한 광복과 함께 동년 8월 19일 당시 종무원(종 무총장 李鍾郁)으로부터 종권을 인계 받아 9월 22일에 승려대회를 개최하여 중앙총무 원(교정 朴漢永, 총무원장 김법린)을 설치한, 그리고 1947년 5월 8일 불교도대회에서 설치된 조선불교정통총본원(교정 張石霜, 총본원장 송만암)과 대립하며 한용운의 불교 유신론에 입각한 대승불교 또는 대중불교의 건설을 지향했던 인물이다.

다. 그에 의거하여 1955년부터 연차적으로 교과서용 도서 개편 작업이 이루어졌다. 교과서의 경우, 〈교육법〉에 따라 국민학교는 '국정'이 원칙이었고, 중·고등학교는 국정·검정·인정교과서를 병용할 수 있었다.[43]

　1954년 4월 20일의 '교육과정 시간 배당 기준령', 1955년 8월 1일의 문교부령 제44호(국민학교)·제45호(중학교)·제46호(고등학교)는 비록 민주적인 과정과 절차상의 문제가 있었지만, 한국의 교육사에서 최초의 교육과정이라는 의미가 있었다.[44] 제1차 교육과정(1954.4.20-'63.2.14)이 제4대 문교부장관 취임 전날에 공포되었다는 것은 제3대 김법린 장관 시기에 '교육과정 시간 배당 기준령'이 마련되었음을 시사한다. 이는 제1차 교육과정에 제3대 김법린 장관이 강조한 '도의교육'이 포함되었다는 점에서 확인할 수 있다.[45]

　1954년의 '사사오입' 결과로 대통령에 3선된 이승만 정권 하에서, 문교부는 1959년 3월 11일에 기존의 〈교수요목제정심의회규정〉(문교부령 제9호)과 〈교과과정연구위원회직제〉(문교부령 제16호)를 폐지하고, 각급 학교의 '교육과정'을 심의하기 위해(제1조) 〈교육과정심의회규정〉(문교부령 제81호)을 제정하였다. 여기서 교육과정은 '각급 학교의 교육목적을 달성하기 위한 교과활동과 교과외 활동을 포함한 모든 교육활동'을 의미했다(제2조). 교육과정심의회(회장: 문교부차관)의 위원(임기 2년, 중임 가능)은 교육전문가와 교육에 관한 학식경험이 풍부한 자 가운데 문교부장관의 위촉을 받은 70인 이내로 구성되었다(제3조).[46]

---

43) 함종규, 앞의 책 241-261쪽.
44) 위의 책, 266쪽.
45) 유봉호·김융자, 앞의 책, 228-229쪽.
46) 〈교육과정심의회규정 제정〉(1959.3.11. 문교부령 제81호). 이 규정은 공포일로부터 시행되었고, 동시에 〈교수요목제정심의회규정〉(문교부령 제9호)과 〈교과과정연구위원회직제〉(문교부령 제16호)는 폐지되었다.

교육과정심의회의 심의 사항은 각급 학교의 ①교육과정편제, ②교과과정제정, ③교육과정편제에 관한 기초자료의 조사연구에 관한 사항, ④기타 등이었다(제4조). 교육과정심의회는 각급 학교별, 각급 학교의 교과별로 전문분과회를 두고, 필요에 따라 기타 전문분과회를 둘 수 있었다(제5조). 각 전문분과회는 앞의 심의사항(제4조) 가운데 당해 전문분과회에 속한 사항에 관한 조사연구와 심의회에 부의할 초안을 작성하는 역할을 하였다(제6조).

1960년 3·15 부정선거로 이승만이 4선에 성공하자, 4·19혁명이 발생하였다. 그 책임으로 이승만이 4월 27일 국회에 사임서를 제출하면서 자유당 정권도 해체되었다. 자유당 정권 해제 직전까지 문교부에는 최규남이 제5대 장관(1956.6-1957.11)으로 최재유(崔在裕)가 제6대 장관(1957.11-1960.4)으로 활동하였다. 자유당 정권이 무너진 후에는 허정(許政)을 수반으로 과도 정부가 3개월간 집권하였고, 6월 15일에 〈헌법〉도 개정되었다.[47]

1960년 총선거 실시 후, 6월에 윤보선(1960.8.-1962.3.23) 중심의 민주당 정권인 제2공화국이 수립되었다. 그리고 '4월혁명의 과업수행'을 명분으로 11월 29일에 〈헌법〉을 개정하여 과거 정권을 축출하였다. 또한 '민주주의 제도 수호'라는 명분으로 형사법의 일반적 기본원칙인 형벌불소급의 원칙과 헌법상 국민의 기본권에 일부 예외규정을 두고 특별법을 제정하였고, 관련 형사사건을 처리하기 위해 특별재판소와 특별검찰부를 두었다.[48]

---

47) 〈대한민국헌법〉(일부개정 1960.6.15 헌법 제4호). 〈헌법〉 개정으로 대통령제는 내각책임제, 대법원장과 대법관 선출은 선거제로 변경되었다. 종래의 헌법위원회 및 탄핵재판소는 폐기되고 헌법재판소가 설치되었고, 경찰의 중립화가 요구되었다.
48) 〈대한민국헌법〉(일부개정 1960.11.29 헌법 제5호).

1960년 12월에는 기존의 〈교육과정심의회규정〉이 폐지되고, 〈교육과정심의회규정〉(국무원령 제132호)이 공포되었다.[49] 교육과정심의회의 설치 목적은 문교부장관의 자문에 응하여 대학·사범대학·각종학교를 제외한 각급 학교의 교육과정 제정에 관한 사항을 심의하고, 그에 관한 조사연구를 하는 것이었다(제1조). 조직은 교과별위원회, 학교별위원회, 운영위원회로 구성되었다(제2조). 교과별위원회는 교과 및 학과별 소위원회(30인 이내)를 조직하여 각급 학교의 교육과정에 관한 사항을(제3조), 학교별위원회는 각급 학교별로 소위원회(30인 이내)를 조직하여 교육과정의 조정에 관한 사항을 조사·심의해야 했다(제4조). 운영위원회는 학교별 소위원회의 추천 위원과 현직교원, 교육전문가나 교육행정가로 위원(임기 2년)을 구성하여, 교육과정 제정의 전체 원칙 및 목적 조정에 관한 사항과 타위원회에 속하지 않은 사항을 조사·심의해야 했다(제5조·제6조·제7조).

1961년 7월에는 동년 5·16군사정변을 주도한 박정희(朴正熙)가 국가재건최고회의(군사혁명위원회의 개칭) 의장이 되어 교육정책을 단행하였다. 동년 8월 12일에는 〈교육법〉이 개정되어 각급 학교의 학년 초를 기존의 4월 1일에서 3월 1일로 바꾸었다.[50]

1961년 9월 1일에는 〈교육에 관한 임시특례법〉을 공포하여 학교교육 상황을 정비하였다. 이 법은 당시 정권이 학교법인의 공공성 확보와 발전, 교육계의 부패와 병폐에 대한 일소, 국민교육의 정상적 질서 회복과 질적 향상의 도모 등을 명분으로 민법상 비영리법인이었던 사

---

49) 〈교육과정심의회규정 폐지〉(1960.12.23 문교부령 제132호); 〈교육과정심의회규정 제정〉(1960.12.23 국무원령 제132호). 부칙에 따르면 이 규정은 공포일로부터 시행되었고, 동시에 기존의 〈교육과정심의회규정〉(문교부령제81호)은 폐지되었다.
50) 〈교육법〉(일부개정 1961.8.12 법률 제680호).

립학교를 적극적으로 통제한 조치였다. 그와 관련하여 문교재건자문
위원회가 설치되었고, 문교부장관에게 학교의 정비권이 주어졌다. 국
민학교 교원양성기관으로 2년제의 교육대학제도가 신설되었고, 교수
임용에 실적심사제가 채택되었다. 교원의 노동운동과 집단적 행위가
금지되었고, 정년이 5년 단축되었다. 그리고 '대학생의 질적 향상 도모'
를 명분으로 학사학위의 수여에 국가고시의 합격이 필요조건으로 규
정되었다.[51]

1962년 1월 6일에는 〈교육법〉이 개정되어 1952년 5월 24일 이후로
진행되어온 교육자치제의 폐지가 명문화되었다. 그와 관련된 주요 내
용은 지방의 교육자치기관인 기존 교육구 및 시교육위원회의 폐지, 지
방의 교육·학예에 관한 행정사무를 서울특별시장·시장 또는 군수에
게 관장하게 한다는 것 등이었다.[52]

3) 제2차(1963.2.15-1973.2.13)·제3차 교육과정(1973.2.14-1981.12.30)

1963년 12월부터 제3공화국이 시작되었다. 1962년에 대통령 권한대
행이었던 박정희는 1963년에 육군대장을 예편하고 민주공화당 총재를
거쳐 12월에 제5대 대통령에 취임하였다. 교육과정 개편을 포함한 교
육 정책은 대통령 취임 이전부터 제정·공포되었다. 대통령 취임 이전
에 발표된 교육 정책도 박정희의 대통령 권한대행 직후에 제정·공포

---

51) 〈교육에관한임시특례법〉(제정 1961.9.1. 법률 제708호) 제1조(목적). "본법은 국민교육
   의 정상적 질서를 확립하고 그 질적향상을 도모하기 위하여 교육행정 또는 학교법인
   (사립학교의 설립경영을 목적으로 하는 법인을 말한다 이하 같다)에 관하여 교육법 및
   교육공무원법과 기타의 법령에 대한 특례를 규정함을 목적으로 한다."
52) 〈교육법〉(일부개정 1962.1.6. 법률 제955호).

된 것이었기 때문에 박정희 정권의 교육정책이라고 할 수 있다.

　제5대 대통령 취임 이전에 '혁명정부'는 '근대화'를 지향하며 1961년 8월 16일에 교육과정심의회를 개시하고, 1962년 5월부터 작성된 시안에 대해 여론을 청취하였다. 그리고 박정희의 대통령 권한대행 시기인 1963년 2월 15일에 제2차 교육과정(문교부령 제119호・제120호・제121호・제122호)이 공포되었다. 제1차 교육과정이 교과활동과 교과외 활동(특별활동)으로 구성되었다면, 제2차 교육과정에서는 국민학교・중학교의 경우에 교과활동과 반공・도덕생활과 특별활동의 3개 영역, 고등학교의 경우에 반공・도덕생활이 교과가 되었다. 당시 교육과정의 요점은 기초학력의 충실, 교육과정의 계열과 일관성, 생활경험 중심의 종합지도, 중학교의 공통필수교과, 고등학교의 단위제, 관리교육의 강화, 시간배당 계획의 융통성, 교육과정의 형식 등이었다.[53]

　박정희의 대통령 권한대행 시기인 1963년 6월 26일에는 〈사립학교법〉이 제정되었다.[54] 〈사립학교법〉의 목적은 "사립학교의 특수성에 비추어 그 자주성을 확보하고 공공성을 앙양함으로써 사립학교의 건전한 발달을 도모함"이었다(제1조). 이는 사립학교의 특수성에 입각한 자주성을 확보하면서도 동시에 공공성을 높여, 결과적으로 사립학교의 건전한 발달을 도모해야 한다는 내용이었다. '사립학교의 건전한 발달 도모'가 〈사립학교법〉의 목적이었던 것이다.

　1963년의 〈사립학교법〉에는 '종교'에 관한 사항이 없었다. 동년 12월 16일에 제정된 〈사립학교법시행령〉에서도 마찬가지였다.[55] 다만

53) 함종규, 앞의 책, 273-274쪽, 300쪽, 304-306쪽, 310-331쪽.
54) 〈사립학교법〉(제정 1963.6.26 법률 제1362호). 제13대 장관(1963.3.16. 취임, 이종우).
55) 〈사립학교법시행령〉(제정 1963.12.16. 각령 제1741호). 〈사립학교법〉에서 '종교'라는 용어가 등장하기 시작한 것은 노무현 정권 당시, 제7차 교육과정 시기인 2007년 7월

사립학교에 대해 특수성에 입각한 자주성과 공공성 모두를 확보하겠다는 〈사립학교법〉은 그 후 사립학교에 합리성·민주성·투명성 등을 요구하는 배경이 되었다. 그 과정에서 종립학교 측도 자주성과 공공성의 우선순위 문제에 직면하게 되었다. 그렇지만 당시에 양자의 관계 설정에 대한 문제의식은 표면화되지 않았다.

1963년 8월 7일에는 〈교육법〉이 개정되어 여러 변화가 발생하였다. 실업고등전문학교(1963학년도부터 발족) 설치의 법적 근거가 마련되었고, 1962학년도 이후 사범학교의 교육대학 개편 상황도 정리되었다. 기존의 2년제 사범학교제가 폐지되면서, 국민학교 교원양성을 위한 2년제 교육대학이 창설되었고, 4년제 사범대학에서 중학교 및 고등학교의 교원 양성을 담당하게 되었다. 중견산업기술인의 양성기관으로 5년제 실업고등전문학교가 창설되었고, 해당 교원 봉급의 반액이 국고에서 부담되었다.[56] 근대화를 위해 학교교육에서 실업교육을 강조한 것이었다.

그렇지만 1964년 12월 7일에 중학교 입시 문제의 복수 정답 문제가 발생하면서 입시제도가 주목을 받았다. 당시, '자연' 과목에서 '엿기름 대신 넣어도 좋은 것이 무엇인가'라는 문항에 대해 정답인 1번 디아스타제(Diastase) 외에 2번 '무즙'을 선택한 경우가 문제가 되었다. 무즙에도 디아스타제가 들어있었기 때문이다. 출제위원들은 1번만 정답으로 인정하다가 문항의 무효를 선언했는데, 다시 1번을 선택한 경우가 문제가 되었다. 학부모들은 무즙으로 직접 엿을 만들어 교육감에게 항

27일 〈사립학교법〉의 일부 개정 당시이다. 그 등장 맥락은 '개방 이사' 제도와 관련하여 '해당 종교단체'에게 추천권을 준다는 것이다.
56) 〈교육법〉(일부개정 1963.8.7 법률 제1387호).

의하다가 1965년 2월 25일에 서울고등법원에 행정 소송을 제기하였다. 동년 3월 30일에 서울고등법원은 무즙도 정답으로 인정하고 소송 학생 38명 모두를 입학시키라는 판결을 내렸다.[57] 이런 파동의 중심에는 '명문중학교 합격' 여부 문제가 있었다. 1965년 '무우즙 파동'이 중학교 입시제도에 대한 논란 계기가 되면서 국가고시였던 중학교 입시는 학교별 단독 입시제 등으로 변화되었다.

1967년에 대통령에 재선된 박정희 정권은 1968년에 교육개혁을 진행하였다. 주요 내용은 중학교 무시험 진학제, 국민교육헌장의 선포(1968. 12.5), 대학입학예비고사제와 통신교육제 등이었다. 나아가 1968년 말에 장기종합교육계획심의회가 제도화되고, 1969년 2월부터 발족되면서 장기종합교육계획안(1972-1986)이 수립되었다. 그 가운데 국민교육헌장 제정은 교육을 통한 국민상(國民像)의 제시, 장기종합교육계획의 수립은 교육정책이 기존의 단기적 개혁과 현실문제에 대한 탐색 단계를 벗어나 확고한 역사적 전망 밑에서 국가 발전과 병행하여 수립되기 시작했음을 보여주는 예로 평가되기도 한다.[58]

1968년 2월에는 중학군의 설치와 추첨을 골자로 한 '중학교 무시험 진학제도'가 발표되었고, 7월 15일에는 1969년부터 연차적으로 시행하는 교육개혁이 단행되었다. 그 결과, 중학교 진학률의 급증 현상이 발생하였다. 그와 관련하여 1968년에는 초등학교 졸업자의 55.9%가 중학교에 진학했다면, 1969년에는 61.8%, 1970년에는 66.1%로 증가되었다. 나아가 1971년에는 중학교 무시험 진학제도가 전국적으로 실시되면서 69.6%, 1972년에는 71%로 중학교 진학률이 급증하였다.[59]

---

57) 「'무우즙'도 正答-말썽난 中學入試문제에 高法판결」, 『경향신문』, 1965.3.30.
58) 한국교육삼십년편찬위원회, 『韓國敎育三十年史』, 문교부, 1980, 19쪽.

1968년의 교육개혁 가운데 중학교 무시험 진학제는 중등학교의 종
교교육 문제를 사회적으로 부각시킨 계기가 되었다. 물론, 1968년 이
전에 이미 '종교의 자유'에 관심을 가진 연구자도 있었다.[60] 그렇지만
중등학교 종교교육 문제에 대한 연구 성과들은 중학교 무시험 진학제
실시 이후에 등장하기 시작하였다.[61]

1969년 10월 21일, 박정희는 3선 연임을 위해 개헌(改憲)을 시도하
였다. 당시 야당인 신민당과 전국 대학가 등에서는 삼선개헌(三選改
憲)에 반대했지만, 국회를 통과한 개헌안은 10월 17일 국민투표로 확
정되었다. 삼선개헌의 명분은 '4·19의거와 5·16혁명의 이념에 입각
한 새로운 민주공화국의 건설'이었지만, 핵심은 제69조 ③항, 즉 "대통
령의 계속 재임은 3기에 한한다"에 있었다.[62] 이를 근거로 박정희는
1971년 4월 대통령선거에서 민주공화당 후보로 제7대 대통령에 당선
되자, 1972년 10월 17일에 특별선언(10월유신)을 발표하고, 계엄령을
선포하였다.[63] 그로 인해 국회와 정당의 해산 등 제3공화국의 헌정이
중단되고 비상국무회의가 가동되었다.

1972년 12월 27일에는 개정 〈헌법〉(유신헌법)을 공포하고, 박정희
가 제8대 대통령에 선출되어 유신정권이라는 제4공화국이 출범하였
다. 유신정권의 명분은 '4·19의거 및 5·16혁명의 이념 계승과 조국
의 평화적 통일의 역사적 사명 완수'이었다. 대통령 임기는 6년이 되었

---

59) 유봉호·김융자, 앞의 책, 1998, 286-288쪽.
60) 지교헌, 「美國에 있어서의 宗敎의 自由」, 『論文集』 5-1, 청주대학교, 1966 참조.
61) 김연복·박인순·박정희, 「시내 중학교에 무시험 진학한 비 기독교 학생들의 종교 반
응 분석」, 『교육연구』 37, 이화여자대학교 사범대학 교육학과, 1971 등.
62) 〈대한민국헌법〉(일부개정 1969.10.21. 헌법 제7호).
63) 〈계엄법〉(제정 1949.11.24. 법률 제69호); 〈계엄법시행령〉(제정 1952.1.28. 대통령령
제598호); 〈계엄사령부직제〉(제정 1952.1.28. 대통령령 제599호).

고, 연임 제한은 삭제되었다. 국회의 국정감사권도 없어졌다. 제3공화
국 시기에 채택된 법원의 위헌법률심사권은 폐지되었고, 제1공화국 시
기의 헌법위원회제도가 도입되었다. 지방의회는 부정되었고, 〈헌법〉
개정은 대통령의 개정안 제출 이후에 국회 의결 없이 국민투표를 거쳐
결정되도록 하였다.[64]

　제4공화국 출범 전후에는 새마을운동을 통한 농어촌의 근대화, 경
제개발5개년계획(제3차), 반유신운동에 따른 긴급조치 발동,[65] 1972
년 7 · 4남북공동성명, 1973년 6 · 23선언(평화통일외교정책) 등이 있
었지만,[66] 교육 분야와 관련해서는 1973년 2월 24일에 약 2년간의 실
험평가 기간을 거친 국민학교 교육과정(문교부령 제310호)이 공포되
었다. 동년 8월 31일에는 중학교 교육과정(문교부령 제325호), 1974년
12월 31일에는 고등학교 교육과정(문교부령 제350호)이 공포되었다.[67]
제3차 교육과정이 마련된 것이었다.

　종교교육과 관련하여 제3차 교육과정의 특징은 자유선택 교과목의
등장이었다. 자유선택 교과목의 대상은 직업계를 제외한 고등학교(인

---

64)　〈대한민국헌법〉(전문개정 1972.12.27. 헌법 제8호). '평화적 통일 추진'을 명분으로 국
　　민적 조직체로 신설된 통일주체국민회의 대의원(임기: 6년)에게는 정당 가입과 국회의
　　원 및 법률상 공직이 불가능했지만, 통일정책의 심의결정권, 대통령 선출권과 국회의
　　원 선거권, 헌법개정안 확정권 등이 주어졌다.
65)　〈국민생활의 안정을 위한 대통령 긴급조치 제11조 제2항 및 제16조 제2항에 의한 재산의
　　구분 및 범위에 관한 건〉(대통령령 제7042호 신규제정 1974. 01. 14.);〈국가안전과 공공질
　　서의 수호를 위한 대통령 긴급조치〉(대통령긴급조치 제9호 신규제정 1975.05.13.) 등.
66)　제1차 경제개발5개년계획(1962-66)이 장면 민주당 정부의 부흥부가 1961년 5월 12일에
　　발표한 5개년개발계획의 연장선상에서 진행된다. 그 후에 제2차(1967-71), 제3차(1972-
　　76), 제4차(1977-81) 경제개발5개년계획이 진행된다. 그리고 1982년부터 제5차 경제사
　　회발전5개년계획(1982-85)/수정계획(1984-86), 제6차 경제사회발전5개년계획(1987-91)
　　/수정계획(1989-91)이 발표된다. 그렇지만 1992년 2월에 출범한 문민정부는 정부도주
　　형 경제계획인 기존의 경제사회발전5개년계획을 중단하고 민간의 역량을 유도하는 신
　　경제 5개년계획(1993-97)을 새롭게 발표한다.
67)　함종규, 앞의 책, 390-391쪽.

문/자연)였고, 시간배당은 0-6단위였다. 자유선택 교과목에는 "(8)자유
선택 교과목은 이 교육과정에 제시된 교과목 중에서 선택하여야 한다.
(9)자유선택교과목은 2과목 이내로 하고 1과목의 이수 단위는 최저 2
단위가 되어야 한다."[68]는 제한 규정이 주어졌다.

제3차 교육과정 시기인 1973년 6월에 확정된 고교 평준화 시책도
종교교육과 관련하여 주목된다. 고교 평준화 시책은 1969년부터 적용
된 중학교 무시험 진학제도로 중학교 진학률이 급증되고, 그에 따라
고교입시경쟁이 치열해지고, 학교간의 격차가 심화되는 등의 문제를
해결하기 위한 것이었다. 고교평준화 시책은 1974년부터 서울과 부산,
1975년에 인천, 광주, 대구 등 6개 도시에서 추진되었다. 고교평준화의
핵심 내용은 '학생의 평준화'를 위해 교원과 시설 등의 평준화를 단행
하고 학교의 질을 평준화한다는 것이었다.[69] 고교 평준화 시책은 중등
학교의 종교교육 문제에 대한 사회적 관심과 연구를 촉발시키는 계기
가 되었다.[70]

한편, 1969년부터 시행된 중학교 무시험 진학제는 중학교 격차와
'입시 지옥' 현상을 없애는 듯 했지만, 결과적으로 사학 법인의 재정난
악화, 치열한 고교 입시, 고교 입시를 위한 비정상적인 교육과정, 심화
된 학교 격차, 과중한 교육비, 수많은 수험준비용 학관 등장 등의 현상
으로 이어졌다. 그에 대해 정부는 중학교 무시험 제도로 인한 사학의

68) 『초·중·고등학교 국가 수준의 교육과정 기준·총론』, 교육부, 1999, 230-231쪽.
69) 유봉호·김융자, 앞의 책, 318-319쪽.
70) 윤광제, 「종교교육의 새 방향-교회산하 학교의 현황과 대책」, 『경향잡지』 66-6, 한국천
주교중앙협의회, 1974; 노병건, 「종교교육의 새 방향-프로테스탄트系 학교와의 비교」,
『경향잡지』 66-6, 한국천주교중앙협의회, 1974; 김병일, 「종교교육의 새 방향-종교교육
의 필요성과 기대」, 『경향잡지』 66-6, 한국천주교중앙협의회, 1974; 강혜원, 「佛陀人格
에서의 宗教教育」, 『釋林』, 9, 東國大學校 釋林會, 1975; 오인탁, 「학교와 종교교육」,
『基督教思想』 23-11, 대한기독교서회, 1979 등.

위기를 해소하고자 1971년부터 사립 중학교에 대한 국고보조를 단행
하였다. 그리고 사립중학교가 선별적으로 정비·육성되고, 신·증설
이 억제되면서 사립중학교의 비율은 감소하였다. 제4공화국은 1973년
6월부터 순차적으로 적용된 고교 평준화로 인해 사립학교 운영이 어
려워지자 1977년부터 사립 고등학교에 국고보조를 단행하였다. 그렇
지만 고교 평준화의 결과는 교육의 수월성 저하와 획일화 문제뿐 아니
라, 사학의 자주성 상실 문제 등으로 이어졌다.[71]

　사립학교의 국고보조는 1949년 〈교육법〉 제정 당시에 없던 정책이
었다. 오히려 당시에는 교육구·시·도·특별시 교육비에 대한 국고
보조, 교육구·시에 대한 도의 보조와 함께, 사립학교에 대한 국고·
특별시 및 도의 재정 보조[助成] 금지(제71조)가 명시되었다.[72] 사립학
교의 국고보조 금지 규정은 1963년 11월에 〈교육법〉이 개정될 때까지
지속되었다(제71조 ④항).[73] 그 후 정부는 1971년 12월에 기존의 〈의
무교육재정교부금법〉과 〈지방교육교부세법〉을 폐지하고 〈지방교육
재정교부금법〉을 제정하여 의무교육기관과 그 교원에 대한 국고와 지
자체의 부담 규정을 명시하였고, 1979년에 의무교육을 중학교로 확대
하는 정책을 시행하였다.[74]

　결과적으로 종립학교를 포함한 사립학교 입장에서 보면, 1968년 중

---

71) 유봉호·김용자, 앞의 책, 318-319쪽; 양철문,『한국 근·현대 중등교육 100년사』, 교
　　학연구사, 1998, 286-287쪽, 318-319쪽.
72) 〈교육법〉(제정 1949.12.31. 법률 제86호); 〈교육법〉(폐지 1997.12.13 법률 제5437호).
73) 〈교육법〉(일부개정 1963.8.7. 법률 제1387호); 〈교육법〉(일부개정 1963.11.1. 법률 제
　　1435호).
74) 〈의무교육재정교부금법〉(제정 1958.12.29. 법률 제514호); 〈지방교육교부세법〉(제정
　　1963.12.5. 법률 제1459호); 〈지방교육재정교부금법〉(제정 1971.12.28. 법률 제2330호).
　　지방교육재정교부금의 범위는 의무교육기관 교원의 봉급 전액과 설치·경영 경비 전
　　액, 각급 공립학교교원(서울특별시의 설치·경영 학교 교원 제외)의 봉급 반액 등이었
　　다(제4조①항).

학교 무시험 진학제, 1973년 고교평준화 시책, 1980년 교육정상화 및
과열과외 해소방안 등 일련의 개혁조치는 학생선발권과 학교선택권을
제한한 조치가 되었다. 사립학교가 학교 전통과 교육이념에 적합한 학
생을 모집·선발할 수 있는 학생선발권이 고교입시의 과열 경쟁과 그
부작용을 해소하기 위한 정책으로 사라진 셈이었다. 특히 고교평준화
시책은 중학교 교육의 정상화와 학생의 질 및 학력의 학교간 평준화
등 전체 중등교육의 보편화 및 민주화에 기여했지만, 공·사립에 대한
공공재정 지원 격차로 인해 공·사립간 교육 여건의 차이를 심화시켰
고 학생선발권 박탈로 인해 사립학교의 독자성과 자율성을 위축시켰
다.75) 그에 따라 종립학교를 포함한 사립학교는 학교의 전통과 특색을
구현하는 데에, 다양한 학력수준에 맞추어 교육활동을 진행하는 데에
어려움을 겪게 되었다.76)

4) 제4차(1981.12.31-1987.3.30)·제5차 교육과정(1987.3.31-1992.6.29)

1979년에 10·26사건으로 대통령이 사망하자, 전두환·노태우·정
호용(鄭鎬溶) 등 하나회 중심의 신군부세력은 계엄사령관 정승화(鄭
昇和)를 연행하고 군부의 실권을 장악한 12·12군사정변을 일으켰다.
동년 12월 21일에 최규하(崔圭夏)가 제10대 대통령에 취임했지만, 신
군부세력은 이후의 각종 파업과 시위를 진압하면서 1980년에 5·17비
상계엄령을 전국으로 확대하고, 5·18광주민주화운동을 진압하였다.

75) 김윤태 외, 『고등학교 평준화 정책의 연구평가: 고등학교 선발과 추첨 배정제도에 관한
연구』, 한국교육개발원, 1978, 35-48쪽.
76) 신현석, 「한국사학정책의 쟁점과 대안, 그리고 선택(I)」, 『교육행정학연구』 15-3, 한국
교육행정학회, 1997, 193-194쪽.

그 후, 1980년 9월 1일에 계엄사령부 합동수사본부장 출신인 전두환이 제
11대 대통령에 취임하였고, 10월 27일에 〈헌법〉이 개정·공포되었다.[77]

　1981년 1월에 민주정의당(1981.1. 창당) 총재가 된 전두환은, 1980
년의 개정 〈헌법〉에 따라, 1981년 2월에 제12대 대통령에 당선되어 3
월 3일에 취임하였다. 그 후 동년 12월 31일에 제4차 교육과정(문교부
고시 제442호)을 공포하였다. 1982년 3월부터 시행된 도덕과·국사과
를 제외하면, 중학교 교육과정은 1984년 3월부터, 1982년 3월부터 시
행된 국민윤리·국사를 제외하면 고등학교 교육과정은 1984년 3월부
터 시행되었다.[78]

　종교교육과 관련하여 제4차 교육과정의 특징은 '자유선택과목' 범위
와 이수단위의 확대 조치였다. 제3차 교육과정의 경우, 자유선택과목
(0-6단위)은 교육과정에 제시된 과목 가운데 선택하도록 제한되었다.
그렇지만 제4차 교육과정에서는 자유선택과목 범위가 논리학, 철학,
교육학, 심리학, 종교 등으로, 이수단위가 0-8단위로 확대되었다. 자유
선택과목은 학교장 재량으로 선택할 수 있었고, 반드시 2개 이상의 과
목을 제공하여 학생에게 선택 기회를 갖게 하였다.[79]

　주목할 부분은 종교 교과가 자유선택과목에 포함되었다는 점이다.
종교 교과서도 인정도서로 승인될 수 있었다. 이는 전인교육과 인간교
육의 활성화라는 새로운 교육 이념과 비공식 교과였던 종교를 공식 교
과로 인정해달라는 종단 학교들의 요구가 상호 결합되면서 이루어진
결과였다.[80] 구체적으로 자유선택과목에 대한 당시의 운영지침은 아

77) 〈대한민국헌법〉(전문개정 1980.10.27 헌법 제9호).
78) 유봉호·김융자, 앞의 책, 325쪽.
79) 위의 책, 344-346쪽.
80) 윤이흠, 「(교과의 교육적 의미-신교육과정의 선택교과) 종교」, 『교육진흥』 2-4, 중앙교

래와 같다.[81]

> 차) 자유선택은 학교와 지역 사회의 실정을 고려하여 학교장의
> 재량으로 이 교육과정에 제시된 과목이나 논리학, 철학, 교육학, 심
> 리학, 종교 교육 및 교양 등에서 학생들의 교육에 도움이 되는 내용
> 을 선정하여 지도하도록 한다. 다만 이 때 학교장은 지도하고자 하
> 는 것의 목표와 내용을 분명하게 정하고 계획을 수립하여 지도하되,
> 2개 이상의 과목을 설정하여 학생에게 선택의 기회를 주도록 한다.

종교 교과의 등장은 종교교사의 자격 조건에도 변화의 계기를 마련
해주었다. 교사자격증에는 '교육'의 하위 단위로 '종교'가 명시되었다.
구체적으로 1983년 10월에 공포된 〈교원자격검정령시행규칙〉의 '중등
학교·특수학교 및 초등학교 교사자격증 표시과목'에는 '교육(교육학·
심리·행정·시청각·공학·종교)' 형태로 종교가 교사자격증의 담당
과목명으로 신설되었다.[82]

제4차 교육과정에서 종교 교과가 자유선택교과에 포함된 것은 종교
교육이 각 종립학교의 재량에 따라 진행될 뿐 전체 교육과정 속에 유
기적으로 통합되지 못했던 기존 문제에 대한 해결의 실마리로 평가되
었다.[83] 그렇지만 제4차 교육과정에서 종교 교육과정이나 종교 과목
을 가르칠 교사의 자격은 명시되지 않았다. 종교교육을 위한 교사용
지도서나 지침서도 개발되지 않았다. 종교 교과서에 대한 집필 기준도
없었다.[84] 고등학교 교육에 입시과목의 학습이 우선 요구되는 상황에

육진흥연구소, 1990, 142-151쪽; 『고등학교교육과정해설-교양』, 교육부, 2001, 125쪽.
81) 『초·중·고등학교 국가 수준의 교육과정 기준총론』, 교육부, 1999, 259쪽.
82) 〈교원자격검정령시행규칙〉(일부개정 1983.10.5. 문교부령 제519호) 제1장 제2조 ②항
　　관련 별표 1.
83) 『고등학교 교육과정 해설-교양』, 교육과학기술부, 2008, 139쪽.

서 전인교육을 위한 자유선택과목의 시간배당이 0-8단위로 설정된 것
도 문제의 소지가 있었다. 종교 교과가 0단위에서 시작되는 자유선택
과목이기 때문에 선택되지 않을 수도 있었던 것이다.[85]

자유선택과목을 개설할 때 '2개 이상의 과목을 설정하여 학생에게
선택의 기회를 주도록 한다'는 지침도 종립학교를 포함한 사립 고등학
교에 교사 확보와 예산상의 문제를 초래하였다. 실제로 당시에 종교
교과를 개설한 종립 고등학교 가운데 종교 과목을 개설하기 위해 두
과목을 개설한 후에 학생들에게 선택권을 준 사례는 찾아보기 어렵다.

1987년에는 6월항쟁 결과로 대통령 직선제 개헌 약속을 포함한 6·
29선언이 발표되었다. 동년 10월 29일에는 〈헌법〉이 개정되어 임기 5
년의 대통령 직선제가 도입되었다. 그에 따라 동년 12월 16일 13대 대
통령선거에서 민주정의당 후보였던 노태우가 당선되었고 1988년 2월
에 정권이 교체되면서 제6공화국이 출범하였다.[86]

정권 교체 직후인 1987년 3월 31일에는 문교부 고시 제87-7호와 제87-
9호가 공포되어 제5차 교육과정(1987.3.31-1992.6.29)이 시작되었다. 고
등학교의 경우에는 1988년 3월 31일에 문교부 고시 제88-7호가 공포되
어 교육과정이 고시되었고, 1990년 3월 1일 신입생부터 적용되었다.

제5차 교육과정에서 종교교육과 관련하여 주목할 부분은 고등학교
교육과정에서 종교 교과의 위상이 달라졌다는 점이다. 제4차 교육과정
의 자유선택교과가 제5차 교육과정에서 '교양선택'교과로 변경되고 이

---

84) 『고등학교 교육과정 해설-교양』, 교육부, 2001, 125-126쪽.
85) 유봉호·김융자, 앞의 책, 1998, 348-349쪽.
86) 〈대한민국헌법〉(헌법 제10호 전부개정 1987.10.29) 제67조 "①대통령은 국민의 보통·
    평등·직접·비밀선거에 의하여 선출한다." 제70조 "대통령의 임기는 5년으로 하며, 중
    임할 수 없다."

수단위도 2단위로 고정되어, 인문·사회과정과 자연과정뿐만 아니라 직업과정, 나아가 실업계에도 적용되었기 때문이다. 당시 교육과정 운영지침에 명시된 교양선택교과에 대한 내용은 다음과 같다.[87]

> (3) 교양 선택은 교육학, 논리학, 심리학, 철학, 생활 경제, 종교 중에서 학생의 필요, 학교와 지역 사회의 실정 등을 고려하여 학교장 재량으로 선택하여 지도하도록 한다. 다만 종교를 부과할 때에는 학교장은 앞에서 제시한 과목을 포함, 복수 설정하여 학생에게 선택의 기회를 주도록 한다.
> (5) 교양 선택 과목의 평가는 해당 과목의 특성에 알맞게 평가하되, 생활기록부의 교과 학습 발달 상황란에는 이수 유무만 기록하도록 한다.

제5차 교육과정에서 교양선택교과는 제4차 교육과정의 경우에 비해 교육학, 철학, 논리학, 심리학, 종교, 생활 경제 등 6개 과목으로 증가되었고, 0-2단위로서 유동적이었던 교과 단위도 2단위로 고정되었다. 그렇지만 종교 교과와 관련된 상황에 큰 변화가 생겼다고 보기는 어렵다. 제5차 교육과정에서도 여전히 교양선택교과에 대한 별도의 교육과정이 없었고, 종교교육과 관련된 내용에도 별다른 변화도 없었기 때문이다.[88]

종교교육과 관련하여 제5차 교육과정을 제4차 교육과정과 비교했을 때 변화가 전혀 없었던 것은 아니다. 세 가지 정도의 변화를 지적할 수 있다. 첫째, 승인을 받은 종교 교과서가 발행되었다는 점이다. 개신교, 불교, 천주교 등에서는 종교 교과서를 편찬하여 문교부 장관의 승인을 받을 수 있었다. 물론 다양한 종교를 객관적으로 가르치기보다

---

87) 『초·중·고등학교 국가 수준의 교육과정 기준-총론』, 교육부, 1999, 266-284쪽.
88) 『고등학교 교육과정 해설-교양』, 교육부, 2001, 126쪽.

특정 종교에 편중되어 다른 종교를 비판하는 호교론적 서술이 적지 않
았다는 점은 한계로 지적될 수 있다.

둘째, 종교 교사를 위한 자격 연수가 실시되었다는 점이다. 이는 당
시 각 종립 대학교를 졸업하고 목사나 신부 또는 교법사의 자격을 획
득하여 일선 교육 현장에서 종교교육에 임하더라도 무자격 교사일 수
밖에 없는 현실이 개선되었다는 점에서 의의가 있다. 그와 관련하여
1990년에 서울대학교 종교학과와 교육학과가 연합하여 일선 무자격
종교교사들을 대상으로 종교교사 연구과정을 개설하였고, 약 90여 명
의 교사가 종교교사 자격증을 받을 수 있었다.[89]

셋째, 교사자격증에 '종교' 표기 방식이 달라지면서 '종교교사'가 공
식적 표현이 되었다는 점이다. 제5차 고등학교 교육과정 개정에 따른
교사양성을 위해, 1988년 9월에 기존의 '교육(교육학, 심리, 행정, 시청
각, 공학, 종교)' 형태로 명시된 중등교사 표시과목이 '교육학, 심리학,
종교' 과목으로 분리되었던 것이다.[90] 종교 교과가 별도로 분리되면서
다른 과목의 교사처럼 종교교사라는 표현이 공식화된 셈이다.

5) 제6차 교육과정(1992.6.30-1997.12.29)

제14대 김영삼 정권(1993.2.-1998.2.24) 시기인 1992년 6월 30일에 교
육부 고시 제1992-11호(중학교), 동년 9월 30일에 교육부 고시 제1992-
16호(초등학교), 그리고 동년 10월 30일에 교육부 고시 제1992-19호

---

89) 위의 책, 126-127쪽.
90) 〈교원자격검정령시행규칙〉(일부개정 1988.9.27. 문교부령 제567호) 제1장 제2조 ②항
    관련 별표 1.

(고등학교)가 고시되면서 제6차 교육과정(1992.6.30-1997.12.29)이 마련되었다. 그 가운데 고등학교의 교육과정은 1996년 3월 1일 신입생부터 적용되었다.

제6차 교육과정은 제1-제5차 교육과정과 달리 중앙집권적 교육과정 운영 방식에서 지방분권적 성격의 방식으로 변경되었다는 점에서 하나의 '전환점'으로 평가된다. 중앙의 교육부가 모든 지역 학교의 교육과정을 결정하여 각 지방과 학교로 하달하는 것이 아니라, 각 시·도 교육청 및 각 학교에 교육과정에 대한 결정 권한의 일부가 이양되었기 때문이다. 예를 들어, 고등학교 교육과정의 경우, 교육부는 모든 계열의 모든 고등학생이 이수할 공통 필수과목을 계열별로 2-3개만 결정하고, 학과별 필수 과목은 시·도 교육청, 학과별 선택 과목은 일선 학교에서 결정하여 시·도 교육청 및 일선학교들이 교과목의 일부를 재량껏 선택할 수 있게 되었다.[91]

제6차 교육과정에서 시·도 교육청 및 일선 학교는 중학교·고등학교의 경우에 '교양선택' 과목에서 과목을 선택하거나 새로운 과목을 개발할 수 있었고, 국민학교의 경우에 '학교재량시간'을 위해 새로운 교육활동이나 '우리들은 1학년'의 내용을 개발할 수 있게 되었다. 다만 교양선택 과목의 경우, 특별한 과목을 제외한 전 과목의 각론 개발 권한은 교육부에 있었다. 시·도 교육청 및 일선 학교가 과목의 세부 내용을 결정하는 것이 아니라 과목 선정권만 가질 수 있었던 것이다.[92]

제5차 교육과정에서 교양선택교과였던 종교 교과의 위상은 제6차 교

---

91) 조영태·황규호·안미숙, 《제6차 교육과정에 따른 시도교육청 및 학교에서의 교육과정편성에 관한 연구》(보고서번호: RR93-24), 한국교육개발원, 1993, 6쪽.
92) 위의 책, 7-8쪽.

육과정에서 다시 변화되었다. 제6차 교육과정에서 교양선택교과는 '환경 과학'을 추가하여 일곱 개로 확대되었다. 교양선택에 포함된 기타 교과도 전문 교과나 그 밖에 필요한 과목으로 선정하여 운영할 수 있었다. 교양선택교과의 시간 단위도 기존 2단위에서 4단위로 확대되었다. 교양선택 과목의 평가도 '해당 과목의 특성에 맞게 평가하되, 생활기록부에 평가 결과를 문장으로 기록'하는 방식으로 규정되었다.[93]

교양선택교과에 대한 지침에 따라 종교 교과의 시간 단위도 4단위가 되었다. 그로 인해 종립 고등학교에서 종교 교과는 제5차 교육과정에 비해 좀 더 안정적으로 운영되었을 것으로 예상할 수 있지만, 학교 현상에서 별다른 차이가 없었던 것으로 보인다. 종교 교과에 대한 지침에 "(8) 교양 선택에서 종교 과목을 부과할 때에는 종교 이외의 과목을 포함, 복수로 과목을 편성하여 학생에게 선택의 기회를 주도록 한다."는 내용이 여전히 명시되었기 때문이다.[94]

제6차 교육과정에서 중요한 변화는 교양선택교과 전체의 방향이 설정되고, 교양선택교과에 대한 교과목별 교육과정이 처음으로 마련되었다는 데에 있었다. 종교 교육과정도 마련되었고, 그에 대한 해설서도 편찬되었다. 그에 따라 기존에 별도의 교육과정 없이 운영되던 종교교육도 교육과정에 따라 운영될 수 있었다. 그리고 교육과정에 특정 종교에 관한 항목을 제외하고 종교학적 관점도 도입되었다. 또한 학생이 종교적인 이유로 상대적인 불이익을 당하지 않도록 종교 교과에 대한 성적 평가 대신에 생활기록부에 과목 이수 사항만 기록하게 되었

---

93) 『초·중·고등학교 국가 수준의 교육과정 기준-총론』, 교육부, 1999, 316쪽, 322-324쪽, 328쪽.
94) 위의 책, 교육부, 1999, 316쪽, 324쪽.

다. 이런 맥락에서 제6차 교육과정은 종교 교과가 특정 종교의 교리와 신앙을 가르치는 것이라는 통념을 깨고 교양인으로의 자질을 기르기 위한 교육이 될 수 있다는 인식을 창출하는 데에 기여하였다.[95]

그렇지만 제6차 교육과정 시기에는 변화된 종교교육 과정의 취지와 체계를 제대로 따른 종교 교과서가 간행되지 못하였다. 일부 종단에서 새로운 종교 교과서를 간행했지만 제6차 교육과정의 의도와 여전히 차이를 보였고, 호교론적·배타적 관점의 서술이 그대로 노출되었다. 다만 서울대 종교학과와 교육학과에서 합동으로 개설한 종교교사 자격연수는 지속되어 1995년 제2차 연구 과정에서 약 50명의 무자격 종교교사가 종교교사 자격증을 취득하였다.[96]

제6차 교육과정의 등장에 이어 1997년 12월 13일에는 그동안 추진된 교육개혁을 법제적으로 뒷받침하는 차원에서 기존의 〈교육법〉이 〈교육기본법〉, 〈초·중등교육법〉, 〈고등교육법〉의 세부 법률로 구분되어 제정되었다.[97] 〈교육법〉의 종교교육 관련 내용은 〈교육기본법〉에서 "국립 또는 공립의 학교는 어느 종교를 위한 종교교육을 하여서는 아니 된다"로 다소 변화되었다.[98] 〈교육기본법〉의 경우, 교육의 기회균등과 관련해서는 "모든 국민은 성별, 종교, 신념, 사회적 신분, 경제적 지위 또는 신체적 조건 등을 이유로 교육에 있어서 차별을 받지 아니한다"(제4조), 교육의 중립성과 관련해서는 "②국가 및 지방자치단체가 설립한 학교에서는 특정한 종교를 위한 종교교육을 하여서는

---

95) 『고등학교 교육과정 해설-교양』, 교육부, 2001, 127쪽.
96) 위의 책, 127-128쪽.
97) 〈교육법〉(폐지 1997.12.13. 법률 제5437호); 〈교육기본법〉(제정 1997.12.13. 법률 제5437호); 〈초·중등교육법〉(제정 1997.12.13. 법률 제5438호); 〈고등교육법〉(제정 1997.12.13. 법률 제5439호)
98) 〈교육법〉(일부개정 1997.1.13. 법률 제5272호) 제5조.

아니 된다"(제6조)는 내용이 포함되었다.[99]

　또한 〈교육기본법〉은 국가와 지방자치단체에게 '교육의 자주성 확보'
라는 의무를 부과하였다(제14조). 그에 비해 〈초·중등교육법〉에서는 학
교가 교육인적자원부장관이 정한 교육과정을 운영할 것, 국·공·사립학
교의 학교운영위원회 설치 등 '학교의 공공성'이 주로 강조되었다.[100]
사립학교에 대해 자주성과 공공성을 동시에 요구한 것이었다.

6) 제7차 교육과정(1997.12.30-2007.2.27)

　1997년 12월 30일에는 제7차 교육과정(1997.12.30-2007.2.27. 교육
부 고시 제1997-15호)이 고시되었다. 제14대 김영삼 정권(1993.2.-1998.
2.24) 후반에 변경된 교육과정이지만, 그 내용은 기존과 상당한 차이
를 보인다. 제7차 교육과정과 기존 교육과정 사이의 차이는 아래의 표
를 통해 확인할 수 있다.[101]

---

99) 〈교육기본법〉(제정 1997.12.13. 법률 제5437호).

100) 〈초·중등교육법〉(제정 1997.12.13. 법률 제5438호); 〈초·중등교육법〉(법률 제8917
　　호 일부개정 20·08. 03. 21.). 〈교육기본법〉(제정 1997.12.13. 법률 제5437호) 제9조
　　(학교교육)의 내용은 "①유아교육·초등교육·중등교육 및 고등교육을 하기 위하여
　　학교를 둔다. ②학교는 공공성을 가지며, 학생의 교육 외에 학술 및 문화적 전통의
　　유지·발전과 주민의 평생교육을 위하여 노력하여야 한다. ③학교교육은 학생의 창의
　　력 계발 및 인성(人性) 함양을 포함한 전인적(全人的) 교육을 중시하여 이루어져야
　　한다. ④학교의 종류와 학교의 설립·경영 등 학교교육에 관한 기본적인 사항은 따로
　　법률로 정한다."

101) 『초·중·고등학교 국가 수준의 교육과정 기준·총론』, 교육부, 1999, 334쪽.

〈표 16〉 교육과정의 변천

기별	공포(고시)	근거	교육과정	특징
1차	'54.4.20	문교부령 제35호	시간 배당 기준령	●교과 중심 교육과정
	'55.8.1	문교부령 제44호	국민학교 교과과정	
	'55.8.1	문교부령 제45호	중학교 교과과정	
	'55.8.1	문교부령 제46호	고등학교 교과과정	
2차	'63.2.15	문교부령 제119호	국민학교 교과과정	●경험 중심 교육과정
	'63.2.15	문교부령 제120호	중학교 교과과정	- 한문 신설('72)
	'63.2.15	문교부령 제121호	고등학교 교과과정	- 교련 신설('69)
	'69.2.19	문교부령 제207호	유치원 교육과정	
3차	'73.2.14	문교부령 제310호	국민학교 교과과정	●학문 중심 교육과정
	'73.8.31	문교부령 제325호	중학교 교과과정	-도덕 신설('73)
	'74.12.31	문교부령 제350호	고등학교 교과과정	-국사 신설('73)
	'79.3.1	문교부령 제424호	유치원 교육과정	-일본어 신설('73)
4차	'81.12.31	문교부 고시 제442호	유치원 교육과정	●국민 정신 강조
	'81.12.31	문교부 고시 제442호	국민학교 교과과정	●학습량·수준 축소 조정
	'81.12.31	문교부 고시 제442호	중학교 교과과정	●국민학교 1·2학년 교과 통합 운영
	'81.12.31	문교부 고시 제442호	고등학교 교과과정	
5차	'87.3.31	문교부 고시 제87-7호	중학교 교육과정	●과학고·예술고 제정
	'87.6.30	문교부 고시 제87-9호	유치원 교육과정	●국민 학교 통합 교육 과정
	'87.6.30	문교부 고시 제87-9호	국민학교 교육과정	●정보 산업 신설
	'88.3.31	문교부 고시 제88-7호	고등학교 교육과정	●경제 교육 강조 ●지역성 강조
6차	'92.6.30	교육부 고시 제1992-11호	중학교 교육과정	●21세기 대비 교육 개혁
	'92.9.30	교육부 고시 제1992-15호	유치원 교육과정	-도덕성, 창의성 강조
	'92.9.30	교육부 고시 제1992-16호	국민학교 교육과정	-컴퓨터·환경·러시아어·진로·직업 신설
	'92.10.30	교육부 고시 제1992-19호	고등학교 교육과정	-외국어에 관한 전문 교과 신설 -편성·운영 체제 개선
7차	'97.12.30	교육부 고시 제1997-15호	초·중등학교 교육과정 (국민공통기본교육과정) 고등학교 교육과정 (선택중심 교육과정)	●자율과 창의를 바탕으로 한 학생 중심 교육과정 -국민 공통 기본 교육과정 편성 -학생 선택 중심 교육과정 도입 -수준별 교육과정 구성 -재량 활동 신설 -아랍어과 신설

제7차 교육과정은 제6차 교육과정의 경우에 비해 교양 교과의 측면
이 좀 더 강화되었다. 교양선택교과의 범위도 '안전과 건강', '진리와

직업'이 추가되면서 기존의 7개 교과에서 9개 교과로 확대되었다. 그렇지만 종교 교과와 관련해서는 '교양교육'과 '신앙교육'이라는 두 가지 상이한 측면을 결합시킨 기존의 제6차 교육과정의 절충적인 교과 성격이 그대로 유지되었다.[102]

제7차 교육과정에서 국민공통기본교육과정 7-9학년(중학교)의 경우에는 선택과목 학습과 국민공통기본교육의 심화 및 보충 학습에 해당되는 교과재량활동의 기타 선택 과목, 학교와 학생의 요구에 따른 범교과 학습과 자기주도적 학습에 해당되는 창의적 재량활동, 특별활동(자치·적응·계발·봉사·행사활동)을 통해 종교교육이 수행될 수 있었다. 종교 교과는 제6차 교육과정에서 선택 교과 가운데 기타 과목으로 설정되어 시·도 교육청의 승인을 받아 운영되었지만, 제7차 교육과정에서 교과 재량활동의 기타 선택과목으로 편성·운영되거나 창의적 재량활동으로 변화되었다.

고등학교의 경우, 국민공통기본교육과정 10학년(고교 1학년)에게는 교과 재량활동 가운데 선택 과목, 창의적 재량활동, 특별활동을 통해 종교교육이 진행될 수 있었다. 고등학교 2·3학년에게는 교양선택과목 가운데 종교 교과를 선택하여 종교교육이 진행될 수 있었다. 다만 이 경우에는 제6차 교육과정의 경우처럼 종교 교과를 개설할 때 복수 과목을 개설하여 학생들에게 과목선택권을 제공해야 했다.[103]

제15대 김대중 정권(1998.2.-2003.2.24) 시기인 2000년 6월에는 1977년에 제정된 〈교과용도서에 관한 규정〉이 일부 개정되면서 '인정도서

---

102) 『고등학교 교육과정 해설-교양』, 교육과학기술부, 2008, 142쪽.
103) 손원영, 「제7차 교육과정과 기독교학교의 종교교육」, 『종교교육학연구』 13, 종교교육학회, 2001, 120-121쪽.

의 심사'에 관한 새로운 내용이 신설되었다. 그 내용은 "인정신청을 받은 경우에는 …… 교과용도서심의회의 심의를 거치지 아니하고 인정 여부를 결정한다. 다만 신청한 도서의 내용이 민주적 기본질서에 위배되거나 특정의 정당·종교를 지지하는 등 교과용도서로서 사용이 부적당하다고 인정되는 경우에는 교과용도서심의회의 심의를 거쳐야 한다."는 것이었다.[104] 이 내용은 2002년 6월 〈교과용도서에 관한 규정〉이 전문 개정될 당시에도 제16조에 포함되었고, 2010년 1월의 일부 개정 과정에서도 유지되었다.[105]

종교교사 연수 과정도 지속되어 2000년의 제3차 연수과정에는 약 120명의 교사가 참여하였다. 3차 연수 과정에서는 종교학 과목이 강화되어 총 40학점의 종교학 과목을 이수하도록 규정되었다. 교사 자격증이 없는 연수자들은 종래처럼 교직 과목 18학점을 추가로 수강해야 했다. 2004년에는 한신대학교에서 제4차 종교교사 연수 과정이 개설되었고, 2005년도에는 서울대학교 교육행정연수원에서 '종교교사 임시 양성' 과정이 개설되었다. 그렇지만 종교교사의 연수과정 개설 문제는 무자격 종교교사에게 종교교사의 자격을 부여하면서, 대학에서 종교교사(2급 정교사) 자격증을 획득한 학생들이 종교교사로 채용되지 못하는 현실과 관련하여 비판을 받기도 하였다.[106]

---

104) 〈교과용도서에관한규정〉(제정 1977.8.22 대통령령 제8660호); 〈교과용도서에관한규정〉(일부개정 2000.6.19. 대통령령 제16841호) 제23조의2(인정도서의 심사).
105) 〈교과용도서에관한규정〉(전문개정 2002.6.25. 대통령령 제17634호) 제16조 (인정도서의 인정) ①항; 〈교과용도서에 관한 규정〉(대통령령 제21978호(행정권한의 위임 및 위탁에 관한 규정) 일부개정 2010.01.06.) 제16조(인정도서의 인정) ①항. ①교육과학기술부장관은 제14조제3항의 규정에 의하여 인정신청을 받은 경우에는 제18조의 규정에 의한 교과용도서심의회의 심의를 거치지 아니한다. 다만 신청한 도서의 내용이 민주적 기본질서에 위배되거나 특정의 정당·종교를 지지하는 등 교과용도서로서 사용이 부적당하다고 우려되는 경우에는 교과용도서심의회의 심의를 거쳐야 한다.
106) 『고등학교 교육과정 해설-교양』, 교육과학기술부, 2008, 142-143쪽.

7) 제7차 교육과정 개정(2007.2.28-'09.12.23)・재개정(2009.12.23-'11.8.9)
　・재개정(2011.8.9-현재)

　제16대 노무현 정권(2003.2.-2008.2.24) 시기인 2007년 2월 28일에
는 '초・중등교육법 제23조 제2항에 의거하여 '초・중등학교 교육과정
개정(교육인적자원부 고시 제2007-79호)'이 고시되어 제7차 개정 교육
과정(2007.2.28-2009.12.23)이 마련되었다. 이 개정 교육과정은 제7차
교육과정의 기본 철학 및 체제 유지, 즉 학습자 중심과 단위학교에서
만들어가는 교육과정의 철학, 국민공통기본교육과정 및 선택중심교육
과정 등 기본 체제를 유지하였다. 주요 내용은 단위 학교별 교육과정
편성・운영의 자율권 확대, 국가・사회적 요구사항의 반영(과학교육
및 역사교육 강화 등), 선택과목 일원화 및 과목군 조정 등 고등학교
선택중심 교육과정 개선, 학습량 및 수준 적정화와 학교급・학년・교
과간 내용의 연계성 강화 등 교과별 교육내용의 적정화 추진, 주5일
수업제 월 2회 실시에 따른 수업시수 조정 등이었다. 개정 교육과정은
2009년부터 초1・2(2009.3), 초3・4/중1(2010.3), 초5・6/중2/고1(2011.3),
중3/고2(2012.3), 고3(2013.3)으로 순차적으로 적용되었다.107)
　2007년 개정 교육과정에서 교양 과목에는 『환경』 과목을 제외하면,
공통적으로 '생활'이라는 명칭이 포함되었다. 그 취지는 '과목간의 위계
성을 확보하고, 문제해결력을 강화하는 방향으로 개정'한다는 것이었
다. 이 취지에서 『철학』은 『생활과 철학』, 『논리학』은 『생활과 논리』,
『심리학』은 『생활과 심리』, 『교육학』은 『생활과 교육』, 그리고 『종교』
는 『생활과 종교』로 개칭되었다.108)

---

107) 『2007년 개정 교육과정 개요』, 교육인적자원부(교육과정정책과), 2007, 10-12쪽, 25쪽.

교양 교과 명칭에 '생활'을 포함시킨 의도는 교양 교과가 생활과 관
련된 분야임을 부각시켜 어려운 과목이라는 부정적 이미지를 약화시
킨다는 것이었다. 『생활과 종교』과목에도 기존에 비해 종교를 주변
생활과 관련시켜 교수해야 한다는 의미가 포함되었다. 그 맥락에서 교
과 내용에는 '우리나라 고유종교'에 대한 내용이 추가되었다. 그리고 내
용의 적정화와 특정 종교 위주의 내용에 대한 배제도 요구되었다.[109]

'생활과 종교' 교과는 기본적으로 기존의 내용 틀을 유지하면서 시행
과정에서 드러난 일부 문제점을 개선하기 위한, 즉 기존의 종교 교과
에 대한 부분적인 수정이었다. 그와 관련하여 개정 교육과정에서도 제
7차 교육과정의 경우처럼, '신앙교육'과 '교양교육'을 병행한다는 이중
적 취지가 유지되었다. 다만 신앙적 종교교육에 비해 종교학적 종교교
육을 강화하는 쪽으로 방향이 설정되어 좀 더 포괄적이고 일반적인 표
현이 되었다는 차이를 보였을 뿐이다.[110]

1997년의 제7차 교육과정과 2007년의 개정 교육과정을 비교해보면,
종교 교과의 내용에서 다른 차이도 발견된다. 총괄목표를 보면 제7차
교육과정에서 기술된 '타 종교를 포용하고 국가 사회의 발전에 기여할
수 있는 종교인으로서의 생활 태도 함양'이 개정 교육과정에서는 '종교
의 다양성과 차이에 대한 이해를 통해 올바르고 참된 삶의 태도를 기
름'으로 변화되었다. 영역별 내용을 보면, 제7차 교육과정에서 기술된

108) 교육부 교육과정교과서정보서비스(http://cutis.moe.go.kr): '교육과정·교과서 발전협
의회 제5차 회의자료'(2007.5.1.). 초·중등학교 교육과정 개정안은 영어와 수학을 제
외하면 2010년 3월에 중1, 2011년 3월에 중2와 고1, 2012년 3월에 중3과 고2, 2013년
3월에 고3 등 순차적으로 적용된다고 한다.
109) 『2007년 개정 교육과정 개요』, 교육인적자원부(교육과정정책과), 2007. 29-34쪽, 121-
124쪽.
110) 『고등학교 교육과정 해설-교양』, 교육과학기술부, 2008, 104-105쪽, 108쪽.

'⑴인간과 종교, ⑵종교 경험의 이해, ⑶서로 다른 종교적 전통, ⑷세계 종교와 문화, ⑸인간과 자연에 대한 이해, ⑹한국 종교와 문화, ⑺종교 공동체, ⑻특정 종교의 전통과 사상'이 개정 교육과정에서는 '⑴인간과 종교, ⑵종교 현상의 이해, ⑶종교의 다양성과 차이, ⑷인간과 자연에 대한 종교적 이해, ⑸세계의 종교와 문화, ⑹한국 종교와 문화, ⑺종교 공동체의 이해, ⑻특정 종교의 사상과 전통'으로 변경되었다.[111]

종립학교와 관련하여 2007년 7월 27일에 일부 개정된 〈사립학교법〉도 주목된다. 당시 〈사립학교법〉 제14조 ④항에 '종교단체'라는 용어가 처음으로 명시되었기 때문이다. 그에 따르면, 학교법인은 임원(7인 이상의 이사와 2인 이상의 감사)을 두되, 이사정수의 4분의 1에 해당하는 이사[개방이사]를 개방이사추천위원회에서 2배수 추천한 인사 가운데 선임해야 했다. 정관에는 대학평의원회 또는 학교운영위원회에 5인 이상 홀수의 개방이사추천위원회를 두어야 했고, 대학평의원회 또는 학교운영위원회에서 개방이사추천위원회 위원의 2분의 1을 추천해야 했다. 다만 대통령령으로 정하는 종교지도자 양성만을 목적으로 하는 대학 및 대학원 설치·경영 학교법인의 경우에는 당해 종교단체에서 2분의 1을 추천하도록 명시되었다.[112] 이러한 내용은 사회적 논란으로 이어졌다.

제17대 정권(2008.2.-2012.2.) 시기인 2009년 12월 23일에는 '초·중등학교 교육과정(교육과학기술부 고시 제2009-41호)'이 개정 고시되면서 제7차 재개정 교육과정이 마련되었다. 기존의 '교양 선택'은 '생활·교

---

111) 위의 책, 137쪽.
112) 〈사립학교법〉(법률 제8545호, 법제명 변경 및 일부개정, 2007.07.27. "私立學校法"에서 변경).

양으로 변경되었고,『환경과 녹색성장』이 생활·교양 교과에 추가되었
다. 생활·교양 교과는『생활과 철학』,『생활과 논리』,『생활과 심리』,
『생활과 교육』,『생활과 종교』,『생활 경제』,『안전과 건강』,『진로와
직업』,『보건』,『환경과 녹색성장』이 구성되었다. '생활과 종교' 교과
의 경우, 교육 목적이나 "(7)학교가 종교 과목을 개설할 때에는 종교 이
외의 과목을 포함, 복수로 과목을 편성하여 학생에게 선택의 기회를
주어야 한다" 등 기존의 입장은 크게 달라지지 않았다.[113]

　2011년 8월 9일에는 제7차 교육과정이 다시 개정되었고, 종교 교과
의 명칭도 '생활과 종교'에서 '종교학'으로 개칭되었다. 기존의 교육과
정이 개정된 수준이기 때문에 교과 내용 자체에 획기적인 변화가 있었
던 것은 아니다. 그렇지만 종교 교과의 흐름이 좀 더 '교양교육'을 지향
했다는 변화가 보인다. 그와 관련하여, 종교 교과교육과정의 마지막
부분인 '개별 종교들의 이해'가 앞부분에 서술된 종교 일반을 적용할
수 있는 사례 연구로 간주되었다. 기존에는 이 부분이 '교양인 육성'이
라는 교육과정의 목표와 이질적이지만, '특정 종교를 위한 교육'을 지
향하는 종립학교의 현실을 반영하기 위해 필요하여 삽입된 것이라고
간주되었다. 이를 감안할 때 '개별 종교들의 이해' 부분을 일종의 사례
연구로 간주한 것은 적지 않은 변화였다고 생각된다.

---

113) 교육과학기술부 2009 개정 교육과정: http://curri.mest.go.kr/main.jsp?idx=020101
　　〈초중등학교 교육과정 총론(제2009-41호).hwp〉, 10쪽, 17쪽(페이지는 임의 설정).

2. 종립 중등학교의 종교교육

미군정기 이후 종립 중등학교에서 종교교육은 암묵적이든 표면적이든 지속되었다. 그 역사는 크게 정부가 종교교육에 대해 방관한 '방관기'와 종교 교과를 국가 교육과정에 편입시킨 '교육과정 조율기'로 구분된다. 방관기는 다시 학교 종교교육에 대한 정책적 토대가 마련된 '토대기'와 특히 고교 평준화정책으로 인해 특정 신앙교육이 사회문제가 된 '갈등기', 교육과정 조율기는 편입기와 형성기로 구분된다. 이상의 내용을 정리하면 아래와 같다.

〈표 17〉 종교 교육과정의 시기 구분

교육 과정	핵심 내용	분류 범주 (종교교육 정책)	
미군정 제1차	● 1945년 〈법령6호〉: 조선학교에서 종교 차별 금지 ● 1948년 〈헌법〉 제정: 신앙에 의한 차별 금지(제8조), 신앙의 자유 보장, 국교 부인, 정교 분리(제12조) ● 1949년 〈교육법〉 제정: 국·공립학교에서 '어느 종교를 위한 종교교육' 금지(제5조) ※ 1952년 〈교육법시행령〉 제정: 중·고교 교과 규정(제115-118조) ※ 1953년 〈교육공무원법〉 제정: 정교사(1급·2급), 준교사, 특수교사, 양호교사 자격증 명시	토대기 (국· 공립 대상)	방관기
제2차 제·3차	※ 1963년 〈사립학교법〉 제정: 사립학교의 특수성에 비추어 자주성 확보와 공공성 앙양의 두 과제가 동시에 주어짐(제1조) ● 1966년 무자격 교원 해임 조치 통보(〈교육공무원법〉 제3조 의거) ※ 1969년 중학 무시험 진학제도 실시 ● 1970년 정규수업시간에 종교교육 포함 금지/과외지도 허용/종교과목 교원자격증은 신학과·종교학과 출신자에게 '사회(윤리)' 교원자격증 발급하고 있으므로 별도의 입법조치가 필요 없음 ● 1973년 각종학교로 개편 시 정규수업시간에 종교교육 가능 통보 ※ 1974년 고교 입학 추첨 배정제 실시 ※ 제3차 교육과정에서 '자유선택 교과(0-6단위)' 처음 등장	갈등기 (사학의 국· 공립화)	
제4차 제5차	● 자유선택 교과와 시수(0-8단위)의 확대로 '종교'도 자유선택 교과에 포함(제4차): 다만 개설시 2개 이상 과목을 설정하여 학생에게 선택 기회 제공 ● 인정도서에 종교 교과서 포함(제4차) ● 1983년 〈교원자격검정령시행규칙〉 제2조(별표1):	편입기	조율기

	교육(교육학·심리·행정·시청각·공학·종교)로 교사자격증 표시과목 변경 ● 자유선택이 교양선택으로 바뀌고 종교 교과 시수가 최소 2단위로 고정(제5차): 다만 　종교 교과 개설 시에 교양선택 교과를 포함하여 복수 설정하여 학생에게 선택 기회를 　주도록 함 ● 1990년 무자격 종교 교사를 대상으로 자격연수가 시작됨	
제6차	● 교양선택 교과와 시수 확대: 종교과목 개설시 복수 과목 편성 ● 교양선택 교과의 교육과정이 처음 마련: 종교 교과의 목표는 '교양교육'과 '신앙교육'의 　상이한 측면 결합 ● 종교 교육과정에 대한 해설서 편찬 ● 1997년 〈교육기본법〉 제정: 국가·지방자치단체가 설립한 학교에서 특정한 종교를 　위한 종교교육 금지(제6조)	
제7차 이후	● 교양선택 교과의 확대(제7차): 종교과목 개설시 복수 과목 편성 ● 2003년 종립 각종학교(학력인정) 졸업 후 고고 진학 가능(교육당국 해석) ● 2008년 〈교과용도서에관한규정〉 개정: 특정 종교를 지지한 교과용도서는 　교과용도서심의회의 심의를 거쳐야 함(제16조) ● 2007년 종교 교과가 '생활과 종교' 교과로 변경(제7차 개정): 종교과목 개설시 복수 　과목 편성 ● 2011년 종교 교과 명칭이 '생활과 종교'에서 '종교학'으로 변경	형성기

1) 종교교육 방관기: 미군정기('45-)- 제3차 교육과정('73-)

(1) 종교교육 정책의 토대기: 미군정기('45-)·제1차 교육과정('54-'63)

미군정기에는 미국식 민주주의가 강조되었는데, 이는 학교교육에서 '생활중심, 아동중심' 교육을 표방한 '새교육론'으로 표출되었다. 새교 육론은 오천석(吳天錫) 등의 학무국 인사들이 주도하고 민간의 교육 계 인사들이 호응하면서 새교육운동으로 전개되었다.114) 1947년의『민 주주의 교육의 건설』115)의 경우처럼, 새교육운동은 비민주적 일제식 교육을 청산하고, 오천석의 스승인 존 듀이의 진보주의 교육(progressive

---

114) 오천석,『한국신교육사』, 현대교육총서출판사, 1964, 409-412쪽. 민간차원에서는 안호
　　상과 심태진 등의 '조선교육연구회', 서울사대부속국민학교의 '아동교육연구회'가 각각
　　『조선교육』과『아동교육』이라는 잡지를 통해 새교육운동에 다소 호응한다.
115) 오천석,『民主主義 敎育의 建設』, 國際文化公會, 1947.

education)을 기반으로 학생을 민주사회의 구성원으로 양육하려던 아동중심 교육사조였다. 새교육운동의 교수·학습 방법으로는 '토론식 수업방식'이 보급되었다. 그러나 민주주의적 토론식 수업은 기존의 권위주의적 강의 방식에 밀려 학교현장에 널리 보급되는 데에는 실패하였다.[116]

미군정 이후, 정부의 초대 문교부 장관(1948.8.3.)이었던 대종교인 안호상은 개인보다 일민(一民)을 중시한 일민주의(一民主義) 교육론을 강조하였다. 여기서 일민은 단군 이래 5000년의 긴 역사를 가진 단일 혈연의 민족·국가를 의미했다. 일민주의에서는 일민을 분열시킨다는 자본주의(=금전숭배주의)와 공산주의(=반민주주의)가 거부되었고, 남녀·상하, 지방파벌, 빈부귀천 등 차별이 부정되었다.[117]

안호상은 1949년 8월에 단체 설립등록을 마친 일민주의보급회 임원들과 함께 일민주의 이론 체계를 마련하였다. 이승만 대통령도 1949년 일민주의보급회·일민주의연구원의 결성, 일민출판사의 설립, 일민보(주간지)의 발행 등 일민주의를 축으로 호응 세력을 구축하였다. 그 과정에서 안호상은 먼저 전국적의 교원에 대해 사상경향을 조사하였고, 여순항쟁을 계기로 전면적인 '교육계 숙청' 작업을 단행하여 '학원의 순수화'를 지향하였다.[118]

116) 이상록, 「미군정기 새교육운동과 국민학교 규율 연구-일제말기 국민학교 규율과의 비교를 중심으로-」, 『역사와현실』 35, 한국역사연구회, 2000, 116쪽, 118-125쪽, 143-145쪽. 새교육론에 대해서는 '미국식 민주주의교육론'으로 수용하지 않을 수 없었다는 전통주의적 입장과 새교육론이 미국의 신제국주의 지배를 위한 이데올로기로서 기존 사회질서를 부정할 수 없게 만드는 일제 교육의 잔재였다는 상반된 평가가 존재한다.
117) 안호상, 『일민주의의 본바탕·일민주의의 본질』, 일민주의연구원, 1950, 25-26쪽.
118) 연정은, 「안호상의 일민주의와 정치·교육활동」, 『역사연구』 12, 16-29쪽. 이미 안호상은 1946년 8월 민주교육연구회(이후, 조선교육연구회)의 새교육운동을 통해 미국식 민주주의가 아닌 국가·민족주의를 강조한, 또한 동년 10월 '민족지상 국가지상'을 지향하는 조선민족청년단(이후 족청)의 결성을 주도한 인물이다.

1948년 9월에 오천석 중심의 '새교육협회'가 조직되어 새교육론이 전개되었다. 그렇지만 새교육론과 일민주의교육 사이에는 '보수 우익'이라는 공통점과 함께 '파시즘적 민족주의'의 여부에 차이가 있었다.[119] 그렇지만 새교육론 이면에도 '교육을 통한 민족부흥'이라는 교육관, 즉 듀이 교육론에 대한 단순한 모방이 아니라 민족주의적 성격이 있었기 때문에 현실적으로 양자의 구별은 거의 불가능했다고 한다.[120]

주목할 부분은 미군정기부터 학교현장에서 '성적'이 강조되었다는 점이다. 새교육론에서 강조된 '개성'도 '성적의 우열을 기준으로 한 개인의 능력 차이'인 '개인차'를 의미했다. 성적 우수자는 '개성 존중'을 명분으로 월반(越班)이 가능했고, 성적 열등자는 '특수학급'에 들어가야 했다. 아동 개개인의 '차이'를 강조했던 새교육론이 학교현장에서 '성적'으로 학생을 분류·편제한 차별 시스템으로 작동했던 셈이다.[121]

'민족'과 함께 성적이 강조되던 맥락에서 종립 중등학교의 종교교육은 어떤 상황이었는가? 종교교육 정책과 관련해서 1948년 7월에 제정된 〈제헌헌법〉을 보면, 제8조에 신앙에 의해 차별을 받지 않을 권리, 제12조에 신앙의 자유 보장, 국교 부인, 정교분리 등이 명시되었다. 그 후 1962년 12월의 제5차 개정 〈헌법〉 당시에는 기본권인 종교의 자유를 제한해야 통치권 행사가 가능하다는 의견, 동시에 정신적·내재적인 것을 제한할 수 없고 표현된 언론과 출판에 대해서만 최소한 제한하자는 의견이 상충되기도 했지만, 후자가 채택·확정되었다.[122] 그에

---

119) 서중석, 「이승만정권 초기의 일민주의와 파시즘」, 『1950년대 남북한의 선택과 굴절』, 역사비평사, 1998 참조.
120) 이상록, 앞의 글, 126-127쪽.
121) 위의 글, 128쪽.
122) 송우 편저, 『한국헌법개정사』, 집문당, 1980, 25-27쪽, 207-208쪽. 당시 논의된 신앙 개념은 '마음속으로 갖는 신앙뿐만 아니라 예배를 한다든지 전도를 한다든지 하는 등

따라 종교에 의해 차별을 받지 않을 권리(제9조 ①항), 종교의 자유(제
16조 ①항), 국교 부인과 정교분리(제16조 ②항) 등의 내용이 유지되
었고, 그 내용이 현재까지 지속되고 있다.[123]

1949년 12월에는 〈교육법〉이 제정되어 홍익인간(弘益人間)의 이념
(제1조)이 교육 이념이 되었고, 이 교육 이념이 1997년까지 사립학교
에 적용되었다.[124] 당시 〈교육법〉 제5조에 교육이 '어떠한 정치적, 파
당적 기타 개인적 편견의 선전을 위한 방편'으로 이용될 수 없고, 국립
또는 공립학교에서 '어느 종교를 위한 종교교육'을 하면 안 된다는 점,
제7조에 법인이나 사인도 '능력에 따른 교육 기회의 균등을 위해' 신앙
등에 의한 차별 없이 학교를 설립할 수 있고, 동일한 수준의 학교 수료
자·졸업자는 국립·공립·사립의 구별 없이 동등한 자격을 갖는다는
점이 명시되었다.

1953년 4월, 〈교육공무원법〉이 제정·시행되어 교사 자격이 문교
부장관이 수여한 자격증을 가진 정교사(1급 2급), 준교사, 특수교사,
양호교사로 구분되었다(제4조).[125] 1953년 10월에 제정된 〈교육공무
원자격검정령〉으로 교육공무원 자격검정은 무시험검정과 시험검정
(전형검정과 고시검정)으로 구분되었다. 교장·원장·교감·원감과
교육감·장학관·장학사는 문교부장관에 의한 무시험검정, 교사는 문
교부 산하 중앙교원자격검정위원회에 의한 시험검정 또는 무시험검정
을 통해 임용될 수 있었다(제2조).[126]

신앙 행위를 포함'한다.
123) 〈대한민국헌법〉(일부개정 1969.10.21. 헌법 제7호).
124) 〈교육법〉(제정 1949.12.31. 법률 제86호); 〈교육법〉(폐지 1997.12.13. 법률 제5437호).
125) 〈교육공무원법〉(1953.4.18. 제정·시행, 법률 제285호) 제4조 별표2.
126) 〈교육공무원자격검정령〉(제정 1953.10.22. 대통령령 제824호).

1961년 9월에는 〈교육에관한임시특례법〉,[127] 1963년 6월에는 〈사립학교법〉이 제정되었다.[128] 〈사립학교법〉의 제정 목적은 일본 〈사립학교법〉의 골격을 모방하여 '사립학교의 특수성에 비추어 그 자주성을 확보하고 공공성을 앙양함으로써 사립학교의 건전한 발달을 도모함'(제1조)으로 명시되었다.[129] 사립학교에 특수성과 자주성뿐만 아니라 공공성을 동시에 요구했던 것이다.

제1공화국에서 종교 정책과 교육 정책은 모두 문교부('48.11-'68.7)에서 담당하였다. 1948년 11월 4일 당시, 문교부는 보통교육국(초등교육과·중등교육과·특수교육과), 고등교육국(대학교육과·사범교육과·고등교육과), 과학교육국(과학진흥과·농업교육과·상업교육과·수산교육과), 문화국(성인교육과·생활개선과·교도과·예술과·체육과), 편수국(편수과·번역과·발행과)의 5국(局) 체제였다. 그 가운데 보통교육국은 중등교육, 문화국(文化局)의 교도과(敎導課)는 종교정책을 담당하였다.[130]

1950년 5월 개신교인 백락준이 제2대 문교부 장관이 취임했지만, 50여일 만에 한국전쟁에 직면하였다. 전시 중인 1952년 10월에는 불교인 김법린이 제3대 문교부 장관에 취임하였다. 제2대와 제3대 문교부 장관이 모두 종교인이었지만, 당시 중등학교의 종교교육에 대한 정책적

127) 〈교육에관한임시특례법 제정 1961.9.1 법률 제708호〉; 〈교육에관한임시특례법 폐지 1963.12.5 법률 제1466호〉. 교육에관한임시특례법의 목적은 "국민교육의 정상적 질서를 확립하고 그 질적향상을 도모하기 위하여 교육행정 또는 학교법인(사립학교의 설립경영을 목적으로 하는 법인)에 관하여 교육법 및 교육공무원법과 기타의 법령에 대한 특례를 규정함"이었다.
128) 신현직, 「사립학교의 법적지위」, 『사회과학논총』 8, 계명대학교 사회과학연구소, 1989, 90쪽.
129) 〈사립학교법〉(제정 1963.6.26. 법률 제1362호).
130) 중앙대학교 부설 한국교육문제연구소, 『문교사』, 중앙대학교출판국, 1974, 661쪽.

관심은 보이지 않았다. 그리고 한국전쟁 이후에 이선근이 제4대 장관 ('54.4.21), 최규남이 제5대 장관('56.6.8), 최재유가 제6대 장관('57.11.27)으로 취임하였는데 문교정책의 중심은 '복구와 재건'에 있었다.

당시 중등학교의 종교교육은 어떤 상황이었는가? 그 상황은 네 가지로 정리될 수 있다. 첫째, 미군정기부터 제1공화국 사이에 종립학교는 대거 재건되거나 설립될 수 있었다. 그와 관련하여, 해방 이후 50년대 말까지 약 40개의 천주교계 학교가 설립되었다. 마산의 성지여자중(1945), 인천의 대건고교(1946), 대구의 순심중(1946), 대구 대건중(1946), 논산 대건중·고교(1947), 전주의 성심여자중(1948), 효성여자중(1949), 제주의 신성여자중(1949) 등이 그에 해당된다.[131] 그 외에 서울교구의 동성중·고교('07)·계성여자중('46)·박문여자중('40)·안법중('47), 인천의 대건고교('46), 대구교구의 효성여자중('49)·대건중('46)·근화여자중('49)·성의여자중('49), 마산의 성지여자중('49)·순심여자중('46), 전주교구의 성심여자중('48), 광주교구의 신성여자중('09), 대전교구의 논산 대건중('47) 등도 있었다.[132] 1949년 6월 말 천주교계 중등학교 현황은 중등학교 14개(남 2,202명, 여 1,598명) 정도였다.[133]

불교계 중등학교도 대부분 해방 이후에 설립되었다. 당시 설립된 중등학교는 광동중(1946년 개교, 1946.8.13 문교부 허가), 능인중(1946년 개교), 정광중(1946년 인가), 해동초급중(1946년 개교), 금산중(1947년

131) 조영관, 「한국 가톨릭 학교교육의 역사」, 『한국의 가톨릭 학교 교육』(가톨릭문화원 편), 가톨릭교육재단협의회, 1999, 48쪽.
132) 여진천, 「제1공화국 초기 교육 활동과 문교 정책에 대한 비판-메리놀회 문서를 통하여」, 『교회사연구』 23, 한국교회사연구소, 2004, 217-219쪽.
133) 「남한 천주교 통계표(1949.6.30)」, 『경향잡지』 1014, 1949, 138쪽. 초등학교는 26개교 (남 1,900명, 여 3,297명), 보육원은 9개(남 102명, 여794명), 양로원은 2개, 병원은 7개 정도였다.

개교), 명성여자중(1950년 개편), 영정고등공민학교(1948년 창립, 1954
년 홍제중학교 개칭) 등이었다.[134]

개신교계 중등학교도 적지 않게 재건되거나 설립되었다. 서울 지역
에 한정한다면 고등학교의 경우, 경신고·광성고·배재고·배화여고·
보성여고·서울문영여고·숭의여고 등이 재건되었고, 명지고·서울세
종고·서울영성고·서울예술고·영등포공고·영락고·영락여상고 등이
건립되었다. 중학교의 경우, 경신중·광성중·배화여중·보성여중·숭
의여중·오산중·정신여중 등이 재건되었고, 명지중·서라벌중서울
문영여중·영도중·영락중·이대부속이화금란중·환일중학교 등이
설립되었다.[135]

전반적으로 미군정기 종립학교 상황만 확인해도 개신교계에는 기존
24개 학교 이외에 18개 학교, 천주교계에는 기존 7개 학교 외에 6개
학교, 불교계에는 기존 3개 학교 외에 9개 학교가 설립되었다. 33개 정
도의 종립학교가 신설되었던 것이다.[136] 미군정기를 포함하여 제2차
교육과정 이전까지 종립 중등학교를 가장 많이 신설한 종교는 개신교
였다. 한국기독교학교연합회 소속 회원 중등학교의 경우, 1946년부터
1950년 사이에 9개 학교(중등 7, 고등 2), 1951년부터 1960년 사이에
20개 학교(중등 8, 고등 12)가 신설되었다.[137]

134)「설립자와 학교 소개」,『善知識』, 대한불교조계종 전국교법사단, 2005, 45-87쪽. 미군
정기인 1947년 5월 중등학교가 초급중학교(3년제)와 고급중학교(6년제)로 구분된다.
1950년〈교육법〉개정으로 인해 6년제 중학교가 중학교 3년, 고등학교 3년으로 분리
된다. 능인고등학교는 1951년 9월 13일 설립인가(같은 책, 58쪽). 정광중학교는 1962년
6월 25일에 중학교와 고등학교 분리(75쪽), 해동중학교도 학제변경에 따라 해동 중·고
교로 분리(82쪽)되었다.
135) 한국기독교학교연맹,『한국기독교학교연맹 45년사』, 2009, 225-256쪽; 한국기독교학
교연합회 편,『한국기독교학교연합회 50년사』, 한국장로교출판사, 2004, 271-543쪽.
136) 황영희,「미군정기의 사학 연구」,『교육연구』8, 원광대학교 교육문제연구소, 1989,
128-133쪽.

둘째, 성경 수업의 시수가 유동적이었듯이, 종립학교의 종교교육에 별다른 제약이 없었다. 천주교계의 경우, 계성여자중·고교(1944년 개교)는 매주 1시간 정도의 신자 교리교육뿐 아니라 점심시간이나 방과 후에 영세를 희망하는 예비신자를 위한 특별지도를 진행하였다. 그 과정에서 영세자 수가 늘면서 입학 당시의 전체 1/3이었던 신자학생 수는 2/3로 확대되었다.[138] 1954년에는 학생 전체를 대상으로 '종교'를 정규 시간에 넣었고, 신자학생과 예비 신자학생들을 위해 정규 시간 외에 매주 목요일 1시간씩 신자와 예비신자에 대한 교리교육이 진행되었다. 예비 신자의 영세 시기가 다가오면 매일 점심시간에 30분씩 교리교육이 진행되었다. 그리고 다른 과목처럼 '종교'에 대한 학습 결과를 평가하여 성적에 반영시켰다. 또한 1958년 2월부터 레지오 마리에(Legio Mariae)라는 종교 동아리도 조직하였고, 1959년부터는 신자학생을 위한 교리 수업을 정식으로 시작하였다.[139]

개신교계의 경우는 교목이 매주 1회 이상의 예배와 성경수업과 기도회, 연간 1회 이상의 부흥회를 진행하였다. 예배 회수와 성경수업시간은 감리교계보다 장로교계 미션스쿨이 많게 나타났다. 1961년의 상황을 보면, 개신교계 중·고교는 일주일에 약 3-4시간의 성경수업, 1-2회의 채플, 기타 다른 종교 프로그램을 진행하였다.[140] 카드(card)제를 활용하여 교회 출석 여부를 체크하였고, 학생은 매년 1회의 부흥회(특별종교행사)에 참여해야 했다. 1958년 당시에 진행된 7개 미션스쿨(고

137) 『2010 연합회 요람』, 한국기독교학교연합회, 2010, 43쪽.
138) 啓星女子中高等學校, 『啓星三十年史』, 1975, 196쪽.
139) 위의 책, 198-200쪽, 202쪽, 205쪽.
140) 한국기독교학교연합회 편, 『한국기독교학교연합회 50년사』, 한국장로교출판사, 2004, 65쪽.

교)의 종교교육 현황을 보면 아래와 같다.[141]

〈표 18〉 1958년 7개 미션스쿨(고교)의 종교교육 현황

내용 \ 학교명	D	K	B	M	E	S	J
종파	장로교	장로교	감리교	장로교	감리교	감리교	장로교
교장	장로	장로	장로	M.Div/목사	장로	장로	집사
교목 수	1	2	2	1	3	2	3
전교생 수	707	1,400	2,180	438	3,280	3,361	1,152
교목대학생	1:700	1:700	1:1,000	1:430	1:1,000	1:1,600	1:500
주간 예배회수	2	3	1	6	3	1	3
예배시간	30분		50분	20분	25분	40분	20분
성경시간(매주)	2	2	1	2	1	1	2
성경시간 교재	기독교교본 (기독교교육협회편)	좌동	좌동	좌동	좌동	좌동	좌동, 성경, 환등영화
기도회참석	모두 참석	좌동	좌동	좌동	좌동	좌동	좌동
교회출석과 방법	강력 권유	좌동 (card제)	강조 않음	강력 권유 (card제)	간섭 없음	강력 권유 (card제)	좌동 (소개편지)
특별종교행사 (연간)	부흥회 1회 (5일간)	부흥회 1회 (3일간)	부흥회 1회 (7일간)	부흥회 1회 (3일간)	부흥회 2회 (4일간씩)	부흥회 2회 (5일간)	부흥회 1회 (5일간)
과외종교활동 (참가)	방학:농촌계몽과 전도	Y.M.C.A. (전원)	S.C.A. (300명)	H.Y.	Y.teen (300명)	Y.teen	

　　1970년에는 '1969년 서울 시내 중학교에 실시한 학군제에 따른 무시험진학제는 종교교육의 영역에서도 여러 문제들을 야기한다'는 문제의식 하에 '무시험 진학 이후 종교교육에 대한 입학생과 학부모의 반응을 분석하여 학구제 실시에서 종교교육에 대해 고려해야 할 점'을 검토하려는 연구가 진행되었다. 그에 따르면, 9.8%의 부모가 종교교육에 반대하지만 '큰 반항' 없이 무관심(42.4%)으로 학교계획에 순응하였다.

---

141) 김은산, 「중고등학교 종교교육의 실태조사」, 『교육연구』, 13, 이화여자대학교 사범대학 교육학과, 1959, 24-47쪽. 표 재구성(28-29쪽). 이 연구는 1958년 11월부터 12월에 걸쳐 서울 시내 미션스쿨(mission school) 가운데 남자 고등학교 3곳(D, K, B), 여자 고등학교 3곳(E, S, J), 순천의 M고등학교 등의 교목실에서 종교교육실황을 기록한 것과 1,153명의 고등학교 3학년(17-21세)을 대상으로 한다.

응답 학생 가운데 15.9%가 예배시간을 통해 기독교인이 되고 싶은, 21. 4%가 착실한 마음이 생겼다. 그 가운데 8.9%는 예배에 억지로 참석한 다고, 16.4%는 소용이 없거나 관심이 없다고, 17%는 성경시간이 없어야 한다고 응답했다.[142] 이 연구 결과는 종립학교가 별다른 제약 없이 종교교육을 지속해왔다는 점을 시사한다.

셋째, 종교 수업 교재가 학교별로 임의로 제작되거나 채택되어 사용 되었다. 천주교계의 경우, 초기 수업 교재로 일제강점기의 『성교요리문답(聖敎要理問答)』과 『신약』 등이 사용되었다.[143] 1954년 이후에는 중학교 1·2학년용으로 『위대한 인간』, 중3과 고1학년용으로 『착한 인간』 등이 활용되었다. 1971년까지 천주교계 학교에는 통일된 종교 교재가 없어 종교교사인 신부 또는 수녀가 임의로 교재를 선택하는 상황이 지속되었다.[144]

개신교계의 경우, 중등학교의 종교 교과서는 별도로 제작되었다. 1953년 이후의 교재를 보면, 『기독교교본: 기독교와 사회문제』(1953), 『기독교교본: 성경의 인물』(1954), 『기독교교본: 예수의 교훈』(1955), 『기독교교본: 기독교 입문 2』(1955), 『기독교교본: 교회역사상의 인물』(1956) 등이 있었다. 교재는 대한기독교교육협회나 대한기독교서회에서 발간

---

142) 김연복·박인순·박정희, 「시내 중학교에 무시험 진학한 비기독교 학생들의 종교 반응 분석」, 『교육연구』 37, 이화여자대학교 사범대학 교육학과 교육연구회, 1971, 196-205쪽. 연구는 1970년(9.15.-11.25.)에 K여중, B중학, E남녀공학의 3개 기독교학교에 무시험 추첨제로 입학한 2학년 학생 가운데 비기독교인 1,000명을 대상으로 진행된다. 질문 지(1,000매) 회수 비율은 81.7%이다. 연구자들은 학생들이 성경과목을 불신하는 원인으로 일반과목처럼 시험을 보고 학업성적에 포함시키는 데에 있다고 지적한다. 연구 결론으로 무시험 추첨제에 의해 입학한 중학교 2학년 학생 가운데, 비기독교 학생들의 종교교육에 대한 반응은 예견과 달리, 반대하는 학생 비율이 1할 정도에 그친다는 점, 그리고 학생들의 정신적 성장을 인정할 때 종교적인 교육이 공헌하는 바가 크다는 점 등을 지적한다.

143) 啓星女子中高等學校, 앞의 책, 196쪽.

144) 위의 책, 198-200쪽, 202쪽, 205쪽.

되었다.145) 1957년에는 기독교학교협의회 교재연구위원회에서 성경교
과서 편찬 문제가 논의되었고, 1959년 1월에 교재연구위원들이 편찬 활
동을 시작하면서 1960년 4월에 기독교학교협의회연합회 가맹 회원교를
위한 성경교과서가 대한예수교장로회 총회교육부에서 발행되었다.146)

　불교계의 경우도 종교 수업 교재는 자체적으로 제작하여 사용하였
다. 구체적으로, 1967년 이전까지 수업 교재는 학교 단위로 제작되거
나 정토문화사에서 간행한『불교독본』(1958), 1958년에 해동고등학교
교법사가 편찬한『진리의 길』과『부처님 생활기』가 교재로 사용되었
다. 그리고 1967년 3월에 불교종립학원연합회가 중학교 1 · 2 · 3학년
용과 고등학교 1 · 2 · 3학년용 불교 교과서를 처음으로 개발하면서 교
과서 발간 작업이 본격적으로 이루어졌다.147)

　넷째, 학교의 종교교육과 관련하여 연합회 등의 모임이 설립되었다.
천주교계에서는 1959년에 '가톨릭중등학교장회'가 대구 대건고등학교
에서 친목을 주목적으로 창립되었다.148) 불교계에서는 1962년 8월 10
일에 불교종립학원연합회가 발족되었다.149)

145) 엄요섭,『基督敎敎本: 기독교와 사회문제』, 대한기독교교육협회, 1953: 신후식,『基督
敎敎本: 성경의 인물』, 대한기독교교육협회, 1954: 고영춘 · 김철손,『基督敎敎本: 예
수의 교훈』, 대한기독교교육협회, 1955: 송흥국,『기독교교본: 기독교 입문 2』(대한기
독교교육협회), 대한기독교서회, 1955; 송정율,『기독교교본: 교회역사상의 인물』, 대
한기독교서회, 1956 등.
146) 한국기독교학교연합회 편,『한국기독교학교연합회 50년사』, 한국장로교출판사, 2004,
93-94쪽. 중1『예수의 생활』, 중2『구약인물의 생활』, 중3『사도의 생활』, 고1『진리
의 종교』, 고2『기독교와 인생문제』, 고3『기독교와 사회』 등.
147) 김남일,「대한불교 조계종 전국교법사단의 역사와 발자취」; 안정수,「해동고 초대 김
윤주 법사님」,『善知識』, 대한불교조계종 전국교법사단, 2005, 10쪽, 14쪽, 43-44쪽;
권상로 · 김동화 · 조명기 · 박춘해 공저,『불교 독본』, 정토문화사, 1958.
148) 啓星女子中高等學校, 앞의 책, 204쪽.
149) 김남일, 앞의 글, 10쪽, 14쪽; 권상로 · 김동화 · 조명기 · 박춘해 공저,『불교 독본』,
정토문화사, 1958.

개신교계에서는 다른 종교에 비해 유관 모임이 빠르게 설립되었다. 1947년 1월에 장로교·감리교·성결교가 새문안교회에서 조선주일학교연합회의 재건총회(제1회 총회)를 개최한 후, 1948년에 명칭을 '대한기독교교육협회'(회장: 한경직)로 개칭하였다. 1950년 한국전쟁으로 협회 활동이 중단되었지만, 한국전쟁 이후에 세계기독교교육협회 참석, 통일공과 발행, 기독교교육 강연회, 기독교 중·고등학교 교재발간, 교목교육, 계단공과 기획과 발간, 주일학교 지도자 양성, 강습회 등의 활동을 전개하였다.[150]

1951년 12월에는 한국교회협의회(KNCC) 교육국 후원으로 13개 장로교계 학교 대표들이 부산 중앙교회에서 기독교학교연합기관 설립을 결의하였고, 1952년 8월에 기독교학교협의회 창립총회를 개최하였다. 1955년과 1956년에는 전주와 유성에서 기독교계 교육자협의회가 만들어졌다.[151] 1961년에는 교목협의회(27개 회원학교)가 결성되었고, 제1회 교목협의회에서 1960년도판 성경 교과서 내용이 검토되기도 하였다.[152]

그 상황에서 종립학교에서 종교교육은 어떻게 진행되었는가? 불교계 학교에서는 해방 이후부터 개별 학교 단위로 교법사를 임용하여 불

---

150) 대한기독교교육협회 (http://kccedu.kr). 조선주일학교연합회의 출발점은 1905년 장로교와 감리교가 연합한 '선교연합공의회'의 주일학교위원회이다. 그리고 1921년 최초 전국주일학교대회의 개최 결과로 1922년 11월 조선주일학교연합회가 탄생한다. 이후 연합회는 주일학교와 교회 설립, 조선주일학교대회 개최, 통일공과 발간, '아희생활'이나 '주일학교잡지'(계간지) 발간 등을 진행하다가 1938년 중단된다. 1959년에는 한국기독교장로회도 가입하여 4개 교단연합체로 확대된다.

151) 한국기독교학교연합회 편,『한국기독교학교연합회 50년사』, 한국장로교출판사, 2004, 47-48쪽.

152) 위의 책, 87-91쪽. 이는 교목협의회의 일차 목적이 '성경교과서'를 포함한 종교교육 프로그램의 질적 검토에 있었음을 시사한다. 그와 관련하여 1962년 제2회 교목협의회에서는 '기독교교육 내용과 교과서 및 교편물 연구 검토', 1963년 제3회 교목협의회에서는 '성경학습지도의 이론과 실제', 1964년 제4회 교목협의회에서는 '기독교학교의 기독교교육의 본질과 내용' 등의 주제가 다루어진다.

교교육을 진행하였다.153) 보문학원의 경우처럼 건학 초기에 정규 불교
(교학)시간이 없었던 학교도 있었다. 그 경우에도, 학교 교사 가운데
불교인들이 적지 않았기 때문에 특활 부서를 통한 간접적인 불교 교육
이 이루어졌다.154)

천주교계의 경우, 대체로 종교교육을 직접적 신앙교육으로 이해하
는 경향을 보였다. 1950년 2월 23일 명동 주교좌 성당에서 개최되었던
주교회의도 〈사회 질서 재건에 대하여 고도와 동포에게 고함〉이라는
성명서를 통해 '도의(道義)의 확립을 지향하는 교육'을 강조하고, '인간
과 초자연과의 관계에 대한 올바른 지도가 없다면 반드시 우리나라의
현실과 같은 악독한 미신으로 떨어진다'고 지적하였다. 이는 교육에서
종교와 도덕을 별개로 취급하는 자연과학과 사회과학을 강조하기 이
전에 '인간 대 천주의 정당한 관계를 인식'시키는 것이 중요하다는 지
적이었다.155)

천주교계는 대체로 문교부의 입장에 호응하였다. 그 이유로는 한국
천주교회가 이승만 대통령과 우호적인 관계였다는 점, 분단 경험 속에
서 반공정책을 교육정책에 우선했다는 점, 교육이념인 '홍익인간'을 전
통과 연관시켜 무리 없이 받아들였다는 점 등이 지적된다.156) 그와 관
련하여 계성여자중학교의 경우는 설립목적을 '미신과 체념의 상태에
있다는 민족'에게 깊은 신앙심을 주고, '서구의 과학 지식과 민주주의
사상으로 조국 근대화의 역군'을 기르는 등 천주교 신앙을 통한 민생

153) 「교법사단 창립 60주년, 성과와 과제」, 『현대불교신문』, 2005.6.19.
154) 이재복, 「이재복 교장선생의 교법사적 활동」, 『善知識』, 대한불교조계종 전국교법사
단, 2005, 37쪽.
155) 「사회질서 재건에 대하여 교도와 동포에게 고함」, 『경향잡지』 1021, 1950, 49-62쪽.
156) 여진천, 앞의 글, 243쪽.

의 계몽과 구제 즉 가톨릭 정신의 구현에 두었다. 논산 대건중학교의
경우는 심성교육과 그리스도적 인간 육성에 초점을 두었다. 인천 박문
여자중학교의 경우는 '홍익인간의 이념'을 교육 이념, '참되고 착하고
아름다운 가톨릭적 덕성을 갖춘 여성'을 교육목표로 명시하였다.[157]

　개신교계의 경우, 대체로 종립 중등학교 이후에 기독교인이 된 학생
비율이 높게 나타났다. 개신교계에서는 당시 학생들의 주된 의견이 '강
제적인 종교교육'에 반대하고, '자유로운 분위기와 자발적인 종교생활'
에 찬성한다는 것으로 인식하였다. 그 이유로는 종교에 대한 강제가
오히려 반감과 역효과만을 내게 한다는 점이 지적되었다. 또한 대부분
의 학생들이 '성경과의 시험제도를 폐지'할 것을 희망하고 있다는 점도
인식하였다. 그 과정에서 개신교계에서는 각 학교마다 신입생에 대해
'신자만을 받겠다'는 입장과 '불신 학생들을 많이 받아 신자가 되도록
한다'는 입장이 대립되는 모습도 보였다.[158]

　이상의 서술을 토대로 한다면, 미군정기와 제1차 교육과정 시기에

---

157) 『계명 50년사』, 계성여자고등학교, 1994, 40쪽, 44-51쪽, 53쪽, 63-64쪽; 『논산 대건
　　50년사(1946-1996)』, 논산대건중·고등학교, 1996, 43쪽, 60-61쪽, 78-81쪽, 112-115
　　쪽; 『박문 50년사(1940-1990)』, 인천 박문여자중고등학교, 1991, 144-150쪽; 『동성 90
　　년사』, 동성중·고등학교, 1997, 188-189쪽, 196-197쪽; 『경향잡지』 1949년 9월호, 138
　　쪽; 여진천, 앞의 글, 230-235쪽. 박문여자중학교와 동성중학교처럼 특별히 종교교
　　육을 강조하지 않는 경우도 있었다. 다만 동성중학교는 신자생을 위한 미사를 진행
　　했다고 한다.
158) 김은산, 앞의 글, 35-47쪽. 신앙교육과 관련하여 당시 연구는 '교회 출석'에 대하여 전혀
　　간섭하지 않거나, 별로 강조하고 있지 않다는 E여교와 B고교에서 현재의 기독교인 수
　　가 입학 당시보다도 더 줄었다고 지적한다(35쪽). 학생들의 의견은 당시 연구자가 제시
　　한 '내가 교장 선생님이 되면 종교교육을 이렇게 하겠다'라는 란에 서술된 것이다. 구체
　　적으로 학교별로 보면, D고교는 '자유로운 분위기에서 자발적인 종교생활을 하게 한
　　다'는 의견, K고교는 '교회 출석 카드를 폐지하겠다'는 의견, B고교는 '기도회 참석을
　　포함하여 강요하지 않고 자의(自意)에 맡기되 원하는 사람에게는 좀 더 철저히 하겠다'
　　는 의견, M고교와 E여고와 S여고와 J여고는 '기도회 참석이나 교회 출석 등 강요하지
　　않고 자의(自意)에 맡기겠다'는 의견이 압도적으로 많게 나타났다.(같은 글, 35-43쪽).

는 종교계에서 비교적 자유롭게 학교들을 설립하였고, 문교시책에 일
부 호응하면서 나름대로 신앙교육을 전개했다는 점을 알 수 있다. 그
렇지만 종립학교에게도 사립학교로서 특수성에 입각한 자주성의 확보
와 공공성 앙양이 동시에 요구되었다는 점, 국·공립학교에서 '특정
종교를 위한 종교교육'을 금지한다는 원칙이 세워졌다는 점도 알 수
있다. 이는 중등학교의 종교교육에 대한 정책적 토대가 마련된 것이었
다. 그렇지만 별다른 규제가 거의 없었다는 점에서 이 시기에는 중등
학교의 종교교육에 대한 교육당국의 정책적 관심이 전반적으로 부재
했음을 알 수 있다.

   (2) 종교교육 정책의 갈등기: 제2차('63-'73)·제3차 교육과정('73-'81)

   1963년 12월에는 〈교육공무원법〉 전문개정으로 교사 자격 검정 시
스템이 정비되었다. 그와 관련하여 기존의 중앙교원자격검정위원회가
폐지되고, 위원장·부위원장 각1인과 위원 7인 이상 9인 이내로 조직
된 교원자격검정위원회(위원장: 문교부차관)가 신설되었다. 그리고 기
존의 '정교사(1급·2급)·준교사·특수교사·양호교사'가 '정교사(1
급·2급)·준교사·교도교사·사서교사·실기교사·양호교사'로 변경
되었다. 당시 중등학교 교사 자격증 표시 과목은 아래와 같다.[159]

---

159) 〈교육공무원법〉(일부개정 1962.1.6. 법률 제956호) 제4조; 〈교육공무원법〉(1963.12.5.
　　전부개정, 시행 1964.1.1. 법률 제1463호) 제3조(교사의 자격). 표의 비고를 보면 "1.
　　특수학교의 초등과는 맹·농아로 표시하고, 특수학교의 중등과 및 고등과는 맹·농아
　　의 표시 다음에 ( )를 만들어 중등학교란의 과목별로 표시한다."

〈표 19〉 중등학교·특수학교교사자격증표시과목표(1963.12. 〈교육공무원법〉 별지 제2호)

학교별	자격별	과 목 별
중등 학교	정교사 (1급· 2급) 준교사	국어·사회(일반사회·윤리·역사·지리)·수학·과학·(물리·화학· 생물·지학)·체육·음악·미술·외국어(영어·독일어·불란서어·중 국어)·가정·공업·토목·건축·기계·화학기계·자동차·전기·전기 공학·화공·응용화학·야금·염색·금속용접·광산·채광·방직·염 직·섬유·요업·도자기·통신·유선·무선·조선·공예·실내장치· 도안·전자·농업·임업·축산·원예·잠업·농업공작·농업토목·수 의·상업·수산·어로·제조·증식
특수 학교	교사	맹·농아

1969년에는 중학교 무시험 진학제도가 실시되었다. 그로 인해 문교부는 모든 중학교 지망생에게 특정학교에 대한 선택 기회를 주지 않았고, 거주지별로 확정된 학군에 위치한 국·공립학교와 사립학교를 대상으로 추첨제나 전자계산기에 의해 학교를 배정받게 하였다.[160] 그리고 1974년도를 기해 서울 등 5개 대도시의 고등학교 입학 선발고사 제도를 폐지하고, 학생을 추첨으로 배정·입학시키는 '고등학교 입학 추첨 배정제'를 시행하였다.

1977년 8월 22일에는 〈교과용도서에관한규정〉이 제정·공포되어 교과용도서가 정비되었다. 교과용 도서는 학생용 주된 교재로서 문교부가 저작권을 가진 1종교과서와 문교부장관의 검정을 받은 2종교과서 등의 교과서, 교사용 주된 교재로서 문교부가 저작권을 가진 1종지도서와 문교부장관의 검정을 받은 2종지도서 등의 지도서, '특별 사유가 있는 경우에 학교장 신청에 의해 교과서(1종·2종)를 대용하도록 문교부장관의 승인을 받은 교과서 또는 지도서'인 인정도서로 구분되

---

160) 강영희, 「종교계 고등학교에서의 종교교육 실태조사」, 『군자교육』 8, 세종대학교, 1977, 3쪽.

었다. 학교장은 1종도서를 사용하되, 1종도서가 없을 때 2종도서를 선
정·사용할 수 있었다. 다만 1종 또는 2종도서가 없거나, 특별 사유로
1종 또는 2종도서를 사용하기 곤란한 때에는 문교부장관의 승인을 얻
은 인정도서를 사용할 수 있었다. 당시 인정도서의 사용승인 절차에는
검정도서의 사용승인 절차 규정이 준용되었다.161)

　제2차('63-'73)·제3차 교육과정('73-'81) 시기에 있었던 학교교육 관
련 변화는 과거에 비해 종교교육의 문제를 표면화시키는 계기가 되었
다. 교사 자격 검정 시스템이 정비되고, 중학교 무시험 진학제도와 고
교 입학 추첨 배정제가 시행되고, 교과용도서 규정이 정비되면서 학교
종교교육의 상황에도 다소의 변화가 있었다.

　종립학교의 종교교육 내용은 그 이전 시기에 비해 크게 달라지지 않
았다. 개신교계, 천주교계, 불교계에는 주로 종교 수업과 의례와 행사
등을 통해 종교적 설립 이념을 구현하려는 모습을 보였다. 종교교사의
경우, 대체로 개신교계는 신학대학 출신인 목사와 전도사 혹은 기독교
학과나 신학과 출신, 천주교계는 수녀나 신부, 불교계는 불교학과나
불교 철학과 출신이었다. 종교 교과목의 주당 시간 수는 일주일에 1-2
시간 정도였다. 학생의 자유의사에 따라 방과 후에 종교 교과교육을
하는 학교도 있었지만, 대개 종교 교과교육은 정규 수업시간이었고,
그 평가 결과는 시험 성적에 반영되었다.162)

　1960년대 사례를 보면, 광성고등학교에서는 성경 과목을 전체 학년

---

161) 〈교과용도서에관한규정〉(제정 1977.8.22. 대통령령 제8660호) 제2조·제3조·제23조·
　　 제24조. 이 규정은 〈교육법〉(제157조 제2항·제3항)에 의해 대학·사범대학·교육대
　　 학·실업고등전문학교·전문학교를 제외하고 각 학교의 교과용 도서의 저작·검정
　　 또는 인정에 관한 사항을 규정'(제1조)하기 위한 것이다.
162) 곽삼근·서성필·이금옥·조경원·홍미애·유순화·김수미·김화경, 「학교에서의
　　 종교 교육」, 『교육연구』 42, 이화여자대학교 사범대학 교육학과, 1973, 26-27쪽.

학생을 대상으로 필수과목으로 지정하여 주1시간씩 가르쳤고, 중간고사와 기말고사 기간에 성경시험을 실시하여 성적을 평가하였다. 또한 매일 교직원 기도회를 개최하였고, 매주 수요일과 금요일마다 중·고교별 학생 예배를 진행하였다.[163] 불교계 광동중·고등학교의 경우, 1966년 3월에 불교교학과목에 대한 지도 교사를 채용하면서 학생들이 불교교과를 배워야했다. 입학식과 졸업식을 비롯한 모든 행사에 삼귀의례와 사홍서원의 불교의례가 거행되었다.[164]

1970년대 중반의 종립 고등학교 상황을 보면, 교육과정은 성경시간과 예배시간을 제외하면 공립학교의 교육과정과 동일하였다. 일반적으로 성경공부는 주 1회였다. 예배도 주 1회(필수 참여)였지만 학교별로 차이가 있었다. 어떤 학교는 주 3회씩 필수로 예배를 진행하였고, 어떤 학교는 주 1회의 종교수업만 하면서 예배를 진행하지 않는 학교도 있었다.[165] 또한 1980년대 초반의 대광중·고교에서 이루어진 평가 방식을 보면, 지식면 100점 만점과 행동면 50%를 수·우·미·양·가의 5단계로 평가하였다. 지식면은 필답고사였고, 행동면은 본인·학우·담임교사·성경교사의 종합 평가였다.[166]

그렇지만 앞서 지적한 대로, 제2차('63-'73)·제3차 교육과정('73-'81) 시기에 교육정책이 바뀌었고, 그로 인해 종립학교에는 여러 변화가 발생하였다. 첫째는 각종 종립학교별 연합회 활동이 활발해졌다는 점이다. 불교계의 경우, 1968년 2월 불교종립학원연합회(현재 불교교육위

---

163) 啓星女子中高等學校, 앞의 책, 227쪽.
164) 「학교법인 광동학원 광동중·고등학교」, 『善知識』, 대한불교조계종 전국교법사단, 2005, 47쪽.
165) 강영희, 앞의 글, 26-27쪽.
166) 한국기독교학교연맹, 『한국기독교학교연맹 45년사』, 2009, 145-146쪽. 1982년 10월의 경우임.

원회)의 주관으로 '교법사 자격시험'을 진행하여 내부적으로 교법사 제도를 시작하였다. 1969년 1월에는 불교종립학원연합회 주최로 제1회 불교종립학교 교법사 연수회가 개최되었고, 그 과정에서 전국교법사단의 전신인 전국교법사회(초대회장 김윤주)가 창립되었다.[167]

불교종립학원연합회는 교과서 출판과 함께 회원학교의 변화와 확장에도 관심을 기울였다. 1967년 2월에는 흥국고등학교 (1966.12. 인수)의 교명을 동국중·고등학교로 변경하고, 1970년에 중학교와 고등학교로 분리·확대하였다.[168] 1968년 당시 학교법인 동국학원 산하에는 서울의 동국 중·고등학교(현재 동국대학교 사범대학 부속 중·고등학교), 대동 중·상업고등학교, 명성여중·고등학교, 전북 금산의 금산 중·상업고등학교, 경남 밀양의 홍제중학교 등 9개 중등학교가 있었다.[169] 1974년에는 용태학원의 팽성중학교를 인수하여 1975년에 교명을 청담중학교(청담학원)로 변경하면서 회원 학교가 확장되었다.[170]

천주교계의 경우, 학교 연합회로는 1959년에 '친목'을 목적으로 창립된 '가톨릭중등학교장회'가 있었다. 이 교장회는 1967년 10월에 모임의 목적을 '친목'에서 가톨릭학교 종교교육 문제를 상호 협의하고, 공동목적을 위해 행동을 통일하고, 친목을 도모하는 것으로 바꾸었다. 그리고 가톨릭 중등학교의 종교 교과서 편찬, 중·고등학교 무시험진학으로 인한 특수성 상실 문제를 해결하기 위해 문교 당국에 가톨릭학교를 근장

---

167) 김남일, 앞의 글, 10쪽; 「교법사단 창립 60주년, 성과와 과제」, 『현대불교신문』, 2005. 6.19.
168) 「설립자와 학교 소개」, 『善知識』, 대한불교조계종 전국교법사단, 2005, 45쪽. 1967년 9월 동국대학교 사범대학 부속 중·고등학교로 교명이 변경된다(같은 책, 60쪽).
169) 김봉식, 「개척 법사의 애로와 기쁨」, 『善知識』, 대한불교조계종 전국교법사단, 2005, 28쪽.
170) 「설립자와 학교 소개」, 『善知識』, 대한불교조계종 전국교법사단, 2005, 78-80쪽. 1976년 2월 청담상업고등학교 개교.

학교(勤獎學校)로 조치해 줄 것을 건의하는 움직임도 보였다.[171]

  개신교계의 경우, 1964년 1월에 '한국기독교학교연맹'이 창립되었다. 이 연맹은 김활란이 주도적으로 제안한 것인데, '기독교 정신에 입각한 학교 교육의 향상 발전을 기도하며 기독교 학교에 종사하는 교직자의 자질 향상과 상호 친목을 도모함'이 목적이었다. 창립 당시의 구성원은 이사장(김옥길: 이화여자대학교 총장)을 포함한 19명, 중·고교와 대학을 포함한 37개의 회원교였다. 한국기독교학교연맹은 창립 직후부터 사단법인 등록을 추진했지만, 1970년 9월에 문교부, 동년 11월에 서울특별시 교육위원회가 등록을 반려하였다. 한편, 이 연맹과 별도로 기존의 '기독교학교연합회'와 '기독교교육자협의회(감리교계)'도 각자 필요한 사업과 활동을 지속하였다.[172] 1975년에는 한국기독교교목협의회 구성이 합의되었고, 1976년에는 회칙도 확정되었다.[173]

  둘째는 종립학교별 연합회를 중심으로 종교교사와 종교 교과서에 대한 정비 작업이 진행되었다는 점이다. 개신교계의 경우, 한국기독교학교연맹과 대한기독교교육협회는 1967년 2월에 중학교 1학년부터 고등학교 3학년까지를 대상으로 하는 종교 교과서(6권)를 공동으로 발행하였다. 이 교과서는 개신교계 중·고등학교에서 채택·사용되었다. 당시 사용된 종교 교과서 명칭은『예수의 생애』(중1)·『구약의 이야기』(중2)·『교회의 역사』(중3),『기독교와 인생』(고1),『기독교와 사회』(고2),『기독교와 문화』(고3)이었다.[174]

---

171) 啓星女子·中高等學校, 앞의 책, 204쪽.
172) 한국기독교학교연합회 편,『한국기독교학교연합회 50년사』, 한국장로교출판사, 2004, 96쪽; 한국기독교학교연맹, 앞의 책, 2009, 40-46쪽.
173) 위의 책, 2004, 102-108쪽.
174) 위의 책, 2004, 94쪽; 한국기독교학교연맹, 앞의 책, 2009, 169쪽.

천주교계의 경우, 1971년에 가톨릭중등학교장회를 중심으로 가톨릭 중등학교를 위한 종교 교과서 시안(試案)이 마련되었다. 1972년에 초판 이 발행되었고, 1973년에 개정판이 발행되었다. 가톨릭의 종교 교과서 명칭은 중학교용인『하느님의 사랑(상)』·『생명의 말씀(하권)』, 고등학 교용인『우리와 종교(상권)』·『우리와 사회(하권)』이었다.175)

천주교계가 1971년에 마련한 시안은 종교 교과를 기존의 '교리'에서 '종교'(광의의 종교)로 바꾼 것으로, 비신자 학생들도 대상으로 삼은 것 이었다. 중학교용 교재의 중심은 '구세사적인 사랑과 생활의 지침인 복 음'이었고, 고등학교용 교재의 방향은 인생과 종교, 각 종교 소개, 사회 의 정치·경제·문화에 걸친 올바른 윤리적 생활, 생활 속에서 '그리 스도와 만남'을 알도록 지도하는 것이었다.176) 고등학교용 교재에는 천주교 이외의 종교들이 소개되었는데, 이는 기존의 종교 교재와 차이 를 보이는 지점이다.

불교계의 경우, 1968년 2월 불교종립학원연합회(현재 불교교육위원 회)의 주관으로 '교법사177) 자격시험'이 진행되었다. 당시 시험 대상자 는 동국대학교 불교학과 졸업자로서 중등학교 교원자격증 소지자 또

---

175) 啓星女子中高等學校, 앞의 책, 204쪽. 계성학교에서도 1972년부터 이 교재를 사용한다.

176) 노병건, 「프로테스탄트 系 학교와의 비교」, 『경향잡지』 1275, 1974, 15-16쪽. 교과로 는 주 1시간씩 도덕 또는 특활시간으로 과하고 있다. 개신교학교도 거의 시간배정은 비슷하지만 그 내용은 성경공부라고 한다. 개신교계 학교에서는 예배참석을 필수로 하지만 가톨릭계 학교에서 미사 참여는 희망자에 한정하지만 많은 비신자학생이 호기 심과 별다른 관심을 가지고 참여한다고 한다.

177) 경철, 「불교종립학교와 교법사의 역할」, 『善知識』, 대한불교조계종 전국교법사단, 2005, 33쪽. 법사(法師)란 '불법(佛法)에 통달하고 언제 어디서나 청정한 수행으로써, 다른 사람들의 스승이 되어, 그들을 이끌어가는 이'를 일컫는다. 『법화경(法華經)』 법사품 (法師品)에는 가르침을 수지하고 기억하는 수지법사(受持法師)·경권(經卷)을 읽는 독경법사(讀經法師)·경전을 보지 않고 암송하는 송경법사(誦經法師)·경(經)의 문 구를 해석하는 해설법사(解說法師)·경전을 베껴쓰는 서사법사(書寫法師)의 다섯으 로 갈래짓고 있다.

는 현직 중등학교 교사였다. 시험 방식은 3과목(불교 교리, 불교사, 영어)에 대한 필답고사와 면접고사였다. 당시에 약 20명이 응시하였으나 6명(여성 1명, 남성 5명)만 시험을 통과하여 제1기 교법사로 배출되었다. 그리고 1968년 3월 1일부로 학교 발령을 내면서 서울 지역에서 교법사 제도와 불교교육 활동이 공식화되었다.[178]

1967년에는 불교종립학원연합회에서 중학교 1·2·3학년용, 고등학교 학년용으로 『불교교본』을 발간하였다. 『불교교본』에는 불교의 교리와 역사 등이 비교적 쉽게 소개되었다. 당시 『불교교본』의 목차는 아래와 같다.[179]

〈표 20〉 중학교 『불교교본』의 목차(1967)

중1 『부처님의 생애』	중2 『밝은 생활』	중3 『바른 길』
Ⅰ. 히말라야의 봄 Ⅱ. 고뇌하는 싯다아르타 Ⅲ. 길을 찾아서 Ⅳ. 간지스강의 메아리(1) Ⅴ. 간지스강의 메아리(2) Ⅵ. 태양은 지고	Ⅰ. 따뜻한 손길 Ⅱ. 남을 위하여 Ⅲ. 주는 마음 Ⅳ. 거룩한 말씀 Ⅴ. 바른 길을 걷자 Ⅵ. 어려움을 찾는 마음	Ⅰ. 새벽 종소리 Ⅱ. 지혜와 자비의 말씀(1) Ⅲ. 지혜와 자비의 말씀(2) Ⅳ. 진리의 꽃다발 Ⅴ. 인생의 희망 Ⅵ. 평화의 길

---

178) 김남일, 앞의 글, 10쪽; 박명순, 「1968년 그 해부터」, 『善知識』, 대한불교조계종 전국교법사단, 2005, 26쪽; 「김봉식① 종립학교의 교법사 태동기」, 『불교신문』 2564호, 10월10일자. 당시 교법사 시험에는 20여 명이 응시하여 8-9명이 합격했다고 한다. 당시 교법사 가운데는 준교사자격증을 소지한 경우가 있었다. 1965년 당시에는 각 대학교에 사범대학이 별로 없어 4년제 대학 졸업자는 시·도교육위원회의 요구 서류를 제출하고 심사 후에 문교부 장관이 '준교사자격증'을 발급하는 제도가 있었기 때문이다.
179) 『불교교본(중Ⅰ 부처님의 생애, 중Ⅱ 밝은 생활, 중Ⅲ 바른 길)』, 불교종립학원연합회, 1967; 『불교교본(고Ⅰ 진리의 생활, 고Ⅱ 대승의 길, 고Ⅲ 불교와 인생)』, 불교종립학원연합회, 1967.

<표 21> 고등학교 『불교교본』의 목차(1967)

고Ⅰ 『진리의 생활』	고Ⅱ 『대승의 길』
Ⅰ. 부처님의 제자들 Ⅱ. 인도의 별들 Ⅲ. 빛을 찾아서 Ⅳ. 길은 멀어도 Ⅴ. 진리의 생활	Ⅰ. 동양과 서양의 대화 Ⅱ. 보살의 길 Ⅲ. 꺼지지 않는 등불 Ⅳ. 생명의 실상 Ⅴ. 장엄한 세계 Ⅵ. 으뜸가는 법 Ⅶ. 불교와 예술

1977년에 발간된 중학교 1·2·3학년용 『불교교본』의 범위는 확대되었다. 예를 들어, 1977년의 『불교교본 중3』 Ⅳ장(종교와 인생)에는 '세계의 종교'가 7쪽 분량으로 포함되었다. 세계의 종교 항목에는 유교, 그리스도교, 이슬람교, 불교가 소개되었다. 그리고 '각 종교의 가르침 정리, 모든 종교의 가르침에서의 공통점, 불교와 다른 종교의 차이점'이 교재에서 '연구 문제'로 제시되었다.[180)

<표 22> 중학교 『불교교본』의 목차(1977)

『불교교본 중1』	『불교교본 중2』	『불교교본 중3』
Ⅰ. 새 생활 Ⅱ. 위대한 승리자 Ⅲ. 거룩한 교훈 Ⅳ. 따르는 사람들 Ⅴ. 장엄한 노을	Ⅰ. 현실과 이상 Ⅱ. 보살의 길 Ⅲ. 빛을 찾아서 Ⅳ. 진리의 꽃다발 Ⅴ. 평화의 길	Ⅰ. 등불은 영원회(1) Ⅱ. 등불은 영원히(2) Ⅲ. 불교와 예술 Ⅳ. 종교와 인생 Ⅴ. 지혜의 말씀

셋째는 종교교사들이 자신들의 위상 정립에 관심을 갖기 시작했다는 점이다. 당시에 학교 교사가 되는 경로는 다양했다. 예를 들어, 196

---

180) 『불교교본(중Ⅰ, 중Ⅱ, 중Ⅲ)』, 불교종립학원연합회, 1977; 『불교교본 중Ⅲ』, 불교종립학원연합회, 1977, 90-96쪽.

5년 2월에 불교학과를 졸업하고 중등학교 '사회(윤리)과' 자격증을 취
득한 사람이 초등학교에 근무하기도 하였다.181) 대학졸업과 동시에 서
울특별시교육위원회에 서류를 신청하여 중등학교 준교사 '일반사회(윤
리)' 자격증을 받은 경우도 있었다.182) 이런 상황에서 종립학교의 교법
사가 가진 위상은 모호했다. 그와 관련하여 1968년 3월 1일 신생 불교
종립학교인 동국 중·고등학교에 발령을 받은 교법사의 기억을 서술
하면 다음과 같다.183)

> 내가 앉아서 일을 할 책걸상은 50여 명이 북적대는 교무실의 최
> 말단인 출입문 옆에 놓여 있고, 주당 수업시간은 평교사와 똑같이 24
> 시간인데다가 연구수업도 하고 주번 근무는 물론 일·숙직 업무도
> 하면서 법회도 해야 했다. 뒤에 안 사실이지만 나는 평교사의 정족
> 수에 든 일개 교사일 뿐이었다. 그러므로 호칭도 법사가 아니라 교
> 사였다. '법사'라는 호칭이 일반화되지 않은 탓이며, 교법사 제도를
> 처음 실시하는 재단에서도 부랴부랴 교법사를 선발해서 파견하는데
> 급급했지 교법사의 임무·역할·대우 등에 대해서는 아직 구체적으
> 로 제도화하지 못한 탓이라고 생각하고 자위할 수밖에 없었다.
> 학생들에게 불교의 기초교리와 한국불교사 등을 강의하였다. 그
> 들의 눈초리엔 호기심이 역력했지만 실생활과 거리감이 있고 대학
> 입시와도 무관한 과목이므로 관심이 적은 듯 하였다. 교법사로서의
> 비애를 느꼈다. 학교 당국의 무관심, 문교부의 종교교육 간섭, 학생
> 에게 소외되는 불교교과…… 군중 속에서 생활하면서도 무인고도
> 에 버려진 외로운 나그네 심정이었다.
> 재단의 지원과 학교의 관심도 커지고 교직원들과의 인간관계도 친
> 밀해지며 학생들의 반응도 좋아서 2학기 때는 불교학생회를 조직하

---

181) 김종환, 「나의 교법사 시절」, 『善知識』, 대한불교조계종 전국교법사단, 2005, 21쪽.
182) 이원주, 「초대 교법사의 회상」, 『善知識』, 대한불교조계종 전국교법사단, 2005, 23쪽.
183) 김봉식, 「개척 법사의 애로와 기쁨」, 『善知識』, 대한불교조계종 전국교법사단, 2005, 29-30쪽.

여 방과 후에 교실에서 법회를 하는 한편, 봉사 활동도 전개하였다.

1973년 이전까지도 불교교육연합회와 각 학교법인에서는 교법사(校法師)가 아니라 교법사(敎法師)라는 호칭이 사용되었다. 이는 교법사가 '불교를 가르치는 교사'로 인식되었음을 의미한다. 그렇지만 이 호칭은 교법사들의 건의에 따라 1973년 5월부터 교법사(校法師)로 바뀌었고, 1974년부터 교법사에 대한 정신적 위상이 높아졌다고 한다.[184] 교법사가 스스로를 '학교에 소속된 법사(法師)'로 인식하면서 다른 교사들과 차별화한 결과였다.

넷째는 중학교 무시험 진학제도의 시행 이후, 학교 종교교육과 관련된 문제가 표면화되기 시작했다는 점이다. 1973년에는 과열된 입시열의 해소와 교육기회 균등을 목적으로 1969년도부터 실시된 중학무시험제로 인해 각 종립학교에 배정된 학생들이 자의든 타의든 소정의 종교교육을 받게 되었고, 그에 따라 일부 학부형의 반발이 표면화되었다고 지적되었다. 또한 1974년도부터 배정에 의한 입학이 고등학교에까지 적용될 예정이어서 종교교육에 대한 일부의 반발이 더욱 가세될 것이라고 지적되었다.[185]

사학(私學)도 국가와 제휴되어 그 나름의 교육과정이나 전통을 독립적으로 전개할 수 없는 형편이라는 점, 그리고 중학교 무시험 추천제 이후 종립학교들이 학교의 종교행사나 종교 과목과 관련하여 많은 문제점을 안게 되었다는 점도 지적되었다. 학교 당국에서 설립취지에 따라 종교교육을 해도 무종교인 혹은 타종교인 학생 또는 학부형이 원

184) 이원주, 「초대 교법사의 회상」, 『善知識』, 대한불교조계종 전국교법사단, 2005, 25쪽.
185) 곽삼근·서성필·이금옥·조경원·홍미애·유순화·김수미·김화경, 「학교에서의 종교 교육」, 『교육연구』 42, 이화여자대학교 사범대학 교육학과, 1973, 8쪽.

하지 않을 수 있고, 오히려 종교교육을 원하지만 받을 수 없는 학생들도 있다는 점이 지적되었다.[186]

천주교계 계성여자중고등학교에서는 1969년의 첫 무시험 진학자 가운데 1명이 삼종기도(三鐘祈禱)[187]를 거부하고, 종교 시간에 결석하고, 시험을 거부한 사례가 나타났다. 1972년에는 중학교 3학년 학생 1명에게도 유사한 사례가 나타났다. 당시 학교 측에서는 만약 그 학생들이 성적이 우수하고 포섭력(抱攝力)이 강하다면 해당 학교의 종교교육에 부정적인 영향을 미치게 되지만, 담임들이 졸업까지 학생들을 회유(懷柔)하거나 중도에 전학시키는 등 소극적인 조치만을 취할 수 있다고 판단하였다.[188] 이는 학교의 종교교육 문제가 사회문제로 부각될 수 있는 상황이 만들어지고 있었음을 시사한다.

다섯째는 중학교 무시험 진학제도 이후, 고교 평준화 정책으로 종교교육에 대한 위기감이 표출되었다는 점이다. 그와 관련하여 1977년에는 고교 평준화 상황에서 종립 고등학교에 배정된 학생들이 자의든 타의든 소정의 종교교육을 받게 되는데, 그에 대해 학부형의 반발이 표면화되고 있다는 점이 지적되었다.[189]

개신교계의 경우는 1974년 평준화시책 입안단계에서부터 평준화제도 시행을 반대하고 학생배정을 수용할 수 없다는 의사를 밝혔다. 그

<hr>

186) 위의 글, 27쪽.
187) 삼종기도는 하루에 세 번(오전 6시, 낮 12시, 저녁 6시) 성당의 종소리로 시간을 알릴 때 예수의 생애를 간추린 기도(루가 22, 46; 마르 14, 38). 세 번씩 세 번 치고, 잠시 후 계속 종을 쳐서 종을 치는 동안 기도를 하도록 한다. 이 기도는 토요일 저녁부터 주일까지는 기쁨의 표시로 서서 한다. 부활 때도 부활 삼종(復活三鐘) 기도가 진행된다.
188) 啓星女子中高等學校, 앞의 책, 206쪽.
189) 강영희, 앞의 글, 3쪽. 참고로, 강영희가 1973년 곽삼근 외 7인이 종립 중학교의 종교교육을 연구하여 발표한 「학교에서의 종교 교육」의 필자에 포함되지 않음에도 불구하고, 이 논문과 곽삼근 외 7인의 공동 논문의 내용이 적지 않게 중복된다. 물론 연구대상은 중학교가 아니라 고등학교라는 점에서 곽삼근 외 7인의 공동 논문과 다르다.

렇지만 그 의사는 수용되지 못했고, 학생과 학교의 의지와 무관하게 입학한 학생에게 기독교교육을 부과하는 문제는 교육당국과 학생과 학교 사이에 갈등 상황을 유발하는 계기가 되었다. 그 상황에서 다수의 기독교계 학교는 문교당국·학부형·학생의 거부 움직임에도 불구하고 기독교교육을 강행하였다.[190]

천주교계의 경우에도 1974년의 고교평준화 제도로 인해 종립학교의 특색을 고려하지 않은 신입생 수가 많아졌고, 가톨릭 신자생 수가 감소하였다고 보았다. 천주교계 계성여자중고등학교에서는 1973년에 고등학교 입학시험을 거쳐 선발된 신입생(490명) 가운데 신자학생이 60명이었지만, 1974년에 무시험 추첨으로 입학한 신입생(490명) 가운데 신자학생이 30명이었다고 한다.[191]

1969년의 중학교 무시험 진학제도와 1974년의 고등학교 입학 추첨 배정제도는 종립 중등학교에게 학교 존립을 위협하는 문제로 감지되었다. 학교 측에서는 두 제도로 인해 학생들이 타의적 배정에 의해 중·고등학교에 입학하게 되면서 신자학생 수의 격감(激減)이나 입학생이 학교의 종교의식을 거부하는 문제에 직면해야 했기 때문이다.[192] 이 때문에 종교계는 문교 당국의 종교교육 정책에 대해 지속적으로 반발하였고, 그로 인해 양자 사이에 갈등이 발생하였다.

종교교육 정책과 관련된 종교계와 문교부 사이의 갈등 사례를 시기별로 정리해 보면 다음과 같다. 1966년 8월 30과 10월 4일에 서울특별시 교육위원회는 '무자격 교원의 해임 조치'를 통보하는 두 가지 문건

---

190) 한국기독교학교연합회 편, 앞의 책, 2004, 101-102쪽.
191) 啓星女子中高等學校, 앞의 책, 205쪽.
192) 위의 책, 203쪽.

(문교행 1040-507; 문교행 1040-659)을 중·고등학교장에게 발송하였다. 주요 내용은 〈교육공무원법〉(제3조)[193]에 명시된 교원자격증이 없는 교사를 즉각 해임조치하고 동년 10월 10일까지 해임보고서를 제출하라는 것이었다. 문제는 교목도 교원자격증이 없는 교사에 해당된다는 점이었다. 그에 대해 한국기독교학교연맹은 동년 9월에 긴급 이사회를 열고 교사자격증 제도 신설과 현직 교원자격증 무소지자에 대한 구제를 포함하여 학교별로 당국에 건의문을 제출하도록 독려하였다.[194]

1970년 1월에는 충청남도교육위원회가 중학교의 종교교육은 희망 학생에 한하여 과외로 지도할 수 있다는 의견을 피력하였다. 충청남도교육위원회가 이런 의견을 피력한 것은 '1970학년도의 무시험 추첨으로 종교재단에서 설립한 중학교에 배정된 학생들에게 성경 및 예배시간을 교육과정에 삽입, 지도, 성적에 평가할 수 있는지 여부'에 대한 질의가 들어왔기 때문이었다. 충청남도교육위원회는 "중학교 교과는 〈교육법시행령〉 제115조에 규정되어 있고, 교육과정이 〈문교부령〉 제181호(별책 2)에 규정되어 있어 그 범위 내에서만 교육을 실시할 수 있는 것이므로 종교교육은 희망하는 학생에 한하여 과외로 지도할 수 있는 것"이라고 회신한 것이었다.[195] 이런 회신 내용은 신앙교육을 목적으로 설립된 종립학교에서 쉽게 받아들여지기 어려운 것이었다.

1970년 3월 25일에는 문교부가 '초·중·고등학교 종교교육 및 종교행사에 관한 지시'를 시달하였다. 주요 내용은 "종교단체에서 설립한

---

193) 〈교육공무원법〉(일부개정 1966.4.2. 법률 제1775호) 제3조(교사의 자격)에 따르면 교사는 정교사(1급·2급)·준교사·특수학교교사·교도교사·사서교사·실기교사·양호교사로 구분된다.
194) 한국기독교학교연맹, 『한국기독교학교연맹 45년사』, 2009, 48-50쪽.
195) 교행1011-52(1970.01.19), 〈학교 관련 민원 이렇게 처리합니다〉, 교육인적자원부(학교정책과), 2004.4.(경상남도 교육청 http://www.gne.go.kr).

사립 초·중·고등학교의 종교교육 또는 각종 종교행사에 대하여, (가)교육과정 이수를 위한 수업시간에 어떠한 종교교육 또는 종교행사도 하여서는 안 되며, (나)정규 교과시간에 해야 할 학교는 초·중·고등학교에 준하는 각종학교로 개편하도록 권장한다"는 것이었다.[196) 비록 교육감에 따라 종교교육에 대한 제재 정도는 달랐지만 그 지시에 대해 종립학교에서는 '신주같이 귀중하게 여기는 선교를 일방적으로 제한한 처사'라며 반발하였다.[197)

　흥미로운 부분은 당시의 문교부의 지시에 대해 '천주교 산하 각 학교의 긴밀한 유대 강화와 일치감, 중지를 몰아가며 종교교육을 효율적으로 진행시키는 의욕 등의 선물'을 가져왔다고 역비판을 가한 경우도 있었다는 점이다. 실제로 1970년 3월 문교부의 종교교육 제한 조치 이후, 한국가톨릭중고등학교장회에서는 매년 총회 때마다 종교교육의 합리화를 위한 해결책을 결의하고 건의하였다. 다른 종교계 학교들도 대체로 종립학교에 한해서 종교별 '선지망 후추첨' 방법을 시행하는 것에 찬성했다. 그에 대해 당시 문교부장관(홍종철)은 전국적 실시 후인 1971년도에 고려하겠다는 입장을 보였지만, 후속 조치가 없었다고 한다.[198)

---

196) 윤광제, 「교회산하 학교의 현황과 대책-학구제로 인한 문제점을 중심으로-」, 『경향잡지』 1275, 1974, 11쪽.

197) 위의 글, 11-12쪽. 당시 자료에 따르면, "그러나 그 지시를 불가피하게 한 이유도 있었다. 그리스도교 신자 학생이 불교계 학교에서 염불을 배우는 일이 있는가하면 불교 신자 학생이 그리스도교계 학교에서 성경을 배우기도 하니 울분이 치민 학부형들은 언성을 높여 평준화의 무분별을 당국에 힐난했기 때문에 당국에서는 제도를 구하기 위해 종교교육에 쐐기부터 박았던 것이다. 종교교육 제한의 지시에 대해 종립학교에서는 종립학교를 없애려는 의도인지, 의무교육만 완수하고 종전 종교교육을 재량껏 하도록 맡겨준 것인지에 대해 의문을 안고 있는 상태였다. 그런 상태에서 의욕 상실로 몇 개 학교는 중학교 자진 폐교로 이별을 고했다."

198) 위의 글, 12쪽. 한국가톨릭중고등학교장회의 건의 내용은 "이미 종교계 학교가 있는 지역에서는 천주교 신자 학생의 등록을 먼저 받아 자기 종교계 학교에 우선 배정하고 학교의 수용 능력이 남을 때는 비종교학생을 남은 수용 능력대로 배정하고, 수용능력

1970년 3월의 문교부 조치에 대해 한국기독교학교연맹도 동년 4월에 그 조치의 부당성을 지적하면서 〈교육법〉(제5조 제2항)의 해석, 개신교교육과 행사의 공인, 교사자격증의 제도화, 개신교학교 입학자에 대한 선지원 후추첨제 등 네 가지를 건의하였다. 그에 대해 문교부는 교행 1040-282호(70.3.25)의 내용이 '중학교 입시제도로 인한 폐단을 해소하고 국민학교 교육의 정상화를 위해 실시하게 된 중학교 무시험 진학제도의 성공적인 추진과 통계제도의 특수성을 감안한 일반적인 사항일 뿐 종교교육을 억제하기 위한 것이 아님을 분명히 천명'한다는 입장에서 건의 내용에 대해 답변하였다(교행 125-587, '70.6.17).[199]

당시의 답변을 정리하면, 문교부는 〈교육법〉(제5조 제2항)에 따라 사립학교에서 종교교육을 할 수 있다는 입장이었다. 그리고 중학교 입학생의 추첨 배정 문제에 대해서는 현시점에서 사립학교를 제외한 채 중학교 무시험 진학제를 실시하는 것이 어려우니 국민학교 교육의 정상화에 적극 협조해달라는 입장이었다. 또한 〈교육법시행령〉에 사립학교의 종교교육을 포함하고 교원자격검정령에 종교 교과의 교사자격증 관련 사항을 규정해달라는 요구에 대해 학생의 의사에 반하지 않는다면 종교교육은 학칙에 따라 현행대로 할 수 있고, 종교과목의 교사자격증은 대학의 신학과와 종교학과 출신자에게 자격표시과목인 '사회(윤리)'인 교원자격증을 발급할 수 있기 때문에 별도의 입법조치가 필요 없다는 입장이었다. 선지원 후추첨제 요구에 대해서는 1970년 4월 10일자 전국교육감협의회에서 종교교육을 기피하는 학생에게 학생상담

___

이 모자라면 임시 학급을 설치케 해주면 종교 때문에 야기될 문제는 없을 뿐만 아니라 사기도 진작되어 외국 수도단체의 진출도 더욱 촉진될 것이며 또는 경우에 따라 종교계 학교의 신설을 재단에 종용할 수도 있고 또 쉽게 합의를 얻을 수도 있다"는 것이다.

199) 한국기독교학교연맹, 앞의 책, 2009, 123쪽.

을 통해 종교교육에 참가시키기로 시달했듯이 가능한 방안을 강구하 겠다는 입장을 보였다.[200]

1970년 3월 30일에는 부산시교육위원회가 사립학교장에게 초·중· 고등학교 종교교육 및 행사에 관한 세 가지 지시를 시달하였다(교행 1040-282, 작성: 70.3.5). 그 내용은 종립학교도 문교부령 제181호(1967. 4.15)에 규정된 정규 교육과정 이수를 위한 수업시간에 '여하한 종교교 육 또는 종교행사도 하여서는 아니 된다'는 것, 희망자에 한해 과외로 종교교육 또는 종교에 관한 각종 행사를 지도할 수 있지만 무시험으로 진학한 중·고등학생에게 종교교육 또는 종교행사 참여를 강요할 수 없다는 것, 그리고 당해 학교에서 종교교육 또는 종교행사를 정규 교 과시간에 하려면 초·중·고등학교에 준하는 '각종학교로 개편'하도록 권장한다는 것이었다.[201]

문교부도 제3차 교육과정이 시작된 1973년에 "당해 학교에서 종교 교육 또는 종교행사를 정규 교과시간에 할 학교는 초·중·고등학교 에 준하는 '각종학교'로 개편하도록 권장한다"는 요지의 공문(교행 1040-285호)을 종립학교에 발송하였다. 그에 대해 한국기독교학교연맹은 '사학의 건학 정신 수호와 종교교육의 자주성 보호'에 관한 건의서를 문교부에 제출하였다. 그 후 문교당국은 종립학교의 설립 목적을 절대 존중하며 정규교과시간을 감축하지 말고 시간을 연장하여 종교교육을 실시하라는 입장을 밝혔다.[202] 그렇지만 이런 입장은 문제의 근본적 해결책도 아니었고, 학교 현장을 외면했다는 점에서 추첨제 진학에 따

---

200) 위의 책, 123-124쪽.
201) 위의 책, 119쪽. 〈초등 1040-1496(22)5029〉
202) 곽삼근·서성필·이금옥·조경원·홍미애·유순화·김수미·김화경, 앞의 글, 8쪽; 강영희, 앞의 글, 3-4쪽.

라 파생되는 문제를 해소하려는 임시방편에 불과했다고 할 수 있다.

1974년의 고교 평준화 제도 이후, 대통령령으로 기독교학교에서 종교교육을 금지하는 법이 제정되어 각 교육위원회에 발송되었고, 그에 대해 기독교계 인사들이 대통령 면담을 추진하였다고 한다. 그 면담을 통해 대통령은 '기독교 사학의 건학 정신을 지키기 위해 종교교육을 하는 것이 법에 어긋나는 것이 아니다'라는 법조계의 의견을 받고, 교육위원회로부터 대통령령을 회수하였다고 한다.[203]

위의 경우와 반대로, 1980년 4월과 10월에는 한국기독교학교연맹이 종교교육의 제반 문제와 관련된 건의서를 문교부에 제출하였다. 그 주요 내용은 〈교육법〉(제5조 제2항)의 '국립 또는 공립의 학교는 어느 종교를 위한 종교교육을 하여서는 아니 된다'는 부분을 '사립학교는 설립 목적에 따라 종교 교육을 할 수 있도록' 바꿀 것, 〈교육법시행령〉(제88조·제109조·제112조)에 기재된 교과 등에 종교 과목을 첨가할 것, 〈교원자격검정령〉(제4조[자격증표시과목]의 별지 제2호 '중등학교 특수학교 교사자격증 표시 과목표')에 '종교'를 첨가하고 법 개정을 통해 교목에게 연수 기회를 부여하여 '윤리'과 과정을 취득하게 할 것, 〈교육법시행령〉(제70조·제71조·제112조 등)의 추첨배정제도를 개정하여 종립학교 지원생에 한해 '선지망 후추첨제'를 시행할 것 등이었다.[204]

천주교의 경우도 1970년대를 기점으로 종립학교에 부정적인 변화가 생겼다는 입장을 보였다. 해방 이후부터 1998년까지 천주교 중등교육사업 현황을 근거로 제시하면서, 1975년 이후 중학교와 고등학교의 수가 감소했다는 주장이었다. 아래의 표는 천주교의 경우에 1970년대 중

---

203) 한국기독교학교연맹, 앞의 책, 2009, 124-125쪽.
204) 위의 책, 50-52쪽.

반 이후에 중학교의 수가 감소되고 고등학교 중심으로 성장했음을 보여준다.[205]

〈표 23〉 천주교의 연도별 중등교육기관 현황(해방 이후-1998)

연도	중학교		고등학교	
	학교수	학생수(명)	학교수	학생수(명)
1956	18	9,934	18	6,934
1960	23	13,595	19	7,414
1965	32	22,474	30	16,955
1970	42	36,087	33	21,324
1975	40	41,970	37	36,723
1980	33	36,853	36	44,444
1985	29	32,987	35	51,786
1990	25	22,507	36	52,054
1998	28	19,526	38	48,190

물론 제2차·제3차 교육과정 시기에 종립학교의 종교교육은 지속되었다. 개신교계(5개교)·천주교계(2개교)·불교계(2개교) 종립중학교의 602명 사례를 분석한 1973년 연구에 따르면, 중학생들에게는 학교나 교사의 권유 등을 포함하여 중학교 입학 이후에 종교를 믿게 경우들이 적지 않았고(41.69%), 해당 학교의 종교에 대한 관심도 입학 전보다 높아졌다(동일종교인 84.49%, 무종교인 74.38%, 타종교인 61.58%, 전체 76.57%). 그에 비해 입학 전보다 종교에 대한 관심이 낮아진 경우도 있었다(동일종교인 5.87%, 무종교인 5.62%, 타종교인 8.47%, 전체 6.29%).[206] 이는 종립학교의 종교교육이 대체로 신앙교육이었음을 시사한다.

---

205) 조영관, 「한국 가톨릭 학교교육의 역사」, 『한국의 가톨릭 학교 교육』(가톨릭문화원 편), 가톨릭교육재단협의회, 1999, 49쪽.
206) 곽삼근·서성필·이금옥·조경원·홍미애·유순화·김수미·김화경, 앞의 글, 9쪽, 28-34쪽. 개신교계 5개교, 천주교계 2개교, 불교계 2개교를 대상으로 함.

1973년의 연구는 무시험 진학 후 원하지 않는 종교교육을 받게 되는 중학생들이 증가하면서 그에 대한 반발이 높아졌을 것이라는 문제의식에서 출발한 것이었지만, 예상과 달리 아주 심각한 반발이 없다는 결론을 도출하였다. 그렇지만 심한 반발을 하는 일부 학생에 대해 수업 내용이나 수업 형태나 담당교사의 인격 등에 대해 학교 당국의 배려가 필요하다는 점, 종교를 싫어하거나 학교의 종교와 달라 곤란한 학생들은 학교의 배려가 있더라도 종교교육을 받는 한 문제가 해결되지 않을 것이기 때문에 묵인하기보다 특별한 예방 대책을 강구해야 한다는 점이 지적되었다.[207] 연구자의 제언도 당시 종교교육의 특징이 신앙교육이었음을 시사한다.

또한 서울 시내의 개신교계(4개교)・천주교계(2개교)・불교계(2개교) 종립 고등학교의 854명 사례(1974년 고교입시제도 변동 이후 입학생)를 분석한 1976년 연구에 따르면, 적지 않은 학생들이 학교 종교교육의 영향으로 입학 이후에 종교를 갖게 되었고, 해당 학교의 종교에 대한 관심이 높아졌다(동일종교인 71.97%, 타종교인 67.88%, 무종교인 59.85%, 전체 67.68%). 그에 비해 입학 후에 종교에 대한 관심이 낮아진 경우도 있었다(동일종교인 5.44%, 타종교인 9.13%, 무종교인 15.75%, 전체 9.15%).[208]

흥미로운 부분은 개신교계가 중학교 무시험 진학제도와 고교평준화 제도를 종립학교의 위협 요인으로 인식한 것에 비해 천주교계의 이해

---

207) 위의 글, 34-35쪽.
208) 강영희, 앞의 글, 28-37쪽. 이 연구에 필요한 설문조사(14문항)은 1974학년도 고교입시제도의 변동 후에 입학한 종립 고등학교의 재학생(서울 시내 종립 고등학교 중 기독교계 4개교, 천주교계 2개교, 불교계 2개교)을 선정하여 1976년 9월 8일부터 동월 18일까지 11일간에 걸쳐 실시되었다.

는 중층적이었다는 점이다. "본교의 종교교육은 무시험 진학제도 이후
몇 가지 어려운 면도 안고 있지만, 궁극적으로는 본교의 건학 정신이
요 설립 이념인 가톨릭적인 여성의 양성이라는 관점에서 저변확대라
는 바람직한 결과도 가져왔다"고 평가한 계성여자중·고교 사례가 그
에 해당된다. 두 가지 제도로 인해 신입생 가운데 신자학생 수가 줄어
들거나 종교 강의에서 이전에 비해 초보적인 것부터 가르쳐야 하는 문
제가 있지만, 설립이념의 구현을 위해 좋은 측면도 있다는 것이다. 좋
은 측면이란 사회 각 층에서 무작위로 배정되기 때문에 그만큼 천주교
가 넓게 전파될 수 있고, 종교적 분위기와 종교행사 또는 종교시간을
통해 천주교에 관심을 가질 기회를 제공할 수 있다는 것을 의미했다.
그와 관련하여 실제로 재학 중에 영세를 받거나, 졸업 후에 가톨릭에
귀의하는 학생 수가 증가되는 추세를 보인다는 점도 지적되었다.209)

　제3차 교육과정 시기에 주목할 부분은 1969년 중학교 무시험 진학
제도와 1974년 고교 입학 추첨 배정제(평준화)의 실시로 인해 학교의
종교교육 문제가 부각되면서, 오히려 '종교'를 정규 교과목에 넣어달라
는 종교계와 학계의 요구가 활발해졌다는 점이다. 또한 추첨 배정제
(평준화)와 종교의 자유 침해 등과 관련된 문제 제기도 활발해졌다는
점이다.210)

209) 啓星女子中高等學校, 앞의 책, 206-207쪽.
210) 강영희, 앞의 글; 오인탁, 「학교와 종교교육-정규 교과목으로서의 종교과목을 제창한
　　다」, 『기독교사상』 23-11, 1979; 이인복, 「종교의 자유와 정교분리의 원칙」, 『고시계』
　　25-7, 1980; 김철수, 「종교의 자유」, 『考試界』 25-7, 1980; 정하권, 「종교자유와 공권
　　력」, 『사목』, 1980; 한상범, 「사상·양심과 종교의 자유」, 『考試界』 26-4, 1981; 박일
　　경, 「미국에서의 종교의 자유」, 『考試界』 26-5, 1981; 조석연, 「宗敎의 自由」, 『論文
　　集』 14-1, 건국대학교, 1982 등. 최종고에 따르면, 당시의 종교정화, 신학교정비, '종교
　　법인법' 제정검토, 종교심의회 기구의 모색 등의 문제들도 종교자유와 정교관계를 모
　　색하는 노력이다(최종고, 「韓國에 있어서 宗敎自由의 法的 保障過程」, 『교회사 연구』
　　3, 1981, 111쪽).

전자와 관련하여, 당시 연세대 교수였던 오인탁은 국가와 사회가 국·영·수와 국사 등의 교과목들의 교수를 통해 학습된 문화기술들과 능력들이 바람직하게 활용되도록 국민윤리를 의무적으로 가르치게 하고 있지만, 국민윤리가 종교과목으로 확대되어야 한다고 주장하였다. 그는 도덕이 한계를 고하는 곳에서부터 종교의 본래적 영역이 펼쳐지고, 윤리의 뿌리가 종교에 있고, 윤리의 힘이 종교성에서 나온다고 보았다. 그에 따라, 종교교육의 이념을 도덕교육으로 대치하는 것은 불충분하고 목적 소외적이기 때문에 종교과목을 정규교과목으로 만들어야 한다고 보았다.211)

후자와 관련하여, 조석연은 공립학교와 달리, 사립학교에서 종교교육의 자유가 보장되어야 하는데, 무시험 추첨배정(중학교)과 '先선발고사 後추첨배정'(인문계고교)이라는 입시제도 때문에 학생 의사와 관계없이 상급학교(사립종교계학교)가 지정되어 학생이 종교교육을 받게 되는 경우가 발생한다고 지적하였다. 그는 학교의 종교교육의 자유와 학생 의사에 반하는 사상·양심의 자유권이 충돌하는 원인이 당시의 입시제도이며, 종립학교도 교회나 사찰이 아니라 일반 교육기관인 이상 국가가 위임한 교육내용을 교육해야 한다고 주장하였다.212)

---

211) 오인탁, 위의 글, 160쪽.
212) 조석연, 「宗敎의 自由」, 『論文集』 14-1, 건국대학교, 1982, 250-251쪽. 조석연은 현행 입시제도 이전에는 학생들이 지원해서 사립종교계 학교에 자의로 입학했을 때에는 학교의 교육방침에 따라야 함도 당연하므로 사립종교계 학교의 종교교육의 자유에 아무런 문제가 생겨나지 않았다고 지적한다(같은 글, 250쪽). 그리고 자유권 충돌 해소를 위해 입시제도를 개편하여 학생 자의로 희망학교를 선택하는 종전의 입시제도와 유사한 것을 채택할 것, 현행제도를 일부 수정하여 종교교육의 자유를 원하는 사립학교는 별도로 학생지원을 받게 할 것, 현행 입시제도를 유지하되 사립종교계 학교의 종교교육을 원치 않는 학생에게 타교 전학 기회를 보장해줄 것 등 세 가지 방안을 제시한다. 다만 특정 종교에서 목표로 삼는 이상형(理想型)의 건전한 시민을 육성하는데 그치고, 소속 학교 학생들에게 강제로 종교의식에 참가시키지 않고, 자유롭게 학생들이 교리내용의 학습에 임하도록 하며, 교리 등의 학습내용을 테스트한 후에 성적에 반영하

2) 교과과정 조율기: 제4차('81-'87) - 제7차 교육과정 재개정('11-현재)

(1) 종교 교과의 편입기:
제4차('81-'87) · 제5차 교육과정('87-'92)

1969년 중학교 무시험 진학제도와 1974년의 고교평준화 제도 도입 이후에 종교교육 문제로 정부와 종립학교의 갈등이 표면화된 상태에서, 교육 당국은 1981년 12월에 제4차 교육과정(1981-7)을 고시하였다. 종교 교과는 자유선택교과로 국가의 교육과정에 편입되었다. 제4차 교육과정 이전까지 정부의 제재 아래 종립학교에서 종교교육이 진행되었다는 점을 감안할 때 이는 획기적인 변화였고, 문교 당국과 종립학교 사이의 갈등에 대한 조율이 시작되었다고 할 수 있다.

구체적으로 제4차 교육과정 이전까지 종교교육이나 종교행사에 대한 1970년의 제한 조치는 지속되었다. 그렇지만 제4차 교육과정에서는 자유선택 교과가 교육과정에 제시된 교과에 한정되지 않고 '학교와 지역사회의 사정을 고려하여' 학교장이 재량으로 선정할 수 있게 되었고, 종교 교과도 중·고등학교의 '자유선택' 교과가 되었다. 고등학교의 단계에서는 종교교육이 논리학, 철학, 교육학, 심리학 등과 더불어 자유선택 교과가 되면서 종교교육이 공식적으로 가능해졌다. 다만 그것이 1969년 중학교 무시험 입학제도와 1974년 고교 평준화 정책으로 학교 선택권이 없어진 상황에서 종립학교에게 특정 종교를 위한 교육과정을 운영할 명분을 준 것은 아니었다. 제4차 교육과정에서 공식적

는 일을 하지 않는 등의 일을 하는 것은 어디까지나 사립종교계학교의 자유에 맡겨야 한다고 지적한다(같은 글, 251쪽).

으로 종교교육이 가능해졌지만 학생의 자발적 참여를 전제로 해야 한다는 제한이 붙게 되었다.[213]

종교계는 종립학교에서 합법적으로 종교 교과를 교양필수선택(최소 2단위 이상)으로 교육할 수 있도록 하고, 종교 교과 교사자격증을 발급해야 한다고 정부 측에 수차례 건의하였다. 이런 요청의 일부는 1987년 3월에 고시된 제5차 교육과정에서 자유선택 교과가 최소 2단위의 교양선택교과가 되면서 실현되었다. 종교 교과가 최소 2단위의 교양선택 교과, 즉 최소한 사립학교에서 교양필수선택(최소 2단위 이상)으로 합법화된 셈이다. 그리고 정부는 종교 교과 교사자격증에 대한 발급을 확약하였다.[214]

문교부는 1990년 3월부터 고교의 입시위주교육을 완화하고 학생에게 창의적 사고의 폭을 넓혀준다는 명분으로 고교 교육과정에 교양선택 과목을 신설하였다. 학교장에게는 교양선택 과목인 철학·논리학·심리학·교육학·생활경제·종교 등 6개 과목에서 1개 과목과 인정도서를 재량껏 선택하여 학년에 관계없이 주1시간씩 2학기(2단위)에 걸쳐 학생에게 이수하게 할 의무가 부여되었다. 학교에서는 실정에 따라 2개의 교양과목을 선택하여 4학기(4단위)까지 가르칠 수 있었다.[215]

종교 교과가 제4차 교육과정에서 0-8단위의 자유선택 교과에 해당되어 채택되지 않을 수 있었다는 점을 감안하면 제5차 교육과정에서 종교 교과의 위상은 좀 더 확고해진 것이었다. 이는 학교 종교교육을 둘러싼 정책이 갈등기에서 조율기로 넘어온 것으로 평가할 수 있다.

213) 강태중, 「교육개혁과 가톨릭 학교교육」, 『한국의 가톨릭 학교 교육』(가톨릭문화원 편), 가톨릭교육재단협의회, 1999, 140-141쪽.
214) 한국기독교학교연맹, 앞의 책, 2009, 166-169쪽.
215) 「고교도 교양과목 신설 / 새학기부터 / 주 1시간 수강 의무화」, 『경향신문』, 1990.02.05.

그렇지만 국·공립학교나 일반 사립학교가 교양선택교과를 채택할 때 종교 교과가 여전히 외면되는 현실은 지속되었다. 그런 현실 속에서 학교 종교교육의 상황은 그 이전 시기와 일부 중복될 수밖에 없었다. 그 내용은 다음과 같이 정리할 수 있다.

첫째, 종교 교과서가 인정도서가 되면서, 공식적으로 다른 종교에 대한 서술을 포함하게 되었다. 개신교계의 경우, 한국기독교학교연맹은 1973년 1월 13일 계엄군의 검열을 거쳐 전 학년을 대상으로 한 성경교과서를 발행하였다. 1984년에는 고등학교 1학년용, 1985년에는 고등학교 2학년용 교과서를 발행하였다.216) 1987년 7월에는 161개 회원교를 토대로 사단법인 인가를 받은 후, 동년 9월에 법인 수익사업 승인, 11월에 출판사 등록 허가를 받았다. 1989년 2월에는 고등학교 종교(기독교)교과서(상·중·하)가 인정도서(89-001)로 승인되었고, 1995년 12월에는 중학교 종교 교과서가 서울특별시 교육감의 인정(95-001)을 받았다.217)

불교계의 경우, 1991년에 불교교육연합회가 편찬한 고등학교용『종교(불교)』가 인정도서가 되었다. 1996년 2월에는 대한불교진각종 교재편찬위원회에서 고등학교용『종교(불교)』를 발행하였다. 당시의 목차는 "Ⅰ. 인간의 종교성, Ⅱ. 세계의 종교, Ⅲ. 한국의 종교, Ⅳ. 한국의 불교문화, Ⅴ. 종교간의 대화, Ⅵ. 부처님의 가르침, Ⅶ. 소승 불교, Ⅷ. 대승 불교, Ⅸ. 밀교, Ⅹ. 불교 진각종과 한국 문화의 창조"였다. 특히 Ⅱ장(세계의 종교)에서는 유교·도교·유대교·그리스도교·이슬람교·

216) 한국기독교학교연맹, 앞의 책, 2009, 165-166쪽.
217) 문교부교직 25710-3590, 법인등록번호 11021-002279; 한국기독교학교연맹,『한국기독교학교연맹 45년사』, 2009, 46-47쪽.

힌두교·불교, Ⅲ장(한국의 종교)에서 민간신앙·유교·도교·천주교·개
신교·이슬람교·천도교·증산교·대종교·원불교·불교 등이 다루어
졌다.[218] 다른 종교의 서술 항목이 그 이전에 비해 많아졌던 것이다.

천주교계의 경우, 가톨릭교육재단협의회는 1993년 2월에 고등학교
용『종교(천주교)』를 발행하였다. 당시 목차는 "Ⅰ. 인간과 종교, Ⅱ. 종
교들의 세계(가), Ⅲ. 종교들의 세계(나), Ⅳ. 종교들의 세계(다), Ⅴ. 나
를 이끄시는 분, Ⅵ. 성서의 세계, Ⅶ. 예수 그리스도의 가르침, Ⅷ. 그
리스도인의 완성, Ⅸ. 가톨릭 예술, Ⅹ. 한국 천주교회, Ⅺ. 가톨릭 교
회와 한국 문화의 창조"였다.[219] 이 가운데 Ⅱ·Ⅲ·Ⅳ장(종교들의 세
계)에서는 약 10여 개의 다른 종교에 대한 항목이 서술되었다.

『종교(천주교)』의 경우, 제5차 교육과정 시기에 인정도서가 된 것은
아니었다. 그렇지만 교과서 내용의 변화에 대해 내부적으로 1980년대
후반부터 종교 교과서에 종교 일반을 포함하여 타종교에 대한 포용적
자세와 대화 증진, 객관적 지식 함양 등 건전한 종교관을 정립시키고,
도덕·윤리교육을 통해 전인(全人)을 형성하려는 방향이 설정되었다
고 평가된다.[220] 1980년대 후반부터 가톨릭시즘만을 강조하던 풍토에
서 벗어났다는 평가인 셈이다.

다만 제5차 교육과정 시기의 종교 교과서는 그 이전까지 자유선택
교과의 상황에서 전개한 선·포교 차원의 종교교육을 교육부의 교양
선택 지정에 맞춰 제도화한 것이기 때문에 일반 학교의 교양교재로 활

218) 손제석 외,『종교(불교)』, 대한불교진각종 교재편찬위원회, 1996.
219) 강우일 외,『종교(천주교)』(가톨릭교육재단협의회 편), 분도출판사, 1993. 교과서는 1999
　　년 2월에 7판된다.
220) 조영관,「한국 가톨릭 학교교육의 역사」,『한국의 가톨릭 학교 교육』(가톨릭문화원
　　편), 가톨릭교육재단협의회, 1999, 53쪽.

용되는 데에 한계가 있다는 평가를 받기도 하였다.[221] 종교 교과서가 인정도서에 편입되기는 했지만, 교육과정에서 필요한 교양교재와 종립학교계에서 필요한 교양교재가 달랐던 셈이다.

둘째, 그 이전에 비해 종립학교별 연합회 모임이 조직화되고 활성화되었다. 천주교의 경우, 제4차 교육과정 시기인 1986년 12월에 가톨릭교육재단협의회가 설립되었다. 그 후, 가톨릭교육재단협의회는 문교당국의 방침에 따라 8개 교구의 12개 가톨릭학교에서 근무했던 전교조 가입 교사 29명의 해직에 동참하였다. 그렇지만 1990년 4월에 천주교정의구현전국사제단·천주교정의구현전국연합·천주교사회운동협의회 등 3개의 천주교 단체들은 추기경과 각 교구 주교, 학교관계자들에게 '문교당국의 전교조 탄압에 대한 항의'와 함께 교사 징계 철회와 복직을 건의하는 움직임을 보이기도 하였다.[222]

불교계의 경우, 제5차 교육과정 시기인 1988년 5월 12일에 불교종립학원연합회가 불교교육연합회로 개칭되었고, 동년 11월에 불교교육연합회가 『중·고교 교학연구논집(1969-1988)』을 간행하였다.[223] 1991년 3월 16일에는 대한불교조계종 총무원에서 교법사 자격인정서를 받은 전국교법사회가 전국교법사단(단장 김준형)으로 확대·재편되었다. 전국교법사단의 사무총장은 불교교육연합회(전 불교종립학원연합회)의 공동 간사가 되고, 단장은 회원이 되어 불교교육의 체계화를 시도하였다. 이후 전국교법사단은 '학교 종교 활동의 담당교사'라는 이미지를 넘어 불교교과서와 교사용 지도서 및 시청각 교재의 발간 등 종

---

221) 「종교교육 편향 벗을까」, 『한겨레』, 1993.02.14.
222) 「가톨릭재단 교사복직 건의 / 사제단 등 김추기경에 서한」, 『한겨레』, 1990.04.12.
223) 김남일, 앞의 글, 16쪽.

립학교 업무뿐 아니라 청소년 법요집 발간, 신도교육교재 편찬, 파라
미타 창립 및 각종 청소년 단체 제반 활동 참여 등을 통해 대한불교조
계종 내에서 핵심적인 청소년포교기구로 확대되었다.224)

개신교계의 경우, 한국기독교학교연맹의 범위가 확장되었다. 한국
기독교학교연맹은 1987년 7월의 사단법인 인가 당시에 161개 회원교
(종합대학 8, 단과대학 4, 전문대학 7, 초·중등학교 142)를 가지고 있
었지만, 사단법인 인가 직후인 1988년에는 267개교(대학22, 고등학교
122, 중학교 115, 국민학교 8)로 확대되었다. 그렇지만 내부 갈등도 시
작되었다.

구체적으로, 1988년 7월에는 예장 통합의 기독교학교연합회를 주축
으로 장로교총회 교육부가 소속 학교들을 위한 성경교과서 발행을 기
획하였는데, 한국기독교학교연맹은 발행 계획에 대한 재고를 요청하
였다.225) 그 주요 내용은 한국기독교학교연맹 회원교의 확대, 1987년
이후 종교 교과의 교양필수선택, 종교교사 자격증 발급을 위한 법령의
개정, 기독교교육협회·감리교총리원교육국·한국기독교학교연맹이
성경교과서를 단일화하여 사용한 약 20년간의 역사 등을 감안할 때 별
도의 성경교과서 발행이 부적절하다는 것이었다. 종교 교과서의 문교
부 검인정 과정에서 교단 간 이권 경쟁으로 번지거나 연합운동에 분열
의 소지가 있다는 점도 지적되었다.226) 그렇지만 그 과정에서도 한국

---

224) 「교법사단 창립 60주년, 성과와 과제」, 『현대불교신문』, 2005.6.19.; 김남일, 「대한불
교 조계종 전국교법사단의 역사와 발자취」, 『善知識』, 대한불교조계종 전국교법사단,
2005, 10쪽.
225) 한국기독교학교연맹, 앞의 책, 2009, 165-166쪽.
226) 위의 책, 166-169쪽. 그 외에 기독교학교교장협의회가 예장 통합 소속 학교들을 연맹
에서 이탈시켰다는 점, 기독교학교교장협의회가 한국기독교학교연맹의 성경교과서가
오래되고 대부분 감리교 소속 집필자라고 오해하지만 성경교과서가 지속 보완될 것이
고 집필자도 현재 기독교학교교장협의회 임원들이 한국기독교학교연맹 임원으로 있

기독교학교연합회 측은 1994년 11월에 사단법인으로 인가되었다.

셋째, 종교교사 자격증제도가 시작되었다. 1980년대 후반에 기획된 종교교사 자격증제도는 1991년부터 시행되었고, 종교교사는 기존의 윤리교사에서 분리되었다. 이 제도 이후, 기존의 무자격 종교교사들은 서울대학교 종교학과에 개설된 '교육 프로그램'에 참여를 신청하여 그 과정을 이수하면 교사자격증을 받을 수 있었다.

종교교사 자격증제도의 시행과정을 보면, 한국기독교학교연맹은 1989년 10월에 종교 교과 교사자격연수 자료를 서울시 교육위원회에 제출하였다. 1990년 3월에는 제1회 종교 교과 교사자격연수를 위한 임시교원양성소가 서울대학교에 설치되었다. 당시에 한국기독교학교연맹 소속 68명을 포함한 136명의 무자격 교목 및 상치교사들은 1년 연수과정을 거쳐 종교교사자격증을 취득하였다. 1995년의 제2회 종교 교과 2급 정교사 자격취득 연수회(1995.4-1996.2)에서는 68명, 2000년의 제3회 종교 교과 2급 정교사 자격취득 연수회(2000.4-2001.2)에서는 69명, 2005년의 제4회 종교 교과 2급 정교사 자격취득 연수회(2005.4-2006.2)에서는 80명이 교사자격증을 취득하였다.

종교교사들이 2급 정교사 자격을 취득하는 사례가 늘어나면서 종교 교과 1정 연수과정(1년 과정)도 시행되었다. 그와 관련하여 2000년 12월부터 30명(개설: 한신대), 2001년 11월부터 39명(개설: 서울대), 2004년 12월부터 43명(개설: 서울대), 2005년 4월부터 43명(개설: 서울대)이 자격연수를 받았다.[227]

넷째, 종교계에서는 평준화정책에 대한 비판이 지속되었다. 그와 관련

을 때 선임한 것이라는 점 등이 지적된다.
227) 위의 책, 53쪽.

하여, 1987년에 가톨릭계에서는 교육이 '오로지 입시만을 위주'로 진행되는 시점에서 평준화의 의미가 재평가되고 재정립되어야 한다고 비판하였다. 평준화로 인해 '새벽부터 한 밤까지의 생활터가 된 학교', '창조정신보다 주어진 정답 찾기 훈련 도장', '경쟁심과 개인주의' 등의 현상이 발생하여, 자기실현을 위한 정상교육이 막히고 있다는 지적이었다.228)

　가톨릭의 경우, 로마 교황청으로부터 종립학교의 종교교육 지침을 받아 종교교육의 방향을 정하기도 하였다. 이미 1965년에 제2차 바티칸공의회는 「그리스도교적 교육에 관한 선언」을 통해 가톨릭학교의 사명이 '자유와 사랑의 복음 정신으로 충만한 학교 공동체 분위기의 조성, 청소년의 인격 발전과 세례를 통해 새로운 피조물로 성장하도록 돕는 것, 학생의 지식이 신앙으로 비쳐지도록 인류의 전 문화를 궁극적 구원 소식에 질서지어 주는 것'에 있다고 밝힌 바 있다.229) 1977년 8월에는 교황청 교육성성이 「가톨릭 학교에 관한 지침」을 발표하여 가톨릭학교의 임무가 '그리스도교적 인간을 형성하는 일'이며, 가톨릭학교의 특수 사명이 피교육자가 모든 지식을 복음의 빛으로 통합하는 데에 있고, 종교교육의 목적이 개종(改宗)운동이나 일방적인 안목이나 종교 진리에 대한 지적 동의보다 그리스도의 인격에 인간 자신의 전존재(存在)를 귀의(歸依)시키는 데에 있다는 입장을 밝힌 바 있다.230)

　1982년 10월에는 가톨릭 교육성성이 「학교 내의 가톨릭 평신도: 신

228) 조순애, 「현행 학교교육의 실태와 문제점」, 『사목』 112, 1987, 31-37쪽.
229) 〈그리스도교적 교육에 관한 선언〉(8항) 『한국의 가톨릭 학교교육』, 가톨릭교육재단협의회, 1999, 269-277쪽.
230) 교황청 교육성성, 「가톨릭 학교에 관한 지침」(한국천주교 중앙협의회, 1978)『한국의 가톨릭 학교 교육』(가톨릭문화원 편), 가톨릭교육재단협의회, 1999, 209-231쪽. 이 문건에서 학교 정의를 보면 "학교란 문화의 체계적이고 비판적인 동화(同化)라는 수단을 통한 전인적 형성의 장소", 그러므로 "문화적 유산과의 생생한 만남을 통해서 전인적 형성이 이루어지는 특정한 장소"이다(26항).

앙의 증인들」을 발표하였다. 그에 따르면, 가톨릭학교의 목적은 인간
의 형성이고 종교적 차원은 인간 형성의 불가결한 완성부분이기 때문
에 종교교육은 어떤 형태의 학교에도 적절하다. 가톨릭 종교교육은 '교
리교육'과 구별되는 동시에 그것을 보완하는 것으로서 모든 교과과정
의 일부를 이루어야 한다. 그렇지만 '신앙은 강요가 아니라 하느님에
대한 인간의 자유로운 응답'이기 때문에 교사는 비가톨릭신자를 최대
한 존중해야 한다. 그리고 참교육이 '인간존엄성과 진정한 인간관계의
증진' 및 '그리스도에게 자신을 여는 길을 마련해 주는 것'이기 때문에
'존중만이 아니라 환영하고 대화하려는 개방된-보편적인 그리스도교적
사랑이 동기가 되어 있는-자세가 필요하다. 또한 다원론적 사회의 필
연적 결실이 종교 자유와 인간 자유인데 이것이 그리스도교 신앙에 의
해 이론적으로 옹호되고 구체적으로 실천되어야 한다.231)

  (2) 종교교육 정책의 형성기 :
    제6차('92-'97) - 제7차 교육과정 재개정('11-)

  ① 종교 교육과정 마련기: 제6차('92-'97)
  노태우 정권 후반기인 1992년 6월에는 제6차 교육과정이 고시되었
다. 제6차 교육과정의 특징은 교육부가 법률에 의거하여 고시·시달하
는 '주어지는 교육과정'의 틀에서 벗어나, 교육실천가가 '만들어가는

---

231) 가톨릭 교육성성, 「학교 내의 가톨릭 평신도: 신앙의 증인들」(한국천주교 중앙협의회,
    1978)『한국의 가톨릭 학교 교육』(가톨릭문화원 편), 가톨릭교육재단협의회, 1999, 233-
    267쪽(42항, 50항, 55항, 56항). 2차 바티칸 공의회의 「그리스도교적 교육에 관한 선언」
    4항에 따르면, 교회의 고유한 수단 가운데 첫째 가는 것이 교리교육이다. 교리교육은
    신앙을 비추며 견고케 하고, 그리스도의 정신을 따라 생명을 기르며, 전례의 신비에의
    의식적이며 행동적인 참가에로 이끌고 사도적 활동에로 격려한다(같은 책, 272쪽).

교육과정'으로의 전환이었다. 그와 관련하여 교육내용의 획일성을 해소하고자 학교의 자율 재량권과 교양선택교과의 범위가 확대되었고, 소비자인 학생의 적성과 능력이 강조되었다.[232] 교양선택교과와 관련해서는 교육과정에 명시된 과목 이외에 기타 필요한 교과를 교양선택교과로 설정·운영할 수 있게 하였다.

1995년에는 교육과정 및 교육제도의 광범위한 변혁을 담은 5·31 교육개혁안이 발표되었다. 주된 내용은 교장 초빙제, 교사 임용의 자율화, 학교운영위원회 설치, 자립형 사립학교 설립, 국가 멀티미디어 교육지원센터 설립, 방과후 교육활동 활성화 등이었다. 당시에 5·31 교육개혁안은 공급자 위주가 아니라 소비자 위주의 교육을 통해 입시지옥과 과중한 사교육비, 자율에 따른 책무성의 강조를 통해 규제 위주의 교육행정, 창의성의 강조를 통해 학교별 특성 없는 획일화를 해소할 수 있는 처방전 등으로 평가되었다.[233] 5·31교육개혁안 발표 이후 교육개혁의 일관된 정신은 '열린교육'과 '학습자 중심체제'로의 전환이었다. 기존의 공급자 중심이던 교육과정을 학습자 중심으로 개편하고 교육의 과정과 결과의 질적 수준을 유지하겠다는 것이었다.[234]

종교 교과 교육과정이 마련되고, 교사용 해설서가 처음 등장한 제6차 교육과정에서 종교교육의 상황은 어떻게 변화되었는가? 엄밀히 말하면, 제5차 교육과정 시기에 비해 큰 차이가 없었다. 예를 들어, 고등

---

232) 이동완, 「가톨릭 중학교 교육의 특성과 전망」, 『한국의 가톨릭 학교 교육』(가톨릭문화원 편), 가톨릭교육재단협의회, 1999, 105쪽.; 교육부, 〈교육부 고시 제 1992-11호 중학교 교육과정〉, 1992, 59-63쪽.

233) 임선하, 「5.31 교육개혁안과 창의성 교육 전망」, 『열린교육연구』 3-2, 한국열린교육학회, 1995, 215-216쪽.

234) 이동완, 앞의 글, 105쪽.; 교육부, 〈교육부 고시 제 1997-15회[별책3] 중학교 교육과정〉, 1997, iii.

학교의 경우에 대다수의 종립학교에서 1-2학년에 걸쳐 주당 1시간씩 종교 수업이 진행되었지만, 종교 교과 시간을 '학교교육계획'의 교육과정 시간 배당에 명시한 학교는 20% 미만이었다. 종교 교과를 개설하기 위해서는 교과를 복수로 개설하여 학생에게 선택권을 주게 한 조치가 제6차 교육과정 시기에도 여전히 무시되었다는 것을 보여준다.[235]

제6차 교육과정 시기에 종교교육에서 가장 큰 변화는 종교 교과서였다. 개신교계의 경우, 1993년 12월에 한국기독교학교연맹이 발행한 고등학생용 종교(기독교)교과서가 인정도서가 되었다.[236] 천주교계의 경우, 1993년 2월에 가톨릭교육재단협의회에서 다른 종교에 44%의 지면을 할애하고, 해당 종교 연구자들의 자문을 받은 고등학교용『교과서』교과서를 편찬하였다. 그럼에도 불구하고 당시의『종교(천주교)』는 천주교에 편향되어 일반학교의 교양교재로 활용되기에 미흡하다는 평가를 받았다. 또한 종교교사가 특정 종교에 편향되었다는 점, '종교가 타인과 타문화에 대한 관용적 태도를 길러 다원문화 시대에 적응하도록 훈련시키는 좋은 소재'라는 전제 하에 종립학교에 국한된 신앙적 종교교육에서 벗어나 종교현상에 대해 지성적 관심을 갖는 교육이 정착되어야 한다는 점, 이를 위해 종교학자들로 필진을 구성해 객관성 있는 교과서를 만드는 게 급선무라는 점도 지적되었다.[237]

---

235) 위의 글, 108-109쪽. 이동완은 인간존재의 기원을 창조론에 두는 신앙적 인간관을 토대로 종교교육이 단지 종교진리에 대한 지적 동의에 머물게 해서는 안 된다는 입장을 피력한다(같은 글, 116-117쪽).
236) 한국기독교학교연맹, 앞의 책, 2009, 171쪽. (인정도서 93-025)
237)「종교교육 편향 벗을까」,『한겨레』, 1993.02.14. 1993년 당시 교육부 관계자는 "학교장이 종교를 선택과목으로 지정한 경우 반드시 논리학 등 다른 선택과목을 병행해 개설하도록 권장하고 있으나, 대개 교사수급 곤란과 지원학생 부족으로 반을 꾸리지 못하고 있다"며 "학생들이 본인의 뜻과 달리 특정 종교 교육을 받고 있는 폐해를 줄이기 위해서도 교양과목 담당교사 수급제도를 개선해 여러 고교를 순환하며 근무할 수 있는 일종의 순환교사제 도입이 검토돼야 할 것"이라고 밝힌다.

교육당국은 1996년 1학기부터 중·고등학교에서 사용될 종교 교과 서에 종교 일반 및 타종교에 관한 부분을 대폭 포함시킬 것을 종립학 교 측에 요구하였다. 교육당국이 특정 종교의 입장에서 서술된 기존의 종교 교과서에 대해 타종교의 반발이 있었고, 그 내용이 청소년에게 여과 없이 전달되면 종교 간의 분란이 심각해질 것이라는 지적을 받았 기 때문이다. 그에 따라 교육당국은 종교 교과서가 집필되기 전에 각 종교단체에 종교 교과서 내용 가운데 타종교의 전통과 사상 및 한국의 전통 민속신앙을 포함하고 각 종교의 진리와 신앙생활에 대해서도 포 용력을 보여줄 것을 요청하였다.

교육당국의 요구에 따라 1995년 8월 31일에는 천주교·불교·개신 교계가 인정도서 승인을 위해 새롭게 제작한 종교 교과서를 서울시교 육청과 해당 교육구청에 제출하였다. 그 과정에서 당시 가톨릭교육재 단협의회는 고등학교용 종교 교과서의 다른 종교에 대한 집필을 해당 분야 전문가에게 의뢰하여 재검토를 받았다. 불교교육연합회도 고등 학교용 종교 교과서의 종교 일반과 다른 종교에 대한 집필을 외부 전 문가에게 맡겼다. 그에 비해 기독교학교연맹은 중학교용 종교 교과서 (상·중·하)에 다른 종교에 대한 서술 비중이 상대적으로 적었다고 지적되었다.[238]

제6차 교육과정 시기에는 통일교, 천도교, 안식교 등이 처음으로 종 교 교과서를 발행하였다. 다만 종교 교과서에 대한 교육당국의 집필 지침이 그대로 준수되지는 않았다. 교육당국의 관련 지침이 어느 정도 반영되었지만, 교육당국의 관련 지침과 무관한 경우도 있었다. 특히

---

238) 「종교교과서 배타성 벗는다 / 종립 중고교육」, 『동아일보』, 1995.09.03.

교과서의 내용은 특정 종교를 위한 교육 수준에 머물러 있었다.

구체적으로 보면, 1996년 2월에는 세계기독교통일신령협회에서 중학교용『종교』(1, 2, 3)과 고등학교용『종교』(1, 2)를 발행하였다. 고등학교용『종교』의 경우, 1권 목차는 "Ⅰ. 인간과 종교, Ⅱ. 세계문화와 종교, Ⅲ. 종교경전들의 진리, Ⅳ. 하나님의 창조세계, Ⅴ. 인간의 타락"이었다. 2권 목차는 "Ⅰ. 현대 사회와 종교, Ⅱ. 한국 문화와 종교, Ⅲ. 종교경전의 이해와 실천, Ⅳ. 역사 속의 하나님, Ⅴ. 새 시대를 맞는 우리"였다. 1권과 2권의 서술 내용은 종교의 일반적인 내용(Ⅰ·Ⅱ·Ⅲ)과 '하나님의 뜻과 구원섭리'(Ⅳ·Ⅴ)로 구성되었다.[239]

1997년 2월에는 천도교교육자회에서 고등학생용『종교(천도교)』(초판)를 발행하였다. 교과서의 목차는 "Ⅰ. 겨레, 그 믿음의 뿌리, Ⅱ. 동방(東方)의 등불, Ⅲ. 새 이념(理念)과 질서, Ⅳ. 구국(救國)의 발자취, Ⅴ. 경전(經典)과 주요법설(主要法說)"로 구성되었다.[240] 이러한 구성은 당시 교육과정에서 요구된 것과 큰 차이가 있었다.

제칠일안식일예수재림교 한국연합회교육부에서도 1997년 2월에 고등학교용 『종교』(상·중·하)를 발행하였다. 『종교』(상)의 목차는 "Ⅰ. 인간과 종교, Ⅱ. 세계 종교의 전통과 본질, Ⅲ. 범죄와 구속의 경륜, Ⅳ. 하나님의 율법과 그리스도인"이었다. 『종교』(중)의 목차는 "Ⅰ. 한국인과 종교, Ⅱ. 종교 경험의 이해, Ⅲ. 창조와 타락과 구속, Ⅳ. 믿음의 조상들"이었다. 『종교』(하)의 목차는 "Ⅰ. 현대 사회와 종교, Ⅱ. 그리스도교의 생활, Ⅲ. 역사의 종말과 남은 과제"였다.[241] 교육과정에

---

239) 진성배 외, 『종교』(고등학교 1·2학년), 세계기독교통일신령협회, 1996. 이 교과서는 2008년 2월에 재발행된다.

240) 백인영·박인준, 『종교(천도교)』(고등학교), 천도교교육자회, 1997(초판). 이 교과서는 2003년에 재판된다.

서 요구된 내용을 각 권의 앞부분에 위치시키고, 뒷부분에 제칠일안식
일예수재림교와 관련된 내용을 위치시킨 구성이었다.

이상의 목차 구성에서 확인할 수 있는 부분은 종교 교과서의 서술
방향이 전반적으로 호교론에 입각해있었다는 점이다. 천도교의 경우
에는 종교 교과서의 내용에 다른 종교에 대한 서술을 포함시키지 않았
다. 통일교와 안식교의 경우에는 종교 교과서에 다른 종교에 대한 내
용을 포함시켰지만, 각 교과서의 목차에서 드러나듯이 호교론적 입장
에서 서술된 것이었다. 이런 점에서 볼 때, 당시 출간된 종교 교과서들
은 해당 종립학교에서만 채택될 수 있었다. 국·공립학교나 일반 사립
학교에서 활용될 가능성은 거의 없었다.

② 종교 교과 방향 형성기 :
제7차('97-)·개정('07-)·재개정('09-'11)·재개정('11-현재)

1997년 12월에는 〈교육기본법〉이 제정되었다. 주목할 부분은 〈교
육기본법〉 입법안에 1997년 당시 여당에서 '중·고등학교에서 종교교
육을 엄히 금한다'는 신설 조항(제12조)을 포함시켜 국회에 상정했다
는 것이다. 그에 대해 기독교학교연맹과 한국기독교총연합회는 청와
대에 항의서를 제출하고 대통령(김영삼) 면담을 진행하였다. 그 결과
제12조의 내용은 〈교육기본법〉에서 제외되었다.242) 다만 교육의 '기
회균등(제4조)·자주성(제5조)·중립성(제6조)'은 명시되었다.243)

241) 김상래, 『종교』(상·중·하), 시조사, 1997. 이 교과서는 2005년 2월에 6쇄가 발행된다.
242) 한국기독교학교연맹, 앞의 책, 2009, 125쪽.
243) 〈敎育基本法〉(제정 1997.12.13. 법률 제5437호) 第1章 第4條(敎育의 기회균등) 및
第6條(敎育의 中立性) ②항. 즉 제4조에서는 "모든 國民은 性別, 宗敎, 信念, 社會的
身分, 經濟的 地位 또는 身體的 조건 등을 이유로 敎育에 있어서 차별을 받지 아니
한다", 제5조에서는 교육의 자주성, 제6조에서는 교육이 "어떠한 政治的·派黨的 또

〈교육기본법〉 제정 직후에 제7차 교육과정(1997.12.30-2007.2.27)이
고시되었다. 제7차 교육과정에서는 제6차 교육과정에 비해 신앙교육
보다 교양교육이 다소 강조되었다. 종교 교과는 교양선택교과로 유지
되었다. 종교교사에 대한 자격 연수는 확대 실시되었고, 교육부는 2000
년에 종교2급 정교사들을 대상으로 종교1급 정교사 자격 연수 과정도
진행하였다.

2000년 6월에는 〈교과용도서에 관한 규정〉이 일부 개정되고 '제23
조의2(인정도서의 심사)'가 신설되었다. 그에 따르면, 교육부장관이 인
정 신청한 도서에 대해 교과용도서심의회의 심의 없이 인정여부를 결
정할 수 있었지만 '그 내용이 민주적 기본질서에 위배되거나 특정의
정당·종교를 지지하는 등 교과용도서로서 사용이 부적당하다면 교과
용도서심의회의 심의를 거쳐야' 했다.[244] 이 조항은 2010년 개정에서
도 '제16조(인정도서의 인정)'로 지속되었다.[245]

는 개인적 偏見의 傳播를 위한 方便으로 이용되어서는 아니 된다"(①항)와 "國家 및
地方自治團體가 設立한 學校에서는 특정한 宗敎를 위한 宗敎敎育을 하여서는 아니
된다"(②항)고 명시된다.

[244] 〈교과용도서에 관한 규정〉(일부개정 2000.6.19. 대통령령 제16841호) 제14조 (인정도
서의 신청); 제18조 (교과용도서심의회의 설치). 제23조 (인정도서의 인정) ③항의 내
용은 '제1·2항에 불구하고 교육부장관이 정한 교과목에 관한 인정도서를 사용하려면
학교장이 당해 교과목의 교원자격을 가진 교원중에서 지정 또는 위촉하는 3인 이상의
심의회 및 학교운영위원회의 심의를 거쳐 학기 시작 3개월 전까지 교육부장관에게 인
정을 신청할 수 있다. 다만 공립·사립의 초등학교 및 중학교의 경우에는 교육장을
거쳐 인정을 신청하여야 한다.〈신설 2000.6.19〉'는 것이다. ①항에는 학기 시작 6개월
전까지 교육부장관에게 인정도서의 인정을 신청해야 한다고 규정된다(개정 1995·
7·20. 1997·2·11). 제24조의2(교과용도서심의회의 설치)는 "교과용도서의 편찬·
검정 및 인정등에 관한 사항을 심의하기 위하여 교육부에 각급학교의 교과목 또는 도
서별로 교과용도서심의회(이하 "심의회"라 한다)를 둔다([본조신설 1995·7·20])"는
것이다.

[245] 〈교과용도서에 관한 규정〉(일부개정 2010.01.06. 대통령령 제21978호) 제2조에 따르
면, '교과용도서'는 교과서와 지도서로 구분된다. '교과서'는 학생용 서책·음반·영상
및 전자저작물 등, '지도서'는 교사용 서책·음반·영상 및 전자저작물 등을 말한다.
그리고 '국정도서'는 교육과학기술부가 저작권을 가진 교과용도서, '검정도서'는 교육

제7차 교육과정 시기에는 대광고 문제와 〈사립학교법〉 개정안 문제 등으로 종립학교와 그 종교교육이 사회적 이슈로 부각되었다. 대광고 문제 이후 '학교종교자유를 위한 시민연합'이 결성되었고, 인터넷 상에 '기독교 대 안티기독교'의 대립 구도가 강화되었다. 인간교육실현학부모연대, 미션스쿨종교자유, 종교자유정책연구원 등의 시민단체들의 활동도 강화되었다. 그리고 〈사립학교법〉 개정 문제는 종립학교뿐만 아니라 일반 사립학교의 건학이념의 훼손 문제로 확대·연결되었다.

특히 2005년 〈사립학교법〉 개정 문제는 정부 측과 종립학교 측의 갈등 요소가 되었다. 당시 한국사립중고교법인협의회, 한나라당, 종립사학(미션스쿨)을 소유한 종교계는 〈사립학교법〉 개정에 반대하는 입장이었다. 그렇지만 전체 사립학교에서 24%를 보유한 종립사학의 〈사립학교법〉 개정 반대에 대해서는 '사학 경영의 투명성 확보와 교육의 공공성을 부정하는 것', '족벌체제 사학의 폐쇄성과 각종 부정비리 현상을 묵인하거나 지지하는 행위'라는 비판도 있었다. 사립학교가 국가 지원금과 학생 등록금 없이 법정 전입금만으로 운영된다고 해도 영리 추구 기업과 다른 공공영역이고, 설립 당시 학교법인에 출연한 재산이 사적 재산이 될 수 없다는 점도 지적되었다. 초·중·고교 입학이 추첨으로 결정되는 상황, 대학이 성적과 전공 여부로 선택되는 상황에서 〈사립학교법〉 개정이 사학의 건학이념을 침해한다는 주장에 대해 사학집단의 기득권 유지 주장이라는 점도 지적되었다.[246]

노무현정권의 후반인 2007년 2월에는 제7차 교육과정이 개정·고

과학기술부장관의 검정을 받은 교과용도서, '인정도서'는 국정도서·검정도서가 없는 경우 또는 이를 사용하기 곤란하거나 보충할 필요가 있는 경우에 사용하기 위해 교육과학기술부장관의 인정을 받은 교과용도서이다.
246) 「종교계, 사학법개정 반대말아야」, 『한겨레』, 2005.12.20.

시되었다. 학교 종교교육의 방향은 제7차 교육과정에 비해 좀 더 교양교육에 가깝게 설정되었다. 종교 교과의 명칭은 '생활과 종교'로 변경되었다. 이명박정권 초기인 2008년 4월에는 초·중등 업무가 교육부에서 광역 시·도로 이관된 '학교 자율화 조치'가 이루어졌고, 그에 따라 각 시·도 교육청에서 종립학교가 선택의 자유를 보장하는지에 대한 여부를 관리·감독하게 되었다.

2007년 2월 제7차 교육과정 개정 당시에는 학교의 종교교육과 관련된 지침이 학생들의 종교자유와 기본권을 침해할 여지가 많다는 지적이 있었다. 대광고사건을 경험한 교육부가 당초 학생의 종교자유 보장을 위해 '종교 이외의 과목을 복수로 편성하고, 종교활동은 반드시 학생들의 자율 의사를 고려하며, 희망자에 한해 종교일반에 대한 보편적인 교육을 실시한다'는 내용의 개정안을 마련했다가 '과목의 복수편성'만 두고 나머지를 제외하여 학교 측이 학생들을 종교행사에 강제 참여시킬 수 있는 여지가 생겼다는 내용이다.

2007년 4월에는 제7차 교육과정 개정 고시와 관련하여 종교자유정책연구원이 세미나(주제: 학교 종교교육 어떻게 할 것인가)를 개최하였다. 세미나에서는 '종교 이외 과목 복수 편성'이라는 고시 내용이 실제로 각급 학교에서 지켜지지 않고 있어 학생의 종교 자유가 보장되지 못한다는 점, 학교 측의 종교 강요에 대한 집단행동이나 거부를 체벌이나 제재로 금지하는 것이 종교의 자유 이외에 표현의 자유라는 기본권을 침해하는 위법행위이며 학생 인권 중심의 종교교육 법제를 도입해야 한다는 점, 학생의 종교 자유에 대한 침해뿐만 아니라 교육방법과 내용이 종교간 대화와 협력을 거스르고 있어 바람직한 종교 교육을 위한 교사운동이 범종단 차원에서 필요하다는 점이 지적되었다.[247]

2008년 8월에는 민주당 신낙균 의원 외 12명이 〈초·중등교육법〉
일부 개정안을 발의하면서 종교 과목의 선택권을 보장한 조항(제23조
2항)을 신설하였다. 제23조 2항은 "사립학교가 특정 종교 과목을 개설
하는 때에는 그 외의 과목을 포함해 복수로 과목을 편성함으로써 학생
들의 과목 선택권을 보장해야 한다"는 내용이었다. 그렇지만 대한예수
교장로회(통합)의 초·중등교육법개정안대책위원회는 한국기독교학
교연맹과 함께 2009년 2월에 신낙균 의원을 만나 개정안 폐지를 요구
하였다. 그 상황에서 경기도교육청이 종교 과목 복수선택을 요구한 교
육과정 지침을 일선 종교계 사립학교에 시달하는 등의 상황이 발생하
자, 통합측의 대책위원회는 8월 27일에 세미나를 개최하여 '초·중등
교육법 일부 개정법률안은 종교 과목의 복수선택만 강제해 종교교육
의 자유를 말살하는 악법'이며, 종교를 고려 않은 채 학교를 배정하는
평준화제도가 폐지되어야 한다고 주장하였다.[248]

이명박정권 시기인 2009년 12월에는 제7차 개정교육과정이 다시 개
정되었다. '생활과 종교' 교과의 방향이나 내용상의 변화는 거의 없었
지만 기존의 '교양선택'이 '생활·교양'으로 변경되면서 '생활과 종교'
교과의 상위 범주가 바뀌었다. 종교 교과의 명칭은 2011년 8월의 개정
당시부터 '종교학'으로 개칭되었다. 그 과정에서 2010년 3월 23일에는

---

247) 「종교계 학교 준강제적 교육' 12일 대안 마련 세미나 열려 / "종립학교생 종교자유
보장을"」, 『서울신문』, 2007.04.12.
248) 「초중등교육법 일부 개정안 폐지 촉구 "종교 고려 않은 채 학교 배정 평준화도 폐지해
야"」, 『국민일보』, 2009.08.28. 구체적으로, 제23조 2항이 상위법인 〈교육기본법〉(제25
조)와 배치되고 개정안이 법제화되면 복수 선택을 하지 않고 설립 목적에 따라 복음을
전하는 기독교계 학교의 교장이나 교목은 범법자가 돼 고발, 징계, 파면, 해임될 우려
가 있다는 지적이다. 또한 평준화 제도가 각 개인의 종교를 전혀 고려하지 않은 채 학
교를 배정할 뿐 아니라 개신교계 학교의 설립이념 구현에 저해가 되며, 평준화 제도
개정 내지 폐지를 요구하거나 위헌 소송도 고려해볼 필요가 있다는 점이 지적된다.

전국에서 최초로 경기도가 대체과목 없이 특정 종교과목 수강을 강요
하지 못하도록 한다는 내용을 담은 '학생인권조례안'을 입법예고하였
다.[249] 학교의 종교교육이 사회 이슈로 지속되었던 것이다.

　제7차 교육과정 이후에 신앙교육보다 교양교육이 강조되고, 종교
교과가 '생활과 종교' 교과, '종교학' 교과로 변화되는 상황에서 학교의
종교교육에는 어떤 변화가 있었는가? 그에 대해서는 대략 여섯 가지
정도를 지적할 수 있다.

　첫째, 종교 수업 방식에 기존과 다른 차이가 있었다. 제7차 교육과
정에서는 종교 교과수업이 중학교 전 과정과 고교 1학년의 경우, 재량
활동(교과 재량활동+창의적 재량활동)을 통해 이루어질 수 있었다. 종
교교육은 교과 재량활동의 선택과목으로 주당 1-2시간 편성·운영될
수 있었고, 창의적 재량활동에서 범교과 학습의 학습 주제인 '인성교
육'이나 '자기 주도적 학습'으로 주당 1시간씩 편성·운영될 수 있었다.
고교 2학년의 경우, 복수 개설과 학생의 선택권을 전제한 상황에서 정
규 교과 시간에 교과교양 선택과목으로 편성·운영될 수 있었다.[250]

　제7차 교육과정에서 종립학교 측은 기존의 종교교육을 변화시켜야
했다. 예를 들어, 천주교계 종립학교 측은 초·중등학교에 학생 선택
권이 없지만 한국 사회가 교세의 확장 공간이기 때문에 가톨릭학교의
교육 방향이 복음의 확산적 전파에 기울어질 수밖에 없다고 인식하였
다. 그렇지만 가톨릭학교가 교육이념을 교육 활동에 반영하는 길은 '학
교 재량 시간'에 가톨릭적 프로그램을 운영하거나, 방과후 활동이나 특

249) 「교회로 등교하라」 강제 종교수업 물의」, 『한겨레』, 2010.03.29.
250) 김형중, 「불교종립 중·고등학교의 건학이념 구현과 종교교육 발전 방안」, 『善知識』,
　　　대한불교조계종 전국교법사단, 2005, 140쪽.

별 활동 등의 선택적 활동에 가톨릭 요소를 가미할 수 있는 정도로만
열려 있고, 고등학교에 종교 교과 시간을 선택으로 둘 수 있는 것이
정규 교육과정에서 가톨릭의 교육이념을 관철시킬 수 있는 유일한 길
이라고 인식하였다.[251]

그러나 학교 현장에서는 기존처럼 종교 교과수업과 함께 수업 시작
직전의 명상·예배, 정기의례, 동아리 활동 등 폭넓은 종교교육이 진
행되었다. 2007년 3월의 경우, 국내 종립 중등학교 수는 모두 423개였
는데, 종립 중학교는 178개로 전체 사립중학교의 27%, 종립 고등학교
는 245개로 전체 사립고등학교의 26.1%였다. 그 가운데 종교과목을
편성한 종립 중학교는 24%, 종립 고등학교는 66.5%였다.[252] 이들 학
교에서는 종교 교과수업과 다양한 종교행사들이 진행되었다.

불교계 고등학교의 경우, 대체로 고교 1·2학년 학생에게는『종교
(불교)』교과서를 활용한 매주 1시간의 수업이 진행되었다. 중학교의
경우에는 1·2·3학년 학생에게 매주 1시간의 불교 교과목 시간이 운
영되었다. 학교 상황에 따라 고교 1학년에게만 또는 중학교 1·2학년
에게만 불교(종교) 시간을 진행한 경우도 있었다.[253] 관련 사례를 살
펴보면 다음과 같다.[254]

　　불교계 중·고등학교에서는 전교생의 하루 일과가 시작되는 오
전 8시 40분에 방송을 통해서 울리는 범종소리에 따라 5분, 10분간

251) 강태중,「교육개혁과 가톨릭 학교교육」,『한국의 가톨릭 학교 교육』(가톨릭문화원
　　편), 가톨릭교육재단협의회, 1999, 156쪽, 159쪽.
252)「종교계 학교 준강제적 교육' 12일 대안 마련 세미나 열려 / "종립학교생 종교자유
　　보장을"」,『서울신문』, 2007.04.12.
253) 김형중, 앞의 글, 136쪽.
254) 위의 글, 143쪽.

선정(명상)의 시간을 한다. 이 선정의 시간은 학교 우수사례가 되어 교육청을 통해 명상의 시간이란 명칭으로 전국의 각 학교에서 시행되고 있다.

불교학생회를 대상으로 매주 1회 정기적으로 교내 법당에 모여 법회를 한다. 하기방학 때는 유명 사찰을 중심으로 수련대회를 하거나 파라미타 청소년 전국연합 캠프에 참가한다.

그리고 매년 일반학생들을 대상으로 동국대학교 중강당에서 수계식을 한다. 수계는 불교신자(불자)를 만드는 일이기 때문에 불교 종립학교에서 가장 중요한 행사 가운데 하나이다. 가장 중요한 행사는 부처님 오신 날 행사이다. 그 시기에 봉축행사로써 백일장, 미술대회, 찬불가 경연대회, 연등제작, 부처님 오신 날 카드제작, 탑돌이, 봉축법요식 등 수많은 행사를 거행한다.

2005년 당시, 불교계 종립학교는 초·중·고·대학 등 학교급별로 34개교였다. 이 학교들은 교육부에 등록된 광동·금정·능인·대동·동국·보문·삼화·승가·영석·영축·원효·정광·회당학원 등 13개 학교법인에 속해 있었다. 당시 교법사들은 이들 학교에서 대체로 불교의 자비사상을 바탕으로 건전한 인격도야와 대한민국의 교육이념에 입각하여 내실 있는 교육이 실시되고 있다고 평가하였다.[255]

개신교계 종립학교의 경우에도 종교교육 상황은 기존과 유사했다. 그와 관련하여, 2010년 3월에 경기도 안양 백영고교가 종교 수업을 명분으로 일주일에 한 차례씩 학생들을 교회로 등교하게 하였는데, 그에 대해 학생들이 '특정 종교를 강요하는 불합리한 처사'라고 반발한 사례가 있었다. 당시 백영고교에서는 매주 금요일마다 1교시 수업('명사 특강')을 학교 인근의 교회에서 진행하여, 학생들이 설교와 찬송과 기도

---

255) 경철, 「불교종립학교와 교법사의 역할」, 『善知識』, 대한불교조계종 전국교법사단, 2005, 31쪽.

등 사실상의 예배에 참여해야 했고, 수업 끝 부분에 학생회장이 대표로 "나는 하나님을 믿는다"로 시작되는 '나의 다짐'이란 선언문을 낭독해야 했다. 또한 1학년 학생 대상으로 '기독교 세계관'이란 수업을 편성하여 현직 목사 등에게 수업 진행을 맡기고, 1년에 네 차례 '신앙 논술' 시험을 보게 하여 성적 우수자에게 학교에서 상을 주게 하였다. 그리고 교내 개신교 동아리 소속 학생들에게만 '봉사활동'을 인정하고, 부모 가운데 목사가 있으면 장학금을 지급했다고 한다.256)

둘째, 종교 교과서의 목차 구성이 변화되었다. 예를 들어, 원불교 교정원교육부에서는 2002년 11월에 중학교용 『종교(원불교)』(초판)를 발행하였다. 목차는 "Ⅰ. 인간과 종교, Ⅱ. 세계 종교의 이해, Ⅲ. 한국 종교의 이해, Ⅳ. 원불교의 역사와 현황, Ⅴ. 원불교의 가르침, Ⅵ. 원불교인의 종교생활, Ⅶ. 세계평화와 종교협력운동"이었다.257)

불교계 종립학교의 경우, 불교교육연합회가 개발한 중학교용 종교 교과서가 1998년 5월부터 서울시 교육감의 인정도서가 되었다. 1990년 문교부 인정도서였던 불교교육연합회의 고등학교용 종교 교과서는 1995년부터 서울특별시 교육감의 인정도서가 되었다. 고등학교용 교과서의 명칭은 1991년부터 『불교』에서 『종교(불교)』로 바뀌었고, 다른 종교 관련 내용이 기존에 비해 많이 포함되었다. 교사용 지도서로는 중학교의 경우에 1993년의 복사본(1차)과 1999년의 개발 교재(2차), 고교의 경우에 1993년의 복사본(1차)과 전국교법사단에서 개발한 1997년(상권)과 1998년(하권)의 개발 교재(2차)가 사용되었다.258)

---

256) 「'교회로 등교하라' 강제 종교수업 물의」, 『한겨레』, 2010.03.29.
257) 고시용·박희종, 『종교(원불교)』(원불교정원교육부 편), 원불교출판사, 2002.
258) 김남일, 앞의 글, 14쪽. 「동대부중 종교교과서 시교육청으로부터 승인」, 1998.05.12.

그렇지만 전반적으로 종교 교과서 내용을 검토해보면, 국가 교육과
정이 교과서의 집필 방향에 그대로 반영되었다거나 특정 종교 중심의
편향된 서술이 없었다고 보기 어렵다. 이는 종교 교과의 목표가 국가
교육과정에서 신앙교육과 교양교육으로 표현된 현실을 반영한 것이기
도 했다. 뿐만 아니라 〈제7차 재개정 교육과정〉에서도 〈제7차 개정 교
육과정〉에서 지적된 중등학교 종교 교과의 교수·학습 방식이 지닌
문제는 여전히 지속되었다.259)

셋째, 복수 선택 과목 개설과 관련하여 정책적 갈등이 심화되었다.
그와 관련된 첫 번째 사례는 1999년 1월에 한국기독교학교연맹이 제7
차 교육과정에서 중학교 전체 학년과 고교 1학년에게도 주당 1시간의
재량활동 시간에 종교과목을 가르칠 수 있도록 명시되어야 한다는 것,
고교 2·3학년에게 학교 특성에 따라 종교과목을 단일 과목으로 운영
할 수 있도록 허용해야 한다는 점을 교육부에 건의한 것이었다. 교육부
(교육과정정책과)는 중학교의 경우, 학교가 필요하면 시·도 교육과정
편성·운영 지침에 의거하여 당시 제6차 교육과정에서는 선택 교과의
기타과목, 제7차 교육과정에서는 재량활동의 기타과목으로 설정·운영
할 수 있다고 회신하였다. 고교의 경우, 복수 편성을 전제로 3학년까지
도 학교 특성에 따라 종교과목을 학생의 자유선택 또는 학교의 지정선
택으로 개설하여 운영할 수 있다고 회신하였다.260)

---

259) 고병철, 「중등학교 종교 교과의 교수·학습 방식」, 『교육연구』 43, 성신여자대학교 교
    육문제연구소, 2008, 73-98쪽.
260) 한국기독교학교연맹, 앞의 책, 2009, 127-129쪽. 고등학교의 경우에 교육부의 회신은
    고등학교의 종교과목은 제6차·제7차 교육과정 모두에서 교양 선택과목(4단위)로 개
    설되어 있고, 2002년부터 시행될 제7차 교육과정에서 고등학교 1학년의 경우 교과 이
    외의 재량활동 범위 중 4-6단위를 선택과목에 배정할 수 있고, 고등학교 2·3학년의
    경우 교과 중 선택과목에 배당된 136단위 중 시·도 교육청, 단위학교가 각각 28단위
    이상 지정할 수 있도록 되어 있다는 점에 근거한다. 또한 교육부는 헌법 제20조 제1항

당시 한국기독교학교연맹의 요구 사항은 개신교계 종립학교의 상황
만 반영한 것이 아니었다. 실제로 대부분의 중등 종립학교에서 종교
과목을 위한 복수 편성 조치는 이루어지지 않았기 때문이다. 예를 들
어, 불교계 보문중학교에서 종교와 한문과목을 복수 선택하여 실시한
적이 있었지만, 대체로 불교계 종립학교에서 종교과목을 운영할 때 복
수 선택 조치를 취한 경우는 없었다.[261)

두 번째 사례는 2003년 11월에 경기도교육청에 '각종학교인 서울삼육
학교 졸업 후 고등학교 진학의 가능 여부' 민원이 들어온 것이었다. 경기
도교육청은 "서울삼육학교는 정규 중학교와 교육과정 운영 및 교육지원
등이 같은 학력인정 중학교이며, 단지 삼육재단에서 종교적인 이유로 학
생 선발권을 갖기 위해 각종학교로 운영하는 것이므로 졸업 후 고입선
발고사 지원 자격은 동일함"이라고 회신하였다.[262) 이는 교육부 정책
에 따라 종립학교가 '종교적인 이유로 인한 학생선발권'을 갖기 위해 각
종학교로 운영된 사례가 있었고, 교육부가 그런 학교에 대해 고입선발고
사 지원 자격에 관한 한 불이익을 주지 않았다는 점을 보여준다.

세 번째 사례는 2006년 4월에 서울특별시교육청이 공문을 통해 일부
학교가 '종교 관련 장학지도'의 원칙을 무시하고 복수 편성 없이 종교과
목을 개설하거나, 정규 교과시간외의 종교 활동에서 선택적·자율적
참여의 보장 없이 강제로 실시한 경우가 있다고 밝힌 것이었다.[263) 그

("모든 국민은 종교의 자유를 가진다.")에 비추어 학교가 종교과목을 부과할 때 종교
이외의 과목을 포함하여 복수로 편성하여 학생에게 선택의 기회를 주도록 하고 있다
고 회신한다.

261) 김형중, 앞의 글, 140쪽.

262) 경기도교육청(2003.11.25), 〈학교 관련 민원 이렇게 처리합니다〉, 교육인적자원부(학
교정책과), 2004.4.(경상남도 교육청 http://www.gne.go.kr).

263) 한국기독교학교연맹, 앞의 책, 2009, 139-140쪽. 서울시교육청의 '교육과정 지침' 및
'종교 관련 장학지도 계획'에 따른 내용은 ①종교과목 개설 시 종교 이외의 과목을 포

에 대해 한국기독교학교연맹과 한국기독교총연합회는 항의 방문을 시
도하였다. 그 영향으로 동년 6월 5일에는 재량활동시간에 특정 종교교
육의 실시를 금지한다는 내용이 삭제된 제2차 공문이 시달되었다.[264]

네 번째 사례는 2006년 6월 13일에 서울시교육청 교육감(공정택)의
서신이었다. 그 내용은 최근의 종교활동 규제 강화 조치가 실무자의
실수이고 사학의 건학이념이 존중되어야 한다는, 다만 종교 과목이 복
수로 개설되어야 하고, 종교활동에서 학생의 자율이 보장되어야 한다
는 것이었다. 한국기독교학교연맹은 '복수선택문제'와 '종교활동(예배)
의 자율적 참여'에 대한 입장 변화가 없는 상황에서 서울시교육청의
종교지침이 명목상 '비기독교인 학생의 종교 자유'를 위한 것일 뿐 '종
교교육을 말살하려는 사탄의 음모'라고 공격하였다. 그리고 선지원이
안 된다면 최소한 기독교교육을 기피하는 학생만이라도 배정하지 말
아야 종교활동(예배)이나 복수선택문제가 해결될 수 있고, 사립학교
교사의 인건비에 대한 국고 보조는 평준화 정책 때문에 생긴 것으로
국가가 재단에 보조하는 돈이 아니라고 비판하였다.[265]

넷째, 종립학교별로 연합회 활동이 활발해졌다. 불교계의 경우, 전
국교법사단은 2000년에 '청소년 포교활성화 5개년 계획'을 세웠고, 매
년 한 권씩의 청소년불서를 발간하면서 국정교과서의 불교 서술 관련

함하여 복수로 편성, ②학교나 학년 단위로 한곳에 모여 특정 종교의식 실시 금지,
③특정 종교의 의식 활동을 교과 내용에 포함한 지도 금지, ④정규 교과 시간 외 종교
활동을 실시할 때는 학생의 자율적 참여 하에 실시, ⑤창의적 재량활동 시간에 특정
종교교육 금지, ⑥특별활동 시 특정종교 활동 제시 금지, ⑦수행평가 과제로 특정 종
교 활동 제시 금지, ⑧학급 내 순번제로 돌아가며 종교 관련 의식 행사 금지, ⑨종교
로 인한 차별 금지 사항: 학생회 임원 출마 자격 제한과 의식 행사 불참자에 대한 개
별 상담 지도 및 특별 면학 지도 등.

264) 위의 책, 140쪽. 2006년 4월 당시, 서울시교육청의 공문은 교육부의 교육과정정책과-
5894(2006.4.24.)에 근거한 것이다.

265) 위의 책, 140-142쪽.

오류를 지적하는 활동을 전개하였다. 또한 〈사립학교법〉 개정안에 대한 대응 차원에서 종립학교 내 청소년 포교활성화 방안으로 시청각과 멀티미디어를 통한 불교문화포교와 문자 메시지를 통한 포교 등의 전략을 기획하고, 전국교법사단의 활동 영역을 확대하였다. 그리고 이를 위해 종단의 재정지원과 불교계의 청소년 포교에 대한 관심, 교법사의 신분적 위상 증진과 실질적 권한 확보 등을 요청하였다.[266]

그와 관련하여 2005년에는 불교계 종립학교가 1975년 청담정보통신고등학교 설립 이후 약 30년 동안 양적인 증가가 없었고, 기독교계 학교의 증가률에 비해 오히려 감소했다는 자기 인식도 보였다.[267] 실제로 2005년 당시, 불교계 중등학교는 조계종 21개교, 진각종 4개교(서울 진선여중·고교, 대구 심인중·고교), 총지종 1개교(부산 동해중학교) 등 27개 정도였다.[268]

개신교계의 경우, 한국기독교학교연맹은 2010년도 서울시 일반계고등학교 선택제 입학전형 시행 시기에 기독교 일반계고교를 공동으로 홍보하는 책자(『서울시 기독교 인문고등학교 일람』) 27,000부를 간행하였다. 이 책자는 26개교에 1,000부씩 배부되었다.[269] 이는 학부모와 학생에게 개신교계 학교의 존재를 홍보하는 동시에, 교인이 아니거나 개신교와 다른 종교를 가진 학생의 입학을 막는 효과로 이어질 수 있

---

266) 「교법사단 창립 60주년, 성과와 과제」, 『현대불교신문』, 2005.6.19. 국정교과서 내 불교관련 오류를 지적한 결과물을 모은 것이 2008년에 발행된 『불교, 교과서 밖으로 나오다』(김형중·김문수, 운주사, 2008)이다.
267) 이학송, 「불교학교 확보 전략」, 『善知識』, 대한불교조계종 전국교법사단, 2005, 121쪽.
268) 김형중, 앞의 글, 136쪽. 총지종 소속인 동해중학교에서는 불교 종교 수업이 진행되지 않는다. 그 외에 불교교육연합회 회원교로서 불교 종단 소속이 아니라 불교신도가 경기도 의정부에서 경영하는 영석학원의 영석고등학교가 있다. 이 학교는 불교 종교 수업을 진행하다가 최근에 진행하지 않고 학교에 교법사도 없다고 한다.
269) 한국기독교학교연맹, 앞의 책, 2009, 181쪽. 한국기독교학교연맹은 1970년, 1984년(20주년 기념), 2009년에 『연맹요람』을 발간한다.

는 것이었다.

다섯째, 자율학교로의 전환이나 대안학교의 설립 등이 모색되었다. 1999년에 가톨릭계는 기존의 학교 성격을 유지하면서 교육과정상의 자율성을 확보하기 위해 '자율학교 지정'에 관심을 보였다. 자율학교로 지정되면 학생 선발권은 아니지만 국가 교육과정상의 교과와 시수를 그대로 따르지 않고 교육과정을 편성·운영할 수 있는 재량권을 가질 수 있었기 때문이다. 또한 초·중·고교의 연계·통합 운영 방안, 교과 교육 활동 외에 학교의 독자적인 특별 활동이나 방과후 활동 등을 통해 나름대로 학교 이념을 구현하는 방안 등에도 관심을 보였다.270)

불교계의 경우, 개신교, 천주교, 원불교와 달리 비인가 대안교육기관으로 선돌마을 어린이학교(실상사 작은 학교)가 유일했던 상황을 타개하고자, 특성화학교에 관심을 보였다. 일부 특성화학교를 제외하면 대안학교교육이 부적응학생이나 위탁교육의 일환으로 1-3주의 대안교육 프로그램을 이수하는 형식이어서 정규학력으로 인정받지 못하지만, 특성화교육으로 우수한 학생이 대안학교를 선택하는 상황이라는 현실 진단도 이루어졌다.271) 또한 2004년 3월에는 불교교육연합회와 전국 교법사단이 중·고등학교에서 창의적 재량활동 시간에 사용할 수 있는『인성과 전통 문화 교육을 위한 불교 시청각 교재』를 개발하였다. 그리고 대광고 문제 이후 강화된 교육청의 지도점검에 대비하여, 즉 복수선택 조치를 피할 수 있는 불교철학·불교환경·불교한문 등의 교과서를 개발하는 데에도 관심을 보였다.272)

---

270) 강태중, 앞의 글, 160-161쪽.
271) 이학송, 앞의 글, 124- 125쪽. 2003년 4월 현재 대안교육 특성화 학교현황을 보면 고등학교 15개교 가운데 공립1개교, 기독교 8개학교, 가톨릭 1개학교, 원불교 2개학교, 일반 2개학교이며, 중학교 4개학교 가운데 원불교 3개학교, 일반 1개학교이다.

　여섯째, 선교 자유와 종교 자유의 관계가 법률적으로 정립되었다. 그 계기는 대광고 사건이었다. 대광고 사건과 관련하여 대법원 전원합의체는 2010년 4월에 고교평준화 제도에 대해 '입시 과열·학교간 격차 해소, 고등학교 교육의 질적 균등을 위한 제도'라는 취지로 합헌임을 전제한 후, 사립학교도 국·공립학교와 구분 없이 국가의 재정지원을 받는 등 공교육 체계에 편입되기 때문에 강제배정으로 인한 학생선발권 및 학교선택권 제한이 불가피하다고 판시하였다. 이는 종립학교에 종교교육의 자유와 사학의 자유가 있지만 학생의 기본권을 침해하지 않는 범위 안에서만 행사될 수 있다는 논리로 이어졌다. 그에 대한 판단 기준으로는 종교교육의 구체적인 내용과 정도, 교육이 일시적인 것인지 여부, 충분한 사전 설명과 학생의 동의 절차 여부, 종교교육 거부나 대체과목 선택이 가능한지 여부, 종교교육 거부에 따른 불이익이 존재하는지 여부 등이 제시되었다.[273]

　당시의 대법원 판례는 여러 측면에서 주목을 받았다. 특히 판례에는 종립학교가 자기 의사와 무관하게 배정된 학생에게 어느 정도로 신앙교육을 진행할 수 있는지, 종교교육이 종교적 중립성이 유지된 보편적 교양 수준에서 벗어날 수 있는지의 정도를 판단할 수 있는 기준이 제시되었다. 이 때문에 2009년 당시 약 580개교였던[274] 종립학교들은 판례에 관심을 가질 수밖에 없었다.

---

272) 김형중, 앞의 글, 140-141쪽.
273) 「종교교육 강요' 종립학교 운영 바뀌나」, 『세계일보』, 2010.4.22; 「대법 "종교계 학교도 종교자유 보장해야"」, 『한겨레』, 2010.4.22.
274) 「학교도 학생도 '선택권 없는' 평준화 … 종교교육 논란 불러」, 『중앙일보』, 2010.4.23. 재인용.

3. 종교교육 담론 분석

1) 종교교육론 논의 구도의 변화

미군정기부터 제7차 재개정 교육과정에 이르기까지 중등 종립학교의 종교교육에 대한 쟁점과 담론은 다양하다. 주된 쟁점은 평준화정책에 대한 논의를 포함하여 종교교사의 양성 프로그램, 종교 교재의 구성, 종교교육의 성격, 종교의 자유 침해 여부, 종교교육의 초점 등이다.

중등 종립학교의 종교교육에 대한 연구자들의 관심은 제2차 교육과정 시기부터 시작된다. 그 계기는 대체로 1969년 중학교 무시험 진학제도이다. 주된 문제의식은 중학교 무시험 진학제도 이후 종립 중등학교의 비기독교 학생들의 반응을 살펴보는 것이었고, 결론은 대체로 큰 반발이 없다는 것이었다.[275]

제3차 교육과정 시기에도 종교교육에 대한 연구자들의 관심은 지속된다.[276] 그 주요 계기는 1974년 평준화 정책의 시행이다. 주된 연구

275) 김은산, 「중고등학교 종교교육의 실태조사」, 『교육연구』, 13, 이화여자대학교 사범대학 교육학과, 1959; 지교헌, 「미국에 있어서의 종교의 자유」, 『논문집』 5-1, 청주대학교, 1966; 이득열, 「사학과 종교교육」, 『새교육』 187, 1970; 손승희, 「한국에서의 종교교육의 문제점」, 『이대신보』 422, 1971.3.29.; 김종철, 「사립학교에 있어서의 종교교육」, 『원불교신문』, 1971.7.1.; 김연복·박인순·박정희, 「시내 중학교에 무시험 진학한 비 기독교 학생들의 종교 반응 분석」, 『교육연구』 37, 이화여자대학교 사범대학 교육학과, 1971; 곽삼근·서성필·이금옥·조경원·홍미애·유순화·김수미·김화경, 「학교에서의 종교 교육」, 『교육연구』 42, 이화여자대학교 사범대학 교육학과, 1973.

276) 김병일, 「종교교육의 새 방향-종교교육의 필요성과 기대」, 『경향잡지』 66-6, 1974; 노병건, 「종교교육의 새 방향-프로테스탄트系 학교와의 비교」, 『경향잡지』 66-6, 한국천주교중앙협의회, 1974; 윤광제, 「종교교육의 새 방향-교회산하 학교의 현황과 대책」, 『경향잡지』 66-6, 한국천주교중앙협의회, 1974; 강혜원, 「불타인격(佛陀人格)에서의 종교교육」, 『석림(釋林)』, 9, 동국대학교 석림회, 1975; 강영희, 「종교계 고등학교에서의 종교교육 실태조사」, 『군자교육』, 8집, 세종대학교, 1977; 오인탁, 「학교와 종교교육」, 『기독교사상』 23-11, 대한기독교서회, 1979; 최연순, 「종립학교에서의 종교교육

경향은 중등 종립학교에서 비신앙인 학생들로 인한 문제를 지적하면서 종교교육의 새로운 방향을 모색하는 것이다. 이는 중학교 무시험 진학제도에 이어 평준화 정책이 시행된 이후 종립 중등학교에서 해당 학교의 종교교육에 반발하는 학생이 점차 증가되었음을 시사한다.

흥미로운 부분은 제3차 교육과정의 시작 시점인 1973년에 학교의 종교교육에 대해 정체성 논의가 보인다는 점이다. 문제의식은 종교교육의 목적이 '포교인가, 문화유산의 전수인가, 청소년의 정서순교인가'라는 것이었다. 당시 연구자에 따르면, 국교(國敎)는 없지만 몇몇 종교 계통의 학교에서만 실시되고 있는 종교교육까지도 중학교 무시험 진학 이후에 반발이 점점 가세되어 그 시행에 위협을 느끼고 있는 실정이고, 따라서 '일개 종교단체에 의해 설립된 학교일지라도 교리의 주입보다 종교적인 분위기 조성에 힘써 학생의 인격도야에 도움을 줄 수 있어야 했다. 감수성이 예민한 나이인 만큼 학교 당국자나 종교인들은 종교교리를 이해시킴과 더불어 다른 종교도 소개시켜 편견과 오해가 없는 사실만을 알려주고 그들 스스로의 판단에 의해 종교를 선택할 수 있도록 해주어야 한다는 것이었다.[277]

제4차 교육과정 시기에는 종립 중등학교의 종교교육에 대한 신학이나 교학 연구자들의 관심이 증대된다. 종교학 연구자들도 종립 중등학교의 종교교육 문제에 관심을 갖기 시작한다. 그에 따라 적지 않은 연구 성과들이 보인다.[278] 제4차 교육과정에서 종교 교과가 자유선택

에 관한 연구」, 『원불교학연구』 11, 원광대학교 원불교학연구회, 1980; 윤신영, 「진보적 종교교육 이론연구」, 『논문집』 4, 목원대학교, 1981.

277) 곽삼근·서성필·이금옥·조경원·홍미애·유순화·김수미·김화경, 앞의 글, 8쪽, 36-37쪽.
278) 오인탁, 「종교교육과 국가」, 『기독교사상』 26-3, 1982; 은준관, 「한국에서의 학교종교교육」, 『신학논단』 15, 연세대학교 신과대학, 1982; 한승헌, 「외국의 종교교육과 국가」,

교과에 포함된 것, 즉 국가 교육과정에 종교 교과가 정식 과목으로 채택된 것이 주요 계기였다. 이 시기의 연구 경향은 신학이나 교학 연구자뿐만 아니라 종교학 연구자들이 참여하면서 세분화된다.

제4차 교육과정 이후 종립 중등학교의 종교교육 문제에 대해 연구자들 사이에 어떤 논의 구도가 형성되었는가? 제4차 교육과정 시기(1981-1987)에 종교교육 논의의 주된 구도는 '신앙교육 vs 종교문화교육·종교에 대한 교육'이었다. 윤이흠은 다종교 상황에서 종교들의 제국주의적 문화 횡포나 독단적 신앙태도의 위험성과 함께 '성숙한 인간 양성의 필요성'을 지적하면서 종교교육이 종교에 대한 객관적 이해를 지향하는 '종교문화교육'이 되어야 한다고 주장하였다. 정진홍은 '인간 이해', '성숙한 인간 지향', '인간의 삶과 역사와 문화의 긍정적 수용'을 위해 종교교육이 종교를 인식 대상으로 삼아 종교에 '대하여' 가르치는 것이 되어야 한다고 주장하였다.[279] '신앙교육 vs 종교문화교육'의 구도에서 후자를 지향한 셈이다.

제5차 교육과정 시기에 '신앙교육 vs 종교문화교육'의 구도는 지속된다. 정진홍은 인성 형성, 사회적 통합, 문화의 건전한 발전을 위한 종교교육이 종교'에 대한' 지식의 교육과 학습이 되어야 한다고 주장하

『기독교사상』26-3, 1982; 김병옥, 「한국에서의 종교와 교육」, 『한국교육문제연구』2, 동국대학교 교육연구원, 1983; 김귀성, 「교화(Indoctrination)의 견지에서 본 종교교육의 문제점 고(考)」, 『원광교육』1, 원광대학교 사범대학 교육학과, 1983; 이상돈, 「미국에 있어서 국가와 종교」, 『법정논총』24, 중앙대학교 법학대학, 1984; 김태진, 「종교의 자유와 그 제한에 관한 연구」, 『교육논총』1, 단국대학교 교육대학원, 1985; 윤이흠, 「다종교문화 속에서의 종교 교육」, 『종교연구』2, 1986; 정진홍, 「공교육과 종교교육」, 『종교연구』2, 1986; 오인탁, 「공교육에서의 종교교육」, 『교육교회』122, 장로회신학대학교 기독교교육연구원, 1986; 강희천, 「청년기와 종교 교육: "해석학적 종교 교육"을 지향하며」, 『현상과 인식』10-2, 한국인문사회과학회, 1986.

279) 다음 두 글을 참조: 윤이흠, 「다종교문화 속에서의 종교 교육」; 정진홍, 「공교육과 종교교육: 초,중,고교 도 덕교육과정 개발과의 관련에서」, 『종교연구』2, 한국종교학회, 1986.

였다.280) 이은봉은 종교교육이 호교론적·신학적 입장이 아니라 객관성을 토대로 한 종교과학적 입장에서 종교 자체를 이해하는 교육이 필요하다고 주장하였다.281) 김종서는 편향된 신앙교육의 탈피뿐만 아니라 초종파적 기구를 설치하여 종교교육에 관한 교과과정을 검토해야 한다고 주장하였다.282) 이들의 주장은 제4차 교육과정 시기에 등장한 논의 구도에서 '종교문화교육'을 이어받고 있던 셈이다. 다만 정진홍이 인성 형성을 강조한 것은 제6차 교육과정 시기에 '신앙교육 vs 종교문화교육'의 구도에 '인성교육(education that builds students' character)'이 개입되는 출발점이 된다.

제6차 교육과정에서도 '신앙교육 vs 종교문화교육'의 구도는 지속된다. 논의 배경은 제5차 교육과정에 비해 종교수업 단위의 증가(4단위), 종교 교과 해설서의 등장, 종교교육에 대해 별도의 교육과정과 교육지침의 등장 등의 변화였다.283) 이 시기의 논의도 단원(單元) 의식에서 다원(多元) 의식으로 전환하기 위해 종교'를' 가르치는 것에서 종교'에 대하여' 가르치는 것으로 전환되어야 한다는 정진홍의 주장에서 알 수 있듯이,284) 대체로 이전과 유사하다.

이 시기에는 '신앙교육 vs 종교문화교육'의 구도에 '인성교육'이 개입되면서, 기존의 논의 구도가 '신앙교육 vs 종교문화교육 vs 인성교육'의 구도로 변화된다. 물론 종교문화교육과 인성교육의 관련성에서 알 수

280) 정진홍, 「종교교육의 실태-각급학교 종교교육 실태분석-」, 한국정신문화연구원 편, 『철학 종교사상의 제문제』 6, 한국정신문화연구원, 1990, 273쪽.
281) 이은봉, 「학교에서의 종교교육의 필요성」, 국제크리스찬교수협의회 편, 『학문과 종교』, 도서출판 주류, 1987, 38쪽.
282) 김종서, 「종교교육 실태분석-종교교육의 이론적 체계화」, 한국정신문화연구원 편, 『철학 종교사상의 제문제』 6, 한국정신문화연구원, 1990, 244쪽.
283) 교육부, 앞의 책, 2001, 124-8쪽.
284) 정진홍, 「한국의 종교생활과 교육」, 『교육월보』, 교육부, 1993, 61쪽.

있듯이 당시 종교문화교육과 인성교육에 대한 논의가 대립된 것은 아니었다. 그와 관련하여 김종서는 종교에서 제시된 원초적인 도덕 가치들의 메시지 자체가 도덕적 진공을 치료하는데 도움이 된다는 점을 지적하였고,[285] 류성민은 종교교육이 도덕교육에 기여한다는 측면에서 일반 중·고등학교와 종단학교에서의 종교교육 개선 방향을 제시하였다.[286]

제6차 교육과정 시기에는 교육학 분야의 연구자들이 정서적 측면에서 도덕교육과 종교교육의 연계된다는 논의도 제공하였다.[287] 아울러 강돈구 등에 의해 종교교육 이론 서적이 번역되면서 '성찰적 지식 교육'으로서 종교교육이 소개되었다.[288] 종교교육에 대한 논의 구도가 기존에 비해 다소 복잡해진 셈이다.

제7차 교육과정 시기의 종교교육 논의에는 기존과 다른 두 가지 특징이 보인다. 첫째, 신앙교육이 '종교교육'으로 전환되어야 한다는 기존의 주장에 대해 양자가 병존해야 한다는 주장이 새롭게 등장한다. 이 논의는 2001년 '제7차 교육과정과 종교교육'의 문제에 주목한 한국종교교육학회에서 이루어졌다. 당시 고진호는 종교학적 종교교육과 신앙적 종교교육이 상호 대립적인 관계가 아니라 보편과 특수의 내적 연관성을 지닌 관계라는 점,[289] 양은용은 학교 운영주체의 개방된 종교교육 수용 여지를 종단학교 입장에서 재고해야 한다는 점을 지적하

---

285) 김종서, 「학교 도덕교육에 영향을 주는 종교적 변수」, 『교육개발』, 14-6, 한국교육개발원, 1992, 27쪽.
286) 류성민, 『중·고등학교 종교교육의 현실과 개선방향-도덕교육에의 기여를 중심으로』, 현대사회연구소, 1994.
287) Alan Harris, 정현숙 역, 『도덕교육과 종교교육』(Teaching Morality and Religion), 집문당, 1993, 20쪽.
288) 존 실리, 강돈구 외 역, 『종교교육이론』, 서광사, 1992.
289) 고진호, 「제7차 교육과정과 중등 불교교육의 방향」, 『종교교육학연구』 13, 종교교육학회, 2001, 79쪽.

였다.[290] 손원영은 제7차 종교교육과정을 '건전한 인격도야가 목표인 교양교육을 위해 종교학적 접근을 시도하려는 종교교육과정'으로 정리하고, 종단학교의 신앙교육 추구는 당연하며 종교학적 종교교육과 신앙교육적 종교교육이 병행되어야 한다고 주장하였다.[291]

둘째, 영성교육(spiritual education in religion) 담론과 연결되어 '종교적 교육(religious education)' 논의가 새롭게 등장한다. 종교적 교육은 특정 신앙교육과 종교교육 사이의 조율자로 인식되기도 한다.[292] 종교적 교육 개념은 타종교와 공동 언어를 통한 연대 가능성, 즉 종교 다원적 사회에 대한 인식과 상호 대화를 통한 자기 변형 가능성의 측면에서 주목된다. 동시에 이 개념은 '교육을 지배한다'는 신앙교육과 '종교를 지배한다'는 세속교육을 동시에 비판하는 데에 활용되기도 한다.[293] 이 관점에서 신앙교육과 종교교육은 각각 교조적이거나 주지주의적 문제점을 안고 있다고 비판된다. 그리고 인간 내면의 종교적 성향(religiosity)과 그 체현이 각각 전제와 목적이 된다. 초월과 세속의 이분법은 비판되고 일상 경험의 종교적 차원과 계기들이 중시된다.[294]

제7차 교육과정 시기에는 학교의 종교교육이 시민교육(Citizenship Education)으로서 진행되어야 한다는 논의도 보인다. 그 전제는 종교

---

290) 양은용, 「제7차 교육과정과 원불교의 종교교육」, 『종교교육학연구』 13, 종교교육학회, 2001, 170쪽.
291) 손원영, 「제7차 교육과정과 기독교학교의 종교교육」, 『종교교육학연구』 13, 종교교육학회, 2001, 127-9쪽.
292) 김청봉, 「종교교육학의 정체성 수립을 위한 시도」, 『한국기독교신학논총』 34, 한국기독교학회, 2004.
293) Moran, Religious Education Development: Images for the Future, Minneapolis: Winston Press, 1983; 사미자 역, 『종교교육 발달』, 대한예수교장로회총회출판국, 1988, 252쪽.
294) 박범석, 「교육과정의 관점에서 본 종교적 경험의 통합적 성격」, 『종교연구』 37, 한국종교학회, 2004, 170-5쪽.

교육이 주로 해당 종교기관의 틀 안에서 이루어지는 한계를 갖고 있다
는 점, 종교교육의 논의가 일반 교육학의 논의에서 배제되고 있지만
교육과 교육학의 뿌리가 종교와 종교교육과 깊이 연결되어 있다는 점
이다.295) 이렇게 볼 때, 시민교육으로서 종교교육에 대한 논의는 종교
학적 종교교육과 일부 연결된다.

이상의 서술 내용을 정리하면, 미군정기 이후 현재까지 종립 중등학
교의 종교교육론은 '신앙교육 vs 종교문화교육'의 구도로 시작되어, '신
앙교육 vs 종교문화교육 vs 인성교육'의 구도를 거쳐, '신앙교육 vs 종교
문화교육 vs 영성교육'의 구도가 형성된 셈이다. 현재 종교교육 논의의
지형도는 신앙교육(education of religion), 종교교육(education about
religion), 종교적 교육(religious education)으로 정리될 수 있다.

신앙교육을 강조하는 입장은 여전히 종립학교 측과 관련 연구자들
에게서 볼 수 있다. 이들의 주장은 건학이념의 온전한 실현을 위해 종
교 수업이 신앙교육이 되어야 한다는 입장이다. 그렇지만 일부 종교
연구자들은 종교 수업이 교양과목임을 전제하고 최소한 신앙교육에서
탈피해야 한다는 입장을 취한다. 어떤 연구자들은 신앙교육과 교양교
육 사이에 조율적인 입장으로서 종교적 교육 또는 영성교육을 주장한
다. 나아가 대안교육에 관심을 보이는 일부 연구자나 특정 종교가 배
경인 연구자들 가운데 영성교육이 강조되기도 한다.

종교교육론의 논의 구도가 형성되고 변화되는 과정에서 형성된 쟁
점들은 무엇인가? 쟁점들은 논자에 따라 다양하게 제시될 수 있다. 종

---

295) 김재영, 「종교교육의 태동과 시민교육으로서의 종교교육」, 『종교연구』 46, 2007, 1254
쪽; 홍은숙, 「민주사회에서의 중등학교 종교교육의 문제와 방향 고찰」, 『기독교교육
논총』 21, 2009.

교교육론의 쟁점들은 상호 연결되는 측면이 있지만, 분석 차원에서 '종교교육의 목적 설정의 차이', '종교 자유의 내용(종교교육의 자유 vs 신앙의 자유)', '평준화 정책의 폐지 여부', '사립학교의 자주성과 공공성의 비교 우위'로 구분될 수 있다.

2) 쟁점 1: 교육 목적 설정의 차이

종교교육의 궁극적 목적을 어디에 둘 것인가에 따라 종교교육의 방향이나 내용이 달라진다. 종교교육의 목적은 특정한 개별 신앙(particular faith), 교양 차원의 문화 지식(cultural knowledge), 인성 만들기(building an upright character) 등으로 설정될 수 있다. 특정한 개별 신앙이 궁극적 목적으로 설정된다면, 직접적 또는 간접적 의미의 신자 만들기 교육이다. 교양 차원의 문화 지식이 궁극적 목적으로 설정된다면, 종교문화교육이다. 인성 만들기가 궁극적인 목적으로 설정된다면 인성교육이다. 여기서 인성은 도덕과 정서를 포함한 개념이다. 물론 신앙교육에서 교양 차원의 문화 지식이 획득될 수 있고, 인성도 교정될 수 있다는 점 등을 감안하면 신앙교육과 종교문화교육과 인성교육은 현실적으로 엄격하게 구분되지 않는다. 다만 분석 차원에서 구분될 뿐이다.

최근까지 종교교육의 목적 설정과 관련된 논쟁은 대체로 신앙교육 vs 종교문화교육 vs 종교적 교육의 구도 속에서 진행된다. 신앙교육의 목적은 특정 신앙인 만들기, 종교문화교육의 목적은 교양인 만들기, 종교적 교육의 목적은 영성(spirituality) 실현, 인성교육의 목적은 인성 만들기(building an upright character)라고 할 수 있다.

종교교육의 궁극적 목적을 특정 신앙인 만들기에 두는 신앙교육론
은 종립학교의 등장 시점부터 지속된다. 한국에서 가장 역사가 긴 종
교교육론인 셈이다. 물론 신앙인의 범위에는 특정 신앙을 가진 경우,
특정 신앙에 우호적인 경우, 특정 신앙에 거부감이 없는 경우 등이 모
두 포함된다. 특히 1969년의 중학교 무시험 진학제도 시행, 1974년의
고교 평준화 정책 시행, 2005년의 〈사립학교법〉 개정 등이 신앙교육
을 새롭게 자각하는 계기가 된다.

신앙교육론은 용어 자체에 개신교와 천주교 등 그리스도교의 이미
지를 담고 있고, 종립학교가 개신교와 천주교에 집중되어 있기 때문에
주로 그리스도교계 학교에서 연구 성과를 내고 있다. 신앙교육론과 관
련된 석사학위논문의 주제는 '청년의 신앙교육을 위한 교수 방법론',
'그리스도 신앙교육 방법론', '교육목회적 차원에서 본 기독교학교의
신앙교육', '신앙교육을 위한 교수방법론', '제7차 교육과정에서의 종교
(기독교)교육에 대한 연구', '청소년 초기제자양육에 관한 연구: 중등학
교를 중심으로', '기독교학교에서 신앙교육의 실태와 나아갈 방향', '기
독교학교 교육에 코메니우스의 교육론 적용', '기독교 사립학교의 정체
성 확립을 위한 새로운 기독교교육 방안', '기독교학교에서 교목사역을
통한 선교전략과 방향' 등이다.296) 박사학위논문 주제는 '광주 경신여

---

296) 노영주, "청년의 신앙교육을 위한 교수 방법론 연구", 총신대학 신학대학원 석사학위
논문, 1992; 정신철, "그리스도 신앙교육 방법론에 관한 연구: Thomas H. Groome의
교육이론을 중심으로 ", 수원가톨릭대학 석사학위논문, 1993; 최재원, "교육목회적 차
원에서 본 기독교학교의 신앙교육에 관한 연구: 국민학교를 중심으로", 장로회신학대
학교 석사논문, 1994; 지광복, "신앙교육을 위한 교수방법론에 관한 연구: J.W.Fowler
의 신앙발달이론을 중심으로", 장로회신학대학교 석사논문, 1999; 최광진, "제7차 교
육과정에서의 종교(기독교)교육에 대한 연구", 고신대학교 대학원 석사학위논문, 2003;
이진수, "청소년 초기제자양육에 관한 연구: 중등학교를 중심으로", 고신대학교 교육
대학원 석사학위논문, 2004; 강재천, "기독교학교에서 신앙교육의 실태와 나아갈 방향
에 관한 연구", 총신대학교 신학대학원 석사논문, 2005; 송창용, "기독교학교 교육에

자중·고등학교에서의 신앙교육 강화를 통한 목사의 효과적인 목회사역' 등이다.[297]

　이러한 연구들의 목표는, 개신교계의 경우, 대체로 신앙의 증진이다. 예를 들어, 제7차 교육과정에서 종교교육과정의 효율적 운영을 위해 제시된 방안은 '종교 교과만이 아니라 모든 교과목 속에 기독교적 지식과 정신이 스며들게 하는 작업', '종교 교과 과목 중심에서 창의적, 학생 주도적 학습을 통해 교리와 윤리, 인성교육으로의 전환', '성례전적 존재(sacramental beings)에 대한 교사의 자각' 등이었다.[298] 2006년에 제시된 새로운 기독교교육 방안도 입시 위주의 탈피 교육, 성경 중심의 종교 교과서 개발과 일반과목을 통한 기독교교육의 시도, 신앙 향상을 위한 영성훈련, 다양한 신앙프로그램 도입, 교사의 신앙 성숙화 훈련 등이었다.[299]

　종교교육의 궁극적 목적을 교양인 만들기에 두는 종교문화교육론은 종교 교과가 국가 교육과정에 편입된 제4차 교육과정 시기부터 적지 않은 연구자들에 의해 주장된다.[300] 예를 들어, 윤이흠은 다종교 상황

　　코메니우스의 교육론 적용 연구", 총신대학교 일반대학원 석사학위논문, 2006; 이성훈, "기독교 사립학교의 정체성 확립을 위한 새로운 기독교교육 방안 연구』, 총신대학교 교육대학원 석사논문, 2006; 추요한, "기독교학교에서 교목사역을 통한 선교전략과 방향: 경일여자중학교를 중심으로", 영남신학대학교 대학원 석사학위논문, 2007 등.
297) 김수근, "광주경신여자중·고등학교에서의 신앙 교육 강화를 통한 牧師의 효과적인 목회사역", 아세아연합신학대학원 박사논문, 1994.
298) 최광진, "제7차 교육과정에서의 종교(기독교)교육에 대한 연구", 고신대학교 대학원 석사학위논문, 2003, 54-55쪽. 이 글에서 성례전적 존재란 '교사를 비롯한 학교 환경, 그리고 모든 주변의 작은 존재들이 하나님을 향한 표지가 된다"는 것을 의미한다.
299) 이성훈, "기독교 사립학교의 정체성 확립을 위한 새로운 기독교교육 방안 연구", 총신대학교 교육대학원 석사논문, 2006, 28-37쪽.
300) 「다종교문화 속에서의 종교 교육」(윤이흠, 『종교연구』 2, 1986), 「공교육과 종교교육」(정진홍, 『종교연구』 2, 1986), 「학교에서의 종교교육의 필요성」(이은봉, 『학문과 종교』, 도서출판 주류, 1987), 「종교교육의 실태」(정진홍, 『철학 종교사상의 제문제』 6, 1990), 「종교교육 실태분석」(김종서, 『철학 종교사상의 제문제』 6, 1990), 「종교교육

에서 "한국인은 인간관계에서는 유교적이며, 인생관은 불교적이며, 행동 철학은 기독교적이며, 운명관은 무속적이다"[301]라고 전제한다. 다종교 현상은 '절대 신념 체계의 상대화 현상', '어느 특정 종교의 독주를 허용하지 않는 선에서 종교의 자유가 보장되어야 한다'는 내용으로 이해된다. 그 상황에서 종교교육은 특정종교의 신념체계에 입각해서 인간의 완성을 위한 '종단교육', 종교 일반에 관한 체계적인 지식을 교육시켜 자신의 신앙은 물론 사회문화 정황에 대한 정확한 판단과 대응 능력을 함양시키는 '종교문화교육'으로 분류된다. 그리고 다종교 상황에서는 종교문화교육의 교육 내용을 수용할 수밖에 없기 때문에 종교에 대한 객관적 이해의 교육, 곧 종교학의 보급이 확실히 요청된다고 주장한다.[302]

제7차 교육과정 시기에는 신앙교육론과 종교교육론의 병존되어야 한다는 주장도 제기된다. 대표적인 사례는 2001년에 한국종교교육학회에서 기획한 논의이다. 그 가운데 「제7차 교육과정과 중등 불교교육의 방향」(고진호), 「제7차 교육과정과 원불교의 종교교육」(양은용), 「제7차 교육과정과 기독교학교의 종교교육」(손원영) 등에서 신앙교육론과 종교교육론의 병존을 볼 수 있다. 손원영은 제7차 교육과정과 종립학교의 현실을 감안하면서 아래와 같이 주장한다.[303]

> 교양교육 차원에서의 종교교육을 위해 종교학적 종교교육과 신
> 앙교육적 종교교육을 모두 인정하는 것이 현실적으로 필요하고 또

이론』(존 실리, 강돈구 외 역, 서광사, 1992) 등은 신앙교육과 종교교육의 구도에서 대체로 후자를 지향한다.
301) 윤이흠, 「종교 다원문화속에서의 종교교육」, 『종교연구』 2, 1986, 4쪽.
302) 위의 글, 5-7쪽, 10쪽.
303) 손원영, 앞의 글, 128쪽.

타당하지 않나 사료된다. 왜냐하면 종교학적 종교교육은 종교계통 학교를 넘어서 모든 일반학교에서도 교육될 필요가 있다고 할 때, 앞으로 그 범위가 사립학교를 넘어 공립학교까지 확대될 필요가 있다. 동시에 신앙적 종교교육은 사립학교를 탄생시킨 근본적인 동기임으로 어떠한 형태로든 종교계통 학교가 사라지지 않는 한 그것을 없어지지 않을 것이다. 따라서 현실적으로 이것을 인정하는 차원에서 국가의 종교교육 정책이 변화되는 것이 바람직할 것이다.

영성교육 또는 인성교육의 흔적은 제3차 교육과정 시기인 1973년에도 발견된다. 당시 종교교육은 '인간성의 중요한 일면인 종교성을 길러서 일반으로서의 인격도야의 완성을 목표로 하는 교육'으로 정의된다. 그리고 학교에서 특정 종교를 위한 종교교육은 안 되지만, 학생의 종교성을 도야하는 것이 교파적·종파적인 종교교육을 떠나 인격을 도야한다는 점에서 중요하다고 지적된다. 여기서 종교성은 '종교상의 지식이나 예의를 습득시키고 종교의 역사를 학습시켜서 종교적 정조를 함양하고 자연계의 미묘한 현상에 주의를 환기시키는 것'을 의미한다.[304]

제3차 교육과정 시기의 다른 연구에서는 종교교육이 '인간의 종교성을 길러 일반인으로서의 인격도야의 완성을 목표로 하는 교육이며 도의교육과 서로 통하는 교육'이라는 점이 주장된다. 아울러 '종교란 한 개인의 신앙이므로 강요된 것이 아닌 자발적인 의사에 의한 것이어야 하고, 아동들이 종교를 생활양식의 하나로 이해하도록 지도해야한다'고 지적된다. 학교가 교리의 주입보다 종교적인 분위기를 조성하는 데에, 그리고 학생의 인격도야에 도움을 줄 수 있는 종교교육에 주의를 기울여야 한다는 주장이다.[305]

---

304) 곽삼근·서성필·이금옥·조경원·홍미애·유순화·김수미·김화경, 앞의 글, 10쪽.
305) 강영희, 앞의 글, 38-39쪽.

종교교육에서 인성교육론은 제6차 교육과정 시기에 본격적으로 제기
된다. 그 주된 논리는 종교교육을 통해 도덕성의 증진이 가능하기 때문
에 종교교육과 인성교육이 연관된다는 것이다. 서구에서는 종교교육과
도덕교육의 연계성이 이미 1950년대부터 뒤르껨에 의해 제기된 바 있
다.306) 종교성 또는 종교적 몰입도(religious involvement)가 높을수록
도덕적 집단 규범이 내재화된다는 연구 결과로 뒤르껨의 주장은 여전
히 지지된다.307) 종교가 도덕적 가치관을 내면화시켜 인간을 사회에 동
화시킨다는 주장이다. 유사한 연구 결과는 한국에서도 나타난다.308)

인성교육론은 제7차 교육과정 시기에도 여전히 관심을 받는다. 기
독교학교에서 종교교육을 창조적으로 수행하려면 종교과목 중심에서
인성교육 중심으로 전환해야 한다는 주장309) 등이 그에 해당된다. 도
덕교육에 대한 관심도 지속된다.310) 정서교육도 관심을 받는다. 남궁
달화 등을 포함한 한국도덕교육학연구회 소속의 일부 학자들은 종교
교육과 정서교육의 관련성을 주장하는 윌슨(J. Wilson)의 이론을 소개

306) E. Durkheim, *The Elementary Forms of Religious Life*, Glencoe, Ⅲ: Free Press, 1954.
307) A. Greeley, "A note on the origin of religious differences" *JSSR* 3, 1963, pp.21-31; R. Stark, "Religion as context: hellfire and delinquency one more time" *Sociology of Religion* 57, 1996, pp.163-173.
308) 전성표, 「개신교인과 무종교인 사이의 도덕성 차이와, 개신교인의 도덕성에 미치는 종교적 영향」, 『한국사회학』 34, 한국사회학회, 2000.
309) 손원영, 앞의 글, 134쪽. 손원영에 따르면, 기존의 종교교육이 앎의 차원에만 머물렀는데, 기독교적 종교교육이란 '기독교적 앎과 기독교적 삶을 일치시키려는 의도적인 교육적 활동'이다. 종교교육은 인성교육의 맥락에서 특별활동 및 재량활동을 적극적으로 활용하는 것이 중요하다. 특히 예배나 종교행사뿐만 아니라 다양한 이웃을 향한 봉사활동이 기독교적 앎(진리)과 기독교적 삶을 만나는 자리가 되도록 격려할 필요가 있다.
310) 예컨대 종교교육과 도덕교육의 연계성의 맥락에서 다음 글들도 이해할 수 있다. 장하열, 「유교의 도덕교육 연구」, 『원불교학』 4-1, 한국원불교학회, 1999; 서경전, 「종교와 원불교 강의를 통한 도덕성 회복」, 『원불교사상』 25, 원광대학교 원불교사상연구원, 2001; 이세현, 「한국인의 정체성과 유교의 종교교육」, 『종교교육학연구』 16, 한국종교교육학회, 2003 등.

하며 그에 동조한다.311) 윌슨은 특정 종교 중심의 태도·믿음·정서
의 주입이 아니라면 종교교육이 정서교육의 대상이 될 수 있고, 그 상
호 연관성은 상상력을 통해 종교적 몰입과 객관성 사이가 조화될 때
가능하다는 입장이다.312)

　영성교육론은 제6차 교육과정 시기에도 '인간성 회복'과 관련하여
제기되었지만,313) 제7차 교육과정 시기에 더 많이 논의된다. 그 가운
데 학교교육과 관련된 주요 연구 주제는「인간교육에서 영성교육의 중
요성」,「디아코니아 영성교육 방법 연구」,「영성교육을 위한 탐색적 연
구」,「통전적 영성교육의 신학적 근거」,「현대적 의미의 기독교 영성교
육」,「영성학의 흐름과 교수법에 관한 연구: 기독교교육 관점에서」,「영
성심리와 영성교육」,「기독교 영성교육과정에 관한 탐색적 연구」,「영
성교육의 내용과 실제에 관한 연구」,「영성교육의 모형과 지도력」,「한
국인의 무교문화적 성격과 영성교육」,「원불교 종교교육에서의 영성교
육」,「다원주의 시대의 복음주의와 영성교육에 관한 연구」 등이다.314)

311) 남궁 달화,「기본적 도덕과 교육과정의 개발-윌슨의 도덕성 요소를 중심으로-」,『도덕
　　교육학연구』4, 한국도덕교육학연구회, 2003; 유문상,「동양의 유가와 서양 교육학자
　　들의 정서의 범주와 정서교육방법의 고찰」,『도덕교육학연구』4, 한국도덕교육학연구
　　회, 2003.
312) John Wilson, *Education in Religion and the Emotions*, London: Heinemann, 1971.
313) 김귀성,「종교교육과 인간성 회복」,『정신개벽』14, 1995.
314) 정희숙,「ST. Augustinus의 영성교육론」,『종교교육학연구』13, 2001; 이숙종,「인간
　　교육에서 영성교육의 중요성」,『한국기독교신학논총』21, 2001; 이금만,「디아코니아
　　영성교육 방법 연구」,『기독교교육논총』8, 2002; 김정신,「영성교육을 위한 탐색적
　　연구」,『교육인류학연구』5-1, 2002; 조옥희,「Montessori 유아교육에서 영성교육과
　　그 현대적 의의」,『Montessori 교육연구』7, 2002; 조은하,「통전적 영성교육의 신학
　　적 근거」,『기독교교육정보』4, 2002; 김영래,「영성교육의 관점에서 본 홀리스틱 교
　　육운동의 의미: 발도르프 교육의 지식이해를 중심으로」,『홀리스틱교육연구』7-1, 2003;
　　조은하,「현대적 의미의 기독교 영성교육」,『기독교교육정보』7, 2003; 이금만,「영성
　　학의 흐름과 교수법에 관한 연구: 기독교교육 관점에서」,『신학사상』126, 2004; 이금
　　만,「영성심리와 영성교육」,『신학연구』47, 2005; 조은하,「기독교 영성교육과정에
　　관한 탐색적 연구」,『기독교교육정보』12, 2005; 장화선,「영성교육의 내용과 실제에

2008년에는 한국종교교육학회가 기획논문 주제를 '영성개발과 종교교육의 과제'로 선정하면서 영성교육에 대한 종교별 연구 성과도 발표된다.[315] 2010년 한국종교교육학회의 기획논문 주제('기독교와 현대종교교육')에도 영성교육 관련 논문이 포함된다.[316] 이는 학교의 종교교육과 관련하여 영성교육론이 이슈로 대두되고 있음을 시사한다.

영성교육론에서 영성 개념은 연구자들마다 다르게 설정된다. 영성교육에 대한 입장도 차이를 보인다. 기독교 영성은 '성령에 의해서 예수 그리스도 안에서 하나님의 경험을 통해서 실현되는 것으로서 인간의 자기 초월적 지식, 사랑, 헌신의 능력을 함축하는 것',[317] '일상적인 삶을 통해 하나님과 교제하고, 개인적인 삶과 공동체적인 삶이 거룩한 삶 속에서 하나로 통전화됨으로써 이웃사랑의 구현을 실천하는 삶'[318] 등으로 이해된다. 그에 따라 영성교육은 '전 생애를 통해 세상 죄를 지고 가시며 예수 그리스도 안에서 자신의 모습을 완전히 드러내신 자비로우시고 은혜로우신 하나님의 모습을 닮아가기 위해 보혜사 성령의 도우심을 힘입어 말씀 중심으로 기도하며 살아가는 교육과정'이라고

관한 연구」, 『복음과 교육』 2, 2005; 임영택, 「영성교육의 모형과 지도력」, 『기독교교육정보』 13, 2006; 이금만, 「영성교육의 성서적 토대에 관한 연구」, 『기독교교육정보』 13, 2006; 김정준, 「한국인의 무교문화적 성격과 영성교육: C. G. Jung의 성격유형 이론을 중심으로」, 『한국문화신학회 논문집』 11, 2008; 백준흠, 「원불교 종교교육에서의 영성교육」, 『종교교육학연구』 30, 2009; 최복태, 「다원주의 시대의 복음주의와 영성교육에 관한 연구」, 『기독교교육정보』 23, 2009.

315) 고시용, 「원불교의 수행방법과 영성계발-삼학 수행을 중심으로-」, 『종교교육학연구』 28, 2008; 이재영, 「통일교 수행방법과 영성계발」, 『종교교육학연구』 28, 2008; 김정준, 「존 웨슬리의 영성수련과 현대 영성교육적 의미-제정된 은총 수단(Means Ordained of Grace)을 중심으로-」, 『종교교육학연구』 28, 2008; 황수경, 「불교의 수행과 영성개발-간화선을 중심으로-」, 『종교교육학연구』 28, 2008.
316) 김도일, 「인간성 회복을 추구하는 기독교 영성교육」, 『종교교육학연구』 32, 2010.
317) 조은하·박종석, 「현대적 의미의 기독교 영성교육」, 『기독교와 교육』 12, 서울신학대학교 기독교교육연구소, 2004, 98-99쪽.
318) 손원영, 『영성과 교육』, 한들출판사, 2004, 15쪽. 손원영은 이를 '생활영성'으로 규정한다.

정의된다.[319]

　가톨릭계에서는 1985년 3월에 가톨릭 교육성에 의해 제정·반포된 〈사제 양성의 기본지침〉, 1992년 3월에 반포된 교황 요한 바오로 2세의 〈현대의 사제 양성〉 등에 따라 사제 양성 과정에서 영성교육의 중요성을 강조한다. 여기서 영성교육은 '하느님과의 깊은 일치와 친교 안에서 보다 깊이 그리스도를 만나고 닮아가도록 만드는 것'이라고 이해된다.[320]

　불교계에서는 영성을 '불성, 참나, 자성' 등으로 이해한다.[321] 원불교에서는 영성을 '일원상의 진리와 마음의 관점에서의 성품·본성·정신·본래마음, 그리고 법신불 일원상의 진리에 바탕해서 지녀야 할 교리이념과 교법정신 및 가치관 그리고 삶의 태도 등을 총칭하는 것'[322] 등으로 이해된다. 연구자에 따라 영성 개념에 다양한 의미를 담을 수 있고, 영성과 비(非)영성의 경계선도 명확하지 않은 것이다.

　영성교육론에 대해 신앙교육론과 유사한 형이상학적 전제가 담겨있다는 지적도 보인다.[323] 신앙교육론이 강조되어온 종립학교의 종교교육 풍토를 감안할 때 영성교육론이 형이상학적 전제에 대해 성찰하지 않는 한, 영성의 개념 정의에서 유추할 수 있듯이 영성교육론도 특정 신앙교육론과 연결될 수 있다는 것이다. 영성교육론이 신앙교육론과 차별화되지 않으면, 종교교육론의 새로운 대안이 되기 어렵다는 지적이기도 하다.[324]

319) 이금만, 「영성학의 흐름과 교수법에 관한 연구: 기독교교육 관점에서」, 『신학사상』 126, 2004, 209쪽.
320) 김영교, 「대신학교에서의 영성교육」, 『복음과 문화』 9, 대전가톨릭대학교, 1998, 86-94쪽, 102쪽.
321) 황수경, 「불교의 수행과 영성계발」, 『종교교육학연구』 28, 2008, 3-4쪽.
322) 백준흠, 「원불교 종교교육에서의 영성교육」, 『종교교육학연구』 30, 2009, 158쪽.
323) 고병철, 「한국의 종교교육-중등 종립학교를 중심으로」, 『종교연구』 46, 한국종교학회, 2007, 22-23쪽.

3) 쟁점 2: 종교 자유의 내용 이해(종교교육의 자유 vs 신앙의 자유)

종교교육과 관련하여 종교자유 문제를 사회적 이슈로 부각시킨 계기는 2004년 대광고 사건이다. 그 내용은 다음과 같다. 2004년 6월 고교 3학년 학생이 교내 방송을 통해 '학내 종교 자유'와 '예배 불참'을 선언하고, 학교 측은 그 학생에 대해 제적 조치를 취하고, 그 학생은 학교법인을 상대로 퇴학 무효소송과 가처분 신청을 하고, 국가인권위에 진정서를 제출한다. 2004년 8월에 법원이 가처분 신청을 수용하면서 9월에 학생이 복학한다. 2005년 1월에는 학생이 학내 종교자유 보장을 요구하는 국토대장정에 돌입하고, 서울북부지법 민사11부가 학교선택권이 보장되지 않는 상황에서 학생 의사에 반하는 종교를 강요할 수 없다면서 학생에게 승소 판결을 내린다.

2005년 10월에는 학생이 대광학원과 서울시 교육감을 상대로 종교활동 강요에 따른 5000만원 손배 소송을 서울중앙지법에 제기한다. 2007년 10월에 서울중앙지법 민사90부는 학생에게 위자료 1500만원 지급하라는 내용의 원고 일부승소 판결을 내린다. 그렇지만 학교 측이 항소를 하고, 2008년 5월에 서울고법이 원심과 달리 학교 측 손해배상 책임을 인정하지 않는 판결을 내린다. 그에 대해 학생은 2008년 7월에 대법원에 상고하고, 2010년 4월에 대법원이 '미션스쿨에서도 종교의 자유가 인정되어야 한다'며 원심 파기를 환송한다.325)

그 과정에서 종교자유 문제와 관련하여 적지 않은 사설이 등장한다.326) 한쪽에서는 종립학교에는 설립 이념에 기초한 정당한 교육권을

---

324) 위의 글, 22-23쪽.
325) 「대광고 강의석군, 퇴학에서 승소까지」, 『국민일보』, 2010.04.23.

보장해주고 학생에게는 종교적 신념에 반하는 건학 이념을 가진 학교에 입학하지 않을 권리를 보장해주는 근본적인 대안이 필요하다고 주장한다. 구체적으로는, 평준화의 골간을 유지하되 학생의 학교 선택권을 넓히겠다는 교육부의 방침에 부합하여 서울 종로·용산구 등 29개교에서 2-3지망까지 선지원 후추첨하는 공동 학군과 유사하게, 종립학교 배정시 종교적으로 희망하는 학생을 배정하거나 입학생들이 일정 기간 내에 전학을 요구하는 권리를 인정하는 방안 등이 제시된다.327)

다른 한쪽에서는 '선교는 학교가 아니라 교회에서 해야할 것이고, 수업의 연장선에서 특정 신앙이나 종교의식을 강요하는 것은 자유나 자율성의 한계를 넘어선 폭력이라는 논의가 등장한다. 그 논의의 근거로는 1882년부터 초·중등학교에서의 종교교육을 금지한 프랑스, 소수의 (자립형) 사립학교를 제외하고 1962년부터 학내 종교 교육과 의식을 금지한 미국, 기독교뿐 아니라 불교·이슬람을 교과목에 포함시킨 독일 등의 사례가 제시된다.328)

2010년 4월의 대법원 최종심 가운데 '학생에게 교육 내용과 시간에 대해 충분히 설명하여 사전 동의를 구하고, 학생이 불이익을 염려하지 않고 자유롭게 종교교육 참여를 거부할 수 있도록 허용하고, 이를 위한 대체 과목을 설치해야 한다'는 내용은 미션스쿨 학생의 종교자유를 어떻게 보장해야 하는지에 대해 가이드라인을 제시한 것이라고 지적

326) 「종교 선택과 종교 교육의 절충」, 『국민일보』, 2004.09.24.; 「한 고등학생의 외로운 싸움」, 『한겨레』, 2004.09.24.; 「대광고와 강의석군, 모두의 승리」, 『한겨레』, 2004.09.30.; 「대광학원은 류 교사와 대화하라」, 『한겨레』, 2004.10.28.; 「개신교 '거듭남'을 위한 계기로 삼자」, 『한겨레』, 2005.05.20.; 「학교를 선교의 도구로 삼는 종립학교들」, 『한겨레』, 2006.06.03.; 「선교와 교육을 혼동하는 종교사학」, 『경향신문』, 2007.04.13.; 「예배 강요한 학교에 배상금 물린 법원」, 『경향신문』, 2007.10.08.
327) 「종교 선택과 종교 교육의 절충」, 『국민일보』, 2004.09.24.
328) 「학교를 선교의 도구로 삼는 종립학교들」, 『한겨레』, 2006.06.03.

된다. 그렇지만 동시에 '성경을 가르치려고 세운 학교에서 성경을 가르칠 수 없다는 것은 미션스쿨의 근본을 뒤흔드는 일', 1974년부터 고교평준화 제도를 실시해 미션스쿨에 종교와 무관하게 학생을 강제 배정한 상황에서 '성경을 가르치지 말라고 하는 것은 기독교 사학에 대한 기본권 침해'라는 점도 지적된다. 그리고 대부분의 미션스쿨들이 이미 스스로 종교교육을 절제하여 학생에게 예배시간 불참을 허용하는 등 최소한의 종교교육만 하고 있는 상황에서 종교교육을 거부하는 학생이 미션스쿨에 배정되지 않도록 하는 제도적 대안, 궁극적으로 미션스쿨이 설립 이념에 따라 인재를 육성할 수 있도록 보장하는 '사학진흥법'이 제정되어야 한다고 지적된다.329)

이런 논의에서 핵심은 종교교육과 종교의 자유이다. 중등 종립학교에서 종교교육이 가능한 근거는 정교분리와 종교의 자유가 명시된 〈헌법〉 제20조다. 종교의 자유에는 '종교선전'의 자유와 '종교교육의 자유' 등이 포함되기 때문이다.330) 종교의 자유는 〈헌법〉 제19조에 있는 양심의 자유와 함께 기본권으로 인식된다. 여기서 양심은 "세계관·인생관·주의·신조 등은 물론, 이에 이르지 아니하여도 보다 널리 개인의 인격 형성에 관계되는 내심의 가치적·윤리적 판단도 포함"되는 개념이다.331) 구체적으로 양심은 '어떤 일의 옳고 그름을 판단함에 있어서 그렇게 행동하지 아니하고는 자신의 인격적인 존재가치가 허물어지고 말 것이라는 강력하고 진지한 마음의 소리'로 이해된다.332)

---

329) 「미션스쿨 문 닫으라는 말인가」, 『국민일보』, 2010.04.23.
330) 황준성·박재윤·정일환·문성모·신지수, 「종교교육의 자유의 법리 및 관련 법령 판례 분석」, 『교육법학연구』 19-2, 대한교육법학회, 2007, 183-191쪽.
331) 〈헌재 1991.4.1. 89헌마160(민법 제764조의 위헌여부에 관한 헌법소원)〉; 〈헌재 1998. 7.16. 98헌바35(구 국가보안법 제10조 위헌소원)〉.
332) 〈헌재 1997.3.27. 96헌가11(도로교통법 제41조 제2항 등 위헌제청)〉에 의하면, 예컨대

양심의 자유가 양심 형성의 자유와 양심적 결정의 자유를 포함하는 내심적 자유(forum internum), 양심적 결정을 외부로 표현·실현할 수 있는 양심실현의 자유(forum externum)로 구성되듯이,[333] 〈헌법〉상 종교의 자유도 내심의 자유와 외현의 자유로 구성된다. 내심적 자유는 신앙의 자유로서 신앙선택의 자유, 신앙변경(개종)의 자유, 무신앙의 자유 등을 포함한다. 외현적 자유는 신앙실행의 자유 또는 종교적 행위의 자유로서 종교적 행사(종교의식)의 자유, 종교적 집회·결사의 자유, 종교선전(선교)의 자유, 종교교육의 자유 등을 포함한다. 주목할 부분은 신앙의 자유가 내심의 자유로서 어떠한 경우에도 제한할 수 없는 절대적 기본권이지만, 그에 비해 신앙실행의 자유는 외현의 자유로서 '국가안전보장·질서유지 또는 공공복리를 위하여 필요한 경우'[334]에 제한이 가능한 상대적 기본권에 해당된다는 것이다.

종교의 자유는 자신이 원하는 종교를 자신이 원하는 방법으로 신앙할 수 있는 자유이다. 종교의 자유는 소극적 자유와 적극적 자유로 구분되는데, 전자는 신앙 및 신앙의 실행을 강제 받지 않을 자유로서 무신앙의 자유, 종교의식, 종교선전, 종교교육, 종교적 집회·결사 등에 참가하지 않거나 이를 강제당하지 않을 자유를 포함한다. 후자는 신앙

음주측정의 거부 여부에 대한 고민은 선과 악의 범주에 대한 진지한 윤리적 결정을 위한 고민이 아니기 때문에 양심의 자유라는 보호 영역에 포괄되지 아니한다.

333) 〈헌재 1991.4.1. 89헌마160(민법 제764조의 위헌여부에 관한 헌법소원)〉; 〈헌재 1998.7.16. 98헌바35(구 국가보안법 제10조 위헌소원)〉. 양심의 자유 가운데 양심형성의 자유와 양심적 결정의 자유는 내심에 머무르기 때문에 절대적 자유로, 양심실현의 자유는 타인의 기본권이나 다른 헌법적 질서와 저촉되는 경우 헌법 제37조 제2항에 따라 국가안전보장 질서유지 또는 공공복리를 위하여 법률에 의해 제한될 수 있는 상대적 자유로 간주된다.

334) 〈헌법〉 제37조 제2항. "국민의 모든 자유와 권리는 국가안전보장·질서유지 또는 공공복리를 위하여 필요한 경우에 한하여 법률로써 제한할 수 있으며, 제한하는 경우에도 자유와 권리의 본질적인 내용을 침해할 수 없다."

및 신앙의 실행을 자유롭게 할 수 있는 자유로서 신앙을 가질 자유, 신앙을 고백할 자유, 동일한 신앙을 가진 사람들이 공동으로 종교의식을 거행하고 종교적 단체를 결성하여 종교의 선전과 교육을 자유롭게 행할 수 있는 자유 등을 포괄한다.[335]

정리해보면, 중등 종립학교에서 신앙교육은 특수성·자주성에 입각한 교과 교육에 해당된다. 그리고 건학 이념의 실현을 위한 '종교교육의 자유'에 해당된다. 그렇지만 '종교교육의 자유'는 종교의 자유에서 외현의 자유, 즉 공공성을 위해 제한되는 자유이다. 이러한 맥락에서 종교교육의 자유는 학생 내심의 자유, 즉 신앙의 자유를 위협할 수 없게 된다.

중등 종립학교의 교육 풍토에서 신앙의 자유가 위협을 받는 상황으로 몇 가지가 지적된다. 평준화 지역의 종교교육을 전제할 때, 첫 번째는 이미 다른 신앙을 가진 학생이 존재한다는 것이다. 만약 특정 종교에 대한 신앙이 없다고 해도 '그에 대해 생각이 다른' 학생이 존재한다면 이미 다른 신앙을 가진 학생과 같이 취급되어야 한다는 것이다. 두 번째는 중등 종립학교의 종교와 관련된 신앙을 지닌 학생이라도 그 신앙이 변할 수 있다는 것이다. 세 번째는 종립학교의 신앙교육이 특정 종교의 신앙을 대표하는 것이 아니며, 따라서 종립학교와 학생의 종교가 동일한 것이 아니라 유사하다는 것이다.[336] 예를 들어, 학교 측이 개신교의 A종파에 속한다면 개신교의 B종파에 속한 학생의 신앙이 동일하지 않다는 것이고, 따라서 강요될 수 없다는 논리이다.

---

335) 손희권, 「사립학교에서의 의무적 종교교육의 헌법 위반 여부 검토」, 『교육행정학연구』, 22-4, 한국교육행정학회, 2004, 152-153쪽.
336) 송기춘, 「종립 대학교에서의 종교의 자유」, 2006년 11월 한신대 인문학연구소 발표문, 14-15쪽 참조.

종교자유 문제가 제기되는 이유는 무엇보다 종립학교에서 특정 신앙교육을 진행하면서, 이를 학생에게 강요한다는 인식이 있기 때문이다. 비록 종교교육이 영성교육으로 진행된다고 해도 이러한 인식이 존재하는 한, 종교자유 문제는 계속 제기될 가능성이 있는 것이다. 영성교육이라고 해도 영성 개념의 한 쪽 끝에 '도덕적 민감성', 다른 쪽 끝에 '신인합일'이 있고, 교사가 지향하는 영성과 학생이 지향하는 영성이 다를 수 있어, 그로 인해 신앙의 자유가 침해되는 상황이 발생될 수 있기 때문이다. 또한 영성 개념의 스펙트럼에서 후자에 가까울수록, 그리고 특정 종교에 가까울수록, 영성교육은 신앙교육의 성격을 띨 수 있기 때문이다.

주지하다시피, '국가의 안정적인 성장 발전'을 위해서 필요한 것이 적지 않지만, 그 어떤 경우에도 각 구성원 개인이 지닌 내심의 자유는 보장되어야 한다. 국가가 안정적인 성장 발전을 지향한다고 해도 내심의 자유 실현에 대한 보장이 전제되어야 한다. 이런 맥락에서 중등 종립학교의 종교교육에서도 인권 존중의 차원에서 외현의 자유인 신앙 실행의 자유가 내심의 자유인 신앙의 자유를 침해하지 않도록 다양한 조치가 필요한 것이다.

4) 쟁점 3: 평준화 정책의 폐지 여부

1969년의 중학교 무시험 진학제도와 그 연장선에서 등장한 1974년의 평준화 정책 이후, 종교교육 문제가 표면화된다. 그에 대해 종립학교에서는 종교교육의 위기를 인식하면서 학교의 학생선발권과 학생의 학교선택권을 요청한다. 이미 1969년부터 한국가톨릭중등학교장회와

한국기독교학교연맹이 선지망 후추첨제 입학제도로서의 개선방안과
〈교육법〉 제5조 2항의 입법이론을 들어 사립학교(종립학교)의 특수성
과 독자성을 육성해 줄 것을 건의한 바 있다.337) 그렇지만 종립학교의
종교교육에 대한 대안적인 제도적 장치는 마련되지 않고 있다.

구체적인 상황을 보면, 천주교계는 1945년 광복 이후 1960년대까지
정부의 제도적 지원이나 규제 없이 자유롭게 종교교육을 할 수 있었지만,
1970년대에 교육과정 이수를 위한 수업시간에 종교교육 또는 종교행사
를 못하게 하는 등 종교교육에 대한 정부의 규제와 간섭이 시작되었다고
인식한다. 그 과정에서 종립학교가 무시험 추첨제도 이전과 같은 종교교
육을 하면 각종학교가 되어야 했고, 각종학교가 되지 않으려면 희망자에
한해 특별활동으로 종교교육을 해야 했다는 것이다.338)

천주교계는 1969년의 중학교 무시험 진학제, 1974년의 고교 평준화
정책 등이 중등교육사업에 많은 변화를 초래했다고 인식한다. 의무교
육의 중학교 확대 정책 이후, 교육사업이 중학교에서 점차 고등학교나
기타 학교로 전이(轉移)되었고, 종교교육을 정식 교육과정으로 인정받
지 못하여 자율성이 통제되었으며, 공·사립학교의 공납금 균등으로
인해 재정이 곤란해지는 상황이 발생했다는 것이다. 그리고 살레시오
중학교, 살레시오여자중학교, 마리아회중학교, 흑산성모중학교, 골롬
바노중학교, 성요셉여자중학교 등이 폐교된 것처럼, 결국 중학교를 폐
교하고 고등학교만 운영하는 경우가 점점 많아졌다고 한다.339)

337) 노병건, 「프로테스탄트 系 학교와의 비교」, 『경향잡지』 1275, 1974, 15쪽
338) 조영관, 「한국 가톨릭 학교교육의 역사」, 『한국의 가톨릭 학교 교육』(가톨릭문화원
    편), 가톨릭교육재단협의회, 1999, 52-53쪽.
339) 조영관, 「한국 가톨릭 학교교육의 역사」, 『한국의 가톨릭 학교 교육』(가톨릭문화원
    편), 가톨릭교육재단협의회, 1999, 48-49쪽; 안병초, 「가톨릭 학교운영의 현황과 문제
    및 미래 전망」, 『사목』 223, 1997, 76-80쪽. 그와 관련하여 중학교 무시험 진학제로

천주교계는 1974년에 '종교교육의 새 방향'을 특집 주제로 삼고, 중·
고교 평준화 정책에 대한 대응 방안을 논의한다. 그 과정에서 종교교
육의 제약 상황에서 '예비선교' 차원의 '윤리' 과목을 보완할 것, 일방적
인 '신앙개조보다 먼저 믿을 수 있는 합리적 근거를 제시하고 설득'할
것 등이 제안된다. 개신교계의 직접적이고 과감한 종교교육과 달리 종
교교육을 필수보다 선택으로 권면해야 한다는 점도 지적된다. 반면에
국시가 '반공'인, 그리고 군대에서 '일사병 일신앙(一士兵 一信仰)운동'
이 전개되는 시점에서 종교교육(선교)을 제한하기보다 '신앙으로 반공
무장된 투사'를 기르는 교육 정책이 필요하다는 점도 지적된다.[340]

개신교계에서도 중학교의 입학제도 개혁을 비롯하여 대학입학예비
고사의 실시, 국민교육헌장의 선포, 장기 종합교육계획심의회 규정의
공포 등 일련의 문교 정책과 행정상의 변혁으로 인해 기독교학교에 관
심이 집중된다고 지적된다.[341] 특히 1969년의 중학교 무시험 추천제
가 기독교학교의 존재를 위기 속에 몰아넣었다는 점이 지적된다. 기독
교교육을 반대하는 비신자 내지 반(反)기독교적 가정의 자녀가 입학하
게 되고, 여기에 대해 문교부가, 비록 기독교학교의 종교교육을 금제
하는 것이 아니라 특활시간에 한정시키고 학생들의 자의에 따르라는
지시일 뿐이라고 해도, 기독교학교의 예배나 종교과목을 정규과목에

가톨릭학교의 자율성이 통제되는 상황에서 가톨릭 초등학교도 1970년의 14개교에서
1999년 당시에 6개교로 감소했다고 한다(안병초, 『한국의 가톨릭 학교 교육』(가톨릭
문화원 편), 가톨릭교육재단협의회, 1999, 13쪽).
340) 윤광제, 「교회산하 학교의 현황과 대책-학구제로 인한 문제점을 중심으로-」(10-13쪽);
노병건, 「프로테스탄트 系 학교와의 비교」(14-16쪽); 김병일, 「종교교육의 필요성과
기대-일선 교직자의 체험을 통해서-」(17-19쪽), 『경향잡지』 1275, 1974, 윤광제의 경
우, 학교의 종교교육 제한 반대와 관련하여 "반공도덕의 참 깊이는 유신(有神)체계라
고 믿는다. 무신론과의 대결은 유신론 이상 힘센 것이 없을 것이다"라고 지적한다.
341) 오기형, 「기독교학교의 존재의의와 사명」, 『기독교사상』 13-2, 1969, 67-68쪽.

서 삭제할 것과 성경교사의 교사 자격을 무시하는 조치를 취하면서 문제 해결을 시도했다는 것이다.[342)

1977년에는 학계에서도 바람직한 종교교육을 위해 사립학교에 대한 일률적인 행정적 요구를 배제해야 한다는 제안이 등장한다. 문교당국이 무시험진학제에 따른 획일적 지시보다 사립학교와 협의 체제를 마련하여 대화의 길을 만들고, 학교 운영자의 전문적인 연수기회를 확대해야 한다는 것이다. 동시에 학교배정에 학생의 종교의사를 반영해야 한다는 제안도 등장한다.[343)

교육부고시 제1997-15호(1997.12.30)뿐만 아니라 교육부가 발표한 '교육과정 운영 기본계획'에서도 종교교육과 관련하여 평준화 정책이 감안된다. 평준화 지역의 학교는 건학 이념에 입각한 특정 신앙교육을 일률적으로 실시하지 않도록 해야 하고, 비평준화 지역의 학교에서도 학생의 '종교의 자유'를 침해하지 않도록 복수 과목을 개설해야한다는 것이 교육부의 지속적인 입장이었기 때문이다.[344)

종교교육 문제의 원인이 평준화 정책에만 있는 것이 아니라는 점도 지적된다. 학생과 학부모의 학교선택권이 보장될 경우에도, '입학시 모든 걸 제대로 알고 종교교육에 동의한 것은 아니다', '신앙은 변한다', '특정 종교가 유일한 신학과 종교적 태도를 가지는 것은 아니다', '교육기관은 법적 제약을 받는다', '실제 학교선택원이 충실히 보장되고 있

342) 손승희, 「기독교학교가 왜 있는가?」, 『기독교사상』 23-4, 1979, 42-43쪽. 그는 한국기독교학교연맹 대표들이 정부당국에 건의서를 제출하기도 했지만, 학교평준화정책이 지속된다면 기독교학교가 큰 위기에서 벗어날 수 없다고 지적한다. 그 이유로는 기독교학교의 설립이념이나 문제를 전혀 고려하지 않는 일방적·하향식 문교행정으로 학원의 자율성이 침해당한다는 점, 그리고 종교과목의 폐지는 민주시민이나 책임사회이념 실현의 바탕이 될 인간교육의 상실을 의미한다는 점을 제시한다.
343) 강영희, 앞의 글, 39-40쪽.
344) '종교교육현황조사자료'(2004년 교육부의 국감자료, 최순영 의원 홈페이지 참조).

지 못하다'는 등의 이유 때문이다.[345] 이는 평준화 지역의 종립학교와
비중이 다를지라도 비평준화 지역의 종립학교에서도 학생이 신앙의
자유를 침해당할 수 있다는 것을 시사한다. 비평준화 지역일지라도 신
앙교육보다 대학 진학을 일차 목적으로 삼고 입학한 학생에게 신앙교
육이 강제된다면 그 이후의 상황은 평준화 지역의 종립학교 상황과 별
반 다르지 않다는 것을 유추할 수 있다. 그 맥락에서 신앙의 자유 침해
문제에 대해서는 평준화 제도보다 종교교육의 궁극적인 목적 설정에
대한 성찰이 선행될 필요가 있다.

5) 쟁점 4: 사립학교에서 자주성과 공공성의 비교 우위

　1963년 6월에 "사립학교의 특수성에 비추어 그 자주성을 확보하고
공공성을 앙양함으로써 사립학교의 건전한 발달을 도모함을 목적(제1
조)"으로 〈사립학교법〉이 제정된다.[346] 이 목적은 2010년 4월에 일부
개정된 〈사립학교법〉에서도 유지된다.[347] 1991년에 헌법재판소는 사립
학교의 공공성을 인정하면서도 그 자율성을 강조하여 사립학교를 국·
공립학교와 동일하게 취급하는 것이 옳지 않다고 판시한다.[348] 2001년

---

345) 송기춘, 「종교학교에서의 종교교육과 학생의 종교의 자유 ―평준화지역의 중등학교를
　　중심으로―」, 『공법연구』 33-1, 2004, 339-341쪽.
346) 〈사립학교법〉(제정 1963.6.26. 법률 제1362호) 제1조(목적).
347) 〈사립학교법〉(일부개정 2010.04.15. 법률 제10258호) 제1조(목적).
348) 헌재 1991.7.22. 89헌가106; 헌법재판소(http://www.ccourt.go.kr/). 헌법재판소는 국·
　　공립학교가 보편적 교육이념과 교육의 기회균등 원칙에 따라 표준화된 교육을 실시하
　　여야 할 책무가 있어 학교 나름의 특성을 개발·배양하는데 본질적인 한계를 지닌다
　　고 본다. 이에 비해 사립학교는 설립자의 이념을 구현하거나 독자적 교육방침에 따라
　　개성 있는 교육을 실시할 수 있고, 나아가 공공이익을 위한 재산출연으로 국가의 공교
　　육 실시를 위한 재정적 투자능력의 한계를 자발적으로 보완해 주는 역할도 하기 때문
　　에 어느 정도의 자율성이 확보되어야 한다고 본다.

11월에는 사립학교에 대한 학교운영위원회 설치 의무 규정에 대해, 교육의 자주성·전문성·정치적 중립성(헌법 제31조)이 '국가의 안정적 성장 발전을 도모하기 위한 취지'에서 규정된 것이기 때문에 현저히 자의적·비합리적으로 사립학교의 공공성만을 강조한 것이 아니라고 판시한다.[349]

사립학교의 위상이 '특수성·자주성 vs 공공성'의 구도에 있는 것이다. 그렇지만 어디까지가 특수성·자주성이고, 공공성인지에 대한 기준이 명확하지 않다. '특수성·자주성 vs 공공성'의 구도는 종립학교의 종교교육과도 연결된다. 일부에서 사립학교에도 '공공성'이 중시되어야 한다고 주장하는 데에 비해, 종립학교 측이 특수성·자주성에 입각하여 건학 이념 실현과 종교교육에 대한 권리를 주장하기 때문이다.

사립학교의 '특수성·자주성 vs 공공성' 구도가 종립학교와 연결된 계기는 2005년 12월의 〈사립학교법〉 개정이다. 개정안의 취지는 합리성·민주성·투명성을 통한 사립학교의 공공성 강화였다. 이는 사적 소유권에 입각한 사학설립(경영)자의 전횡적 경영과 그로 인한 부패가 양산되는 현실에서 사립학교의 공적 성격인 공공성이 부각되어야 한다는 논리를 전제한다.[350] 그와 관련하여 개방형 이사 도입과 감사 선임 문제, 직계존비속의 교장 임명 금지와 교장 임기 제한 문제, 학교운

349) 〈초·중등교육법〉(개정 1999.8.31. 법률 제6007호) 제31조(학교운영위원회의 설치); 헌재 2001.11.29. 2000헌마278, 『헌법재판소판례집』 13-2, 762-63쪽(초중등교육법 제31조등 위헌확인 기각, 각하결정). 헌재는 그 입법취지 및 학교운영위원회의 구성과 성격 등을 볼 때, 사립학교 학교운영위원회제도가 사립학교 교육의 자주성·전문성을 어느 정도 제한한다고 해도 현저히 자의적·비합리적으로 사립학교의 공공성만을 강조하고 사립학교의 자율성을 제한한 것이라고 볼 수 없다고 판단한다. 그리고 이에 따라 사학 설립자 및 재단의 재산권을 침해한 것이 아니라고 본다.
350) 최순영, 〈사립학교법 개정과 방향에 대하여(인천남동학운협 강연)〉, 2004.12.10(최순영의원 홈페이지).

영위원회 · 대학평의원회 심의기구화 문제가 주요 쟁점이 된다.[351] 그
렇지만 개정 〈사립학교법〉이 사유재산권을 부정한다는, 개방형 이사
제 도입으로 전교조가 이사회를 장악할 것이라는 주장 등이 보도되면
서,[352] 〈사립학교법〉은 2007년 7월에 재개정된다.[353]

　　2005년 12월의 개정 〈사립학교법〉을 둘러싼 갈등에서 핵심은 자주
성과 공공성의 관계 설정 문제이다. 〈사립학교법〉 개정 과정에서 국가
가 자신의 책임인 공교육 실현을 위해 사적 하드웨어(사립학교)를 이
용하면서도 공공성 강화를 명분으로 그 소프트웨어(교육이념 구현과
재산권 보호 등의 특수성 · 자주성)를 간과한다는 지적도 적지 않았
다.[354] 2005년 12월 개정 〈사립학교법〉 이후 사립학교의 공공성과 자
주성의 관계 설정은 특히 법학 연구의 아젠다(agenda)가 된다.

　　종교 연구자들이 사립학교의 '특수성 · 자주성 vs 공공성' 논쟁에 관
심을 갖는 경우가 흔치 않았지만, 종교교육은 사립학교의 '특수성 · 자주
성'과 연관된다. '특수성 · 자주성 vs 공공성' 구도에서 종교교육이 종립학
교의 특수성 · 자주성으로 인식되기 때문이다. 국 · 공립학교와 일반 사

351) 이시우, 「사립학교운영과 사립학교법」, 『교육법학연구』 13, 대한교육법학회, 2001, 127-
　　130쪽.
352) 최상천, 「사립학교의 전환: 사유재산에서 공교육기관으로-사립학교법 개정의 의미」,
　　『인물과 사상』 95, 인물과사상사, 2006, 47-51쪽.
353) 〈사립학교법〉(일부개정 2008.03.14. 법률 제8888호) 제14조(임원). 2007년 7월에 개정
　　된 사립학교법 제14조(임원)를 보면 대학평의원회(동법 제26조의2) 또는 학교운영위
　　원회(〈초 · 중등교육법〉 제31조)에 5인 이상의 홀수 위원으로 구성된 개방이사추천위
　　원회를 두고 대학평의회 또는 학교운영위원회에서 추천위원회 위원의 2분의 1을 추
　　천하도록 하였다. "다만 대통령령으로 정하는 종교지도자 양성만을 목적으로 하는 대
　　학 및 대학원 설치 · 경영 학교법인의 경우에는 당해 종교단체에서 2분의 1을 추천"하
　　도록 하였다. 그리고 개방이사추천위원회에서 2배수 추천한 인사 중에서 학교법인 임
　　원(7인 이상의 이사와 2인 이상의 감사) 가운데 4분의 1에 해당하는 이사(=개방이사)
　　를 선임하도록 하였다.
354) 김병주 · 김은아 · 안장자, 「사립학교법에 나타난 사학의 자주성과 공공성에 대한 교육
　　관련집단의 인식」, 『동아인문학』 13, 동아인문학회, 2008, 464쪽.

립 중등학교에서 종교 교과교육이 채택되지 않는 현실도 종교교육을 종립학교의 특수성·자주성으로 인식하는 것과 무관하지 않다. 이 때의 종교교육은 '종교선전' 교육, 즉 '어느 종교를 위한 교육' 또는 '특정한 종교를 위한 교육'에 해당된다.

국·공립학교에서도 '중립적 종교교육'이 시행되어야 한다는 주장이 대두된다.[355] 이는 '종교교육=종교선전교육'이라는 등식이나 '성숙한 신앙인의 양성'이라는 목표보다, '지적 성찰을 거친 교양인의 양성'이 종교교육의 일차 목표라는 주장과도 연결된다. 분석 차원에서 신앙인과 교양인이 구분되지만, 종교교육의 목표를 '교양인으로서의 성숙한 신앙인 양성'에 둔다면 종립 중등학교도 종교교육을 통해 특수성·자주성과 공공성을 동시에 확보할 수 있다는 것이다.[356]

사립학교의 '특수성·자주성 vs 공공성' 구도는 공공성이나 특수성·자주성 가운데 어느 하나를 배제할 수 없다는 측면에서 대립 관계가 아니다. 사립학교의 교육적·정치적·법리적 측면 등을 감안하면 공공성이나 특수성·자주성 가운데 어느 하나도 부정하기 어렵다. 실제로 논쟁 구도의 이면을 보면 공공성 강화를 주장하는 측도 특수성·자주성을, 특수성·자주성 강화를 주장하는 측도 공공성을 배제하지 않고 상호 균형론을 전제하고 있다. 예를 들어, 박부권은 자주성이 자유주의 전통, 공공성이 공동체주의 전통에서 인간과 사회에 대해 서로 다른 전망을 가지지만 양자의 조화 가능성을 타진한다. 조석훈은 1995년 5월 31일 교육개혁위원회의 신교육체제 구상에서 공급자 위주의

---

355) 손원영, 「기독교계 사립학교에서의 종교교육-〈초·중등교육법 일부 개정법률안〉과 관련하여」, 『종교교육학연구』 32, 한국종교교육학회, 2010, 211쪽, 225-227쪽.
356) 고병철, 「종립사학과 종교 교과교육의 공공성과 자율성」, 『정신문화연구』 32-4, 2009, 107쪽.

교육이 수요자 중심의 교육으로 전환되어야 한다는 주장과 논리가 제시된 이후에 새롭게 부각된 책무성(accountability) 개념으로 양자의 조화를 설명한다.357)

문제는 당위적 측면이 아니라 현실적 측면을 감안하면 특수성·자주성과 공공성의 균형론이 모호하다는 점이다. 상호 균형론에서 '균형'은 50%의 공공성과 50%의 특수성·자주성이 아니라 여러 '변수'와 지점에 따라 달라지기 때문이다. 그럼에도 불구하고 논쟁 구도는 종교교육이 특수성·자주성과 함께 공공성 영역에서도 논의되어야 한다는, 즉 종교교육도 종립학교 운영상의 특수성·자주성이 아니라 공공성을 염두에 두고 기획되어야 한다는 점을 시사한다.

4. 특징과 과제

미군정기부터 제3차 교육과정 시기까지 학교 종교교육의 현실을 변화시킨 정책은 없었다. 학교 종교교육은 정책적으로 방관의 대상이었다. 미군정은 표면적으로 종립학교에 대해 '종교 차별 없는 학교'를 지향했지만, 일제강점기 정책을 거의 그대로 수용했을 뿐이다. 학교의 종교교육에 대한 정책적 방관은 제3차 교육과정시기까지 이어졌고, 학교에서는 특정 종교를 위한 교육만이 진행되었다.

제2·3차 교육과정 시기에는 1969년 중학교 무시험제도, 1974년 고

---

357) 박부권, 「사립학교의 자주성과 공공성에 대한 소고」, 『교육사회학연구』 18-1, 한국교육사회학회, 2008, 22-23쪽, 34-35쪽; 조석훈, 「사립학교의 책무성: 자주성과 공공성의 조화」, 『교육법학연구』 16-2, 대한교육법학회, 2004, 277-278쪽.

교 입학 추첨 배정제도 등 사립학교를 공교육체계로 편입시키는 정책이 특정 종교를 위한 교육을 진행하던 종립학교 측과 갈등을 빚는다. 제3차 교육과정 시기에는 '종교' 과목을 국가 교육과정에 정식 교과로 편입시켜야 한다는 주장이 제기되면서 상호 갈등의 조율 가능성이 보였다.

전반적으로 미군정기부터 제3차 교육과정 시기까지 학교의 종교교육에 대한 정책적 분위기는 '방관'이었다. 구체적으로, 미군정기에서 제1차 교육과정 시기까지는 종교교육 관련 법령이나 조치가 등장했다는 측면에서 '토대기', 제2·3차 교육과정 시기는 사립학교를 공교육체계로 편입시키는 과정에서 종립학교 측과 갈등을 빚던 '갈등기'로 정리할 수 있다.

제4차 교육과정부터 현재까지는 종교 교과가 국가 교육과정에 편입되어 자리를 잡아가는 조율기라고 할 수 있다. 구체적으로, 제4·5차 교육과정 시기는 종교 교과가 국가 교육과정에 편입된 '편입기', 제6·7차 교육과정 시기는 국가 교육과정에서 종교 교과에 대한 방향들이 형성되던 '형성기'였다. 특히 제6차 교육과정 이후에 종교 교과교육의 방향은 종교학적 교육론으로 전환되는 추세를 보였지만, 여러 반론이 제기되고 있어 아직까지 형성 과정에 있다.

이상의 상황을 간략히 정리하면 다음와 같다. 학계에서 학교의 종교교육에 관심을 가진 계기는 제2차 교육과정 시기인 1969년의 중학교 무시험 진학제도 도입이다. 당시 주된 문제의식은 중학교 무시험 진학제도 이후에 종립 중등학교에 입학한 비(非)기독교 학생의 반응을 살펴보는 것이었는데, 결론은 대체로 큰 반발이 없다는 것이었다. 제3차 교육과정의 시작 시점인 1973년에는 중학교 무시험 진학제도의 이후 상황과 관련하여 종교교육의 정체성도 논의된다. 다른 종교에 대한 객관적인 소개, 교리 주입보다 종교적인 분위기 조성을 통한 인격도야, 학생 스스로의 판단에 의한 종교 선택 등 당시에 주장된 일부 내용은 최근까지 지속되고 있다. 이런 관심은 제3차 교육과정 시기인 1974년의 평준화 정책 시행을 계기로 지속되었다. 주된 연구 경향은 중등 종립학교에서 비(非)신앙인 학생들로 인한 문제를 지적하는 것이었다. 중학교 무시험 진학제도와 평준화 정책으로 인해 신앙교육론의 문제가 점차 사회적으로 부각된 것이다.

제4차 교육과정에서 종교 교과가 국가 교육과정의 자유선택교과에 포함된 것을 계기로 신학·교학 연구자뿐만 아니라 종교학 연구자들도 학교 종교교육에 대한 논의를 전개하였다. 그 과정에서 제4차 교육과정 이후에는 학교의 종교교육에 대해 '신앙교육론 vs 종교학교육론(종교문화교육·종교에 대한 교육)'의 구도가 형성되었다. 종교학 연구자들은 주로 후자를 지향하였다. 이러한 논의 구도는 제5·6차 교육과정 시기뿐 아니라 제7차 교육과정 시기까지 지속되고 있다.

제5차 교육과정 시기에는 종교교육이 인성교육으로도 이해되었다. 그리고 제6차 교육과정 시기에 일부 연구 성과가 발표되면서 '신앙교육론 vs 종교학교육론'의 구도에 인성교육론이 포함되었다. '신앙교육론 vs 종교학교육론 vs 인성교육론'의 구도가 형성된 것이다. 교육학 연구자들도 정서적 측면에서 도덕교육과 종교교육이 연계된다는 주장을 전개하면서 인성교육론에 동참하였다.

제7차 교육과정 시기에는 학교 종교교육에 대한 논의 구도에 변화가 있었다. 그 이유는 첫째, 2001년 '제7차 교육과정과 종교교육'의 문제에 주목한 한국종교교육학회를 중심으로 신앙교육론과 종교교육론의 병행 필요성이 제기되면서, 대립 구도가 흔들렸기 때문이다. 둘째, 영성교육론과 함께 '종교적 교육론'이 신앙교육론과 종교학교육론의 조율자로 새롭게 등장하면서 기존의 논의 구도가 확장되었기 때문이다.

정리해보면, 미군정기 이후 현재까지 학교의 종교교육은 '신앙교육론 vs 종교학교육론'의 구도로 논의되기 시작하여, '신앙교육론 vs 종교학교육론 vs 인성교육론'의 구도를 거쳐, '신앙교육론 vs 종교학교육론 vs 인성교육론 vs 영성교육론'의 구도에 놓이게 되었다. 인성 교육론은 다른 담론에 비해 미진한 상황이다. 향후에 시민교육론 등까지 가세한다면 논의 구도는 확장될 것으로 보인다.

학교 종교교육론의 구도가 지속·변화·확장되는 이유는 그 속에 쟁점들이 존재하기 때문이다. 필자는 현재까지의 쟁점을 '종교교육의 목적 설정의 차이', '종교 자유의 내용 이해(종교교육의 자유 vs 신앙의 자유)', '평준화 정책의 폐지 여부', '사립학교에서 자주성과 공공성의 비교 우위'로 정리하였다. 신앙교육론자, 종교학교육론자, 인성교육론자, 영성교육론자 등이 이러한 쟁점에 대해 다른 이해를 가지고 있는 것이다.

제7차 교육과정 시기부터 학교의 종교교육에 대한 연구 주제도 다양해지고 있다. 그 이전의 연구 성과에서 주요 문제의식은 종교교육의 목적이나 정체성에 관한 것이었다. 현재는 종교교육의 성격뿐만 아니라 평준화정책과 종교의 자유 문제, 종교교사의 양성 문제, 종교 교재의 구성 문제 등으로 학교의 종교교육에 대한 연구 주제가 다양해지고 있다. 다만 아직까지는 이러한 연구 성과들이 많이 축적된 것은 아니다. 이런 맥락에서 향후의 연구 과제는 쟁점별 논의를 확장시킨 다양한 연구 주제들을 개발·심화하는 것이 된다.

중등학교 종교
교과교육의 전망

Ⅳ 중등학교 종교 교과교육의 전망

　서구의 경우, 종교 교과교육은 여러 모델로 분류된다. 옥스퍼드 대학교의 교육학과 교수로 재직하고 있는 그리미트(M. Grimmitt)는 영국의 종교교육 모델을 ①고백적/교리적(confessional or dogmatic approach), ②신고백적/신교리적(neo-confessional or neo-dogmatic approach), ③개인적 문제탐구(personal quest approach), ④현상학적/비교리적 접근(phenomenological or undogmatic approach) 유형으로 분류하고, ⑤통합적 접근(integrated approach in existential approach and dimensional approach) 유형을 제시한다.[1] 그리고 지식 추구(the search for knowledge)가 종교에 관한 엄격한 학문(a rigorous academic study of religion)을 요구하고, 지혜 추구(the search for wisdom)가 종교에 관한 엄격한 학문 속에서 학습자의 인격적 연관성(the personal engagement)을 요구하는데, 진리 추구(the search for truth)는 지식과 지혜를 조화롭게 하는(into a unity) 핵심 동인(key driver)이 될 수 있

---

1) Michael Grimmitt, *What can I do in R.E.?: A Guide to New Approaches*, London: Mayhew, 1973. 현재 그림미트의 연구성과 참조(http://www.education.ox.ac.uk/about-us/directory/dr-michael-grimmitt/).

다는 입장을 보인다.[2]

영국 티사이드대학(the University of Teesside)의 구더햄(D. Gooder ham)은 종교교육 모델에 대해 종교적-인문학적 연속체(the religious-humanistic continuum)를 세로축, 고백적-학문적 연속체(the confe ssional-academic continuum)를 가로축으로 만든 행렬표(matrix)를 제시한다. 세로축은 종교 상징(symbols of religion)이나 삶에 대한 해석 방식에서, 가로축은 탐구 방법(modes of enquiry)에서 차이를 보인다.[3] 행렬표는 아래와 같다.

구더햄은 행렬표를 통해 종교교육의 접근 방식을 ①종교적-고백적 접근: 특정 종교, 특히 기독교의 성서와 전통을 중시하면서 그 토대 위에서 새로운 신앙고백을 지향하는 입장(Ronald Goldman), ②종교 적-학문적 접근: 특정 종교, 특히 기독교/성서에 관심을 두면서 객관적

---

2) Michael Grimmitt, "The Contours of Critical Religious Education: Knowledge, Wisdom, Truth," *British Journal of Religious Education,* Vol.25, Issue 4, 2003, pp.279-291.; 손 원영, 「영국에서의 학교 종교교육에 대한 연구」, 『기독교교육정보』 14, 2006, 219-223쪽.

3) David W. Gooderham, "Discussing Religious Education: A Conceptual Framework for the Consideration of Curricular Issues," *British Journal of Religious Education,* Vol. 3, Issue 2, 1980, pp.53-59.

연구를 강조하는 입장(Ninian Smart), ③고백적-인본주의적 접근: 특
정 종교보다 일반적인 종교/종교경험에 관심을 두면서 학습자의 실존
주의적인 태도 및 경험주의적인 연구경험을 강조하는 입장(Harold
Loukes), ④학문적-인본주의적 접근: 기독교를 일반 종교의 하나로 간
주하면서 종합학문적 연구(inter-disciplinary)를 강조하는 입장으로 구
분한다. 다만 물(water)과 고통(suffering) 등을 분석하면서 네 가지 유
형은 엄격히 분리되는 것이 아니라 중첩된다고 지적한다.[4]

　서호주 대학(The University of Western Australia)의 라이하니(Raihani)
는 종교교육의 주요 세 가지 모델로 종교로의 교육(teaching into religion),
종교에 관한 교육(teaching about religion), 종교로부터의 교육(teaching
from religion)을 제시한다. 그와 관련하여 그리미트를 종교에 관한 교
육과 종교로부터의 교육을 개척한 인물(pioneer)로 평가한다.[5]

　한국의 경우도 제4차 교육과정에 종교 교과가 포함된 후, 학계에서
종교교육의 방향 설정과 관련 연구 성과가 나오기 시작한다. 제4차 교
육과정 당시부터 현재까지 종교 교과교육론의 모델은 대체로 신앙교

4) *Ibid.*, pp.53-59.; David W. Gooderham, "Discussing Religious Education: A Conceptual Framework for the consideration of Curricular Issues," *New Direction in Religious Education*, John Hull ed., Lewew, Sussex: The Falmer Press, 1982. pp. 143-154. 여기서 '종교적'은 신(God) 또는 초월자(the transcendent)가 중심, '인문학적'은 인간이 중심이다. 예를 들어, 종교적은 신이 우주를 창조하고 유지한다고, 인문학적은 실재가 사회적으로 구성(a socially-constructed reality)된다고 본다. 삶에 대해서도 종교적 해석(religious interpretations of life)과 인문학적 해석(humanmistic interpretations of life)로 구분된다. 고백적은 신학자나 변증론자 등의 고백적 활동에서 볼 수 있고, 학문적은 인문학의 객관적 탐구(objective enquiry of the human sciences)로서 학문적 훈련(academic disciplines)과 관련된다.
5) Raihani, "Religion Classes in Indonesia: Translating Policy into Practice," *Paper presented at the Asian Studies Association of Australia (ASAA) Conference*, Adelaide, 5-8 July 2010, p.2. The University of Western Australia에서 Asian Studies를 수행하는 Raihani의 업적은 홈페이지(http://www.uwa.edu.au/people/raihani) 참조.

육(education of religion), 종교적 교육(religious education)과 영성교육(spiritual education in religion), 종교학교육(education about religion) 등이다. 종교 교과교육과 도덕교육·영성교육의 연관성, 종교 교과교육과 대안교육의 연관성에 대한 논의도 이러한 구도의 한 부분을 차지한다. 이러한 모델들은 종교에 대한 학문적 접근 방식을 기준으로 세로축을 만들고, 종교와 관련된 강조점을 기준으로 가로축을 만들어 교차시키면 다음과 같이 배치될 수 있다.

신학·교학적 접근
(형이상학적 전제, 고백주의)

①	②
(신앙 교육)	(영성 교육)
③	④
(종교학 교육)	(인성 교육)

지식 (좌측) 가치 (도덕·정서) (우측)

인문학·사회과학적 접근
(비고백주의)

위의 구도에 따라, 중등학교의 종교 교과교육 유형은 신앙교육, 영성교육, 인성교육, 종교학교육 등으로 구분될 수 있다. 다만 '영성적 인성교육'이라는 표현처럼[6] 이들 유형은 상호 중첩되는 부분을 가질 수 있다. 이러한 유형 구분은 엄밀한 의미의 단절이 아니라, 논의의 강조점을 지적하기 위한 것이다. 이를 토대로 하여 필자는 중등학교의 종교 교과교육에 대한 새로운 모델로 성찰적 종교교육(reflexive education about religion)을 제시하고자 한다. 아울러 종교 교과교육과 그 미래를 관통할 수 있는 것으로 '공교육 관점'을 제시하고자 한다.

---

6) 구제홍, 「정보사회의 기독교대학의 인성교육」, 『기독교교육정보』 18, 2007, 40쪽.

1. 종교 교과교육과 신앙교육론

1) 신앙교육론의 당위성

종립학교 측에서는 대체로 학교가 신앙교육을 위해 설립되었기 때문에 신앙교육으로서 교과교육이 당연하다는 입장이다. 일부에서는 교과 외 활동으로서 신앙교육이 종립학교뿐만 아니라 일반학교로 확대되어야 한다는 주장도 제기된다. 이런 류의 주장은 학교를 교회와 사찰 등의 특정 종교시설과 동일시하는지 그렇지 않은지에 따라 세부적인 차이를 보인다. 그와 관련된 주장들을 시간의 흐름에 따라 요약하여 제시하면 다음과 같다.

김일엽은 '학교는 교회가 아니다'라는 전제 하에 기독교교육을 기독교학교의 기도회나 성경 시간으로만 인식하지 말고, 일반 학교에서도 '기독교 진리의 공식 주입 교육'을 지양해야 한다고 주장한다. 강제성을 띄거나 지나치게 형식화된 교육은 10대 소년들에게 잠재적 반항심을 유발하거나 기독교 변호가를 만들어내기에 그칠 뿐이라는 것이 그 이유이다. 그는 기독교교육이 교목 중심에서 평신도 중심의 교육으로 전환되고, 비기독교학교에서도 교사가 기독교 생활 원리를 모범적으로 보이는 것이 되어야 한다고 지적한다.[7]

김득렬은 한국의 기독교학교가 그리스도의 복음을 전하는 전위 기관으로 설립되었다고 주장한다. 그리고 해방 이후 등장한 교목제도가 '한국 교회에게 열려진 새로운 기회'라고 주장한다. 학교에서 채플과

---

7) 김일엽, 「비기독교학교에서의 기독교교육」, 『기독교사상』 7-4, 1963, 76-77쪽.

수업 등을 담당하는 교목은 '학원에서 목회하는' 존재라는 인식이다.8) 또한 그는 상급학교의 진학 또는 취직시험과 무관하다는 생각에서 기인한 성경과목에 대한 무관심이나 미약한 학습동기가 시정·진작되어야 하고, '성경과목'에서도 다른 과목과 같은 방법으로 일방적 지식 전수에만 매달리지 말고, 성경의 본성과 일치하게 교육하는 원리와 방법에 대한 연구가 발전되어야 한다고 지적한다.9)

오기형은 기독교학교가 '학교'로서, '사립학교'로서, 그리고 '기독교 사립학교'로서 존재 의의와 사명을 가진다고 지적한다. 특히 기독교학교는 기독교의 특이성을 살림으로써 존재 의의를 살릴 수 있다고 지적한다.10) 여기서 기독교학교의 특이성은, 다음의 인용문에서 볼 수 있듯이, 개신교의 교리와 그에 입각한 세계관을 의미한다.

> 기독교학교가 빛을 발해야 하고 또 발할 수 있는 바탕을 가지고 있는 것은 그리스도의 복음에 그런 바탕이 있기 때문이다. … 우리는 기독교적인 인간만을 참된 인간관이라고 믿는다. … 우리는 동시에 인간은 하나님 앞에서 죄인이며 그는 하나님을 경외함으로써 참된 지식을 얻을 수 있음을 믿는다. 우리는 인간이 하나님과의 올바른 관계에 섬으로써 비로소 사람과 사람, 스승과 제자, 학생과 학생간의 올바른 인간관계가 성립되는 것을 믿는다.11)

1970년의 좌담회(주제: '기독교학교의 존재의의와 그 사명')에서는

---

8) 김득렬, 「한국 기독교학교 교목의 당면과제」, 『기독교사상』 9-5, 1965, 61-64쪽. 교목의 역할은 대체로 학원의 정관 및 내규에 규정된다(같은 글, 63쪽).
9) 김득렬, 「기독교학교에서의 기독교교육 문제와 성경교육 구조개선」, 『신과대학』 9·10, 연세대학교 신과대학, 1968, 1215쪽.
10) 오기형, 「기독교학교의 존재의의와 사명」, 『기독교사상』 13-2. 1969, 67-74쪽.
11) 위의 글, 71쪽.

한국의 교육 상황이 비인격화, 학생을 대량생산해내는 곳으로 변화되는 경향, 스승과 제자 사이에 인격적 관계가 형성되지 못하는 현상, 상급학교 입시 위주로 변화되는 교육, 인성교육이나 인격교육이 불가능한 상황, 교육자로서의 사명의식보다 생계 유지를 위한 방편으로 교사일을 하는 교육·교사 부재시대 등으로 진단된다. 그리고 기독교학교의 위상에 대해 김득렬(연세대 교목)은 '기독교적 인간 배출'에서 찾을 수 있다고 지적한다. 백서영(이화여자중고등학교 교목)은 기독교적 가치판단과 언행 등이 학생의 생애에 중요한 길잡이 구실을 하기 때문에 기독교 교리를 주입하는 식의 신앙 일변도적 기독교교육이 사실상 존재할 수 없다고 지적한다. 이귀선(신일중고등학교 교목)은 우수한 학교인 동시에 기독교정신을 교육하는 학교가 기독교학교의 목적이 되어야 한다고 지적한다.[12]

이한빈(연동교회 목사)은 기독교학교(Christian school)에서 교회관계 학교(Church-related school)로 바꾸어야 한다고 주장한다. 교회관계 학교란 교회가 직접 기독교정신으로 경영하는 것이 아니라 다소의 이사들을 파송해서 기독적 선교와 교육을 위해 도와주는 것이다. 또한 교목을 기독교 기관의 파송 대표로 생각하는 한, 일반 교사와의 조화를 기대하기 어렵기 때문에 교목제도의 갱신이 필요하다고 지적한다. 그에 따르면, 교목은 교리를 주입하거나 신앙을 강요하는 성경학교 교사가 아니라 하나의 학문으로서 가르치는 평교사이다. 아울러 교회관계 학교에서는 종교와 교육, 신앙과 학문을 분리하지 않기 때문에 모든 기독자 교사들이 교목의 역할을 갖는다고 지적한다.[13]

---

12) 김득렬·백서영·이귀선·박형규, 「기독교학교의 존재의의와 그 사명」(좌담회), 『기독교사상』 14-3, 1970, 77-84쪽.

장윤철(신일중고교 교장)은 '기독교교육에 대해 일반사회뿐 아니라 교회의 많은 인사들이 갖고 있는 오해를 해소'한다는 취지에서 다음과 같이 지적한다.

> 현대 한국의 기독교학교에서는 기독교 교육을 통하여 불신자를 신자로 만들려는 것이 기독교교육의 주요 목적이 아니다. 기독교가 줄 수 있는 가장 훌륭한 영향을 젊은이들에게 주어서 우리 사회에 유익한 인재를 많이 양성하려는 것이 기독교교육의 주된 목적이다. 기독교학교에서 기독교적 영향을 통하여 불신자가 신자가 되는 것을 물론 환영하나 신자가 되지 않더라도 기독교적인 영향을 받아서 우리 사회와 국가를 위하여 희생과 봉사의 정신으로 일할 수 잇는 많은 젊은이가 나오면 기독교교육은 그것으로서 크게 성공한 것이라고 생각한다.[14]

1979년 좌담회(주제: 기독교학교는 없어지는가?)에서는 개신교계 종립학교의 방향 설정이 논의된다. 주요 내용은 개신교계 종립학교에서 내신제 과목에 성경을 넣거나 범종교적으로 할 것, 종교 교사자격증을 발행할 것, 평준화가 기독교학교의 고유한 특수성을 없애는 것이 아니라는 것, 국고 지원이 국민에 대한 국가의 의무라는 선에서 그치고 사립학교의 독자성을 침해하는 쪽으로 가지 말 것, 사립학교는 등록금을 공립학교보다 더 받도록 해야 한다는 것, 선교영역에서 학교가 황금어장이기 때문에 신학대학 교과과정 가운데 교목이나 군목을 위한 특별 배려가 필요하다는 것, 평준화 상황에서 기독교학교가 성경과목을 인간교육·도의교육 시간으로 만들어야 한다는 것 등이다.[15]

---

13) 이한빈, 「기독교학교에서의 예배와 교목」, 『기독교사상』 14-3, 1970, 52쪽.
14) 장윤철, 「기독교학교에서의 기독교교육」, 『새가정』 222, 새가정사, 1974, 43쪽.

손승희는 기독교학교가 일반학교와 다른 점이 기독교적 이념의 실현이라는 설립 취지의 특수성에 있다고, 학교설립이나 교육 자체가 목적이 아니라 기독교적 이념의 실현 방법이나 수단이라고 주장한다. 기독교학교의 존재 이유가 교육을 통한 기독교정신의 실현, 신교의 자유 보장, 인간교육과 가치교육의 담당에 있다는 것이다.16)

개신교계 교육학자인 오인탁은 1979년 11월에 비기독교도와 종교에 무관심하거나 종교를 경멸하는 지성인을 염두에 두면서 '정규 교과목으로서의 종교과목', 나아가 '종교교육학'을 제창한다. 그의 주장과 논리를 보면, 그 동안의 교육개혁이 '의미가 충족되어진 삶을 위한 도움으로써의 교육'을 제공하지 못하고 전체적인 교육을 과제로 남겼는데, 전체적인 교육은 종교·도덕적 교육으로 제공될 때 가장 바람직하다는 것, 종교교육이 모든 교육자에게 결코 간과할 수 없는 교육적 과제이며 측면이라는 것, 윤리의 뿌리가 종교에 있고 도덕이 한계를 고하는 곳에서부터 종교의 본래적 영역이 펼쳐지기 때문에, 즉 윤리의 힘이 종교성에서 나오기 때문에 국민윤리가 종교과목으로 확대되어야 한다는 것, 종교교육이 '언제나 이미' 있었기 때문에 종교교육 이념을 도덕교육으로 대치하는 것은 불충분하고 목적 소외적이라는 것 등이다. 핵심은 종교과목이 정규교과목이 되어야 한다는 것이다.17)

김종희(경신중고등학교 교목)는 1969년 중학교 평준화, 1973년 고

---

15) 한완상·김소영·이동욱, 「기독교학교는 없어지는가?」, 『기독교사상』 23-4, 1979, 20-36쪽.

16) 손승희, 「기독교학교가 왜 있는가?」, 『기독교사상』 23-4, 1979, 38-40쪽.

17) 오인탁, 「학교와 종교교육」, 『기독교사상』 23-11, 1979, 148-160쪽. 오인탁의 논문은 1979년 6월 29일에 한국교육개발원에서 열린 세미나("학교교육 목표에 대한 사회적 요구의 탐색") 가운데 "종교도덕적 측면에서 요구되는 인간과 학교교육목표"라는 제목의 발제강연을 수정 보충한 것이다. 오인탁은 이 글을 "비기독교도와 종교에 무관심하거나 종교를 경멸하는 지성인을 염두에 두면서 썼다"고 밝히고 있다(같은 글, 148쪽).

등학교 평준화, 1979년 대학입학 내신제(성경과목 제외), 1975년과 1981
년 두 차례에 걸친 사립학교 정관 개정 등의 교육개혁들이 기독교학교
교육의 핵심을 뿌리 채 뽑고 있으며, 특히 애초에 사립학교의 특수성
을 고려하지 않은 평준화작업이 기독교학교에 심각한 문제라고 지적
한다.[18] 그리고 평준화 결과로, 다음의 인용문과 같이, 예배, 성경과
목, 성적처리, 교회출석, 교목과 교사자격증 등의 문제가 초래되었다
고 지적한다.

① 예배문제: 원하는 학생에게만 하도록 하라는 얘기는 입시경쟁·
과열이 이를 불가능하게 할 뿐 아니라, 심리적으로 학교에 대한
불신감, 반항감을 유발.
② 성경과목문제: 주당 2시간 하던 것이 주당 1시간으로 감소될 뿐
아니라 학교에 따라서는 고3에서는 교육하지 않음. 학교를 새
로 설립하고 기독교교육을 해보려던 학교들이 기독교교육을 완
전히 배제해 버림.
③ 성적처리문제: 대입 내신성적에 통산하지 않기 때문에 성경과목
에 대한 관심이 희박해지고 시험공부를 하지 않음. 이는 학생들
로 하여금 성경과목을 경시하게 할 뿐 아니라, 기독교의 위대한
유산인 복음에 대한 품위를 손상시킬 우려가 됨. 그나마 통지표
와 학적부에 기록하지 말라고 할 때, 문제는 더욱 심각하게 된다.
④ 교회출석 문제: 종전에는 출석카드제로 강력하게 지도할 수 있
었던 것이 권장사항으로 되고 그것도 강조하지 말라는 것을 보
면 교회출석이 저조해질 것은 자명한 것이다.
⑤ 교목과 교사자격증: 교목이 교사자격증이 없다는 이유로 졸지에
사표를 내고 촉탁교사가 되는가 하면, 변태지출이라는 이유로
해임될 뿐 아니라, 관선이사에 의해 느닷없이 해고당한 교목도
있음.[19]

18) 김종희, 「위기의 기독교학교」, 『새가정』 312, 새가정사, 1982, 41-42쪽.

김종희는 1982년 12월 5일의『기독공보』의 문교부장관 기자회견 기사에 근거하여 1984년에 중학교 의무교육이 실시되면 중학교에서 기독교교육이 불가능하게 되고, 고등학교에서 교장 재량으로 성경을 선택과목으로 지정할 수 있지만, '기독교과목을 선택하지 않은 학생에게 강요할 수 없다'는 단서가 제도화되면 더 큰 문제가 발생할 것이라고 지적한다. 그리고 비(非)기독교학교에 배정 받은 학생이 기독교교육을 원할 때, 교회가 그 학교에 교목을 파송할 수 있도록 제도화되어야 한다고 지적한다.[20]

김삼열은 초기에 개신교계 학교가 미션스쿨(Mission School, 1885-1945)에서 출발하여 해방 이후부터 기독교학교(Christian School, 1945-오늘까지) 시대에 접어들었는데, 미래에는 교회학교(Church School)가 되어야 한다고 지적한다. 여기서 교회학교는 교회가 기독교학교에 '성직자'를 파송하거나 재정적 지원을 하는 등 학교의 기독교교육과 직접적인 연관을 맺어야 한다는 의미이다.[21] 이는 평준화상황에서 기독교학교의 활로를 찾기 위해 제시된 것이다.

홍정근(경신중학교 교목)은 제6차 교육과정이 종단교육(기독교교육, 선교교육)이 아닌 종교문화교육을 지향하기 때문에 종교다원주의 문제와 관련하여 배타주의(exclucivism)나 상대주의(pluralism)가 아니라 '최소한 포괄주의(inclusivism)적인 입장에 설 것을 요구'한다고 지적한다. 그리고 이것이 신학적 태도의 문제, 신앙고백의 문제이기 때문에 교계에서 적극적으로 대응해야 한다고 지적한다.[22]

---

19) 위의 글, 42-43쪽.
20) 위의 글, 39-44쪽.
21) 김삼열, 「기독교학교의 어제와 오늘」, 『교회와 한국문제』 8, 기독교한국문제연구회, 1990, 29-30쪽.

김희자는 기독교학교의 목적이 학생 '자신이 하나님의 형상임을 인식하게 하는 것'에 있다고 지적한다. 그리고 기독교학교의 교육적 과제로서 자기 정체성을 성경과 기독교적 세계관에서 확립하고 교육 현실에서 기독교신앙에 기초한 교육 이념과 목적을 실천할 것, 기독교 세계관이 분명한 교사가 교육할 것, 하나님 중심적(theocentric)이고 신앙과 학문이 통합된 교육과정을 개발할 것, 행정과 운영이 기독교적(봉사, 섬김, 돌봄)일 것, 교회·교단과 긴밀한 협력관계를 유지할 것, 기독교적인 것과 학문적인 것의 조화뿐 아니라 신앙공동체와 학문공동체의 탁월성을 향해 노력할 것 등을 제시한다.[23]

이런 종류의 주장은 종립학교에서 종교 교과교육이 신앙교육이어야 한다는 입장에서 공통점을 보인다. 최근에 사학의 자율성과 종교의 자유 등에 근거하여 종립학교의 신앙교육 자체에 문제가 없다는 법학계의 주장으로 뒷받침되는 양상이다. 법학계의 일부 연구자들은 종교의 자유와 종교교육의 자유를 조화롭게 보장하기 위해서 특정 종교를 위한 교육을 허용하되 대체교과를 개설하는 방법이 불가피하다는 점, 또는 자율고 전환이 필요하다는 점 등을 제시하고 있다.[24] 이는 신앙교육으로

---

22) 홍정근, 「다종교 상황 하에서 기독교학교의 '종교과목'」, 『교육교회』 201, 장로회신학대학교 기독교교육연구원, 1993, 60쪽.

23) 김희자, 「기독교학교의 본질과 목적」, 『기독교교육연구』 9-1, 1998, 26쪽, 28-29쪽. 한국의 기독교학교 유형을 '전도라는 지상 명령을 수행하기 위해 선교사가 설립하여 교단과 연계하여 교육을 수단으로 선교적 사명을 완수하는 것을 목적으로 하는 세워진 미션스쿨(mission school), 그리고 교단이나 교회가 설립·운영하거나 교단·교회와 무관하게 기독교인 설립자가 기독교신앙을 학교제도를 통해 실현하기 위해 세운 기독교학교(christian school, 공통 설립 목적: 기독교 정신의 구현)로 구분한다(같은 글, 14-17쪽).

24) 고병철·정상우, ≪학교 내 종교차별 기준 설정 연구≫, 한국학중앙연구원 문화와 종교연구소, 2010, 80쪽(각주 59번 참조). 이 보고서는 2010년 문화체육관광부 연구용역의 결과임. 일부 법학 연구자의 주장에 따르면, 비록 공교육 체계에 편입되었다고 하더라고, 종립학교까지 종교 교과교육을 교양인 양성을 위한 '종교학' 수업으로 한정하게 되면, '세속주의'(종교학 포함)에 반대하고 신앙교육을 하기 위해 학교를 설립한 취지,

인한 문제를 소극적 종교의 자유와 종교교육의 자유라는 기본권의 충돌로 보고, 이익형량의 원칙보다 실제적 조화의 원칙(규범조화적 해석)에 따라 종립학교가 종교교육을 시행하되 학생의 종교 자유가 실현될 수 있도록 학교 선택의 폭을 넓히는 대안책을 마련하거나 종교교육을 거부하는 학생을 인정해주는 관용적 입장을 취해야 한다는 것이다.[25]

　1990년대 전후부터는 신앙교육을 옹호하는 서구 연구자들의 논의가 집중적으로 소개되면서 신앙교육의 당위성뿐 아니라 신앙교육을 위한 학습방법에 대한 논의, 즉 신앙인 육성이라는 과제(목표)를 효과적으로 달성하기 위한 논의도 활발해진다. 이미 1980년대에도 개신교계에 제임스 파울러(James W. Fowler)의 신앙발달 이론 등이 소개되었지만,[26] 1990년대부터는 '신앙교수법'과 관련하여 새로운 이론이 소개되

사학의 자율성, 종교의 자유가 침해될 수 있고, 사학의 자율성과 종교의 자유에 근거하여 특정 종교를 위한 수업을 할 수 있되 강제할 수 없다는 대법원 판례의 취지에 반한다는 것으로 요약된다. 나아가 교과 이외의 종교 활동만을 강조하는 것도 오히려 교과 이외의 종교 활동을 조장할 위험이 크다고 지적된다.

25) 정상우·최정은, 「학생의 신앙의 자유와 중등 종립학교에서의 종교교육의 자유의 조화 방안 연구」, 『교육법학연구』 22-2, 2010, 199-201쪽. 이익형량의 원칙은 기본권들 간에 위계질서가 존재한다는 점과 상위의 기본권이 하위의 기본권에 우선한다는 점을 전제로, 충돌하는 기본권 간에 우선순위를 정하여 해결하는 방법이다. 그에 따라, 학생의 종교 자유는 종립학교의 종교교육 자유보다 우선시되는 기본권이 된다. 그에 비해, 실제적 조화의 원칙(규범조화적 해석)은 기본권이 모두 헌법에서 보장하는 중요한 가치이기 때문에 이익형량의 원칙을 적용하여 어느 하나의 기본권만을 보장할 것이 아니라 두 가지 기본권이 모두 최대한 보장될 수 있는 조화 지점을 찾아야 한다는 점을 전제한다. 그에 따르면, 어떤 법적 조치로 인해 기본권이 제한을 받을 때 기본권 제한 법률의 목적이 정당한지(목적의 정당성), 그 실현수단이 적합한지(수단의 적합성), 기본권 제한으로 인한 피해가 최소화되는지(침해의 최소성), 기본권을 제한하는 것이 그렇지 않을 때보다 더 큰 이익이 있는지(법익의 균형성) 등을 파악하여 양자의 조화적 해석이 모색된다.

26) J.W.파울러, 「미래의 기독교인과 교회 교육」, 『기독교사상』 24-10, 1980; 장종철, 「파울러(James W. Fowler)의 신앙 발달과 기독교 교육」, 『신과대학』 16, 연세대학교 신과대학, 1982; 박시원, 「파울러 신앙발달이론 신앙단계」, 『기독교사상』 39-10, 1995; 이금만, 「그리스도교 신앙발달 교육방법에 관한 한 연구-James W. Fowler를 중심으로-」, 『한신논문집』 16-1, 1999 등.

기 시작한다.

이금만은 가톨릭 교육학자인 제임스 리(James Michael Lee)[27]와 마리아 해리스(Maria Harris)[28], 개신교계 교육학자인 존 웨스터호프 3세(John H. Westerhoff III)[29]와 사라 리틀(Sara P. Little)[30]과 토마스 그룹(Thomas H. Groome)[31]과 메리 보이스(Mary C. Boys)[32]를 기독교교육의 주요 이론가로 보고 그들의 신앙교수법을 소개한다.[33] 그 외에 윌콕스(Melissa M Wilcox)[34]와 워포드(Malcolm Warford)[35] 등도

---

27) 탈봇 신학교(http://www2.talbot.edu/ce20/educators/view.cfm?n=james_lee#bio). 제임스 리 박사(1931-2004)는 로마 가톨릭 평신도 교육자, 종교교육의 사회과학 모델(the social-science model of religious education)의 창안자, 대학교수, 작가, 에디터, 종교교육출판사 사장(CEO of Religious Education Press, REP) 등으로 소개된다. 그의 주요 3부작은 다음과 같다. *The shape of religious instruction.* Mishawaka, IN: Religious Education Press, 1971; *The flow of religious education.* Birmingham: Religious Education Press, 1973; *The content of religious instruction.* Birmingham: Religious Education Press, 1985.

28) 탈봇 신학교(http://www2.talbot.edu/ce20/educators/view.cfm?n=james_lee#bio). 마리아 해리스(1932-2005)는 종교교육, 특히 미학(the aesthetic)과 영성(spirituality)에 관심을 보인 인물이다.

29) 탈봇 신학교(http://www2.talbot.edu/ce20/educators/view.cfm?n=james_lee#bio). 존 웨스터호프 3세(1933-)는 미국 연합교회 목사, 듀크 대학의 신학교 교수, 그리고 기독교인 만들기(Christian formation)라는 교리문답(catechesis)식 교육모델을 강조한 인물 등으로 소개된다.

30) 탈봇 신학교(http://www2.talbot.edu/ce20/educators/view.cfm?n=james_lee#bio). 사라 리틀(1919-2009)은 통합의 장(an integrative field)으로서 기독교교육에 관심을 보이는 인물이다.

31) 보스턴대학(http://www.bc.edu/schools/stm/faculty/groome.html). 토마스 그룹은 신학과 종교교육 교수를 담당한다. 주요 관심사는 종교교육, 목회(pastoral ministry), 실천신학의 역사와 이론과 실천이다.

32) 유니온 신학교(http://www.utsnyc.edu//Page.aspx?pid=316). 메리 보이스는 콜롬비아 대학에서 학위를 하고, 1994년부터 유니온대학의 신학교에서 실천신학 교수를 담당하고 있다.

33) 이금만, 「교사를 위한 신앙교수법에 관한 한 연구-최근 신앙교수법 논의와 그 분석을 중심으로-」, 『신학연구』 38, 한신대학교 한신신학연구소, 1997, 319-362쪽.

34) 휘트만 대학(http://www.whitman.edu/content/religion/faculty/wilcox). 윌콕스는 2000년에 캘리포니아 산타바바라 대학에서 종교학(Religious Studies)로 박위를 받은 후, 휘트만대학에서 젠더 연구 프로그램의 종교학과 교수를 담당하고 있다. 주요 관심사는 종교사회학, 미국종교사(American religious history), 젠더연구/동성애이론(gender studies/queer theory), 그리고 종교학이론(religious studies theory) 가운데 특히 종립학

소개하면서, 기독교교육의 흐름을 종교교수 접근법(제임스 리 등), 신
앙공동체 접근법(웨스터호프 3세 등), 신앙발달 접근법(월콕스 등), 해
석 접근법(그룸 등), 해방 접근법(워포드 등)으로 정리한다.[36]

　김도일은 코우(George Albert Coe), 넬슨(C. Ellis Nelson), 존 웨스
터호프, 사라 리틀, 메리 보이스 등의 이론을 소개한다. 이를 통해 종
교교육(기독교교육)의 목적인 전통과 변혁, 그리고 종교교육의 방법
혹은 과정인 사회화와 가르침 사이의 긴장을 검토하면서 양자택일이
나 피상적 병립이 아니라 그 긴장을 함께 포용하여 '통전성을 추구하
는 진정한 융합(convergence)'을 이루어야 한다고 주장한다.[37]

　2001년에는 잭 세이무어가 편집한 『기독교교육의 지도 그리기』
(Mapping Christian Education, 1997)가 번역되어,[38] 기독교교육 모델
로 ①정의를 위한 사회변혁(transformation) 또는 해방(liberation),
②인간 개별화(atomizing, 개인주의)의 치료를 위해 공동체성을 부각
시키는 신앙공동체(faith community), ③개인의 영적 발달(spiritual
development), ④종교교수(religious instruction), ⑤해석(interpretation)
등이 소개된다.[39] 그 내용은 다음과 같다.

교 역사(the History of Religions school)이다.
35) 인터뷰자료(http://www.resourcingchristianity.org). 워포드는 캔터키 대학(Univ. of Kentucky) 소속으로서 교육정책연구(educational policy studies)에 관심을 갖고 있다. 그리고 교회 목회를 위한 신학적 교수학습에 관심을 갖고 렉싱턴 세미나(Lexington Seminar)를 주도한 인물이다.
36) 「이금만 / 현대 기독교육의 5가지 접근방법」, 『국민일보』, 2000.03.24.
37) 김도일, 『현대 기독교교육의 흐름과 중심사상』, 동연, 2010, 297-299쪽.
38) 개렛 신학교(Garrett-Evangelical Theological Seminary) 종교교육학 교수인 잭 세이무어(Jack L. Seymour)는 1982년에 도날드 밀러(Donald E. Miller)와 함께 『기독교 교육의 현대적 접근』을 발간하여 다양한 기독교교육론을 정리한바 있다. Jack L. Seymour and Donald E. Miller, eds., *Contemporary Approaches to Christian Education*, Nashville: Abingdon Press, 1982.
39) Jack L. Seymour, eds., *Mapping Christian Education*, Nashville: Abingdon Press, 1997;

첫째, 해방신학에 기초를 두는 정의를 위한 사회 변혁 지향 담론에 서는 산상수훈으로 시작되는 마태복음 5-7장 내용을 개신교교육론의 실현 과제로 삼는다. 인간이 '새 창조'에 대한 '신'의 초청에 응해 '하나 님의 통치의 윤리적·정치적·종말론적 구도'에 따라 살아가야 한다 는 것이다. 이를 위해 교육과정에서 보기(seeing), 해석 또는 판단하기 (judging), 행동(acting)과 기독교적 실천(praxis)이 강조되고, 파울로 프레이리(Paulo Freire) 방식의 의식화(conscientization) 교육, 인종간 의 정의와 화해 등에 대한 현실적 참여 등이 강조된다.[40]

둘째, 신앙공동체 지향 담론에서는 해방신학과 창조신학에 기초하 여 개인주의를 치료하고 진정한 인간 계발을 위한 표현인 공동체의 재 탄생이 제안된다. 공동체성을 구체화시키는 교육으로 공동체의 개발 과 영적인 것들의 재발견이 동시에 강조된다. 교육 방법으로는 공동체 의 삶을 생산하고 개발하는 봉사(service) 행위, 현재를 위한 '하나님' 의 말씀을 해석하고 그리스도인이라는 정체성을 명확히 하는 성찰 (reflection), 특정한 교회 공동체 안에서 다른 공동체들 사이의 결속을 창조하고 유지하는 교제(communion)가 강조된다.[41]

『기독교교육의 지도 그리기』(고용수 옮김), 한국장로교출판사, 2001, 25쪽. 예를 들어, 사회 변혁 담론에서는 시민정신과 사회적 변혁의 증진을 목표로 반성과 행동이 촉구된 다. 신앙공동체 담론에서는 신앙공동체의 형성, 영적 성장 담론에서는 내면적 삶의 강 화, 종교교수 담론에서는 성서적 신앙과 삶의 연관성 등이 강조된다.

40) 다니엘 쉬파니(Daniel S. Schipani), 「사회변혁을 위한 교육」, 『기독교교육의 지도 그리 기』(잭 L. 세이무어 엮음, 고용수 옮김), 한국장로교출판사, 2001, 26-49쪽. 다니엘 쉬파 니에 따르면, 보기(seeing)는 정의와 고난받는 사람들의 참상에 특별한 관심을 가지고 사회를 분석하고 세상을 이해하려는 것, 해석 또는 판단하기(judging)는 인간 온전성에 대한 신적 설계를 발견하기 위해 '하나님의 세상'에 주의를 기울이는 것이다. 즉 구체적 인 역사적 상황에 직면하여 하나님의 뜻을 분별하려는 노력이다. 그리고 행동(acting) 과 기독교적 실천(parxis)는 사람들의 해방을 향한 희망과 인간 나타남(emergence)과 온전성이라는 계시된 신적 의지와 일치하는 것으로, 실행할 접근법들을 연구하고, 수 행하고, 평가하는 것으로 구성된다(같은 책, 40-41쪽).

셋째, 개인의 영적 발달 지향 담론에서는 개인(person)을 '한 집합의 구성원을 헤아리는 기본 단위로 더 이상 나누어질 수 없'는 개체(individual)와 구분하면서 '내적 음성을 듣고, 외적 행동으로 반응하면서 다른 존재들과의 연관성을 갖는 존재'라고 전제한다. 이 담론에서는 삶의 중심에서 은혜를 발견하고 서로와 '성령의 임재' 안에서 집중하며 빛 (the Light)을 기다리는 침묵(silence), 침묵을 통한 들음(listening), 침묵과 들음의 정기적인 리듬을 주는 안식(sabbath)으로 이어지는 영성수련이 강조된다.[42]

넷째, 종교교수 지향 담론에서는 가정 세우기(homemaking)라는 은유, 예를 들어, 신앙 가족이라는 차원에서 교사와 학습자 사이의 관계맺기와 세상의 의미 찾기 등이 강조된다. 또한 세상을 신앙으로 살도록 준비시키는 것, 학습자가 학습 내용과 신앙의 실천 사이를 연결시키는 것, 영혼의 번성과 꿈을 품을 수 있는 학습 공간의 창조 등이 강조된다. 가정 세우기라는 은유를 통해 '드러난 신앙의 삶'을 지향하는 것이다.[43]

잭 세이무어와 마가렛 크레인(Margaret Ann Crain)은 기독교교육을 교육 목표에 따라 '교회와 개인들을 창조세계의 갱신과 치유를 위해 일하도록 고무하는' 사회 변혁, '기독교의 신조들과 이야기들과 실천들

---

41) 로버트 오고맨(Robert T. O'Gorman), 「신앙공동체」, 『기독교교육의 지도 그리기』(잭 L. 세이무어 엮음, 고용수 옮김), 한국장로교출판사, 2001, 50-72쪽. "행동(손)으로서 봉사는 성찰(머리)에 연결되고, 봉사가 창출해 내는 새로운 경험들 안에서 교제(가슴)는 새로운 의미와 새로운 결속을 낳는다(같은 책, 62쪽)."

42) 마리아 해리스(Maria Harris)와 가브리엘 모란(Garbiel Moran), 「개인을 교육하기」, 『기독교교육의 지도 그리기』(잭 L. 세이무어 엮음, 고용수 옮김), 한국장로교출판사, 2001, 73-94쪽.

43) 엘리자베스 칼드웰(Elizabeth Caldwell), 「종교교수론: 가정 세우기」, 『기독교교육의 지도 그리기』(잭 L. 세이무어 엮음, 고용수 옮김), 한국장로교출판사, 2001, 95-114쪽.

을 가르치는' 종교교수, '회중의 삶과 사역을 풍성하게 만드는' 신앙공
동체, '개인들이 신앙 안에서 성장하도록 양육하고 동기를 부여하는'
영적 발달 등으로 구분한다.[44] 이러한 구분은 서구에서 논의되는 기독
교교육론의 갈래를 보여준다는 면에서 유용하다.

　서구 연구자들이 제시한 신앙교육론의 갈래나 그에 따른 교수·학
습방법은 한국 상황을 성찰하는 데에 도움이 된다는 점에서 의의가 있
다. 물론 서구의 신앙교육론이나 교수·학습방법을 소개·제시하는
이면에는 대체로 종립학교의 종교교육이 신앙교육이어야 한다는 전제
가 있다. 앞으로 그 전제가 지속되는 한, 이 이론들은 점차 활용될 것
이다. 그렇지만 종립학교가 사립학교로서 평준화정책 속에서 국고 지
원을 받으면서 공교육체계에 편입된 특수한 상황을 어떻게 이해할 것
인지, 즉 한국의 특수성 속에서 신앙교육을 어떻게 인식할 것인지에
대한 논의가 이루어지고, 그에 따라 신앙교육의 정당성이 다각도로 확
보되지 않으면 중등학교의 종교 교과교육을 신앙교육으로 인식하는
태도는 여전히 사회적으로 비판 대상이 될 것으로 보인다.

　2) 신앙교육론의 특징

　신앙교육 담론에서 공통된 특징은 크게 세 가지이다. 첫 번째는 특
정한 형이상학적 전제를 가진다는 점이다. '교육을 수단으로만 본다는
미션스쿨과 달리, 기독교학교를 단지 교목·성경수업·예배시간이 있는

---

44) 쩩 세이무어/마가렛 크레인(Margaret Ann Crain), 「기독교교육의 접근이론들을 평가하
　기」, 『기독교교육의 지도 그리기』(쩩 L. 세이무어 엮음, 고용수 옮김), 한국장로교출판
　사, 2001, 117-118쪽(7번 항목과 해설).

학교가 아니라 모든 활동이 기독교 정신에 따라 실시되는 학교, 전 교
과과목을 통해 창조세계의 모든 실재를 성경적 세계관을 바탕으로 가
르치는 학교, 기독교정신에 기초하여 모든 교육 활동이 구현되는 학문
공동체 등으로 정의해도45) 특정한 형이상학적 전제는 나타난다. 가톨
릭계, 불교계, 원불교계, 그리고 천도교계의 종교교육도 이런 특정한
형이상학적 전제를 가진다는 공통점에서 자유롭지 못하다.

두 번째는 신앙교육이 '고백주의'에 입각해 있다는 점이다. 특정한
형이상학 전제를 고백해야 한다는 입장을 가지고 있는 것이다. 물론
커팰디(G. I. Capaldi)가 자유신학의 관점에서 종교교육에 접근하면서
고백적 접근과 비고백적 접근(non-confessional approaches)이 근본
적으로 구별(radically distinguished)될 수 없다고 지적한 것은 일면
타당하다.46) 그렇지만 이러한 지적은 오히려 고백적 접근의 유형이 다
양하다는 점을 보여줄 뿐이다. 그와 관련하여 존 실리(John Sealey)에
따르면, 종교교육은 '기능'에 따라 고백적 종교교육, 신고백적 종교교
육, 숨겨진 고백적 종교교육, 암시적 종교교육의 네 가지 유형으로 구
분된다.47)

⑴ **고백적 종교교육**은 기독교 신앙과 그 교리와 그 생활 방식에 대
한 공공연한 가르침과 이를 강화하기 위한 가르침을 뜻한다. 이
는 학교에 있어서 교회의 '선교'에 해당된다.

---

45) 김희자, 앞의 글, 16-17쪽.
46) Gerard I. Capaldi, "Christian Faith and Religious Education: A Perspective from the
Theology of Liberation," *British Journal of Religious Education*, Vol.6, Issue 1, 1983,
p.31.
47) John Sealey, *Religious Education: Philosophical Perspectives*, London: George Allen &
Unwin, 1985; 존 실리, 『종교교육이론』(강돈구·박진원 옮김), 서광사, 1992, 80-106쪽.

(2) **신고백적 종교교육**은 형태가 바뀐 고백적 접근이다. 이 형태는 두 단계로 이루어진다. 첫째, 학생들이 결국은 종교적 신앙을 갖게 되리라는 가정에서 학생들의 종교를 이해하는 정신적·감정적인 능력에 깊은 주의를 기울인다. 둘째, 신(新)고백적 접근은 다른 종교들에 대한 '열린' 토론과 연구를 허용한다. 그러나 이들은 단지 '허용된 예외'에 불과하다.

(3) **숨겨진 고백적 종교교육**은 다양한 종교 가운데서 학생들이 선택하는 것을 허용하는 듯 보인다. 그러나 여러 종교들 가운데 진리를 찾을 수 있다고 보고 이들 종교들 가운데 선택할 것이 요청되고 학생들의 이러한 선택을 도와주는 것이 교사의 임무라고 보는 측면에서 고백주의가 숨겨 있다고 볼 수 있다.

(4) **암시적 종교교육**은 '종교'가 인간 경험의 모든 영역에서 발견되므로 어떠한 교과목에서도 가르칠 수 있다고 본다. 이 항목에서 검토될 수 있는 것 중에 신자의 입장에서 종교교육을 수행하는 경향과 '종교적 입장'과 교육자의 종교에 대한 입장이 확실히 구분되지 않을 때 일어나는 문제 등이 있다. 현대 종교교육은 '종교적 입장'에 강조점을 두고 있다. 교사가 신자들이 '삶을 지탱하는 신앙'을 갖는다고 가르치는 것과 '삶을 지탱하는 신앙을 가져라'고 가르치는 것은 별개의 문제이다. 후자는 종교의 기능이지 교육의 기능이 아니다.[48]

세 번째는 특정한 형이상학적 전제를 고백해야 하는 인간을 양성하려는 교육 목표를 가진다는 점이다. 교육받은 인간의 형태는 적극적으로 직접적 고백을 표현하는 신앙인이 될 수도 있고, 일상에서 간접적 또는 암시적 고백을 표현하는 인간이 될 수도 있다. 이 교육 목표는 신앙교육을 특정한 형이상학적 전제에 '반대하는 경향'을 약화시키거나 소멸시키기 위한 경향까지도 포괄하는 것이다.

---

48) 위의 책, 80-81쪽.

특정한 형이상학적 전제, 고백주의의 다양한 형태, 그리고 특정한 형이상학적 전제에 고백하는 인간을 양성하려는 교육 목적은 종립학교의 잠재적 교육과정을 통해서도 드러난다. 종립학교에서는 건학 이념의 실현이라는 명분으로 예배와 미사 등의 정기의식(의례), 정규 수업시간 이전에 기도나 명상 위주 또는 간단한 설교 또는 설법 위주의 아침조회 프로그램이 운영된다. 학교 측의 선교·포교 활동이나 종교 의례나 행사와 관련된 종교 동아리도 운영된다. 입학식, 졸업식, 수학여행(현장체험학습), 학교축제 등에서도 종교 활동이 진행된다. 또한 세례식, 수계식, 입도식 등의 입문식이 정기적으로 진행된다.[49] 이러한 종교 행위나 활동은 특정한 형이상학적 전제를 고백하는 인간을 양성하기 위한 프로그램인 셈이다.

라이하니(Raihani)에 따르면, 고백적 접근(confessional approach)은 '종교로의 교육(education into religion)' 모델에 해당된다. 그리고 그 모델은 내부자들(insiders)이 종교 교육과정에서 단일·유일한 전통을 가르치는 것, 주요 목표(the objective)가 '신앙과 특정 종교를 가르치는 것(to nurture the faith and the teachings of a particular religion)', 교리 주입(indoctrination)을 활용하는 것, '무비판적 태도'의 접근이 요청되는 것 등을 내용으로 한다.[50]

---

49) 고병철·정상우, 앞의 글, 23-41쪽.

50) Raihani, "Religion Classes in Indonesia: Translating Policy into Practice", *Paper presented at the Asian Studies Association of Australia (ASAA) Conference*, Adelaide, 5-8 July 2010, p.3. Raihani는 The University of Western Australia에서 Asian Studies를 수행하고 있으며, 그의 업적은 홈페이지(http://www.uwa.edu.au/people/raihani) 참조.

3) 신앙교육론의 방향

종립학교 측이 특정 종교와 관련된 설립 취지나 사학의 자율성이나 종교교육의 자유를 강조하는 한, 앞으로 신앙교육으로서 종교 교과교육은 지속될 것이다. 종립학교 측에서는 종교 교과교육의 목적을 신자를 양성하든, 특정 종교적 세계관을 지닌 인간을 양성하든 간에 특정 종교에 대한 고백주의적 인간을 양성하려고 할 것이다. 다만 학교의 신앙교육으로 인해 정교분리나 교육-종교 분리 문제, 종교의 자유 침해 문제가 지속적으로 제기되는 현실을 감안할 때, 신앙교육의 형태는 고백적이든, 신고백적이든, 숨겨진 고백적이든, 암시적이든 좀 더 다양해질 것이다.

라이하니(Raihani)는 고백적 모델이 학생에게 합리적 자율성(rational autonomy)이 개발되어야 한다는 자유주의자들의 요청을 수용하는 데에 실패하였고, 세속적이고 다문화적인 현실(sucular and multicultural reality)과 양립할 수 없기 때문에 많은 서구 국가에서 추천되지 않는다고 지적한다. 동시에 종교에 관한 교육과 종교로부터의 교육이 고백적 모델을 가진 종교적인 인도네시아(religious Indonesia)에서 수용되지 못한다고 지적한다. 모든 종교의 진리 요청을 무시하지 않더라도, 진리 요청을 회피하는 모델은 특히 종교적으로 헌신하는 개인을 생산하는(to produce religiously committed individuals) 이슬람과 기독교 측의 고백적 모델과 본질적으로 대립된다는 것이다.[51]

종교에 관한 교육과 종교로부터의 교육 모델에 기초한 세속적 인본

---

51) Raihani, *ibid.*, pp.3-4.

주의적 관점(the secular humanist perspective)이 비판을 받고 있고, 학부모도 그 교육 모델을 수용하지 않는 인도네시아의 상황은 한국 상황과 전혀 무관하지 않다. 한국에서도 국가 교육과정이 전면적인 신앙교육에서 교양교육으로 전환되는 추세를 보이지만, 종립학교에서는 여전히 신앙교육이라는 고백적 모델이 선호되고 있다. 그렇지만 종교 교과교육을 특정 종교를 위한 교육, 즉 신앙교육으로 진행할 때 여전히 남는 문제들이 있다.

첫째, 사회적 차원의 문제이다. 다종교사회와 다문화사회에서는 종교나 문화의 다름을 차별이 아니라 차이로 인식하는 태도, 그 차이를 관용하는 태도, 사회적 정의(social justice)의 관점에서 차별 지점을 해소하는 태도 등을 지닌 인간을 요청한다. 그렇지만 신앙교육은 특정한 형이상학적 전제를 갖는 고백주의적 인간을 양성하게 된다. 그로 인해 신념체계가 다른 경우, 즉 형이상학 전제가 다르거나 그 전제에 대한 고백이 다르거나, 고백주의적 태도를 표출하는 행위가 다른 경우는 차이와 관용의 대상이 되지 못한다.

둘째, 정교분리 차원의 문제이다. 국가 교육과정에 특정 종교를 위한 교과교육을 포함시키는 행위는 법적인 정교분리 규정을 감안할 때 국가가 종교를 조장하는 행위일 수 있다. 또한 교과서 인정 기준에 특정 종교에 대한 차별 내용이 포함될 수 없다는 기준을 세워놓고도 특정 종교를 위한 서적을 종교 교과서로 인정하는 것은 종교를 조장하는 행위일 수 있다. 다른 명분이 있다고 해도, 국가가 공교육 체제에 편입된 종립학교에서 특정 종교를 위한 교육을 담당하는 교사에게 급여를 보조하는 것도 국가가 특정 종교를 조장하는 행위일 수 있다.[52]

셋째, 공·사 영역의 차이에서 발생하는 문제이다. 한국 사회에서 학교교육, 특히 의무교육은 전 국민을 대상으로 국가가 보조하는 공적 영역으로 간주된다. 그에 비해 종교는 특정한 형이상학 전제를 고백하는 개인 또는 공동체를 대상으로 하는 사적 영역으로 간주된다. 양자의 영역은 원칙적으로 서로 침범될 수 없는 것이다.

넷째, 종교의 자유 침해 문제이다. 종교의 자유는 '적극적' 자유와 '소극적' 자유로 구성된다. 적극적 자유는 무엇인가를 '행할 수 있는' 자유이다. 소극적 자유는 무엇인가를 '가지지 아니할' 또는 '하지 않을' 자유, 그리고 무엇인가에 대해 '강제 받지 아니할' 자유이다. 종교의 자유 가운데 신앙의 자유는 신앙문제에 관해 외부로부터 '강제를 받지 아니할' 소극적 자유와 자신의 종교적 확신을 자유롭게 외부에 표명'할 수 있는' 적극적 자유로 구성된다. 현재, 특정 종교를 위한 교육을 진행하는 종립학교에서는 학생의 '적극적' 종교의 자유보다 '소극적' 종교의 자유가 침해받는 상황이 문제인 셈이다.

학생의 소극적 종교의 자유와 종립학교의 종교교육의 자유라는 기본권이 충돌하는 상황에서 실제적 조화의 원칙에 따라 종립학교의 특정 종교를 위한 교육, 즉 신앙교육이라는 고백적 모델을 인정하면서 학생의 소극적 종교의 자유가 실현될 수 있도록 해야 한다는 입장도 있다. 그렇지만 그 반대의 입장, 즉 학생의 소극적 종교의 자유 실현을 보장하기 위해 종교 교과교육을 종교학적 교육으로 하되 학교의 종교교육의 자유를 실현할 수 있는 다른 방법을 모색해야 한다는 입장도 가능하다. 이런 맥락에서 학교의 종교교육의 자유 실현을 전제로 소극적 종교의 자유 실현 방법을 모색할 것인지, 아니면 소극적 종교의 자

---

52) 고병철·정상우, 앞의 글, 80쪽.

유 실현을 전제로 학교의 종교교육의 자유를 실현할 방법을 모색할 것
인지가 종교교육의 쟁점이 된다.[53]

2. 종교 교과교육과 인성교육론

제5차 교육과정 이후 시기에 종교교육과 도덕교육의 연계성, 종교
교육과 정서교육의 연계성이 대두되어 왔다. 이 부분에서는 인성교육
으로서 종교교육의 가능성을 다룬다. 인성교육과 종교교육이 동일한
교육목표를 지향하는 영역인지 등이 논의될 것이다. 여기에서 인성교
육은 도덕교육과 정서교육을 포함하는 용어로 사용된다.

1) 인성교육론의 개념과 등장 배경

학교에서 인성교육은 도덕이나 윤리 등의 교과교육 형태로 진행되
거나 교과교육과 별개 프로그램의 형태로 진행된다. 인성교육이 교과
교육과 별개의 프로그램 형태로 마련되는 데에는 교과교육의 문제가
심각하다는 인식이 전제된다. 이런 이분법적 구분에 문제가 있다는 점
도 지적된다. '천인합일의 세계관에서는 교과가 성(性)의 표현이고, 그
교과를 공부함으로써 성인(聖人)이 될 수 있다는 확신'이 있었고, 따라

---

53) 현실적으로 〈헌법〉 등의 법적 규범이 매우 중요하지만, 이러한 법적 규범은 사회적 현
   실의 변화에 따라 개정, 즉 변화될 수 있다. 이 점을 감안하면, 현재의 법적 규범만으로
   종교교육의 문제를 재단할 수 없다. 이런 맥락에서 신앙교육과 관련해서는 법적 규범
   뿐만 아니라 다종교사회와 다문화사회의 심화 등 미래 사회의 현실이 어떤 태도의 인
   간을 요청하는지가 감안될 필요가 있다.

서 이를 구현하는 교사의 수준이 높아져야 한다는 내용에서 이런 지적
을 유추할 수 있다.54) 양자의 차이에도 불구하고, 이러한 논의들은 학
교교육에서 인성교육의 필요성과 중요성 차원에서 지속적으로 제기된
다. 최근에도 학교의 모든 활동을 '인성교육의 장으로 전환'해야 하고,
도덕교육을 적극적으로 활용해야 한다는 등의 주장이 확인된다.55)

학교교육에서 인성교육의 필요성을 주장하는 이면에는 학교교육,
도덕·윤리·문학·예술 관련 교과목, 도덕·윤리교육 패러다임 등에
대한 부정적인 진단이 전제된다. 이러한 진단의 내용은 2008년에 교육
학 연구자들이 지적한 다음의 인용문을 통해 확인할 수 있다.

> 오늘날의 학교교육은 무엇보다도 인성교육에 실패하고 있다는
> 비판이 강하게 제기되고 있다. 학교교육에 있어서 인성의 형성에 특
> 히 기여해야 하는 도덕·윤리과목이나 문학, 예술에 관련된 과목들
> 도 오늘날 거의 점수를 따기 위한 도구과목으로 전락해 버렸으며,
> 결과적으로 이러한 교과목을 통하여 인성을 함양한다는 것을 크게
> 기대할 수 없는 형편이 되어 버렸다. 특히 경험적-실증적으로, 또는
> 형이상학적-논리적으로 규정된 인간의 본성과 행위의 원칙에 따라
> 인간을 의도적으로 형성시키고자 하는 종래의 도덕·윤리교육 패
> 러다임도 무력함을 드러낸 지 오래이며, 이에 따라 국내의 도덕·
> 윤리교육계에서도 종래의 관점들과는 다른 대안적인 시각과 실천방
> 안이 모색되고 있는 상황이다.56)

54) 김광민, 「교과교육에서의 교사의 위치: 인성교육에 주는 시사」, 『도덕교육연구』 13-2,
　　2001, 42-43쪽. 김광민은 교과교육에 문제가 있다는 주장과 인성교육이 교과교육의 대
　　안으로 확립되어야 한다는 주장이 동일하지 않다는 점과 함께, 인성교육을 위해서는
　　교사의 수준이 높아져야 한다고 지적한다.
55) 임용경, 「학교에서의 인성교육, 현주소와 방향」, 『교육정책포럼』 183, 한국교육개발원,
　　2008, 6-7쪽.
56) 강선보·박의수·김귀성·송순재·정윤경·김영래·고미숙, 「21세기 인성교육의 방
　　향설정을 위한 이론적 기초 연구」, 『교육문제연구』 30, 고려대학교 교육문제연구소,
　　2008, 2쪽.

인성교육론자들은 학교 내 인성교육의 현실에 대해 도덕·윤리 과목 등 인성 형성에 기여해야할 과목들이 '점수를 따기 위한 도구과목으로 전락'하여 전반적으로 실패하고 있다고 진단한다. 또한 청소년에 대한 인성교육이 학교에서 과도한 교육 경쟁과 입시 위주의 수월성(秀越性, excellence) 강조 교육으로 인해 교사와 학생간 유대감의 훼손, 사회와 문화의 급속한 변화로 인해 가족구성원간 인간관계의 감소, 농업사회(동양)나 산업사회(서양)를 배경으로 하는 인성교육 담론이나 이론의 내재적 한계 등으로 인해 위기를 맞고 있다고 진단한다.[57] 이러한 현실 진단은, 그 적절성 여부를 떠나, 인성이 학교교육의 대상이고, 학교에서 인성교육을 통해 인성의 형성이나 함양이 가능하다는 시각을 전제한 것이다.

학교교육의 대상으로서 인성 개념과 인성교육은 어떻게 인식되는가? 사전적 의미에서 인성은 '인간의 특성[特異性]·품성[品格·性質]·성격[固有性 또는 本性]' 등으로 인식된다. 연구자들도 인성(人性) 개념을 인간본성, 또는 성격(character)이나 인격(personality), 혹은 전인(全人, whole person)의 특성이나 인간주의(humanism)적인 의미 등으로 다양하게 인식한다.[58] 이러한 인식의 다양성은 인성의 영어 표현인 character가 문맥에 따라 성격, 특성, 인격 등으로 다르게 번역된다는 점에서도 확인할 수 있다.

인성 개념의 경우처럼, 인성교육의 개념도 다양하다. 연구자들에 따

---

57) 조정호, 「청소년 인성교육의 발전방향 탐색: 인성교육적 함의를 지닌 사례를 중심으로」, 『청소년연구』 16-9, 2009, 250쪽, 256쪽, 264쪽.

58) 강선보·박의수·김귀성·송순재·정윤경·김영래·고미숙, 「21세기 인성교육의 방향설정을 위한 이론적 기초 연구」, 『교육문제연구』 30, 고려대학교 교육문제연구소, 2008, 2쪽.

라 인성교육은 '덕성을 바탕으로 능력과 교양을 겸비한 인간교육(허경철)', '개개인의 자아발견, 우주와 사회에서 자신의 위치 인식, 심미적 소양, 긍정적 생활태도, 정의와 선악의 분명한 구별, 도덕적 책임의식, 도덕적으로 일관되게 행동할 수 있는 판단력과 용기, 타인에 대한 이해와 동정, 사회의식과 희생정신, 인권과 정의의 존중 등의 소양들을 배양하는 것(손봉호)', '마음의 발달을 위한 정서교육과 자아실현을 위한 가치교육과 더불어 살기 위한 도덕교육을 내용으로 하는 것(남궁달화)', '인격교육을 중심으로 민주시민 교육, 소질·적성 계발 및 개발교육, 합리적 의사결정 능력 및 창의적 문제해결 능력 교육, 리더십을 포함한 진취적 태도 함양에 이르기까지 그 폭을 넓히고 있는 개념(안범희)' 등으로 간주된다.59)

인성이 교육 또는 지식 대상이 될 수 있는지에 대한 입장 차이도 보인다. 각종 발달이론이나 욕구계층이론 등이 기초하고 있는 인지적 접근(cognitive perspectives)에서는 인성이 감각적으로 획득한 정보나 자극 등에 의해 형성되는 것이기 때문에 교수·학습 대상이 될 수 있다고 본다. 비(非)인지주의(non-cognitiveism) 입장에서는 도덕적인 믿음 등이 지식의 대상이 될 수 없다고 본다. 한국에서 인간의 성품을 가르칠 수 없다는 맥락에서 대두된 '인격교육'이라는 표현은 후자의 경우와 연관된다.60)

---

59) 안범희, 「미국 학교에서의 인성교육 내용 및 특성 연구」, 『인문과학연구』 13, 강원대학교 인문과학연구소, 2005, 136-137쪽. 남궁달화의 경우, 인성의 개념적 구성이 마음의 바탕과 인간의 됨됨이로 이루어진다고 보고, 인성교육을 '마음의 바탕을 교육하고 인간이 되는 것을 교육하는 것'(남궁달화, 「교과를 통한 인성교육의 접근」, 『한국실과교육학회 2003년도 하계학술발표대회』, 2003, 5쪽.)이라고 지적하면서, 마음의 발달을 위한 인성교육으로서 '정서교육', 자아실현을 위한 인성교육으로서 '가치교육', 더불어 살기 위한 인성교육으로서 '도덕교육'을 주장한다(남궁달화, 같은 글, 1-28쪽).

60) 조정호, 앞의 글, 255-256쪽.

이러한 입장 차이는 인성 개념의 모호성, 인성을 정의하는 맥락의 다양성 등에 기인한다. 인성 개념이 관점에 따라 다르게 규정되면, 인성교육에 대한 이해도 달라지기 때문이다. 아래의 인용문은 인성 개념과 인성교육론의 복잡성을 시사한다.

> '인성'은 개념 자체가 매우 포괄적이고 추상적인 개념을 함축하고 있으므로 한 마디로 단정하기는 어렵다. '인성'과 유사한 의미로 쓰이는 단어를 살펴보면 인품, 인격, 성품, 기질, 성격, 인간성, 사람됨됨이, 인간의 본성, 생태적으로 타고난 심성 등이 있다. 다소의 차이는 있으나 교육학 분야에서는 인성으로, 정신분석학에서는 인격으로, 심리학 분야에서는 성격으로 통용되고 이으며, 인성을 보는 관점에 따라 인성교육에 대한 이론 또한 다르게 전개된다.[61]

인성 개념과 인성교육에 대한 이해 차이에도 불구하고, 학교교육에서는 인성교육이 지속적으로 강조된다. 여기서 인성 개념과 인성교육은 다소 포괄적으로 인식된다. 인성은 '보다 긍정적이고 건전한 개인의 삶과 사회적 삶을 위한 심리적, 행동적 특성', 인성교육은 '이를 가능하게 하기 위한 가정·학교·지역사회의 체계화되고 지속적인 지원과 노력', '사람들이 가족, 친구, 이웃, 지역사회, 국가의 일원으로 함께 살아가고 일하는 데 도움을 주는 바람직한 사고와 행동의 습관화를 위한 일련의 교육' 등으로 이해된다. 인성교육은 '학생들이 존중, 정의, 민주 시민적 자질, 자기 자신과 타인에 대한 책임감 등의 핵심 윤리적 가치를 이해하고, 중요하게 생각하며 행동하게 하는 학습과정이며, 이를 토대로 우리사회의 기반이 되는 안전하고, 건강한 공동체를 보증하는 태도

---

61) 현주·최상근·차성현·류덕엽·이혜경,『학교 인성교육 실태분석 연구-중학교를 중심으로』, 한국교육개발원, 2009, 17쪽.

와 행동을 형성하게 하려는 것'으로 간주된다.[62]

이상의 논의에 기초하면, 인성은 선천적이든 후천적이든 '인간으로
서 지녀야 한다고 인식되는 덕성', 또는 '인간을 인간답게 한다는 본질
및 본성[人間性, humanity]'으로 정리될 수 있다. 이러한 인성이 도덕
과 정서를 포함한다면, 인성교육은 도덕교육과 정서교육을 포괄하는
개념으로 정리될 수 있다.[63] 만약 인성을 인간의 선천적인 본성으로
이해하면 인성교육은 그 본성을 개발하는 교육이 된다. 그에 비해 인
성을 후천적인 구성물로 이해한다면 인성교육은 인간으로서 지녀야
한다고 인식되는 덕성을 배우고 그에 따라 행동하도록 만드는 교육이
된다. 그리고 인성을 선천적·후천적 측면에서 동시에 이해한다면 인
성교육은 양자를 병행하는 교육이 된다.

인성교육의 목표가 인성의 개발이나 함양으로 설정되는 이유는 무
엇인가? 그 이유는 특정 사회가 존속되려면 '타인과 어떻게 함께 살아
갈 수 있을 것인가'라는 문제의식의 중요성에서 찾을 수 있다. 자기 자
신이나 타인과의 도덕적·윤리적·합리적 관계가 현대 사회의 유지에
필요한 중요 항목으로 인식되는 것이다.

2) 인성교육론으로서 종교교육의 논리

중·고등학교에서는 도덕·윤리 교과가 인성교육론의 근간과 주요 장

---

62) 위의 글, 19쪽.
63) 남궁달화, 「교과를 통한 인성교육의 접근」, 『한국실과교육학회 2003년도 하계학술발표
   대회』, 2003, 1-28쪽. 남궁달화는 인성의 개념적 구성이 마음의 바탕과 인간의 됨됨이
   로 이루어진다고 보고, 인성교육을 '마음의 바탕을 교육하고 인간이 되는 것을 교육하
   는 것'(같은 글, 5쪽.)이라고 지적하고, 인성교육을 마음의 발달을 위한 '정서교육', 자아
   실현을 위한 '가치교육', 더불어 살기 위한 '도덕교육'을 포함하는 개념으로 사용한다.

치가 되어 왔다. 그리고 개념적으로 다르지만 궁극적인 지향점이 같다는 선험적 가정 아래 주로 도덕, 윤리, 인격을 통해 인성이 논의되었다.

주목할 부분은 학교의 도덕·윤리 교과가 역사적인 산물이라는 점이다. 일본의 경우, 1872(메이지 5)년 '그들의 필요에 맞는 도덕'을 가르치는 '수신' 교과를 두고, 1880년 말 제2차 개정교육령의 공포와 함께 소학교 교육에서 가장 중요 과목으로 부각시킨다. 식민지 조선에서 '수신'은 조선인에게 민족정체성을 약화시키고 일본인답게 만드는 교육을 주도하는 핵심 교과가 된다.[64]

해방 이후에는 1972년의 유신이념을 정당화하고 국시였던 반공교육을 강화하기 위해 1973년 제3차 교육과정 시기부터 도덕이 교과가 된다. 도덕 교과에서는 한국적 민주주의, 국민교육헌장, 유신이념, 반공교육 등이 강조된다. 1980년에 제5공화국이 등장한 직후, 1981년에는 국민정신교육을 고취하기 위해 도덕 교과의 개정이 이루어진다. 그리고 2002년 3월 당시, 고등학교 『도덕』교과서 내용의 절반 정도가 통일교육에 해당된다. 그런 맥락에서 한국의 인성교육론은 '참된 의미의 도덕교육이 아니라 이데올로기 교육이요 국민 윤리 교육'이라고 지적된다.[65]

도덕 교과와 이데올로기의 연관성에도 불구하고, 종교교육이 인성교육 차원에서 진행되어야 한다는 주장들이 제시된다.[66] 미국에서도 1910년대 이후 인성교육운동이 시작되기 전까지 인성교육은, 19세기

---

64) 박균섭, 「학교 인성교육론 비판」, 『교육철학』 35, 2008, 37-39쪽.
65) 위의 글, 41-44쪽.
66) 박춘식, 「종교철학 교육에 있어서 인성강화의 방법」, 『논문집』 12-1, 대구산업정보대학, 1998; 황옥자, 「유아기의 심성발달에 관한 불교의 역할 및 방향모색」, 『종교교육학연구』 13, 2001; 김용대·이달석, 「기독교 신앙활동을 통한 청소년의 인성 및 도덕성 함양 방안」, 『생활지도연구』 21-1, 2001; 황용식, 「달라이 라마의 자비 인성론에 관한 고찰」, 『종교연구』 40, 2005.

말에 인본주의자들이 중심이 된 사회 인성교육이 부분적으로 있었지
만, 주로 종교적 인격교육이었다고 지적된다.[67] 그렇다면 종교 교과교
육과 인성교육은 어떤 연관성을 지니는가? '종교적 관점의 인성교육'에
호의적인 주장에 담긴 내용은 아래와 같다.[68]

유교적 전통에서는 인성(=인간 본성)이 선[맹재]·악[순재]·중립적
위치[고재] 가운데 어느 부분과 연계되는가에 따라 세 가지 인성교육론
이 가능하다. 다만 인성이 선천적인 도덕적 능력이라는 인식은 공유된
다. 맹자의 입장에서 본다면, 본성은 선하지만 기질의 차이와 환경에
따라 선하게 또는 악하게 표출된다. 인간의 품성을 사단(四端)의 천리
에 합당하도록 형성해가는 과정이 인성교육이고, 일상을 통해 오상과
오륜을 실천하는 성인(聖人)의 경지가 이상적인 인간상이 된다.[69] 여
기에서 인성교육은 수기(修己)를 핵심으로 삼는 수양론(修養論)이다.
수기의 실천 과정과 방법은 먼저 완전한 인격자의 표상인 성인을 목표
로 설정하고[立志], 거경(居敬)과 궁리(窮理)[70]와 역행(力行)을 실천

---

67) 안범희, 「미국 학교에서의 인성교육 내용 및 특성 연구」, 『인문과학연구』 13, 강원대학
   교 인문과학연구소, 2005, 138쪽.
68) 강선보·박의수·김귀성·송순재·정윤경·김영래·고미숙, 앞의 글, 4-7쪽; 유문상,
   「인성교육으로서의 효교육의 영역별 고찰」, 『한국민족문화』 22, 부산대학교 한국민족
   문화연구소, 2003, 215-246쪽.
69) 사단(四端)은 『맹자(孟子)』 「공손추(公孫丑)」 상편의 측은지심(惻隱之心)·수오지심
   (羞惡之心)·사양지심(辭讓之心)·시비지심(是非之心)이다. 사물을 접할 때 표현되
   는 감정인 칠정(七情)은 『예기(禮記)』 「예운(禮運)」과 『중용(中庸)』의 喜·怒·哀·
   懼·愛·惡·欲 등이다. 조선 중기의 이황(李滉)과 기대승(奇大升) 사이에 발생하여
   이후 이이(李珥)와 성혼(成渾) 사이에 사단칠정론은 우주 자연의 생성과 변화를 설명
   하는 이기론(理氣論)으로 사단·칠정을 해명하는 문제이다. 주된 쟁점은 ①사단이 이
   (理)·기(氣) 중에 어디에 속하는가의 문제, ②이(理)가 발동할 수 있는가 없는가의 문
   제이다. 이황은 "四端發於理 七政發於氣"이 아니라 "四端理之發 七政氣之發"라는 이
   기불상잡(理氣不相雜) 관점, 호남의 기대승은 사단·칠정이 모두 기에서 나온다는 이
   기불상리(理氣不相離) 관점이다. 후에 기대승의 관점은 이이의 학풍으로 계승된다.
70) 居敬窮理는 주자학적 학문수양의 기본방법이다. 《近思錄》에 "수양(修養)은 모름지
   기 경(敬)으로써 하여야 하고 진학(進學)은 치지(致知)에 달려 있다"고 하였다. 거경의

하여 격치성정[格物·致知[71]·誠意·正心]을 내면화하고, 시·음악·승마·활쏘기 등을 통해 조화로운 인격을 기르는 것이다. 예악(禮樂)을 통한 감정의 순화와 심성의 조화도 인성교육의 중요 요소가 된다.[72]

도가의 관점에서 인성은 정(精)·기(氣)·신(神)을 포함한 개념으로 인위(人爲)를 가하지 않은 인간의 본원적 자연성, 즉 작위가 없는 허정(虛靜)한 마음을 의미한다. 허정한 마음을 회복해야 인위를 벗어나 자연의 도에 따를 수 있다는 것이다. 따라서 도가적 의미의 인성교육론은 무위자연의 삶을 살 수 있도록 이끌어주는 것을 핵심으로 한다. 이를 위한 방법은 마음을 가지런하게 하나로 통일하는 수련인 심재(心齋), 자기의 모든 것을 놓아버려 천지대도와 하나로 합하는 좌망(坐忘), 호흡법이나 도인법(導引法-일종의 체조) 등을 통한 기(氣) 수련인 행기(行氣), 선악의 기준으로 권선징악적인 성격을 지닌 공과격(功過格) 등이다.

불교적 관점에서 인성은 불성(여래장)에 해당된다. 불성의 이치를 깨달아 자아와 대상에 대한 집착에서 벗어나는 것이 해탈(解脫)이고, 해탈인은 나와 남의 차별이 없어 물아일체(物我一體), 일체와 상즉상

경(敬)은 주일무적(主一無適)으로서 마음을 한 군데에 집중하여 잡념을 버리는 것(내면적 집중)과 동시에 외면적인 엄숙한 태도를 의미한다. 궁리는 격물치지(格物致知)이며, 그 방법은 '博學·審問·愼思·明辨·篤行'이다. 거경과 궁리는 수레의 두 바퀴와 같이, 또 사람의 두 발과 같이 함께 있어야 비로소 인(仁)을 실현할 수 있다.

71) 格物·致知·誠意·正心·修身·齊家·治國·平天下의 8조목 가운데 처음 두 조목인 격물치지의 해석을 놓고 주자학파[程伊川·朱熹]와 양명학파[陸象山·王陽明] 등이 생긴다. 주자는 격(格)을 '이른다[至]'고 해석하여 모든 사물의 이치(理致)를 끝까지 파고 들어가면 앎에 이른다[致知]는 성즉리설(性卽理說), 왕양명은 참다운 양지(良知)를 얻기 위해서는 마음을 어둡게 하는 물욕(物欲)을 물리쳐야 한다고 주장하여 격을 '물리친다'고 해석하여 심즉리설(心卽理說)을 주장한다.

72) 장성모·유한구·이환기, 「인성교육의 동양적 전통」, 『도덕교육연구』 9, 1997, 85-126쪽.

입(相卽相入)하는 삶을 사는 사람이 된다. 따라서 불교적 의미의 인성교육론은 인간 존재의 본원적 바탕인 불성을 발현하여 아집(我執)과 법집(法執: 대상에 대한 집착)에서 벗어나 대자유인이 되도록 이끌어 주는 것을 핵심으로 한다. 그 교육방법은 정신집중과 명상, 좌선 등을 통해 마음을 안정·통일·정화시키고, 상호 연결과 공생에 대한 통찰을 토대로 모든 존재를 내 몸처럼 귀하게 여기고 배려하는 삶을 실천하도록 하는 것이다. 이러한 자리이타(自利利他)의 실천적 삶을 사는 자가 불교의 이상적 인간상인 보살(菩薩)이라고 한다.

그리스도교적 관점에서 인간은 '하나님의 형상(imago dei)대로 창조된 존재'에 해당된다. 인성(인간 본성)은 초월적 영(Spirit)과 교섭할 수 있는 특성 또는 능력인 영성(spirituality)으로 표현된다. 이런 맥락에서 기독교 정신에 근거한 인성교육론은 역사적 증거에 근거한 초월성에 대한 믿음, 그에 근거한 기도와 명상 등을 통한 영성의 회복을 핵심으로 삼는다. 그와 관련하여 '아담의 범죄 후, 급격한 산업화, 도시화의 과정에서 급속도로 왜곡된 인간의 인간성을 회복시키는 것' 등이 21세기 기독교교육의 과제로 지적된다.[73]

인성교육의 주된 방법론은 체험이다. '도덕'도 '덕에 이르게 함'으로 이해한다면 덕의 체험이 전제된다. 이런 맥락에서 인성교육은 '행동의

---

73) 김기숙, 「공동체와 인성교육」, 『기독교교육정보』 14, 2006, 44쪽. 김기숙은 이러한 교육을 효율적으로 '공동체를 통한 교육'이고, 이러한 공동체가 기독교 공동체일 때 기독교적 인성교육을 수행할 수 있고, 기독교적인 삶의 스타일과 가치관을 형성할 수 있다고 지적한다. 공동체 안에서 개인이 자신의 정체성을 확립하고, 자신에게 주어진 사명이 무엇인지를 인식·발견·실천하면서 인간의 인간성이 회복될 수 있다고 보는 것이다. 그에 따르면, 기독교적 의미에서 공동체교육은 인간이 사회적 존재이고 사회성을 배양할 때 사회적 존재로서 그 역할을 다할 수 있다는 논리가 아니라, 인간의 인간됨이 공동체 내에서의 전인격적인 상호관계를 통한 절대자와의 만남에서 이루어진다는 것을 전제로 한다(같은 글, 62-63쪽.).

변화를 전제로 하는 가치·덕목의 내면화를 지향하는 교육활동'이 된다. 이러한 내면화를 가능하게 하기 위한 조건으로 ①지식의 이해, ② 행동의 연습과 습관화의 병행, ③필요한 장소와 시기에서 요구되는 행동을 할 수 있는 결단과 의지의 형성 등이 제시된다.[74)

이상의 내용은 교육학 연구자들이 그 내용이나 표현의 적절성 여부를 떠나 '유가의 인성교육론 또는 수양론', '불가(佛家)의 인성교육론', '종교적 인성' 등 인성교육과 종교의 연관성을 인식하고 있음을 보여준다. 교육학 연구자들뿐만 아니라 종교학 연구자들도 인성교육으로서 종교교육의 가능성을 지적한다. 그와 관련하여 학교 도덕교육에 종교적 변수가 영향을 미친다는 점, 종교교육이 도덕교육 차원에서 중요하다는 점 등이 지적된다.[75) 뿐만 아니라 남궁달화 등을 포함한 한국도덕교육학연구회 소속의 일부 학자들도 윌슨(J. Wilson)의 이론을 통해 정서교육으로서 종교교육의 가능성을 타진하고 있다.

연구자들이 인성교육이나 도덕교육이나 정서교육이 종교와 연관된다고 주장하는 근거는 무엇인가? 그 근거는 크게 두 가지이다. 첫째, 인성교육을 위한 모델, 즉 이상적인 인간상을 종교에서 찾을 수 있다는 데에 있다. 인성교육론자들은 그리스도교계의 예수, 불교의 붓다나 보살, 원불교의 소태산, 유교의 공자나 맹자 등을 인성교육에서 추구하는 이상적인 인간상으로 인식한다. 그리고 그들이 도달한 상태를 인성교육의 목표로 삼는다.

---

74) 박균섭, 「학교 인성교육론 비판」, 『교육철학』 35, 2008, 52-53쪽. 박균섭은 학교현장의 인성교육은 세 가지 조건 가운데 어느 하나를 배타적으로 강조하는 가운데 전개되어왔다고 지적한다.

75) 김종서, 「학교 도덕교육에 영향을 주는 종교적 변수」, 『교육개발』, 14-6, 1992; 류성민, 『중고등학교 종교교육의 현실과 개선방향』, 현대사회연구소, 1994; Alan Harris, 『도덕교육과 종교교육』(정현숙 역), 집문당, 1993.

둘째, 종교 영역에 도덕과 정서를 포함한 인성교육 내용이 존재한다는 데에 있다. 종교교육과 인성교육의 연관성에 대한 주장에는 '종교의 가치와 규범과 윤리 등이 도덕성 발달에 중요한 기여를 하며 위대한 종교적 스승들의 삶 자체가 도덕이념의 이상적 상을 제시하기 때문에 실천력 있는 도덕교육의 원천이 된다'는 논리가 보인다. 종교가 도덕의 보편적 기준을 제공할 뿐 아니라 도덕교육에 비해 '강력한 실천력을 주는 원천'이기 때문에 종교교육이 필요하다는 것이다.[76]

인성교육의 근거가 종교에 있다는 주장에 문제 소지가 전혀 없는 것은 아니다. 예를 들어, 인성교육에서 설정한 이상적인 인간상, 즉 주요 종교와 관련된 이상적인 인간상이 동일하지 않을 뿐 아니라, 심지어 어느 지점에서 배타적으로 인식될 수도 있기 때문이다. 그와 관련하여 윤이흠은 다음과 같이 지적한다.[77]

> 여기서 우리는 오늘날 각 종교들이 공교육을 통해서 선교교육을 전개하는 교육이념의 특성들을 살펴 보기로 하자. 각 종교는 종교적 인간형의 모델들을 갖고 있다. 예를 들어 유교는 '선비'를, 불교는 '보살'을, 기독교는 '거듭난 사람'이나 '성인'을, 기타 민족종교들과 무속은 '도사', '진인', '기자'를 그 종교적 이상 인간형으로 제시하고 있다. 선교교육은 각각 그러한 모델이 제시하는 인간형으로 교육시키고 있는 것이다. 과연 이 종교적 이상 인간 모델들이 얼마나 상호 배타적인 개념들인가 하는 점을 인정한다면, 지금까지의 선교 정책을 기반으로 한 종교교육은 국민 융화에 매우 역행하는 방향으로 작용하고 있다는 사실을 부인할 수 없을 것이다.

---

76) 정현숙, 「청소년 선도와 종교교육」, 『경희대학교 교육문제연구소 논문집』 11-1, 경희대 부설 교육문제연구소, 1995, 138쪽, 142쪽.
77) 윤이흠, 「종교 다원문화속에서의 종교교육」, 『종교연구』 2, 1986, 5-7쪽, 10쪽.

구체적으로 보면, 공자에 비해 노자는 무위자연(無爲自然)에 따라 삶 자체를 소요하는 도(道)를 강조하는 인간상에 해당된다. 초기불교의 흐름이나 후기불교의 흐름에서도 붓다상에 대한 다른 관점들을 확인할 수 있다. 예수의 인간상에 대해서도 신학 연구자들 사이에 다른 이해가 보인다.[78]

인성교육의 방법론을 보면, 동일 종교 내에서도 상호배타적 양상이 보인다. 예를 들어, 유교의 성리학(주자학)과 양명학은 동일한 교육목표인 인(仁)을 지향하면서도 『대학』의 격물치지(格物致知) 등에 대한 해석 차이로 인해 상이한 수양론을 전개한다. 경(敬)의 실천과 지향 속에서 궁극적 이치[理]에 도달하려는[居敬窮理] 성리학이나, 심(心)이 곧 궁극적 이치[理]이므로 본성에 대해 각성을 주장하는 양명학에 큰 차이가 없는 것처럼 보이지만, 양자는 정치적 공존이 불가능할 정도로 대립된 역사적 흐름을 보인다.[79]

3) 인성교육론의 특징과 방향

인성교육의 특징은 역사적 흐름의 차이 때문에 한 마디로 정리하기 어렵다. 역사적으로 인성교육에서 다른 항목들이 강조되어 왔다. 미국의 경우에도 인성교육은 시대별로 그 내용과 방법을 달리 해왔다고 지적된다. 1910년대 이전에는 종교교육 또는 종교적 가치가 인격교육을 담당했지만, 그 이후부터 1930년대 중반까지는 사회운동의 성격을 띤

---

78) 문시영, 「생명윤리적 관심을 통해 본 기독교인성교육의 과제」, 『대학과 복음』 6, 2002, 84쪽.
79) 조정호, 「청소년 인성교육의 발전방향 탐색: 인성교육적 함의를 지닌 사례를 중심으로」, 『청소년연구』 16-9, 2009, 253-254쪽.

334 한국 중등학교의 종교교과교육론

규약 실천, 1960년대 중반까지는 진화론·상대성이론·개인주의의 풍
미 등으로 인해 도덕이나 인성덕목에 대한 교육이 위축되었다. 1960년
대 중반 이후부터는 도덕적 가치나 인성덕목을 직접 가르치기보다 그
가치를 스스로 인식하게 하는 합리적 의사결정 과정, 도덕적 추론, 가
치 명료화 교육이 강조되었다. 1980년대 이후부터는 급속한 사회 변화
에 따른 전통가치의 붕괴, 가정 해체, 청소년들의 일탈행동 증가로 인
해 합리적·인지적 접근의 효과가 의심을 받으면서 전통적 인성 덕목
교육이 재강조되고 있다고 지적된다.[80]

　한국에서도 도덕교육과 정서교육을 포함한 인성교육으로서 종교교
육론은 제5차 교육과정 이후 자주 거론된다. 1973년의 제3차 교육과정
시기부터 도덕이 하나의 교과가 되었다는 점을 감안하면 인성교육 차
원에서 종교교육이 가치 있다는 주장은 늦게 나온 편이다. 그렇지만
그 이후부터 현재까지 인성교육에 대한 논의가 이루어지고 있고,[81] 인
성교육으로서의 종교교육을 주장하는 흐름도 지속된다. 예를 들어, 기
독교학교가 인성교육의 맥락에서 종교교육에 접근하는 것이 보다 효

---

80) 안범희, 「미국 학교에서의 인성교육 내용 및 특성 연구」, 『인문과학연구』 13, 강원대학
교 인문과학연구소, 2005, 164-165쪽. 안범희는 미국의 인성교육 덕목이 개인이 주체
가 되고 있지만, 우리나라의 인성교육 가치와 덕목은 개인보다 공동체에 더 많은 비중
을 두기 때문에 '덕목 강제주입식 교육'이 될 우려가 미국보다 훨씬 더 높을 수 있다는
점을 경계해야 한다고 지적한다(같은 글, 165쪽).
81) 철학문화연구소의 발간물인 『철학과 현실』 제27호(1995년)에는 「인성교육: 필요, 성격,
방법」(손봉호. 60-69쪽), 「미국의 인성교육」(문용린, 97-103쪽), 「일본의 인성교육」(홍
현길, 104-110쪽), 「독일의 인성교육」(손덕수, 111-116쪽), 「프랑스의 인성교육」(변규
용, 117-121쪽) 등이 기획·게재된다. 또한 2009년 『학교 인성교육 실태분석 연구-중
학교를 중심으로-』(현주·최상근·차성현·류덕엽·이혜경, 한국교육개발원, 2009[연
구보고 RR 2009-09])라는 연구보고서, 그리고 2011년 1월 27-28일에 걸쳐 교육과학기
술부(주최)와 한국교육개발원(주관)이 일산 킨텍스(한국국제전시장)에서 '창의·인성
함양을 위한 학교 교육과정 선진화 엑스포'를 개최한 것도 그 사례이다. 또한 2011년
1월부터 12월까지 "초·중등학생의 시민의식 실태분석과 인성교육 활성화 방안 연구"
(책임자: 강영혜, 용역기관: 한국교육개발원)도 진행되고 있다(http://www.kedi.re.kr).

과적이고, '사립학교뿐만 아니라 일반 공립학교도 종교과목을 교양교
육의 맥락에서 고려하는 것은 학습자의 전인교육을 위해 의미 있는 일'
이라는 주장 등이 그에 해당된다.[82]

그 동안 인성의 함양은 청소년교육에서 중요 과제로 인식되어온 경
향이 있다. 앞으로도 인성의 함양은 청소년 교육에서 지속적으로 부각
될 가능성이 있다. 이런 맥락을 감안하면 인성교육으로서 종교교육의
가능성도 지속적으로 주장될 것이다. 그렇지만 이러한 주장들이 설득
력을 가지려면 몇 가지 측면에 대한 고려가 필요하다.

첫째, 인성교육과 종교의 연관성을 제기하는 의도의 차이를 고려하
는 것이다. 대체로 교육학 연구자들은 종교적 소재를 통해 인성교육의
가능성을 확장하고, 이를 통해 도덕 교과의 위상을 높이려는 의도를
보인다. 그에 비해 종교학 연구자들은 학교 종교교육의 출로 모색, 즉
종립학교에서만 진행되는 종교교육을 비(非)종립학교인 국·공립학교
로 확장하려는 의도를 보인다. 이를 감안하면 인성교육과 종교교육은
상호보완적 관계뿐만 아니라 우선순위의 관계가 될 수 있기 때문에 어
떤 입장에서 양자의 관계를 조망할 것인지에 대한 고민이 필요하다.

둘째, 인성교육이 보편적 인성을 전제한다고 해도 현실적으로 보편
적 인성은 특수성 또는 편향성의 다른 이름일 수 있다는 점을 감안하
는 것이다. 한국의 도덕교육과 정서교육에서 강조되는 도덕과 정서는
한국인이 이해하고 수용할 수 있는 도덕과 정서이다. 미국의 도덕교육
과 정서교육에서 강조되는 도덕과 정서는 미국인이 이해하고 수용할
수 있는 도덕과 정서이다. 도덕과 정서를 강조하는 교육을 각각 도덕

---

82) 손원영, 「제7차 교육과정과 기독교학교의 종교교육」, 『종교교육학연구』 13, 2001, 135쪽.

교육과 정서교육으로 범주화할 수 있지만, 도덕과 정서의 내용이 특수한 상황을 반영하고 있기 때문에 그 보편성을 확보하기는 어렵다. 종교의 다양성만큼이나 도덕이나 정서의 내용도 다양한 것이다. 따라서 종교와 인성교육을 관련시킨다면, 어떤 인성교육인가에 대한 고민이 수반될 필요가 있다.

셋째, 종교교육과 인성교육의 목적 사이에 차이가 있다는 점을 고려하는 것이다. 종교교육의 목적을 도덕에 두는 것은 종교 교리에서 도덕적 판단의 근거를 찾고, '종교적 스승들'의 삶 속에서 그 실천력을 찾을 수 있다는 인성교육론자들의 논리와 유사하다. 그렇지만 그 논리들의 궁극적인 목적은 다르다. 도덕교육의 목적은 결국 도덕성을 지닌 학생, 즉 '도덕적 인간'을 양성하는 데에 있다. 여기에서 도덕성은 '도덕 현상을 인식하고 도덕 규범을 준수하려는, 즉 자신과 타인의 행위에 대하여 선악정사(善惡正邪)를 구별하고 선행과 정의를 실천하려는 심성과 행동 경향성'이다.[83] 정서교육의 목적은 '정서적으로 교육된 인간'을 양성하는 데에 있다. 그렇다면 종교 교과의 궁극적 목적이 도덕적 인간이나 정서적으로 교육된 인간을 양성하는 데에 있는가? 이런 물음을 통해 종교 교과의 목적이 도덕교육과 정서교육을 포함한 인성교육의 목적과 동일하지 않다는 점을 유추할 수 있다.[84]

한국에서는 인성교육이 '기존의 인지적으로 편중된 교육 상황에서 별로 다루지 않은 정의적인 측면 및 인간의 본성과 관련된 것으로 건

---

83) 조난심, 「인성교육과 도덕과 교육」, 『도덕교육학신론』, 문음사, 2005, 308; 312쪽.
84) 위의 글, 308; 312쪽. 인성교육은 '정서 함양이나 학생들의 자기 계발을 위한 활동 등을 포함하여 주로 도덕적 덕목을 중심으로 규정된 바람직한 품성과 행동을 길러주기 위한 활동'으로 규정된다. 교육개혁위원회에서도 인성교육을 도덕성, 사회성, 정서 등을 포괄하는 개념으로 사용한다(교육개혁위원회, 『세계화, 정보화 시대를 주도하는 신교육 체제 수립을 위한 교육개혁방안 I』, 1995(제2차 대통령 보고서).

강한 전인적인 민주시민으로 성장하고 생래적인 본성을 실현함으로써 보다 풍부하고 자유로운 삶을 살 수 있도록 하기 위한 교육적 경험을 제공해주는 것'으로 인식되는 경향이 보인다.[85] 인성교육은 인지적 편중 교육에 대한 반발을 전제하면서 정의적 측면과 인간 본성을 강조하는 교육인 것이다.

그렇지만 인성교육이 도덕적·정서적으로 교육된 인간의 양성을 목적으로 삼는다고 할 때, 인성교육에서 사유 능력인 이성이 배제되기는 어렵다. 도덕적 능력이라고 해도 특정 상황에서 선악에 대한 이성적인 판단을 할 수 있어야 한다는 점이 전제되기 때문이다. 이런 맥락에서 보면, 도덕교육이나 정서교육의 목표 가운데 하나인 도덕적·정서적으로 교육된 인간은 특정 상황 속에서 도덕과 정서와 관련하여 적절한 이성적인 판단을 할 수 있을 뿐만 아니라 그 이성적인 판단과 결과에 대해 메타적으로 성찰할 수 있는 인간이기도 하다.

인성교육을 인성이나 정서 관련 문화적 지식 교육으로 이해한다면 인성교육은 성찰적 종교 교육론과 접점을 갖는다. 교육의 일차적 목적이 특정 인성을 가진 인간 양성이 아니라 종교적 인성에 대한 메타적 성찰에 있기 때문이다. 이런 맥락에서 종교적 소재가 인성교육에 기여한다는 주장을 할 때 일차적 목적이 인성의 개발이나 함양에 있는지, 아니면 메타적 성찰에 있는지를 판단할 필요가 있다. 전자의 경우에는 신앙교육이나 영성교육, 후자의 경우에는 종교학교육이나 성찰적 종교교육으로서 인성교육이 가능하다.

인성교육과 성찰적 종교교육의 접점이 분명해지기 위해서는 도덕·

---

85) 한국교육학회, 『인성교육』, 문음사, 1988(인성교육 항목); 안범희, 「미국 학교에서의 인성 교육 내용 및 특성 연구」, 『인문과학연구』 13, 강원대학교 인문과학연구소, 2005, 137쪽.

윤리 교과의 역사성을 감안한 지식의 고고학이나 계보학적 문제의식
이 필요하다. 그 내용은 '누가 어떤 의도·방식·맥락에서 인성 개념
을 규정해오고 있는지', '역사적으로 도덕과 윤리를 판단하는 기준이
누구에 의해 어떤 방식과 맥락에서 강조되어 왔는지', '인성 개념이 어
떤 층위로 구분되는지' 등의 메타적 문제의식이다. 메타적 성찰이 이루
어질 때 인성교육은 인성의 직접적인 개발이나 함양보다 인성에 대한
지적 성찰의 계기를 제공하는 데에 기여할 것이다. 특정 도덕이나 정
서 등 학생이 갖추어야 한다는 인성의 내용은 지적 성찰을 거친 학습
자의 몫인 것이다.

3. 종교 교과교육과 영성교육론

이 부분에서는 영성교육으로서의 종교교육이 가능한지를 다룬다.
이를 위해 먼저 교육적 차원에서 영성교육론의 등장 배경을 살펴보고,
영성 개념의 차이와 지향점을 검토한다. 그리고 영성교육의 방법을 살
펴보고, 학교 내 종교교육의 방향이 영성교육으로 설정될 때 장점과
문제를 지적하고자 한다.

1) 영성교육론의 배경

현대 시기에 영성(spirituality)에 대한 관심이 증가한 이유는 세 가
지로 지적된다. 첫째는 1961년 정교회가 세계교회협의회에 참여하면
서 에큐메니칼운동 차원의 영성 논의가 활발해지기 시작했다는 것이

다. 둘째는 1960년대에서 80년대까지 세계교회협의회가 교회 일치와
사회 참여 운동을 전개하면서 영성이 사회 운동의 정신사적 정체성,
즉 교회로서의 존재 근거를 나타내는 언어로 사용되기 시작했다는 것이
다. 셋째는 도구적 이성의 우위성 속에서 인간의 자기 각성이라는
근원적인 인간됨을 성취하려는 세계사적인 정신운동 차원에서 1970년
대 이후 영성운동이 확산되었다는 것이다.[86]

　한국에서 연구자들이 영성교육(education of spirituality)에 주목한
시기는 1990년대 전후부터이다. 특정 종교에 속한 연구자들이 특정 종
교적 입장에서 영성교육에 주목한 것이었다. 종교별로는 다른 종교계
에 비해 가톨릭이나 개신교계에서 영성교육에 대한 관심의 정도가 높
게 나타난다.[87] 그 이유는 '영성'이라는 용어가 특히 가톨릭이나 개신

---

[86] 조은하, "통전적 영성교육 연구: 일상생활 영성(everyday life spirituality)을 중심으로",
　　연세대학교 박사논문, 2001, 1-2쪽.
[87] 박재만, 「신학교의 단계적 영성교육」, 『가톨릭 신학과 사상』 3, 1990; 류종상, 「영성교
　　육에 관한 연구」, 『교육교회』 191, 1992; 강희천, 「영성교육의 과제와 전망」, 『한국교
　　회사논총』(민경배교수 회갑기념논문간행위원회 편), 민경배교수회갑기념논문간행위원
　　회, 1994; 김영교, 「대신학교에서의 영성교육」, 『복음과 문화』 9, 1998; 정희숙, 「ST.
　　Augustinus의 영성교육론」, 『종교교육학연구』 13, 2001; 조은하, 「현대적 의미의 기독
　　교 영성교육」, 『기독교교육정보』 7, 2003; 김영래, 「영성교육의 관점에서 본 홀리스틱 교
　　육운동의 의미: 발도르프 교육의 지식이해를 중심으로」, 『홀리스틱교육연구』 7-1, 2003;
　　장화선, 「영성교육의 내용과 실제에 관한 연구」, 『복음과 교육』 2, 2005; 이원일, 「영
　　성교육을 위한 해석학적 접근」, 『신학과 목회』 24, 2005; 임영택, 「영성교육의 모형과
　　지도력」, 『기독교교육정보』 13, 2006; 이금만, 「영성교육의 성서적 토대에 관한 연구」,
　　『기독교교육정보』 13, 2006; 송순재, 「독일 가톨릭 종립대안학교 사례 연구: '카를 요제
　　프라이프레히트 학교'(Carl-Joseph-Leiprecht-Schule)를 중심으로」, 『기독교교육논총』
　　14, 2007; 김정준, 「존 웨슬리의 영성수련과 현대 영성교육적 의미」, 『종교교육학연구』
　　28, 2008; 황수경, 「불교의 수행과 영성개발」, 『종교교육학연구』 28, 2008; 하희승, 「목
　　회상담을 통한 청소년 영성교육에 관한 연구:청소년의 학업스트레스 사례를 중심으로-」,
　　『복음과 상담』 11, 2008; 김정준, 「한국인의 무교문화적 성격과 영성교육: C. G. Jung
　　의 성격유형 이론을 중심으로」, 『한국문화신학회 논문집』 11, 2008; 손원영, 「영성학과
　　기독교교육학의 대화」, 『한국기독교신학논총』 61, 2009; 김도일, 「인간성 회복을 추구
　　하는 기독교 영성교육」, 『종교교육학연구』 32, 2010; 박신경, 「유아기 영성교육의 중요
　　성」, 『신학과 목회』 34, 2010 등.

교 내부에서 역사적으로 사용되어 왔기 때문으로 보인다.

2000년경부터 교육학 연구자들도 종교적 색채와 다소 무관하게 영
성교육에 관심을 보인다. 구체적으로, 이들이 관심을 갖는 영성은 특
정 종교적 색채를 띠기보다 초(超)종교 또는 종교 일반, 인간 내면의
가능성 또는 잠재력 등의 색채를 띠고 있다.[88]

영성교육에 대한 관심은 연구자에 따라 다른 배경에서 시작된다. 특
정 종교적 입장에서 영성과 교리교육을 연결시키는 경우, 특히 가톨릭
과 개신교 내에서는 성직자나 신자 양성을 위해 영성교육의 필요성이
제시된다. 예를 들어, 가톨릭의 사제 양성 학교의 경우, 영성교육은 인
간교육・지적교육・사목교육 가운데 특별히 강조되어야 하고, 지적교
육・사목교육과 직결되어야 한다고 지적된다.[89]

특정 종교적 입장에서 영성과 교육 일반을 연계하는 경우, 어떤 연구
자는 영성에 대한 논의가 시대적인 병리적 문제들이 분절화 또는 파편
화(fragmentation)로 인한 것이라는 진단 아래, 대안을 마련하기 위해
시작되었다고 지적한다.[90] 어떤 연구자는 학습자들이 감성주의, 자기
중심주의, 상대주의에 빠져 자신도 모르게 파편화된 인간성을 가진 존
재가 되고 있다고 진단하고, 그 해결책으로 기독교 영성교육을 제안한

---

88) 김정신, 「홀리스틱교육을 위한 영성개념의 탐색」, 『홀리스틱교육연구』 4-2, 2000; 한영
란, 「'영성'의 교육적 의미」, 『한독 교육학연구』 6-2, 2001; 김정신, 「영성교육을 위한
탐색적 연구」, 『교육인류학연구』 5-1, 2002; 김정신, "영성지향 유아교육과정의 개발",
경북대학교 박사논문, 2002; 한영란・정영수, 「영성교육의 교육적 의미」, 『한국교육학
연구』 10-1, 2004 등.
89) 김영교, 「대신학교에서의 영성교육」, 『복음과 문화』 9, 1998, 98쪽. 이 네 가지 교육영
역은 상호 연결되어 종합적으로 이루어져야 한다고 한다. 예를 들어, 인간교육은 영성
교육으로 이어지며, 영성교육을 통해 완성되기도 한다. 지적 교육은 사제로서 성숙되
고 지성과 학문적 자질을 키우기 위한 것으로서 가장 많은 분량의 기간이 할애되고,
이러한 모든 영역의 교육은 결국 사목자 양성을 위한 것이기 때문에 사목교육으로 종
합되어야 한다고 한다(같은 글, 98쪽).
90) 손원영, 『영성과 교육』, 한들출판사, 2004, 13-48쪽.

다.91) 교육 일반의 문제를 지적하면서, 동시에 특정 종교적 입장의 영성교육을 통해 그 문제를 해소하려는 방향을 취하고 있는 것이다.

특정 종교적 입장을 취하지 않는 교육학 연구자들의 경우, 영성교육은 '경쟁적이고 분절적이며, 물질적인 가치만을 중요하게 다루고 있는' 교육 현실을 극복할 수 있는 대안으로 이해된다.92) 또는 가정교육 기능의 약화에 따른 한계, 입시 위주의 학교교육, 사회의 가치전도현상과 그에 따른 자아정체감 상실 및 영적 위기, 인간성 회복과 세계에 대한 올바른 깨달음의 요청 등의 상황 때문에 영성교육에 대한 관심이 높아졌다고 진단하고, 자아의 발견, 사고의 전환, 인격의 완성, 전인교육을 위해 영성교육이 필요하다고 강조된다.93)

흥미로운 부분은 영성교육론자들이 교육 일반의 문제를 지적할 때 근본 원인을 다르게 진단하고 있다는 점이다. 교육 일반의 문제를 분절화 또는 파편화로 규정하는 경우에도 그 근본 원인은 다르게 진단된다.

어떤 경우에는 영성 개념이 도구적 이성을 절대화하려는 모더니즘의 문제를 극복하기 위한 하나의 대안적 접근 방식으로 공통적인 관심대상이 되고 있다고 지적한다.94) 다른 경우에는 인간성의 파편화 원인을 모더니즘이 아니라 포스트모더니즘에서 찾는다.95) 포스트모더니즘(감성주의・자기중심주의・주관적인식론・권위부정・다원주의/상대주의)이 모더니즘의 영향을 받던 사람들에게 자신도 모르게 파편화된

91) 김도일, 「인간성 회복을 추구하는 기독교 영성교육」, 『종교교육학연구』 32, 2010, 1쪽.
92) 김정신, 「영성교육을 위한 탐색적 연구」, 『교육인류학연구』 5-1, 2002, 53쪽.
93) 한영란・정영수, 「영성교육의 교육적 의미」, 『한국교육학연구』 10-1, 2004, 5쪽.
94) 손원영, 「철학과 교육학에서의 영성」, 『기독교사상』 43-1, 1999, 68쪽.
95) 최복태, 「다원주의 시대의 복음주의와 영성교육에 관한 연구」, 『기독교교육정보』 23, 2009, 383쪽; 김도일, 「파편화된 인간성을 통합하는 기독교교육」, 『기독교교육논총』 21, 2009, 19쪽.

인간성을 가지게 했다고, 즉 '전체에서 떨어져 나와 깨어져 조각나서 인간답지 못하게 된 사람'이 되었다고 본다. 이런 논의를 통해 개인적 차원에서 육체·정신·감성·영성이 통합되는 통전적 인간 존재를 지향하고, 구체적인 실천으로 공동체의 변화를 추구하는 연대성과 사회성을 지녔다는 '기독교' 영성교육의 필요성이 주장된다.96)

　'지식교육의 신화', 즉 지식교육의 여러 문제를 기독교적 영성교육으로 보완하여 전인교육으로 가야 한다는 지적도 있다. 여기서 지식교육의 신화는 각각 '객관주의적 지식', '지식의 가치중립성 및 도구성', '이성에 기초한 지식'의 신화를 의미한다.97) 그 내용은 교육에서 미신·편견·주관이 제거된 객관적 지식의 의미가 객관주의적 지식으로 해석되어 인식주체와 인식대상의 전적인 소외와 결별 등의 문제를 낳고, 지식 자체에 가치가 내재되어 있음에도 불구하고 실증주의의 영향으로 실용적 지식만이 강조되고, 객관적 지식의 확고부동한 기점을 강조하는 근대적 정초주의(foundationalism) 인식론이 간주관성(inter-subjectivity)에 직면하고 있다는 것이다.98) 이러한 주장은 인지적 측면만

---

96) 김도일, 앞의 글, 2010, 1쪽, 10-11쪽. 김도일은 포스터모더니즘의 특성을 모더니즘의 주지주의(intellectualism), 개인주의(individualism), 객관적 인식론(objective epistemology), 권위인정(authority acknowledged), 일원주의(monoism)에 대해 감성주의(emotionalism), 자기중심주의(self-centeredness), 주관적 인식론(subjective epistemology), 권위부정(authority denied), 다원주의(pluralism)/상대주의(relativism)로 규정한다(같은 글, 10쪽).

97) 홍은숙, 「교육과정에서 지식교육의 신화에 대한 기독교적 대안」, 『종교교육학연구』 32, 2010, 23-42쪽.

98) 위의 글, 24-37쪽. 셋째, 근대 인식론(합리주의·경험주의)이 '객관적 지식이 지식의 확실성을 검증할 수 있는 인식의 확고부동한 기점(foundation)에서 출발하여 일직선적으로 계단처럼 쌓여 간다'는 정초주의(foundationalism) 인식론의 영향을 받았지만, 19세기 이후 해석학과 포스트모더니즘 사조로 비판에 직면했다는 것이다. 특히 해석학은 '전이해와 새로운 지식 사이의 지평 융합과 해석학적 순환을 주장하면서 지식의 객관성과 확실성을 간주관성(inter-subjectivity)에서 찾는다. 즉, 해석학은 지식의 객관성을 견지하면서도 인식주체의 능동적 역할을 강조하며, 순환적 인식과정을 통해 지식교육

이 아니라 지식 자체에 내재된 가치에 주목해야 한다는 점을 강조하기 위한 것이다.

> 지식의 가치중립성 신화를 보다 근본적으로 해결하는 방안은 지식 자체에 가치가 내재되어 있음을 깨닫고 지적하며, 어떤 교과나 인간활동을 가르치든지 간에 그것에 내재된 가치를 가르치는 것이다. 언뜻 보기에는 가치와 무관해 보이는 전문적인 인간활동들, ……. 인간의 모든 실천전통은 우연히 생겨난 것이 아니라, 인류의 특정한 관심과 필요에서 나온 것이다. …… 이처럼 모든 실천전통들은 인류의 공동선을 실현하는 데 기여하는, 그 활동 나름의 고유한 목적과 가치를 가진다. 이것을 알레스데어 맥킨타이어(MacIntyre)는 '실천전통의 내적 가치(goods internal to a practice)'라고 부른다.[99]

이상의 논의를 보면, 전반적으로 영성교육론은 기존 또는 현재의 교육이 모더니즘의 영향이든 포스트모더니즘의 영향이든, 인간성의 분절화 또는 파편화를 초래했다거나 초래한다는 진단에서 시작된다. 그리고 그 처방전을 마련하는 데에 영성이 중요하고, 영성이 교육과 접목되어야 한다는 주장으로 이어진다. 또한 교육에서 정초주의의 영향을 받은 지식의 중립성 신화를 깨고 지식에 내재된 '가치'에 주목해야 한다는 주장으로 이어진다.

의 포괄적인 모습을 보여주는 대안을 제시하고 있다는 것이다(같은 글, 34-36쪽).
99) 위의 글, 32쪽; A. MacIntyre, *After Virtue*(2nd ed.), Notre Dame: University of Notre Dame Press, 1984, pp.187-188.

2) 영성 개념의 차이

영성교육의 핵심 개념인 영성은 수천 년 동안 다양한 의미로 해석되었고, 비(非)영성과 구별할 수 있는 의미 경계도 불분명하여 모호하다고 지적된다.[100) 네이와 해이(Nye & Hay)에 따르면, 영성 개념은 '도덕적 민감성'을 한쪽 끝에, '신과의 신비적 일치'를 다른 쪽 끝에 놓는 스펙트럼에 놓여있다.[101) 영성의 의미가 모호하고 다양하여 그 구체적인 의미와 내용도 일치되기 어렵다는 지적이다.

실제로 종교별로 영성 개념은 다르게 규정되고, 심지어 동일 종교 내에서도 다른 뉘앙스가 풍긴다. 개신교계의 경우, 어떤 연구자는 인간이 '하나님의 모양과 형상'대로 지음을 받은 피조물이기 때문에 '본래적으로' 영성을 지니고 태어난 영적인 존재이며, 그 내면에 잠재된 영성은 회복되고 개발되도록 지음을 받았다고 간주한다. 여기에서 영성은 '무엇을 하든지 말에나 일에나 다 주 예수의 이름으로 하고, 그를 힘입어 하나님 아버지께 감사하는 것'이며, 영성교육은 '인간의 내면에 잠재되어 있는 영성을 이끌어 내어 개발하는 것'을 의미한다.[102)

다른 연구자는 영성 개념에 대한 획일적인 규정이 어렵지만 파편화로 인한 시대적인 병리적 문제들을 극복하기 위한 대안으로서 '일상적인 삶을 통해 하나님과 사귀고자 하는 신앙인의 갈망'이라는 의미의 생활영성 개념을 제시한다. 생활영성의 상호보완적 '원리'로서 통전성

---

100) 김도일, 앞의 글, 4쪽.
101) R. Nye & D. Hay, Identifying Children's Spirituality, *British Journal of Religious Education*, 18(3), 1996; 김정신, 「영성교육을 위한 탐색적 연구」, 『교육인류학연구』 5-1, 2002, 55쪽(재인용).
102) 장화선, 「영성교육의 내용과 실제에 관한 연구」, 『복음과 교육』 2, 2005, 274-279쪽.

(unity or wholeness), 성례전성(sacramentality), 프락시스(praxis), 잉여성(moreness)/타자성(otherness), 십자가(cross)의 영성 등 다섯 가지가 지적된다.103)

다른 연구자는 영성을 명상, 관조, 기도, 수덕적 훈련과 동일시하는 입장을 비판하고, 현대적 영성 개념이 내적-외적세계, 자연-초자연, 물질-정신, 자아-타자, 인간-자연, 성-속, 성직자-평신도, 초월-일상, 신비-실천 등의 이원론적 구조를 넘어 통전적 영성을 추구하는 특징을 지닌다고 지적한다.104) 동시에 이분법적 영성 이해가 '종말론적 공동체'의 상실에서 비롯된 것이라고 비판하면서 통전적 영성의 형성과 통전적 영성교육을 위해 '종말론적 공동체'의 회복이 필요하고, 영성교육의 목적에 '일상생활에서 하나님과 연합, 일상생활에서 상호작용을 통한 통전적 영성 형성, 영적 성숙을 위한 자기성찰' 등이 포함되어야 한다고 강조한다.105)

불교의 경우, 어떤 연구자는 영성이 절대 불변의 영혼을 상정하는 실체론적 뉘앙스를 지니고 있기 때문에 잘 사용하지 않는다고 지적한다. 그리고 영성 개념을 '붓다의 성품, 또는 깨달을 수 있는 가능성과 깨달음에서 나타나는 정신적 명확성' 등의 의미가 담긴, 그리고 '자성청정심(自性淸淨心)이나 깨끗하고 빛나는 마음' 등으로 표현되는 불성(佛性) 개념과 연결시킨다.106)

---

103) 손원영, 앞의 책, 2004, 13-48쪽. 여기서 통전성이란 초월자・인간・자연・우주 등이 '서로 분리된 것이 아니라 서로 의존'된다는 의미이다(같은 책, 27쪽).
104) 조은하, 「현대적 의미의 기독교 영성교육」, 『기독교교육정보』 7, 2003, 350쪽.
105) 조은하, "통전적 영성교육 연구: 일상생활 영성(everyday life spirituality)을 중심으로", 연세대학교 박사논문, 2001, ⅴ-ⅵ쪽.
106) 김용표, 『포스트모던 시대의 종교적 영성과 불교』, 『종교교육학연구』 32, 2010, 166-167쪽.

다른 연구자는 특히 초기 불교에서 '확고한 실재로서의 영은 제행무상(諸行無常) 제법무아(諸法無我)의 철칙에 따라 인정되지 않는다고 지적한다. 그리고 영성(=영적인 것)을 개아(個我)뿐 아니라 개아(個我)를 넘어선 총체로서의 인간 속에 근원적으로 잠재해 있는 기능'으로서 이해한다.107) 이는 영성을 불성, 여래의 가능성 등 인간의 각성이나 깨달음으로 이해하는 것이다.

가톨릭의 경우, 어떤 연구자는 영성을 '사람이 되신 하느님의 말씀인 예수 그리스도를 통하여 그리스도와 함께 그리스도 안에서 다양한 방법으로 하느님과 대화를 하면서 하느님과의 일치를 추구하는 것'으로 규정한다. 그와 함께 가톨릭의 영성은 '하느님께 마음을 향하는 전례를 포함한 모든 기도행위'(관상)와 '생활을 하는 것'(활동)의 두 방향으로 나누어지는데, 관상이 활동보다 우선순위라고 지적한다.108)

다른 연구자는 학생을 교육하는 일이 교과목의 지식 전달로만 인식되고 있고, 교사의 행위에 가톨릭 학교의 설립 목적과 교육 이념보다 교사 자신의 개인적 성격과 취향이 더 반영되어 있다고 진단하면서, 교사가 가톨릭 학교가 표방하는 교육 목적에 충실하면서 학생의 현실적 필요에 효과적으로 응답하기 위해 영성이 필요하다고 지적한다. 여기서 영성은 '하느님과 함께 하는 크리스천의 생활(Christian life with God)', '한 인격이 하느님과 깊은 친교를 이루고 자신의 삶을 그분께 전적으로 의탁하는 것'으로 간주된다.109)

통일교의 경우, 영성이라는 용어 대신에 '심정'이라는 용어를 사용한

---

107) 다나까노리히꼬, 「불교적 영성의 일고찰-불성의 자각과 전개-」, 『원불교사상과 종교문화』 31, 2005, 15쪽.
108) 김영택, 「가톨릭의 영성」, 『기독교사상』 46-9, 2002, 46쪽.
109) 최준규, 「가톨릭 학교 교사의 영성」, 『가톨릭 신학과 사상』 52, 2005, 142-143쪽.

다. 여기서 심정은 '사랑을 통해 기쁘고자 하는 정적 충동'으로 '하나님의 신성'과 '창조본연의 인간 본성'을 의미한다. 통일교에서 인간은 '하나님과의 심정적 관계가 단절된 존재', '심정을 상실한 인간', '타락한 인간'이고, 구원은 '심정적 인간, 심정적 세계를 회복하는 것'으로 간주된다. 그에 따라 영성계발은 '인간의 물리적·심령적 현상이 아니라 비존재에서 존재로의 변화', 즉 '하나님의 사랑권내를 떠난 인간이 하나님의 사랑권내로의 복귀되는 과정'인 '부활' 개념, 또는 '탕감조건을 세워 인간의 타락성을 벗고 창조본연의 인간이 되는 복귀(=회복) 과정'을 의미한다.[110]

통일교에서 영성계발은 '하나님의 심정을 알고 그에 반응하는 인간이 되는' 구원, 즉 영인체의 성장과 완성으로 인식된다. 그와 관련하여 육체는 영인체의 완성을 위한 일종의 밭, 소생·장성·완성부활 등의 부활은 '하나님의 직접주관권 내로 복귀되는 과정', '하나님의 심정과 일체를 이루어 하나님과 사랑과 미를 완전히 주고받아 선의 목적을 이루는 것' 등으로 이해된다.[111] 영성계발의 방법으로는 합동결혼식과 성주식(聖酒式) 등의 혈통 전환 의식, 훈독회, 청평수련원의 영 분립 의식, 조상해원식, 조상축복식 등이 중시된다.[112]

원불교의 경우, 어떤 연구자는 영성이 원불교에서 보편적으로 사용되는 용어가 아니지만, '신령스러운 성품'으로 정의할 수 있다고 본다. 그리고 일체중생의 본래 성품자리가 제불제성이 증득한 진리인 법신불 일원상이라고 지적한다. 법신불 일원상이 제불·조사·범부·중생

110) 이재영, 「통일교 수행방법과 영성계발」, 『종교교육학연구』 28, 2008, 41-44쪽, 48-49쪽.
111) 위의 글, 51-53쪽.
112) 강돈구, 「세계평화통일가정연합의 현재와 미래-천주청평수련원을 중심으로」, 『한국종교교단 연구 Ⅱ』, 한국학중앙연구원, 2007, 11-46쪽.

에게 신령스러운 성품(영성)으로 품부되었다는 것이다.113)

원불교의 다른 연구자는 영성을 두 가지 의미로 설명한다. 하나는, 위의 내용처럼, 영성이 일원상의 진리와 마음의 관점에서 성품, 본성, 정신, 본래마음이라는 것이다. 다른 하나는 원불교인이 법신불 일원상의 진리를 바탕으로 지녀야 할 교리이념과 교법정신 및 가치관, 삶의 태도 등에 대한 총칭이라는 것이다. 그리고 원불교 영성 개념의 외연과 범주를 확대하기 위해 '생활영성' 개념을 적용하기도 한다.114)

대순진리회의 경우, 영성이 아니라 '심령(心靈)'이라는 표현이 사용되고, 심령을 찾기 위해 노력하는 것이 일심(一心)이라고 한다. 대순진리회에서는 모든 인간에게 심령이 있다고 전제하고 대순진리회의 신조(사강령과 삼요체)를 통해 심령을 구해 나가면 도통의 길에 들어서게 된다고 한다. 여기서 심령은 모든 심신을 다하여 '상제님'을 믿고 수도(주문 봉송, 시학, 시법 등)를 하게 되면 누구에게나 회복되는 정직하고 진실한 인간의 본질을 의미한다.115)

지금까지 살펴보았듯이, 영성 개념은 종교별로 다르게 이해된다. 같은 종교 내에서도 영성 개념에 대한 이해가 다르게 나타난다. 그렇지만 분명한 부분은 각 종교계에서 영성과 교육을 연계한 영성교육을 진행하고 있거나 진행하려고 한다는 점이다. 그리고 영성교육의 영성 개념이 특정 종교의 교리와 연계되어 있다는 점이다.

영성교육의 필요성을 인정하는 교육학 연구자들은 영성을 다르게

113) 고시용, 「원불교의 수행방법과 영성계발」, 『종교교육학연구』 28, 2008, 63쪽. 65쪽.
114) 백준흠, 「영성에 대한 원불교 교리적 고찰」, 『원불교사상과 문화』 32, 2006; 백준흠, 「원불교 종교교육에서의 영성교육」, 『종교교육학연구』 30, 2009, 158쪽.
115) 2010년 5월 7일 ○○선감과의 면담. 『전경』 41 · 布喩文: 正吾之心氣 立吾之義理 求吾之心靈.

규정한다. 어떤 연구자는 영성을 '특정의 종교나 종파를 초월하여 모든 종교 내외에서 보편적으로 추구하는 개념으로서, 인간의 선천적, 본질적 본성이며, 궁극적이고 고차적인 내면 의식으로서의 삶의 실재'라고 간주한다. 그리고 영성이 종교나 신과의 관계 문제로 국한하거나 제한할 수 없는 인간 정신의 문제이고, 따라서 영적인 것을 인간을 초월하는 문제로 보면서 배제시켰던 근대 교육의 오류를 극복하기 위해 교육에서 영성이 적극 고려되어야 한다고 주장한다.116)

다른 교육학 연구자는 교육을 초월적 차원과 연결시키는 영성교육이 교육을 사변적·신비적인 것으로 만드는 것이 아니라고 지적한다. 영성을 '인간 행위를 유발하는 어떤 태도나 정신으로서 구체화된 종교적 또는 윤리적 가치의 총칭'으로 이해할 수 있다는 것이다. 나아가 영성교육이 일상생활에서 삶의 의미를 재발견할 수 있게 해준다고 지적한다.117) 이는 영성교육을 일상생활에서 인간 행위를 유발하는 어떤 태도나 정신을 내면에서 자각하게 하고, 이를 통해 삶의 의미를 재발견하게 하는 교육으로 이해하는 것이다.

3) 영성교육 방법의 차이

학교의 교과교육에서 영성이 가르칠 수 있는, 즉 교육 내용이 될 수 있는가? 이 질문은 '신앙이 교육 내용이 될 수 있는가'라는 질문과 유사하다. 이 질문에 대한 답변은 기독교계 연구자들 사이에 서로 다르다. 듀이(J. Dewey)와 유사한 교육적 신념을 가진 조지 코우(George A.

---

116) 김정신, 「영성교육을 위한 탐색적 연구」, 『교육인류학연구』 5-1, 2002, 63쪽.
117) 한영란·정영수, 「영성교육의 교육적 의미」, 『한국교육학연구』 10-1, 2004, 5-6쪽.

Coe) 등처럼 인간의 가능성에 대해 비교적 낭만적 견해를 가진 연구자
들은 대체로 신앙을 가르칠 수 있다는 입장이다. 그렇지만 사라 리틀(S
ara Little)과 유사한 교육적 신념을 가진 리차드 아스머(Richard Osme
r) 등처럼 인간의 죄성(sinfulness)을 더 강조하는 보수주의 신학자들
은 신앙이 '전적으로 은혜에 기인한 하나님의 선물'이므로 인간(교사)
이 가르칠 사안이 아니라는 입장이다. 양자 선택이 아니라 통합적 차
원에서 '교사가 영성 그 자체를 가르쳐서 얻게 하거나 줄 수 없어도 영
성에 대한 지식과 지혜를 사모하게 하고, 영성적 삶을 실천할 수 있게
학습자를 도울 수 있다'는 입장도 보인다.[118]

영성교육론자들은 영성이 교육 내용이 될 수 있다는 입장을 취하는
데, 특히 개신교계 영성교육론자들은 영성훈련과 영성교육을 구분하
고 후자를 선택한다. 훈련(exercise)이 교사가 사전에 준비한 학습 내
용을 주도적·일방적으로 전하는 교수 형태로서 모방과 반복만을 강
조하는 개념이며, 자율적 영성 훈련과 영적 성숙의 측면을 소외시킨다
고 보기 때문이다.[119] 그에 비해 교육은 훈련과 달리 동일한 최종적
상태를 지향하는 것이 아니라 타고난 다양한 유형의 잠재능력을 최대
한 계발하도록 도와주는 행위를 포괄하는 개념이기 때문에 영성훈련
보다 영성교육이 적합하다고 주장된다.[120]

영성교육의 대상을 학생보다 교사에 먼저 두어야 한다는 입장도 있

118) 김도일, 앞의 글, 2010, 7-8쪽. 김도일에 따르면, 교사의 역할은 교육이라는 매개체를
통해 학생들이 '영성이라는 위로부터 오는 선물', 즉 초월적이면서 신비적인 경험과 은
총적 차원의 신앙적 경험들을 수용하고 인식할 수 있도록 돕는 한편, 존재변화들이
구체적 삶에서 어떻게 실현될 수 있을까하는 실천적 문제에 대한 답을 찾아갈 수 있도
록 돕는 것이다(같은 글, 8쪽).
119) 강희천, 「영성교육의 과제와 전망」, 『한국교회사논총』(민경배교수 회갑기념논문간행
위원회 편), 민경배교수회갑기념논문간행위원회, 1994, 644-648쪽.
120) 조은하, 「현대적 의미의 기독교 영성교육」, 『기독교교육정보』 7, 2003, 354-354쪽.

다. 교사들이 교사로서의 삶이 지니는 영성적 차원을 깨달을 때 학생과 학교에서 수행하는 모든 활동의 목적에 확신을 갖게 되고, 이에 헌신함으로써 교육적인 면에서 또 인간관계 면에서 탁월한 교사가 된다고 보기 때문이다.121)

영성교육론자들은 어떤 영성교육 방법들을 제시하는가? 연구자들은 다양한 입장을 취한다. 영성 개념을 어떻게 이해하고 있는가에 따라 영성교육의 방법이 달라질 수 있기 때문이다. 영성교육의 구체적인 방법에 대해 종교별로 살펴보면 다음과 같다.

개신교계의 경우, 어떤 연구자는 '인간성 회복'을 목표로 세 가지 유형의 영성교육 방법을 제시한다. 첫째, 내면 수련(묵상·기도·금식·공부) 및 외면 수련(단순화·고독·순종·섬김)이라는 개인적 차원과 공동수련(고백·예배·인도·경축)이라는 공동체적 차원을 동시에 고려하는 방법이다. 둘째, 자기 비움과 침묵 가운데 상상력을 최대한 발동하여 적극적으로 초월자의 활동을 그려보고 그 뜻을 이해하려는 명상법(유념적 차원), 그리고 언어기도·간구·자아의식에서 점차 무언의 기도·경배 형태·'하나님 의식'으로 나아가는 경험을 획득하게 하여 자아를 비우는 방법(무념적 차원)을 동시에 고려하는 방법이다. 셋

---

121) 최준규, 「가톨릭 학교 교사의 영성」, 『가톨릭 신학과 사상』 52, 2005, 143쪽. 여기서 탁월한 교사는 탁월한 교사(excellent teacher)와 좋은 교사(good teacher)라는 서비오바니(T. J. Sergiovanni)의 구분을 수용한 용어이다. 서비오바니에 따르면, 좋은 교사는 경영 능력(예: 계획, 조직, 재정), 인간관계 능력(예: 갈등 해소, 다양한 견해 조정, 긍정적 분위기 조성, 동기 부여), 교육적 능력(예: 교과 개발, 교수법)을 지니고, 이 능력들이 상호작용된다고 한다. 그에 비해 탁월한 교사는 좋은 교사의 능력 외에, 교실과 학교 안에 자신의 존재 목적을 명확하게 깨닫고, 이 깨달음을 자신의 말과 행동으로 실천하고, 학교의 교육적 이념과 목표를 존중하고, 그것을 자신과 자신의 교육 활동으로 구현할 수 있는 능력을 지닌다고 한다(같은 글, 175-176쪽; T. J. Sergiovanni, *The principalship: A reflective-practice perspective*(3rd ed.), Needham Heights, MA: Allyn and Bacon, 1995).

째, 융(K. Jung)의 성격유형 연구에 따라 마이어(Isabel Myers)와 브릭스(Katharine Briggs)가 만든 MBTI(Myers-Briggs Type Indicator) 성격유형 검사 방법과 가드너(Howard Gardner)가 제시한 다중지능이론(Multiple-Intelligence) 등을 활용하는 방법이다. 이는 개인의 성격유형에 적합한 영성교육 방법을 제시하기 위한 것이다.[122]

통일교의 경우에는 영성계발, 즉 영인체의 성장과 완성을 위해 네 가지 방법이 제시된다. 첫째, 모세 10계명으로 대표되는 율법적 수행으로 '인간의 유한한 존재 영역을 초월하여 궁극적 실재와의 만남'을 위한 금욕주의적 생활과 헌신의 생활이다. 둘째, 아침 5시에 일어나 경배, 가정맹세 암송, 기도, 경전 훈독, 말씀에 대한 묵상 순으로 진행되는 교리적 수행이다. 셋째, '복귀섭리역사'의 한 단계를 매듭짓고 새로운 단계로 넘어가는 과정을 표현한 종교의식에 참여하는 성례전 수행이다. 종교의식에 신적인 힘이 작용하여 인간이 변화되고, 그 종교가 공유하는 삶의 방식이 형성된다고 보는 것이다. 넷째, '하나님과 심정적으로 일체되어 사랑을 실천하는 단계'인 자아실현 수행이다.[123]

원불교의 경우, 영성을 법신불 일원상의 진리와 상통하는 '신령스러운 성품'으로 본다면, 영성계발은 원불교가 지향하는 '광대무량한 낙원세계 건설'을 위한 필수불가결한 요소가 된다. 그 방법으로는 일원상의 신앙과 수행이 제시된다. 이것은 정신개벽을 위한 두 가지 축인 '진리적 종교의 신앙'과 '사실적 도덕의 훈련'으로 표현된다. 그에 따르면, 원불교의 영성교육의 방법은 삼학·팔조·무시선 무처선을 위주로 하는 수행체계, 사은·사요·처처불상 사사불공을 축으로 하는 신앙체

122) 김도일, 앞의 글, 14-16쪽.
123) 이재영, 앞의 글, 53-56쪽.

계가 된다.124)

위의 내용을 정리하면, 종교계에서는 영성교육을 부정하기보다 수용 내지는 확대하려는 모습을 보인다. 그에 따라 영성교육을 위한 다양한 방법들이 제시된다. 이러한 방법들은 대체로 기존에 각 종교계에 존재했던 교리나 의례에 토대를 두고 있다. 이는 영성교육 방법도 특정 종교 색채를 띠는 경우들이 적지 않다는 것을 의미한다.

4) 영성교육론의 향방

영성교육론에 대한 관심은 1990년대부터 대안학교가 본격적으로 등장하면서 지속된다. 우선, 대안학교나 대안교육은 다양한 지점에서 종교와 연관된다. 서구의 경우, 대안학교의 종교교육은 교리수업이 아니라 종교학습과 자연체험 간의 관련성 등 '개인의 일상적 삶이나 환경과 교유하는 방식을 통한 종교적 체험을 유발하는 것'과 관련된다. 인지학적 기독교라는 종교적 세계관을 토대로 하는 발도르프 학교도 신앙 내용을 감각기관으로 나타내거나(말, 그림, 몸짓 등) 예술적 직관을 강조한다는 측면에서 '종교적 체험 및 사유 계기'를 제공한다. 그 이면에는 현대 문명의 위기가 '현대 과학이 외부 자료에 의한 지적 사고에 고착되어 인간의 내면적·영적 사실을 간과'한다는 진단, 그리고 인간 형성을 위해 종교가 모든 삶과 교육 행위의 토대를 이룬다는 점이 전제된다.125)

---

124) 고시용, 「원불교의 수행방법과 영성계발」, 『종교교육학연구』 28, 2008, 68-75쪽.
125) 고병헌·김찬호·송순재·임정아·정승관·하태욱·한재훈, 『교사, 대안의 길을 묻다-대안교육을 위한 아홉 가지 성찰』, 이매진, 2009, 190-201쪽.

한국에서 대안학교・대안교육과 종교의 연관성은 다음 지점에서 드러난다. 첫째, 2011년을 기준으로 전국의 특성화학교(고교 23개, 중학교 9개)에서 전체 4분의 3이 종교재단이 설립한 학교이다.126) 예를 들어, 영산성지고, 경주 화랑고, 원경고는 원불교 재단, 양업고는 천주교 재단, 세인고, 한빛고, 동명고, 두레자연고 등은 개신교 색채가 강하다.127) 둘째, 특정 종교와 직접적 관련이 없어도 종교적 가르침을 정신적인 배경으로 설정한 대안학교들이 적지 않다.128) 셋째, 종교계, 특히 개신교계가 대안학교와 그 연대에 관심을 보인다.129)

대안학교의 운영과 학생 선발에서도 종교적 요소가 작용된다. 예를 들어, 개신교계 대안학교에서는 교육과정에 아침묵상, 성서일기, 학교 채플, 성경과목을 편성・운영하고, 신입생 선발, 학부모와의 관계, 재정 사용 등에서도 신앙적 가치관을 강조한다. 학생 선발에서도 학생의 학습능력을 우선시 하지 않고 학생과 학부모와의 면접을 통해 학교가 지향하는 신앙교육에 동의하는지를 점검한다.130) 학부모나 학생도 일반 학교에서 '종교교육을 자유롭게 받지 못해서' 대안학교 입학을 결정하기도 한다. 그와 관련된 내용은 아래의 표에서 확인할 수 있다.131)

---

126) 〈대안학교〉, 『중앙일보』, 2011.01.14.

127) 이혜영・황준성・강대중・하태욱, 《대안학교 운영 실태 분석 연구》, 한국교육개발원, 2009, 70쪽.

128) 현병호, 「대안교육의 의의와 현황 그리고 전망」, 『진보평론』 10, 진보평론, 2001, 110쪽.

129) 간디대안교육센터(http://gandhicenter.net); 기독교대안교육센터(http://www.caeak.com); 대안교육연대(http://www.psae.or.kr/index_body.php); 대안교육종합센터(http://www.daeancenter.or.kr); 서울시대안교육센터(http://www.activelearning.or.kr) 등. 교육 관청이 특성화 학교로 인가를 한 대안 중・고교 26곳은 한국대안학교협의회를 이루고 있다. 비인가 초・중・고교 29곳은 대안교육연대에 모여 있다고 한다.

130) 강영택, 「기독교대안학교의 교육성과에 대한 질적 사례연구」, 『신앙과 학문』 15-1, 2010, 44쪽.

131) 〈대안학교〉, 『중앙일보』, 2011.01.14.

〈표 24〉 대안학교 입학 이유(2011년)

이유	특성화(인가)학교		비인가학교	
경직된 규율이 싫어서	608	26.6%	123	21.8%
일반학교의 성적 중심 풍토가 싫어서	548	23.9%	88	15.6%
적성과 소질을 제대로 파악하지 못해서	467	20.4%	83	14.7%
부모나 본인이 원해서	370	16.1%	131	23.3%
급우 관계에 어려움을 겪어서	82	3.6%	30	5.3%
종교교육을 자유롭게 받지 못해서	**45**	**2.0%**	**26**	**4.6%**
기타	170	7.4%	83	14.7%
합계	2,290	100%	564	100%

　서구의 경우, 대안학교의 종교교육은 대체로 종교적 체험을 강조하는 영성교육의 형태를 띠고 있다. 그렇지만 종교별 체험 프로그램을 진행할 때에도 특정 종교가 모든 종교의 정점에 놓이는 태도가 적지 않다. 예를 들어, 루돌프 슈타이너도 학생에게 자유로운 결정과 선택의 여지를 제공하지만 개신교를 모든 종교의 정점에 두는 경향이 있다.[132]

　한국의 경우, 적지 않은 대안학교에서 특정 신앙을 위한 종교교육이 진행된다. 예를 들어, 개신교계 대안학교는 '복음전도를 통하여 그리스도의 제자를 삼는 것', '제자로 하여금 그리스도의 장성한 분량에 이르기까지 신앙의 성숙을 이루도록 양육하는 것'을 일차 목적으로 삼는다.[133] 개신교계 대안학교를 공교육의 한계 극복 대안으로 강조하는 경우에도 교육원리는 하나님의 교육(Educatio Dei)이 된다.[134]

　종교계 대안학교는 다양한 '종교적 체험'을 특정 교리와 연결시키거

---

132) 고병헌·김찬호·송순재·임정아·정승관·하태욱·한재훈, 앞의 책, 195쪽.
133) 곽광, 『신앙공동체를 지향하는 기독교대안학교』, 예영커뮤니케이션, 2010, 25쪽, 28쪽.
134) 정병완, "기독교대안학교의 교육원리와 그 실천방안: 하나님의 교육을 중심으로", 총신대학교 박사논문, 2009, 56-210쪽. 정병완은 기독교대안학교를 "학문과 삶, 문명가운데서 하나님의 주되심을 인정하고 그의 섭리를 고백하는 교육"이라는 기독교대안교육의 이념을 실현하기 위한 학교로 정의한다(같은 글, 56-114쪽).

나 자기 내면의 성찰 계기로 활용하여 '종교적 삶'을 추구한다는 측면
에서 영성교육 형태를 띠기도 한다. 신앙교육이 인성교육의 토대가 된
다는 전제 하에 인성교육 형태를 띠기도 한다. 그 내용은 "그리스도를
닮아 조화로운 인격을 형성한다는 목표를 세워서, 하나님을 아는 지식
을 기반으로 섬기는 제자를 양육하고자 하고, 기독교정신으로 인성교
육을 실시한다"는 것이다.[135] 대안학교는 미션스쿨에 비해 인성교육뿐
만 아니라, '종교(성경지식), 채플(예배), 성경공부, 개인(아침)경건의
시간'도 더 많이 갖는다.[136] 대안학교의 종교교육은 신앙교육, 인성교
육, 영성교육 등의 혼재 형태인 것이다.

대안학교의 종교교육은 '자유 종교교육'으로 개념화되기도 한다. 여
기에서 '자유'는 국가 교육과정의 틀에 있는 종교교육 수준을 넘어 본
격적으로 종교를 가르친다는, 기존 종립학교의 규범적 종교교육 방식
과 달리 '삶에 내재된 종교성'을 강조하여 삶이 요구하는 종교적 물음
과 필요성에 대해 개방적·대화적 방식을 추구한다는 의미를 지닌
다.[137] 이러한 방향 설정은 아래의 인용문을 통해 확인할 수 있다.

> 이 학교들은 학교교육에서 좀 더 중요한 것은 어떤 특정한 종교
> 적 믿음을 가지게 하는 것보다는 종교적 세계 일반에 눈 뜨게 하는
> 것, 즉 종교적 세계를 이해할 수 있도록 이끌어주는 것이라는 관점
> 을 가지고 있기 때문이다. 이런 '이끌어줌'은 중요한 종교들을 모두
> 치우치지 않게 가르친다든지, 혹은 인간 안에 내재된 종교적 힘을

135) 강영택, 「기독교대안학교의 교육성과에 대한 질적 사례연구」, 『신앙과 학문』 15-1, 2010,
44쪽. 예를 들어, 동서고등학교의 경우, 인성교육을 위해 동료 멘토, 선배 멘토, 교사
멘토, 교장 멘토 등 멘토링 제도를 중요하게 활용한다고 한다(같은 글, 45쪽).
136) 황병준, 「기독교학교에서의 대학입시에 대한 인식-대안학교와 미션스쿨의 비교 연구」,
『기독교교육논총』 20, 2009 참조.
137) 고병헌 외 6인, 앞의 책, 184-185쪽.

불러일으킨다든지 하는 식으로 가능할 것이다. 후자의 맥락에서 우리
는 종교라는 말 대신에 '영성' 혹은 '영성교육'이라는 표현을 쓸 수 있
을 것이다. 이런 식으로 우리는 특정한 종교에 치우지지 않음으로써
학교의 종교적 중립을 해치지 않고도 종교를 가르칠 수 있다. 물론 특
정한 종교적 세계관을 배경으로 하는 대안학교가 특정한 종교를 가르
치는 것은 적어도 원칙적으로는 문제가 되지 않는다. 다만 종교수업
은 학생들의 자유가 존중되는 방식으로 이루어질 필요가 있다.[138]

　영성교육으로서의 종교교육은 '종교적 교육'과 연결되기도 한다. 그
리고 '종교적 교육'은 교조적인 특정 신앙교육과 주지주의적인 종교교
육 사이의 조율자, 또는 초월과 세속의 이분법을 탈피하여 인간 내면
의 종교적 성향을 체현할 수 있는 교육으로 인식되기도 한다.[139] 영성
교육은 '종교로부터의 교육'으로도 표현된다. 종교로부터의 교육은 학
생에게 주된 종교적·도덕적 이슈들에 대한 다른 응답들을 사유할 기
회를 주고, 성찰적 방식(a reflective way)으로 자기 견해를 발전시키
게 하고 학생의 경험들을 학습 과정의 중심에 두어 비인격적 평가
(impersonal evaluation)와 인격적 평가(personal evaluation)를 연결
시킨다고 한다.[140]

　영성교육론은 어떤 방식으로든 현재의 종교교육 문제를 성찰하게
하고, 기존과 차별화된 새로운 방향과 내용을 모색하게 한다는 측면에

138) 위의 책, 184쪽.
139) 김청봉, 「종교교육학의 정체성 수립을 위한 시도」, 『한국기독교신학논총』 34, 2004; 박
　　범석, 「교육과정의 관점에서 본 종교적 경험의 통합적 성격」, 『종교연구』 37, 2004 등.
140) Raihani, op.cit., 2010, p.3. 그리미트에 따르면, 비인격적 평가는 종교의 진리 요청들,
　　신념들, 그리고 실천들에 관해 비판적 판단을 적용하는 것이고, 인격적 평가는 자신의
　　종교적 신념들과 가치들에 관해 비판적 판단을 배우고 실행하는 과정, 즉 자기평가
　　과정(a process of self-evaluation)이다(M. H. Grimmitt, *Religious Education and
　　Human Development: The Relationship Between Studying Religions and Personal,
　　Social and Moral Education.* Great Wakering: McCrimmons, 1987, pp.225-226.).

서 의미를 지닌다. 그렇지만 영성교육이 학교의 종교교육을 대체하거
나 새로운 방향으로 설정되려면 몇 가지 사유를 거쳐야 한다. 그 내용
은 다음과 같다.

첫째, 교육 현실이나 교육 문제에 대한 진단을 성찰하는 것이다. 영
성교육론자들은 현재의 교육 문제를 '파편화'로 진단하는 경향을 보인
다. 파편화의 원인으로는 모더니즘이 제시되기도 하고, 포스트모더니
즘이 제시되기도 한다. 그렇지만 '모더니즘과 포스터모더니즘의 등장
이전에 인간 개인이나 사회에 파편화 현상이 없었거나 약했을까'라는
질문이 가능하다. 만약 그것이 아니라면 파편화 현상은 새로 등장한
것이 아니라, 연구자가 영성교육을 주장하기 위해 만들어낸 것이 아닌
가라는 비판에 직면할 수 있다.

둘째, 영성이나 영성교육 개념의 차이에 대한 사유이다. 각 종립학
교에서는 설립이념이나 특정 종교의 입장에 따라 영성 개념을 '불성',
'죄성' 또는 '하나님 · 하느님 형상', '성품(=법신불 일원상)', '심정', '심
령(心靈)' 등으로 다르게 제시한다. 영성 개념의 차이는 영성교육의 목
표나 방법론의 차이로 이어질 수 있다. 문제는 특정 종교에 입각한 영
성교육을 받고 졸업한 학생들끼리의 대화가 가능한지에 있다. 만약 대
화가 불가능하다면, 특정 종교에 입각한 영성교육이 오히려 사회적으
로 파편화 현상을 초래하는 요인이라는 비판에 직면할 수 있다.

셋째, 영성이나 영성교육의 형이상학적 전제, 영성교육과 신앙교육
의 차별화에 대한 사유이다. 개신교계에서 자아정체성교육, 공동체교
육, 예술교육 등을 통해 '창조적 영성을 위한 기독교 신앙교육'을 해야
한다는,[141] '영성교육과 신앙발달교육이 통합되어야 한다는'[142] 주장
등은 신앙교육과 영성교육의 연관성을 시사한다. 그렇다면 영성교육도

신앙교육과 정도 차이가 있겠지만 '신자 만들기' 교육으로 비추어질 수 있는 것이다. 이런 맥락에서 영성교육이 교육의 목표, 내용, 방법, 결과 등에서 신앙교육과 어떤 차별화가 가능한지에 대한 성찰이 요청된다.

넷째, 영성교육 대상의 범위에 대한 사유이다. 영성교육의 대상 범위를 종립학교의 학생에게만 국한시킬 것인가 아니면 일반 국·공립학교의 학생까지 포함시킬 것인가의 문제이다. 또한 영성교육의 대상 범위를 종립학교의 학생으로 국한시킨다고 할지라도 학교 내의 신앙인만 포함할 것인지, 아니면 학교 내의 비신앙인도 포함할 것인가의 문제이다. 만약 영성교육의 대상 범위를 학교 내의 신앙인에게만 한정시킨다면 영성교육의 대상은 신앙교육의 대상과 유사해진다. 만약 그 대상 범위를 학교 내의 신앙인에게 국한시키지 않는다면 영성교육에 존재하는 특정 종교의 색채는 비판에 직면할 수 있을 것이다.

종립학교에서 영성교육이 가능하려면, 특정 종교를 위한 영성교육이 아니라 교육 일반론에서 허용될 수 있는 것이어야 한다. 교육 일반론의 차원에서 동의할 수 있는 영성과 영성교육 개념이 필요한 것이다. 예를 들어, 신학에서 영성이 '인간 전존재에 대한 성령의 지배와 관련된 용어'라면, 교육에서 영성은 초월자에 대한 존재론적 관계보다 '인간 존재의 자아실현 측면'을 강조하는 개념이다.[143] 만약 종립학교에서도 영성이 '인간 내면의 가능성', 영성교육이 '내면의 가능성을 자각이나 실현의 유도' 정도로 받아들여진다면, 영성교육은 교육 일반론

---

141) 김기숙, 「창조적 영성을 위한 기독교교육의 과제」, 『기독교교육정보』 23, 한국기독교교육정보학회, 2009, 150-157쪽.
142) 신준휘, "영성교육과 신앙발달교육의 통합 연구", 기독신학대학원 대학교 석사학위논문, 2001.
143) 손원영, 「철학과 교육학에서의 영성」, 『기독교사상』 43-1, 1999, 75쪽.

에서도 수용될 가능성이 있을 것이다.

1973년의 연구에서는 한국의 학교에서 취해야 할 종교교육이 한국의 문화를 토대로 한 유교의 도의, 불교의 사상, 기독교의 정신 등에서 공통된 부분을 추출하여 아동에게 가르치는 것이라고 지적된다. 종교적 경험을 통해 불가사의한 초자연주의나 독선적 교리보다 어떤 종교를 믿는 사람이건 공명할 수 있는 정신을 함양해야 한다는 것이다.[144] 물론 이러한 정신 함양이 왜 중등학교 일반에까지 적용되어야 하는지에 대한 논의는 별도로 이루어져야 할 것이다.

교육학 연구자들의 경우는 영성과 영성 개념에서 형이상학적 전제를 배제하는 경향을 보인다. 어떤 연구자는 영성교육을 통해 타인과의 관계, 생명의 신비, 삶의 의미 등을 보게 하고, '생명 속에서 모든 것이 서로 관계를 맺고 있다는 것을 자각'할 수 있도록 해야 한다고 지적한다. 동시에 이를 위해 초종교적 개념, 인간의 본질적인 특성, 인간의 고차적 의식 수준, 영적인 삶의 방식 등으로 이해되는 영성 개념이 상호보완적으로 이해되어야 하고, 인간의 내면적 의식에 주의를 기울이게 한다는 측면에서 명상, 시각화, 예술교육이 영성교육의 방법이 되어야 한다고 지적한다.[145]

다른 교육학 연구자는 영성교육이 자아의 발견, 사고의 전환, 인격의 완성 등을 위해 필요하다고 지적한다. 영성교육은 상호 유기적 관계라는 자아 발견 교육, 현대 사회의 인간성 상실과 영적 위기 상황 속에서 인간성의 회복 교육, 상호 관계성과 연대의식과 배려의 윤리

---

144) 곽삼근·서성필·이금옥·조경원·홍미애·유순화·김수미·김화경, 「학교에서의 종교 교육」, 『교육연구』 42, 이화여자대학교 사범대학 교육학과, 1973, 13쪽.
145) 김정신, 「영성교육을 위한 탐색적 연구」, 『교육인류학연구』 5-1, 2002, 53-63쪽.

등에 입각한 인격교육, 자신을 초월하여 타인과 세계의 본질에 다가서는 과정에서 철저한 '자기 비움'과 진정한 자아실현의 완성 교육, 교사의 진실성과 학생에 대한 깊은 사랑을 통해 내면성을 일깨우는 인간교육 등이 될 수 있다는 주장이다.[146]

다른 연구자는 종교교육의 유형을 교단의 확장을 위한 종교의 교육, 종교적 체험을 위한 종교적 교육, 종교학을 교육의 소재로 삼는 종교에 관한 교육으로 구분한 후 이들 모두를 '종교를 위한 교육'(종교 본위의 종교교육)으로 보기도 한다. 그리고 '교육이 종교를 수단으로 활용'하는 교육 본위의 종교교육을 주장한다. 여기서 교육 본위의 종교교육은 교육의 내재적 가치 체험을 위해 종교를 교육의 소재로 삼아야 한다는 것을 의미한다.[147]

어떤 연구자는 교과교육에 지식뿐만 아니라 정서, 행위 등도 포함될 수 있다는 입장을 보인다. 교과교육이 종교학적 내지 종교문화교육으로 진행된다고 할지라도 종교 지식교육에만 국한될 필요가 없고, 오히려 타종교를 신앙하는 학생에게도 종교성이 자연스럽게 종교적 신앙의 부분으로 소개될 수만 있다면 문제될 것이 없다는 주장이다. 그리고 교과교육에서 종교 신앙적 내용이나 정서 등보다 지식과 관련된 종교성에 비중을 둘 뿐이라고 지적한다.[148]

영성교육과 교육 일반론의 접목을 위해서는 특정 종교를 위한 신앙교육과 영성교육의 차별화가 필요할 것이다. 특히, 모종의 형이상학적 초월자를 전제한 존재론적 측면은 성찰되어야 할 것이다. 영성교육론

---

146) 한영란·정영수, 「영성교육의 교육적 의미」, 『한국교육학연구』 10-1, 2004, 8-15쪽.
147) 김재웅, 「사립학교 종교교육에 대한 교육정치학적 분석: 기독교 학교를 중심으로」, 『교육정치학연구』 13-2, 2006, 35-43쪽.
148) 김귀성, 「공교육에서 종교교육의 개념모형 탐색」, 『종교교육학연구』 21, 2005, 21-22쪽.

이 신앙교육론과 유사한 형이상학적 전제를 담고 있다면, 신앙교육론이 강조된 한국의 종교교육 풍토를 감안할 때 영성교육론도 특정 종교를 위한 신앙교육론일 수 있다는 지적, 즉 특정한 형이상학적 초월자를 전제하고 그 초월자의 세계를 지향하는 신앙교육론과 차별성을 확보하기 어렵기 때문에 종교교육의 대안으로 제시되기 어렵다는 지적이 가능해지기 때문이다.149)

영성교육으로서 종교교육은 어떤 방식으로든지 영성 계발을 위한 '종교적 체험' 계기를 제공한다는 공통점을 보이는데, 학생 입장에게 중요한 것은 그 체험 자체나 그를 통해 '종교적 삶'을 살아가도록 하는 것보다 그 체험에 대한 성찰적 사유 능력이다. 종립학교 측에서 학생이 특정 종교적 세계관 속에서 형이상학적 초월자와 관련된 내면의 가능성을 자각할 수 있는 환경 조성에 주력할 수 있지만, 그에 대한 성찰적 사유는 학생의 몫이기 때문이다. 물론 이러한 성찰적 사유를 위해 다양한 종류의 체험 프로그램들이 필요할 것이다.

4. 종교 교과교육과 종교학교육론

1) 종교학교육론의 등장 배경

1981년 제4차 교육과정 이후, 교육과정에 종교 교과가 신설되고, 종교 교과서도 인정도서로 승인을 받기 시작한다. 교육부는 종교가 다르

---

149) 고병철, 「한국의 종교교육-중등 종립학교를 중심으로」, 『종교연구』 46, 한국종교학회, 2007, 22-23쪽.

거나 종교가 없는 학생을 위해 종교 교과를 개설할 때 다른 자유선택
교과를 동시에 개설하여 학생에게 선택권을 주어야 한다는 입장을 취
한다. 그렇지만 종교 교과에 대해 편제와 시간 배당만 규정될 뿐 종교
교육과정이나 교사 자격의 명시, 종교 교과서의 집필 원칙, 교사용 지
도서나 지침서 등은 제시되지 않는다. 종교 교과를 개설할 때 다른 교
과를 동시에 개설하여 학생들에게 선택권을 주도록 한 조치도 학교 현
장에서 거의 실천되지 않는다.[150] 이런 제반 문제들은 제5차, 제6차,
제7차 교육과정을 거치면서 조금씩 해소되기 시작한다.

제4차 교육과정에서 종교 교과가 자유선택교과에 포함된 후, 학교
의 종교 교과교육은 종교학 연구자들에게 주목을 받기 시작한다. 종립
학교의 종교교육이 사회적 이슈로 주목을 받게 된 이유는 단순히 종교
교과가 국가 교육과정에 편입된 사실에 있다기보다 그로 인한 제반 문
제들이 발생되었기 때문이다.

종교 교과가 국가 교육과정에 편입되면서 발생한 문제는 국교 불인
정과 정치와 종교의 분리, 종교의 자유 보장, 교육과 종교의 분리 등
국가적 지향점이 특정 종교를 위한 교육이라는 종립학교의 지향점과
충돌하는 데에서 비롯된다. 종교의 자유를 양심의 자유와 함께 국민의
기본권으로 보장할 의무를 가진 국가에서 정교일치 또는 국교를 인정
했을 때 종교 차별이 발생될 수 있거나, 다른 종교를 신앙할 자유나
종교를 신앙하지 않을 자유가 침해될 수 있기 때문이다.

한국 정부는 종립학교에 대해 사립학교로서 건학 이념과 특수성을

---

150) 교육부, 『고등학교 교육과정 해설-교양』(교육부 고시 1997-15호), 2001, 125-126쪽. 이
    는 종교 교과를 교양선택교과로 규정했던 제5차 교육과정(1988.3.31)에서도 유사한
    상황이었다.

인정한다. 동시에 과열화된 입시 문제의 해소나 특권교육의 해소 등
교육기회의 평등을 보장하기 위해 의무교육이나 평준화정책을 단행한
다. 문제는 주로 평준화정책이 적용되는 지역의 종립학교에서 진행되
는 특정 종교를 위한 교육이 학생의 종교 자유를 침해하는 데에서 발
생된다. 이런 맥락에서 종립학교의 종교교육 문제는 종교학 연구자들
을 포함한 학계의 관심 대상이 된다.

2) 종교학교육론의 의미

종교학교육론의 입장을 보이는 주요 연구자들은 윤이흠, 정진홍, 강
돈구, 김종서, 류성민, 김귀성 등이다. 이들의 주장은 대체로 학교의
종교 교과교육이 '종교에 대한 교육'이어야 한다는 점에서 공통점을 갖
지만 세부적으로 차이가 있다. 제4차 교육과정부터 현재까지 종교학
연구자들이 주장한 종교학교육의 내용은 다음과 같다.

윤이흠의 경우, 다양한 종교들이 '공존'하면서도 특정 종교가 사회의
'문화가치체계'를 완전히 주도하는 위치에 있지 못하다는 점, 유교적
위계질서, 불교의 인연관과 업보사상, 기독교의 사랑, 무속의 기복적
태도 등 한 사람이 여러 종교의 가치관을 동시에 수용하고 있다는 점
등에 근거하여 한국 사회가 '다종교상황'에 놓여있다고 진단한다. 그리
고 종교는 '궁극적 가치종합체계이며 절대 신념체계'이기 때문에 기본
적으로 '제국주의적'이고, 다종교상황은 이러한 '절대신념 체계의 상대
화 현상'을 의미한다고 지적한다. 종교가 자신의 궁극적 가치 범주와
다른 것을 비본질적이라고 판단하여, 자신의 궁극적 가치 범주 안에서
만 다른 종교나 사회규범의 가치를 인정하고 상대화한다는 것이다.[151]

　　윤이흠은 종교의 자유가 제약받을 수 없고, 특정 종교의 제국주의적 문화 횡포가 용인될 수 없다는 의미의 '국교 불인정'이 현대 사회의 거부할 수 없는 사회규범이라고 지적한다. 동시에 이러한 사회규범은 종교들의 제국주의적 문화 횡포나 독단적 신앙태도를 유지하는 '반지성적 태도'라는 위험이 내재된 다종교상황에서 특정 종교의 독주를 허용하지 않는 선에서 종교의 자유가 보장되어야 한다는 것을 의미한다고 지적한다. 그리고 다종교상황의 위험 부담을 해결하기 위해 현대 사회규범에 대한 종교계의 적극적 수용, 타종교와 공존하면서 사회질서를 개혁하려는 종교적 이상의 개진 등이 필요하고, '바람직한' 종교교육의 내용도 이 두 가지 정신에 입각하여 '훈련된 성숙한 인간을 양성'할 수 있는 것이 되어야 한다고 지적한다.152)

　　윤이흠은 종교교육을 종단교육과 '종교문화교육'으로, 다시 종단교육을 대내교육과 대외교육으로 구분한다. 여기에서 대내교육은 평신도 신앙교육(종교시설)과 교역자 양성교육(신학교나 승가대학 등), 대외교육은 일차적으로 선교활동의 일환으로 교육을 하는 종립학교의 선교교육을 의미한다. 그에 비해 '종교문화교육'은 종교에 대한 객관적 이해의 교육인 '종교학'을 의미한다.153)

　　윤이흠은 대외교육인 종립학교의 선교교육이 대내교육인 평신도 신

---

151) 윤이흠, 「다종교문화 속에서의 종교 교육」, 『종교연구』 2, 1986, 4-5쪽. 윤이흠은 "한국인은 인간 관계에서는 유교적이며, 인생관은 불교적이며, 행동철학은 기독교적이며, 운명관은 무속적이다. 이와 같이 한국인은 그의 내면 생활에서 가치 복합을 경험하게 된다. 이러한 가치 복합은 개인생활에서 가치 혼돈으로 나타나기도 하고, 사회정책 수행과정에서는 무궤도한 정책 입안으로 나타나기도 한다. 특히 한국의 교육현장에서는 교육의 부재 현상을 초래하고 있다(4쪽)." 그리고 이러한 다원가치 내지 가치복합 상황이 개인 내면 생활에 혼돈을 가져다 주면서도 특히 가치집단, 즉 종교집단에게는 매우 배타적인 방향으로 흐르고 있다는 사실에 주목해야 한다고 주장한다(5쪽).

152) 위의 글, 6-7쪽.

153) 위의 글, 7쪽.

앙교육과 중첩되고 있다는 점, 이러한 선교교육이 '무절제한 자기 팽창
주의 철학'에 의해 이루어진다는 점을 지적하면서 '선교의 자유가 강조
되고 강요로부터 보호될 권리가 무시된 상태'가 종교교육의 현장이지만,
그 속에서 조직적으로 의사를 수합해서 표현할 수 없는 중·고등학생을
포함한 '조용한 대중'의 권리가 보호되어야 한다고 주장한다. 그리고 '지
금까지의 팽창주의적 선교교육을 넘어 타종교에 대한 진정한 이해와 다
종교 상황의 현대 사회규범을 수용'한 종교문화교육을 할 수밖에 없다
고 주장한다.[154] 다음의 인용문에서 그의 주장을 확인할 수 있다.

> 종교의 객관적 이해, 곧 종교학의 보급은 종단 교육에 있어서는
> 보다 정확한 문화 정황에 대한 이해를 근거로 보다 성숙된 선교 교
> 육의 방향과 내용을 정비하는데 크게 공헌할 것이며, 사회적으로는
> 반지성적 독단론과 폐쇄성을 넘어서 다원가치 사회에서의 균형 있
> 는 개방 사회를 창조하는 데 공헌하게 될 것이다.[155]

정진홍은 공교육이 보편성을 핵심으로 삼지만, 종교문화가 경험의
절대화, 주장의 규범화, 인식의 교의화(敎義化), 행위의 전형화 등 특
이한 존재 문법과 그 문법의 보편성을 주장하면서 다른 특수성을 승인
하지 않기 때문에 종교교육이 딜레마에 빠지게 된다고 본다. 그리고
공교육이 종교의 자기주장 논리를 수용하여 종교를 언급하면 보편성
원칙에 의한 종교 서술이 불가능하게 되고, 보편성의 논리로 종교를
서술하면 각 종교가 그런 공교육을 승인할 수 없다는 반응을 보인다고
지적한다. 그렇다고 종교 교과교육을 학교 교과과정에서 제외하기도

---

154) 위의 글, 8-10쪽.
155) 위의 글, 10쪽.

어렵다고 지적한다. 삶의 경험 속에서 지각되는 분명한 실재와 현상에 대한 무관심이나 의도적인 무지(無知)를 지식의 체계 속에서 구조화하는 것은 공교육으로서 부정직한 태도라는 것이다.156)

정진홍의 대안은 두 가지이다. 첫째, 공교육으로서 종교 교과교육은 종교'를'이 아니라 종교에 '대하여' 가르쳐야 한다는 것이다. 종교를 인식 대상으로 설정하는 것은 정의적 태도의 차단이 아니라 그 태도의 건강한 성숙을 위한 정지작업(整地作業)이고, 종교적 가치나 의미의 소거가 아니라 그에 대한 근원적 확인을 위한 것이라고 한다. 아울러 특정 종교의 논리를 공교육(보편성)의 축으로 삼으면 오히려 문화현상의 해체 위기에 직면한다고 지적한다.157) 다음의 인용문에서 이러한 주장을 확인할 수 있다.

종교가 공교육에 대하여 기대할 수 있는 것은 각 종교나 종교현상에 대한 보편적인 인식, 곧 종교라고 하는 문화현상의 다양한 현존에 대한 승인과 그것의 교육에로의 수렴일 뿐 그 이상도 이하일 수도 없다. 그렇다고 해서 종교가 공교육이 종교교육을 행하는 것을 거절하는 것도 현실적이지 못하다. 그것은 공교육이 지향하고, 또한 공교육의 기능에 의하여 초래되는 문화적 혹은 사회적 상식의 영역에서 종교자체가 있을 수 있는 공간을 종교 스스로 제거하는 일이기 때문이다. 그러므로 종교가 인식의 대상개념으로 설정되는 일은

---

156) 정진홍, 「공교육과 종교교육」, 『종교연구』 2, 1986, 21-24쪽. 정진홍에 따르면, 공교육은 당해 장(場)의 문화·역사적 정황에 대한 인식에서 귀결되는 이념적 지표를 설정하여 제도적 영향권 내에서 의도적·계몽적 역할을 수행하기 때문에 보편성이 핵심이다. 그는 사교육을 공교육의 대칭개념으로 이해한다든가, 공교육의 상관개념으로 설정하는 것도 공교육의 보편성을 강조하기 위한 서술적 묘사일 뿐이라고 지적한다(같은 글, 21쪽).
157) 위의 글, 25-26쪽. 이런 주장은 교육 내용이 정의적 측면을 간과하고 사실에 대한 지식의 학습일 수 없다는 공교육 측의 비판, 종교가 인식 대상이 아니라 봉헌에 의한 경험으로 실존 속에 수렴되는 것이라는 종교 측의 비판에 직면할 수 있다.

종교의 종교다움이나 특정종교를 배척하는 것이 아니라 종교의 현
존을 문화적이고 사회적인 맥락에서 확보하는 일인 것이다.[158]

둘째, 공교육이 종교를 인식 대상으로 접근할 때 종교 자체의 고백
적 논리('규범적')를 전달하는 것이 아니라 그 고백의 논리를 통시적·
공시적 차원을 통해 인식의 논리로 치환('서술적')해야 한다는 것이다.
이러한 종교 서술은 종교현상에 대한 서술의 원리와 해석의 논리가 스
스로의 인식론을 펼쳐야 한다는, 즉 종교현상을 인식 대상으로 삼는다
는 점에서 '종교에 관한 학'(Religionswissenschaft)을 의미한다.[159] 이
는 공교육에서 종교 교과교육이 종교학이 되어야 한다는 주장이다.

다만 종교를 인식 대상으로 설정하는 종교학을 교과과정화하는 문
제, 즉 '종교학'이 하나의 학과목으로 초·중·고교에 설정되는 것은
종교의 보편성이 정치나 경제의 보편성과 같지 않기 때문에 공교육에
서 현실성이 없고, 오히려 개별 과목들의 종교 서술과 관련된 종교교
육의 목표를 설정하는 것이 우선 과제라고 지적한다. 또한 공교육이
행하는 종교교육의 목표는 공교육 자체의 목표와 일치해야 한다고 지
적한다. 이는 공교육으로서의 종교교육의 목표가 종교나 종교인을 위
한 것도, 종교인을 만들기 위한 것도, 특정종교를 배제하거나 혹은 지
지하기 위한 것도 아니며, 오로지 인간에 대한 이해, 성숙한 인간에의
지향, 인간의 삶과 역사와 문화를 긍정적으로 수용하기 위한 것이어야
한다는 주장이다.[160] 그의 최종적인 주장은 다음과 같이 '종교학의 교

158) 위의 글, 26쪽.
159) 위의 글, 26-28쪽.
160) 위의 글, 28쪽, 34-36쪽. 예를 들면 석굴암이 찬란한 불교문화의 정수라는 사실의 가르
침은 적어도 그것이 공교육이 수용하는 종교교육의 내용으로 수렴될 때는 그렇기 때
문에 불교가 위대한 것이라는 귀결에 이르기 보다는 인간의 꿈이 불교를 통해 실현되

과과정화'로 이어진다.

> 종교의 특수성, 종교문화의 독특성을 감안하고, 현대의 문화적
> 정황을 고려하면 종교에 관한 한, 공교육이 종교교육을 맡아야 하
> 고, 그 때의 종교교육은 '종교학의 교과과정화'를 통하여 이룩되어
> 야 하리라는 것은 재론을 요하지 않는다. 그럴 수 있을 때 우리는
> 종교다원문화 속에서 지성적인 정직과 종교적인 봉헌의 긴장을 유
> 지하면서 반지성적 종교의 광기나 반종교적인 지성의 독선을 아울
> 러 극복할 수 있을 것이기 때문이다. 그렇다고 해서 공교육이 종교
> 의 자기주장의 논리를 침묵시키거나 종교문화의 자율성을 파괴하는
> 것은 아니다. 공교육의 보편성은 그것 자체가 그럴 수 없다는 한계
> 안에서 오히려 자기 딜레마를 살고 있기 때문이다. … 교육과 종교
> 가 함께 공교육을 감시하지 않으면 안 된다.[161]

정진홍은 다른 논문에서도 종교교육의 이념과 방향을 분명히 하는
일이 중요하다고 지적한다. 종교다원문화 속에서 종교간의 갈등과 해
소가 긴요하다는 점을 인식하고, 종교적 인성이 건강하지 않을 수도
있다는 종교문화의 부정적 측면에서 비롯하는 개인적 사회적 문제를
절감하고 이를 지양하기를 원한다면, 종교 교과가 당장 종립학교의 종
교교육을 정당화하기 위한 교양선택과목으로 이해될 것이 아니라, 각
급 학교에서 당연하고 자연스럽게 교양선택과목으로 채택될 수 있어
야 한다는 것이다. 이를 위해 종교과목이 종교'를' 가르치는 신도교육
이 아니라 종교라는 문화에 '대하여' 가르치는 인문학적 교양교육이 되
어야 하고, 이를 담당하는 교사도 성직자가 아니라 종교과목을 이수한

고 있음에 대한 서술, 곧 인간의 간절한 꿈이 불교를 그 꿈의 실현을 위해 선택했다고
하는 사실에 대한 서술일 수 있어야 할 것이다(같은 글, 36쪽).
161) 위의 글, 37쪽.

종교교사여야 한다고 지적한다.162)

정진홍은 제6차 교육과정이 종교 교과교육 목표에 '신도의 양성'뿐
만 아니라 '건전한 상식인의 양성'을 새롭게 첨가했지만, 그 목표의 중
첩성 때문에 종교 교과교육의 구조적 모호성이 여전하다고 지적한다.
그가 지적하는 모호성은 세 가지이다. 첫째, 법률상 종교의 자유를 인
정하지만 현실적·제도적으로 종립학교의 자율성을 제한해야 하는
'법률적 모호성'이다. 둘째, 종교 교과교육 목표의 중첩성 때문에, 즉
종교 과목이 신앙심 확충을 위한 '규범적-정의적 과목'과 문화 현상에
대한 비판적 인식을 시도하는 '서술적-지성적 과목'으로 동시에 설정되
었기 때문에 발생하는 '내용의 모호성'이다. 셋째, 특정 종교를 위한 교
육이 인정되면서 공립학교에서 종교 교과교육이 불가능하고, 종교교
사들이 성직자로서 자기 종교의 절대성을 포기할 수 없기 때문에 다른
종교를 가르치면서 스스로 갈등을 겪는 등 교육현장의 모호성이다.163)

정진홍은 이런 세 가지 모호성을 극복하기 위해 네 가지 방법을 제
시한다. 첫째, 종교 교과교육의 목표를 '종교문화의 이해'로 분명하게
제시해야 한다는 것이다. 둘째, 개개 종립학교가 종교행사나 당해 종
교의 종교교육을 과외활동으로 진행하면서 종교에 '대한' 교육과 종교
'를' 교육하는 일을 분명하게 구분하는 것이다. 셋째, 종교문화의 이해

---

162) 정진홍, 「제7차 교육과정과 종교교육」, 『종교교육학연구』 13, 2001, 4쪽. 정진홍은
   "당장 종립학교에서의 종교교육을 정당화하기 위한 교양선택과목으로 종교과목을 이
   해하는 것은 지나치게 소심하다."고, 또한 "종립학교의 설립정신이기도 한 종교적 이
   념은 오히려 특별활동을 중심으로 한 의례의 수행에서 나타내도록 하는 것이 더 바람
   직한 것일 수도 있다."고 지적한다.
163) 위의 글, 5-10쪽. 정진홍은 "이러한 목표의 불투명성을 명료하게 하기 위해서는 종교
   교과의 '드러나는 목표'와 그 목표가 실천됨으로써 자연스럽게 이루어질 수 있는 '잠재
   적 목표'를 구분하는 일이 하나의 해결방안일 수 있다."고 주장한다(8쪽). 이는 명시적
   목표와 잠재적 목표의 구분을 의미하는 것으로 보인다.

가 교육과정으로 정착할 경우에 공립학교에서도 교양선택 과목으로 개설할 수 있도록 하는 것이다. 넷째, 이러한 교육과정의 실천을 위해, 그리고 '현장의 모호성'을 극복하기 위해 전문적인 종교교사를 양성하는 것이다.164) 그의 주장은 다음의 인용문을 통해 확인할 수 있다.

> 학교에서의 종교교육은 종교인의 자유권을 행사하는 것만도 아니고, 종교인을 양성하는 것만도 아니다. … 학교에서 이루어지는 종교교육은 그 현실적 장의 다름을 존중하는 맥락에서 학교 밖에서 종교들에 의하여 이루어지는 종교교육과 달라야 한다. 학교에서의 종교교육은 종교문화에 대한 이해를 통하여 인류의 문화를 새롭게 읽고, 현실적인 삶의 복지를 위하여 그러한 문화현상이 어떠한 의미를 지니는가를 터득하게 하는 것으로 그 차별성을 드러내지 않으면 안 되는 것이다.165)
>
> 종교교육과정은 개개 종교들이 설립한 종립학교에서 이루어지는 관행적인 종교교육을 정당화하는 편의의 자리에서 마련되는 것일 수 없다. 그렇게 이해해서도 안 된다. 종교과목을 교양과목으로 전제하는 한, 그 교육과정은 종립학교는 물론 여타 공사립을 막론한 각급 학교에서 공히 선택하고 가르칠 수 있는 그러한 것이 되도록 하지 않으면 안 된다.166)

정진홍은 종교 교과교육을 '건전한 시민을 양성하기 위해' 종립학교뿐만 아니라 각급 학교에서 공히 이루어져야 하는 필수불가결한 과목, 어느 학교에서나 종교과목을 일반교양선택 과목으로 개설할 수 있어야 한다는 입장이다. 그는 '종교를' 가르치는 종교과목이 아니라 '종교에 대하여' 가르치는 종교과목이 정착하게 된다면 그 교육과정이 종립학교에

---

164) 위의 글, 10-11쪽.
165) 위의 글, 12쪽.
166) 위의 글, 12-13쪽.

국한될 수 없다고 지적한다. 그렇게 된다면 종교와 정치, 종교와 교육간의 마찰이나 갈등도 충분히 해소될 수 있고, 또한 모든 시민이 종교적 가치나 의미를 성찰할 수 있도록 한다면 사회가 그만큼 더 성숙해지고, 종교문화 자체도 더 건강하게 선양될 수 있을 것이라고 전망한다.[167]

강돈구는 한국의 종교 현실을 종교의 혼재, 종교 일반에 대한 무지의 팽배, 개신교·불교·천주교의 공인화로 정리하면서,[168] 이로 인한 문제를 해결하기 위해 학교에서 종교 일반에 대한 교육이 중요하다고 지적한다. 학교에서 종교 일반에 대한 교육을 실시할 수 없다는 것이 종교에 대한 무지라는 결과를 초래하고, 다시 이것이 종교에 대한 편견, 타종교인들에 대한 배척으로 연결되어 결국 사회적 갈등으로 이어진다는 것이다. 그리고 그 해결책은 현행 학교 내 종교교육이 문제 해결에 전혀 도움이 되지 못하고 있고, 교육부와 관련 학교의 시소게임이나 학자의 제안만으로 해결될 수 없기 때문에 국가의 종교정책적 차원에서 고려되어야 한다고 지적한다.[169]

강돈구가 주장하는 학교 내의 종교 일반에 대한 교육은 교양교육, 시민교육 차원의 교육을 의미한다. 그의 주장은 다음의 인용문을 통해 확인할 수 있다.

> 학교의 종교교육은 '종교성'의 제고, 인격의 확립, 지혜의 추구, 윤리교육, 도덕교육, 인격교육, 심성교육, 그리고 전인교육 등의 목표 아래 시행되어서는 안 된다. 우리나라 종교상황의 나름의 특징, 그리고 그로 인해 생기는 문화적 상황의 한국적 특징과 문제점 등

---

167) 위의 글, 39쪽.
168) 강돈구, 「한국의 종교정책과 종교교육」, 『종교연구』 48, 2007, 146쪽.
169) 위의 글, 158-159쪽.

을 고려하면서 학교의 종교교육은 교양교육, 그리고 시민교육의 차
원에서 행해져야만 한다.170)

  류성민은 미국과 일본에서도 모두 종교에 대한 교육(종교학교육 혹
은 종교문화교육, 종교교양교육)의 필요성에 대해 공감하고 있으며,
종교교육의 문제를 해결하기 위한 대안으로 그러한 교육이 적극 고려
되고 있다고 지적한다. 그리고 한국의 종교교육과 관련하여, '교양으로
서의 종교에 대한 지식과 이해'를 중시한 일본의 〈교육기본법〉 개정이
주목해야 한다고 주장한다.171) 또한 특정 종교를 위한 교육과 종교에
관한 교육이 모두 종교교육(religious education)으로 지칭되는 미국과
일본의 상황과 달리, 1988년 교육법 개정을 통해 종교 교과교육을 종
교훈육(religious instruction)과 종교교육(religious education)으로
구분한 영국 사례를 제시하면서 의도적으로 양자를 구분하는 표현이
필요하다고 지적한다.172)

  류성민은 한국 사립학교의 교육도 공교육에 포함되어 있으며, 공교
육으로서의 종교교육은 '종교에 대한 교육'이어야 한다는 입장이다. 여
기서 '종교에 대한 교육'은, 다음의 인용문에서 확인할 수 있듯이, '여
러 종교에 대한 지식과 이해'를 지향하는 교육을 의미한다.

    우리나라의 종교교육에서 가장 근원적인 문제의 소지는 공교육
  과 사교육의 구별이 모호하다는데 있다고 본다. … 따라서 특정 종
  교 위주의 종교교육을 하고자 하는 종교계 사립학교는 점차 완전

---

170) 위의 글, 160쪽.
171) 류성민, 「한,미,일, 삼국의 종교정책과 종교교육 비교」, 『종교교육학연구』 26, 2008,
    165쪽, 188쪽.
172) 위의 글, 190쪽.

자립형 사립학교로 전환을 유도한다거나 종교에 대한 교육(종교학
교육 혹은 종교문화교육)을 하도록 정책적으로 강력히 지도할 필요
가 있다고 본다. … 우리의 종교다원상황에서 뿐만 아니라전 세계
적인 교류와 접촉이 확대되고 밀접해지고 있는 현대사회에서 여러
종교에 대한 지식과 이해는 현대인의 교양으로서나 문화의 향유를
위해서도 필수적인 교육적 과정에 포함되어야 함을 강조할 필요가
있는 것이다.173)

김종서는 제4차 교육과정에서 종교 교과가 '자유선택과목'에 포함된
것, 즉 종교교육이 교육과정의 일부가 된 것이 종교교육이 공교육의 성
격을 더욱 확실해 해야 한다는 것을 뜻하는 것이었다고 지적한다. 나아
가 제6차 고등학교 교육과정에서 종교 교과의 구체적인 교육과정이 마
련되어, 무종교인을 포함한 모든 학생에게 가르칠 수 있는 하나의 통일
된 교과내용의 개발이 필요했고, 이 때문에 '당연히 보편적인 종교 이론
과 종교 문화전통에 대한 내용이 새로운 교육과정의 중심'이 되어야 했
다고 지적한다.174) 또한 교육과정에서 종교교육은 '점차 전교(傳敎) 지
향적 성향이 약화되고 학문적 성향이 확대되는 추세'이며, 그와 관련하
여 종교 교과서에 대한 인정 심사에서도 내용상의 오류와 타종교에 대
한 비방과 왜곡된 기술 등을 바로잡는 것이 중시된다고 지적한다.175)

김종서는 종교다원주의 시대에서 정교분리 원칙이 사실상 무의미하
고, 따라서 정교분리 조항에 입각하여 종교교육을 공교육에서 제외하

---

173) 위의 글, 190쪽.
174) 김종서, 「한국 종교교육의 과제와 전망」, 『종교학연구』 20, 2001, 32쪽.
175) 위의 글, 33-35쪽. 김종서는 종교 교과서 인정 심사에 심사위원장으로 참여한 경험을
바탕으로 일부 교과서들이 인정 심사에서 탈락한 경우도 있지만, 대개는 삭제, 수정,
보완 지시를 거쳐 통과시켜서 종단의 독자적 집필 의도를 존중해주고 있다고 지적한
다(35쪽).

는 것도 국민의 영적 복지(spiritual welfare)를 등한시하는 시대착오적 발상이라고 비판한다. 이런 비판은 다음의 인용문에서 확인할 수 있다.

> 역사적으로 볼 때, '국교금지(정교분리)'의 원칙은 종교가 다원화 되는 과정에서 국가가 어느 특정 종교만을 지나치게 후원하는 이른 바 국교화(establishment)로 인한 상대적인 다른 종교들에 대한 박 해를 피하기 위한 것이었음을 상기해야 한다. 즉 오늘날처럼 종교다 원주의가 일반화된 사회에서는 사실상 국교화의 위험이 거의 없고, 오히려 지나친 정교의 분리가 종종 많은 국가로 하여금 국민의 영 적 복지(spiritual welfare)에 대한 무관심만을 초래하게 된다는 점 을 명심해야 한다. 결국 정교분리의 원칙은 오늘날처럼 철저한 종교 다원주의 시대에는 사실상 무의미한 셈이다. 그러므로 정교분리 조 항 때문에 종교교육을 공교육에서 제외시켜야 한다는 일부의 주장 은 시대착오적인 셈이다.[176]

> 대개의 국가는 일정한 교육을 의무로까지 국민들에게 부과하면 서 넓은 의미의 국가를 위한 '인간적 자본(human capital)'으로 여기 고 있다. … 즉 국민이 육체적으로만이 아니라 영적으로까지 건강 할 수 있게 해야 진정한 의미의 복지국가라면 결국 종교도 '국민적 자본'으로서 이해되어야 한다는 말이다. 이런 맥락에서 보았을 때, 공교육으로서의 종교교육은 기존의 세속적 교육이 지닌 국민적 자 본 가치에 더욱 성숙한 영적 복지이념까지가 새롭게 접목된 것이다. 그러므로 더욱 고차원의 국민적 자본 가치의 축적통로로서 한국 사 회에서 기능하고 있다.[177]

김종서가 주장하는 공교육으로서의 종교교육은 세속적인 교육적 자 본에 영적 복지 차원이 결합된 것이다. 여기에서 영적 복지 차원은, 다

---

176) 위의 글, 34쪽.
177) 위의 글, 38쪽.

음의 인용문에서 확인할 수 있듯이, '수신(修身)과 인성 교육적 차원', 즉 '종교적 센스 또는 정조(情操)'를 길러내야 한다는 것을 의미한다.

> 이런 맥락에서라도 〈종교〉 교과목은 종전의 종파적 전교 지향적 성격을 지양하여 비록 점진적으로라도 장차 더욱 학문적이고 수신(修身)과 인성 교육적 차원으로 나아가야 할 것이다. 즉 학생들의 '종교적 센스 또는 정조(情操)'를 길러내는데 도움이 되어야 할 것이다.[178]

김귀성은 종교교육을 형식적인 표면적 종교교육(교과교육, 재량활동, 특별활동)과 비형식적인 잠재적 교육과정으로 분류한다. 그리고 종교교육학의 학문적 정체성에 따라 학교의 종교교육 모형을 종교문화교육·종교지식교육과 종교정조교육·종교적 교육학으로 구분한 후, 학교 종교교육의 개념 모형으로 종교문화교육모형과 통합모형을 제시한다.[179] 그의 주장은 종교교육이 객관적 지식교육에 한정될 수 없으며, 종교교육에 신앙, 계시적 지식, 체험적 내용 등을 반영해야 한다는 것이다. 그 주장은 다음의 인용문에서 확인할 수 있다.

> 종교는 … 세속적인 지식추구의 형태라기보다 경험적으로 입증하기 어려운 진리(초경험적 진리)를 대상으로 믿음을 강조한다. 그런 점에서 종교는 학교교육에서처럼 지식교육의 대상으로만 국한하기에는 무리가 있다. … 종교가 결코 객관적 지식에 한정될 수 없는 것은 그와 무관한 신앙이 중핵을 차지하기 때문이다. 요컨대 계시적

---

178) 위의 글, 36쪽. 그렇지만, 김종서는 "수신과 인성 교육적 차원에서 종교교육이 현대에 얼마나 효과가 있는가는 또 다른 큰 문제다. 특히 도덕교육의 일환으로 종교교육을 확대하려는 시도는 실제 경험적 조사들에 의하면 매우 신중한 논의를 필요로 한다."고 지적한다(같은 글, 36쪽).

179) 김귀성, 「공교육에서 종교교육의 개념모형 탐색」, 『종교교육학연구』 21, 2005, 11쪽.

지식과 귀납적 지식을 동시에 수용해야 하는 학문적 특성이 있다. 물론 이런 종교의 신앙행위 자체를 객관적으로 연구하는 것은 가능하다. 그러나 이런 종교문화를 대상으로 한 교육이 종교의 신앙행위, 즉 체험적인 내용까지 모두 망라하여 볼 것인가가 관심사이다. 그런 점에서 종교교육학이 일반 학문과 같이 보편성을 띠어야 하는 성격을 갖는 한편 결코 보편적 지식의 한계를 넘어서는 종교문화의 특성상 특수한 성격을 공유하는 양면성이 있다. … 만일 전자에 치중한다면 종교문화교육, 또는 종교지식교육으로 충분할 수 있을 것이다. 반면에 후자라면 종교정조교육 또는 종교적 교육학의 성격을 띨 수 있다.[180]

김귀성은 학교 종교교육의 개념모형을 설정하는 방향으로 세 가지를 지적한다. 첫째, 공교육으로서 종교교육은 교육이라는 이름으로 정당화될 수 있어야 하며, 학교에서 교육보다 우선시되는 것이 선교나 포교라면 학교 밖에서 정당성을 확보하는 것이 적절하다는 것이다. 둘째, 종교 교과교육은 '특정 종교의 입장을 떠나 종교를 보다 객관적으로 들여다보는 종교학적 접근'으로서 '종교문화교육'이어야 한다는 것이다. 다만 '종교성의 함양이라는 목적'에 비추어볼 때 종교문화교육은 '종교문화에 대한 이해를 제외한 종교적 정조, 종교성의 실천적인 면을 포함하지 못하는 한계'가 있다고 한다. 셋째, '건전한 종교성의 함양에 목적'을 두고 지식, 정서, 실천적 성향 등이 모두 포함된 종교교육을 '통합모형'으로 제시하는 것이다. 그에 따라 신앙적 종교교육도 실천적 종교성이나 종교적 정서의 일부분으로 수용될 여지가 있다고 지적한다. 그렇지만 교과교육에 종교적 정조나 실천을 위주로 하는 모형이 적용되기에는 한계가 있다고 지적한다.[181]

---

180) 위의 글, 11쪽.

김귀성은 종교문화교육과 통합모형이 충돌하기보다 상호 보완적 기능을 할 것이라고 주장한다. 교과교육에서는 지식과 관련된 종교성에 비중을 두고, 종교문화나 지식 이외의 다른 분야(신앙적 내용이나 정서 등)의 종교성 함양은 활동중심 교육과정이나 잠재적 교육과정을 극대화하면 수용될 수 있을 뿐 아니라, 사립학교의 종교교육에서 자율성과 독자성도 확보할 수 있다는 것이다.182) 이는 학교에서 종교교육의 목표를 '종교성의 함양'에 두고, 형식적인 표면적 종교교육으로서 종교교과교육과 비형식적 잠재적 교육과정으로서 비(非)교과종교교육을 구분하여 전자를 종교문화교육, 후자를 종교정조교육으로 설정해야 한다는 주장으로 보인다.

김귀성은 '적어도 교육이라는 이름의 종교교육이 자리 매김하기 위해서는 신앙적 종교교육을 지양'해야 한다는 입장이다. '다문화사회에서는 종교 간의 평화를 전제로 한 이웃 종교에 대한 태도와 나아가 사회통합과 평화, 사랑의 실천을 몸소 보여주길 요청받기 때문'에 '종단의 선교적 접근이 아닌 진정한 의미의 마루 되는 가르침을 학생들이 배우고 느끼며 공유'할 수 있는 종교교육이 되어야 한다는 것이다.183)

---

181) 위의 글, 20-22쪽. 김귀성은 종교교육이 학교에서 이루어지는 한에서 '교육적'이라는 전제에서 자유로울 수 없고, 특정 종교에서 설립·운영하는 학교의 학생들이 모두 동의하는 종교교육이라고 할지라도 그것이 학교 밖에서의 종교교육이 아닌 학교 안에서 교육의 이름으로 적절하고도 타당한가라는 문제가 제기될 수 있다고 지적한다. 그리고 사회·문화적 상황에서 발전적 지향점을 찾는다면 학교의 공식적인 교과교육활동에서는 적어도 '종파교육은 지양'되어야 할 것이라고 지적한다. 진정한 의미의 종교교육이 '종교성의 함양'이라면 종파교육으로부터 해방은 아무리 강조해도 지나치지 않기 때문이라는 것이다(같은 글, 22쪽).

182) 위의 글, 5쪽, 21쪽. 김귀성은 학교에서 종교교육이 '종교성의 함양이라는 목적'에서 종교문화교육모형과 통합모형의 장점을 수용하고 단점을 보완하는 노력이 요구된다고 지적한다. 이는 교과교육에서 종파교육을 지양한 종교문화교육, 잠재적 교육과정이나 비교과교육 활동 영역에서 종교적 정서 교육이 수용되는 통합화의 방향(종교성 함양을 위한 교육)을 제시한 것이다(같은 글, 24쪽).

종교정조교육의 필요성도 이 맥락에서 주장된 것으로 보인다.

3) 종교학교육론의 특징과 방향

　종교학교육을 주장하는 종교학 연구자들의 논의를 간략히 정리하면, 윤이흠은 다종교 상황에서 현대 사회규범, 특히 정교분리에 입각한 종교문화교육을 주장한다. 정진홍은 종교 교과가 종교를 신앙 대상이 아닌 인식 대상으로 설정하여, 종교현상 또는 종교문화를 자기고백적 논리로 서술하는 '규범적-정의적 과목'이 아니라 학문적 차원에서 인식의 논리로 비판적으로 서술하는 '서술적-지성적 과목'이며, 종교 교과교육이 건전한 시민을 양성하기 위한 교육이어야 한다고 주장한다. 강돈구는 교양교육과 시민교육으로서 종교교육을 주장한다. 류성민은 종교교육이 '여러 종교에 대한 지식과 이해'를 지향해야 한다고 주장한다.

　그에 비해, 김종서와 김귀성의 주장은 윤이흠, 정진홍, 강돈구, 류성민 등의 주장과 다소의 차이를 보인다. 김종서는 종교교육에 학문적 차원과 함께 영적 복지 차원에서 종교적 정조교육이 포함되어야 한다고 주장하는 입장이다. 그에 비해 김귀성은 종교문화교육이 교과교육으로서의 종교교육, 종교정조교육이 비교과교육으로서의 종교교육이 되어야 한다는 입장이다. 표면적 교육과정으로서 종교 교과교육, 잠재적 교육과정으로서 종교교육을 구분하고 있는 것이다.

　종교학교육론 내부의 차이에도 불구하고, 전반적인 특징은 두 가지

---

183) 김귀성, 「광복 후 중등학교에서 종교교육의 전개와 쟁점」, 『원불교사상과 종교문화』 45, 2010, 516쪽.

로 정리될 수 있다. 첫 번째 특징은 종교에 대해 신학·교학적 접근이 아니라 인문학·사회과학적 접근을 시도한다는 점이다. 종교에 대해 형이상학적 전제나 고백주의적 입장이 아니라, 현상학적 접근에서 말하는 판단중지(에포케)에 입각하거나 비고백주의적 입장을 취하고 있는 것이다.

두 번째 특징은 종교교육을 교양교육으로 전제하면서 종교에 대한 체험 중심의 가치(도덕·정서)에 비해 지식을 강조한다는 점이다. 여기서 지식은 특정 종교에 편중된 지식이 아니라 다양한 종교 또는 종교 일반에 관한 폭넓은 문화 지식을 의미한다. 다양한 종교에 관한 지식을 강조하는 것은 종교교육이 형이상학적 전제에 대한 고백주의적 인간보다 교양인을 양성하는 데에 기여해야 한다는 관점이기도 하다. 표면적 교육과정인 종교 교과교육에서는 다양한 종교 지식을 가르치고, 특정 종교와 관련된 교육을 잠재적 교육과정에서 소화해야 한다는 김귀성의 주장도 종교 교과교육에서 지식을 강조하는 교육이라고 볼 수 있다.

지식교육의 문제점을 인식하는 연구자들은 종교에 대한 지식교육보다 종교에 대한 체험 중심의 가치교육이 필요하다거나 양자가 모두 필요하다고 주장할 수 있다. 여기서 종교에 대한 체험 중심의 가치교육은 영성교육으로 표현되기도 한다. 실제로 지식과 가치가 무관하지 않다는 점을 인식하면 양자에 대한 이분법은 불가능하다. 그렇지만 종교에 대한 체험 중심의 가치를 강조하는 교육 프로그램과 종교에 대한 지식을 강조하는 교육 프로그램에는 차이가 있다. 향후에 종교교육은 종교 교과교육에서 양자를 어떻게 조율할 것인지에 따라 그 방향이 달라질 것으로 보인다.

5. 종교 교과교육과 성찰적 교양교육론

현재 국가 교육과정에서 종교 교과는 교양선택교과 가운데 하나이고, 종교 교과교육은 교양교육으로 진행된다. 이런 상황을 감안하면 국가 교육과정에서 교양교육은 무엇을 지향하는 교육인지, 종교 교과교육은 교양교육과 어떤 연관성을 지니는지, 현대 한국 사회에서 교양교육으로서 종교 교과교육은 무엇을 지향해야 하는 교육인지 등을 검토할 필요가 있다. 그리고 교양교육으로서 종교 교과교육이 교육 목적, 내용, 방법, 방향 등에서 신앙교육, 인성교육, 영성교육, 종교학교육 등과 어떤 연계성과 차별성을 보이는지에 대해 검토할 필요가 있다.

1) 교양교육의 개념

국가 교육과정에서 종교 교과를 포함한 교양교육은 무엇을 지향하는 교육인가? 제4차 교육과정에서 자유선택교과(0-8단위)였던 종교 교과는 제5차 교육과정에서 교양교육을 통해 전인적 교육을 도모하겠다는 취지의 교양선택교과(2단위 이상)가 된다.[184] 제5차 교육과정 이후 종교 교과교육은 교양교육으로 진행된다. 교양교육의 의미 규정은 명확하지 않았지만, 제5차 교육과정에서는 다음과 같이 '건강한·자주적·창조적·도덕적인 사람'이 '바람직한 인간상', 즉 교양인의 상으로 제시된다.[185]

---

184) 함종규, 『한국교육과정변천사연구』, 교육과학사, 2004, 577쪽.
185) 문교부, 『고등학교 교육과정』(문교부고시 제88-7호, 1988.3.31), 1988, 271쪽; 함종규, 『한국교육과정변천사연구』, 교육과학사, 2004, 549쪽.

〈표 25〉 제5차 교육과정의 바람직한 인간상과 고등학교의 교육목적

제5차 교육과정의 바람직한 인간상	고등학교의 교육목적
①건강한 신체와 강인한 의지, 건전한 취미와 풍부한 정서를 지닌 건강한 사람 ②성숙한 자아의식과 자율적인 의사결정의 능력이 있으며 진로개척의 정신이 강하고 투철한 국가의식을 지니고 있는 자주적인 사람 ③기본적인 학습능력이 있으며 과학적인 탐구능력이 강하고 합리적인 문제해결 능력과 독창적인 표현능력이 높은 창조적인 사람 ④올바른 가치판단과 관용적인 태도를 지니고 있으며 시민으로서의 공공의식과 인류공영의 의식이 강한 도덕적인 사람	①성숙한 자아의식과 조화로운 인격을 형성하고, 강인한 체력과 의지를 가지게 한다. ②인간의 존엄성을 인식하고 민주주의 이념을 실현하며, 국가사회의 발전과 인류행복의 증진에 기여하려는 태도를 가지게 한다. ③언어, 수리 등 학문과 생활에 필요한 기본능력을 신장시키고, 논리적이고 창의적인 사고력과 표현력을 길러 이를 활용할 수 있게 한다. ④자연과 사회현상의 기본원리를 이해시키고, 정보처리력과 탐구능력을 길러, 합리적이고 진취적인 생활을 영위해 나갈 수 있게 한다. ⑤다양한 미적 체험을 통하여 심미감과 창조성을 신장시키고, 취미를 살려 여가를 선용할 수 있게 한다. ⑥자신의 적성과 능력에 따라 진로를 탐색, 선택하고, 이에 필요한 학문적, 직업적 기본을 형성하게 한다.

제6차 교육과정에서 제시된 '바람직한' 인간상은 제5차 교육과정과 동일하다.[186] 다만 교양선택교과가 확대되어 교양교육이 강조된다. 예를 들어, '환경과학'이 신설되고, 인성교육 강화라는 목표를 향해 "이데올로기 중심의 '국민윤리' 교과명이 '윤리'로 바뀌면서 인간관계·사회윤리·직업윤리를 중심으로 하는 내용으로 개정"된다. 과목당 이수단위도 2단위에서 4단위가 되고, 제5차 교육과정과 달리, 교양선택교과의 내실을 기하기 위해 과목별 교육과정도 개발된다.[187]

제7차 교육과정에서 교양교육의 목표는 교양인의 양성으로 제시된다. 교양교육과정은 전인교육의 입장에서 지식 편중이라는 고등학교

---

186) 함종규, 앞의 책, 593-596쪽. 그 내용은 '건강한 인간: 몸과 마음이 건강한 사람', '자주적인 인간: 개성 있고 자율적인 사람', '창의적 인간: 창의성을 가지고 실천하는 사람', '도덕적인 인간: 더불어 살며 협동하는 사람' 등이다.
187) 교육부, 『고등학교 교육과정 해설-총론』(대한교과서주식회사), 1996, 127-129쪽; 함종규, 『한국교육과정변천사연구』, 교육과학사, 2004, 629-630쪽.

교육을 보완하는 측면에서 ①합리적·논리적으로 생각하고, ②인생의 의미와 가치 있는 삶, 삶과 죽음의 문제 등을 탐구하며, ③자신에 대한 성찰과 이해를 통해 자신을 향상시키고, ④합리적인 경제생활능력을 기르며, ⑤환경과 환경 문제에 대한 과학적 인식을 높이고, ⑥교육의 역할과 중요성, ⑦인간의 발달, 학습, 성장 등에 관한 심리적 이해 등 다양하고 폭넓은 교육을 통해 생활인으로서의 교양을 갖추도록 하기 위해 설정된다. 교양교육의 효용성과 취지는 아래의 인용문에서 확인할 수 있다.

> 교양교육은 ①중견 국민으로서 필요한 품성과 기능, ②국가 사회에 대한 이해와 건전한 비판력을 길러 민주 사회의 성원으로서 자질과 교양을 갖추도록 하는 데 도움을 줄 수 있을 것이다. 서양, 특히 유럽에서는 전통적으로 고등학교 수준에서 교양교육을 강조하여 왔으며, 대부분의 나라들이 철학, 종교와 같이 우리와 유사한 교과를 설정하여 가르치고 있다.
> 교양교육과정의 원래 취지는 고등학교교육에서 소홀히 하기 쉬우나, 실제적인 개인생활과 사회생활에 도움을 줄 수 있는 학문과 교양에 대하여 학생들에게 다양한 접촉 기회를 제공함으로써, 삶에 필요한 폭넓은 시야와 안목을 길러 사회가 요구하는 바람직한 교양인을 기르는 데 있다고 하겠다.(숫자-필자)[188]

국가 교육과정에서 교양교육은 고등학교 교육이 지식 편중 교육이기 때문에 전인교육을 제대로 지향하지 못하고 있다는 문제의식 아래 지식 편중 교육을 보완하기 위해 등장했던 것이다. 교양교육의 목적은 '삶(생활)에 필요한 폭넓은 시야와 안목'을 갖게 하는 것인데, 이는 '삶(생활)에

---

188) 교육부, 『고등학교 교육과정 해설-교양』(교육부 고시 1997-15호), 2001, 2-4쪽.

필요한 폭넓은 시야와 안목'을 갖춘 인간이 '사회가 요구하는 바람직한 교양인'이라는 의미로 이해되었기 때문이다. 이런 맥락이라면 교양교육으로서 종교 교과교육도 교양인의 양성을 지향하는 교육이 된다.

교양이나 교양교육 개념에 대해 연구자들은 어떻게 이해하였는가? 김성우·최종덕에 따르면, 교양은 '문제를 발견하고 문제를 해결하고 전략을 구상하고 실행하는 능력'이고, 교양교육은 인간의 기본적인 덕성과 지성을 갖추게 하는 보편교육이다. 이런 맥락에서 그들은 교양교육에서 논제중심(thesis-based)이 아닌 문제중심(problem-based) 콘텐츠를 통해 권력과 체제에 순응하는 것이 아니라 그에 대해 비판적으로 사고하고 실천하는 능력을 강조한다.[189]

손동현에 따르면, 교양교육은 '자립적이고 자기활동적인, 그리고 문제해결의 능력을 갖춘 생에 충실한 인간을 탄생시키는, 능동적이고 복합적이고 지속적인 과정'이다. 그리고 지식과 학습의 양 자체가 아니라, 그것에 기초하여 현실을 파악하고 판단하여 자신의 것으로 소화해내는 능력과 고유성을 의미한다.[190] 또한 교양교육의 고전적 이념에서 핵심인 특수하게 전문화된 능력을 길러주는 전공교육과 대비되는, 인간형성(Bildung)과 공동체적 삶을 위해 필요한, 현대 사회에서 '전체에 관한 종합적인 안목'을 길러주는 것을 핵심으로 삼는 일반교육(general education)이다. 손동현은 교양 일반교육의 내용과 특성으로 지식교육 자체보다 어느 영역에서나 통용되는 보편적 능력인 보통능력(사고능력·문해능력·의사소통능력 등) 교육, 전체를 조망하는 안목(인

---

189) 김성우·최종덕, 「대학 교양교육의 위기와 인문학의 미래」, 『시대와 철학』 20-1, 2009, 11-12쪽, 38-39쪽. 이들은 비판력과 반성력과 실용성을 교양인문학의 방향으로 제시한다(같은 글, 39쪽).
190) 손동현, 「교양교육의 새로운 위상과 그 강화 방책」, 『교양교육연구』 3-2, 2009, 8-9쪽.

식과 행동)을 길러주는 교육, 성찰적 지혜를 토대로 여러 영역에 두루
타당한 가치관 교육, 가치관 실현에 필연적으로 요구되는 실천적 규범
교육 등을 지적한다.191)

박승억에 따르면, 교양인의 덕목은 지식과 가치의 통합, 이론적 지
식과 실천적 가치를 통일적인 관점에서 연결시킬 수 있는 능력이다.
전체를 고려하는 균형적인 시선을 가지고, 가치 있는 선택을 하기 위
해 필요한 비판적 사고 기량을 갖춘 사람이 교양인이다. 인문 교양교
육은 단순히 현실을 긍정하는 사실적·긍정적 사고와 달리, 비판적 거리
를 두고 반성할 수 있는 능력을 길러준다는 점에서 발견법적(heuristic)
체험을 할 수 있게 해 준다.192)

박승억은 학생들이 '연구'하고 '지적 발견의 체험'이 가능하도록 수업
이 설계되면 스스로 연구하는 능력과 방법을 체험할 수 있어, 인성교
육의 효과를 담보할 수 있고, 전공 과정이나 대학 졸업 후 사회인으로
필요한 '문제해결 능력'을 고취시키는 데에도 도움이 된다고 본다. 이
런 맥락에서 인문 교양교육의 닻을 '자유롭고 비판적인 이성적 활동'라
고 지적한다.193)

이상의 논의에 따르면, 국가 교육과정의 교양교육은 국가의 주체인

---

191) 손동현, 「교양교육에서 '레토리케' 교육의 위상 및 의의」, 『교양교육연구』 4-1, 2010,
22-25쪽.
192) 박승억, 「세계화와 인문 교양교육」, 『교양교육연구』 1-1, 2007, 102-103쪽. 특히 가치
에 대한 문제의식은 방향감(orientation)을 길러준다. 다시 말해 무엇이 가치 있는 일
인지에 대한 감식안이 발달하지 않고서는 일상적인 삶에서 부딪치는 다양한 문제들에
대해 실천적 지침을 마련할 수 없다(같은 글, 102쪽). 또한 발견법적 체험을 위해 단순
히 '문맹'을 깨치기 위해 지식 전달 방식의 대단위의 획일화된 교양 수업이 아니라,
수업 참여자가 제시된 과제나 주제를 직접 탐구하고, 그 과정에서 스스로 '새로운' 지
식이나 가치를 창출해 내거나 발견해 내는 방식의 수업설계가 필요하다고 주장한다
(같은 글, 103쪽).
193) 위의 글, 104쪽.

국민을 대상으로 하며, 특수·전문·직업교육이 아닌 일반교육 또는
보편교육이다.194) 일반·보편교육으로서 교양교육은 지식 편중 교육의
보완 장치라기보다 그 지식을 비판적·종합적으로 활용하는 능력을 증
진시키는 교육이다. 이런 맥락에서 현대 교양교육의 핵심은 종합적인
안목을 토대로 하는 비판적 사유와 실천 능력, 그리고 의사소통 능력'이
다. 이를 '대상 성찰 능력'이라고 할 수 있다. 미국 대학의 교양교육에서
도 비판적·분석적 사유(critical and analytical thinking)가 강조된
다.195) 교양교육에서 강조되는 '비판적 사유'는 특정 지식뿐 아니라 그
지식과 관련된 가치나 감성까지도 인식의 대상으로 삼는다.

　교양교육은 역사적으로 인문교육, 즉 인문학의 일환으로 등장했다
는 점에서 종교와 연관된다. 인문학(the humanities)은 고대 로마의 키
케로(Cicero)가 사용한 '스투디아 후마니타티스(studia humanitatis)'가
르네상스 당시에 영어로 번역된 것이다.196) 이 번역어는 중세 스콜라
철학의 '스투디아 디비니타스(studia divinitas)' 개념과 대립된 표현으
로 이해된다.197)

---

194) 이러한 이분법은 논의를 위한 이념형이다. 예를 들어, 듀이(J. Dewey)는 유용성과 수
　　월성, 직업교육과 교양교육을 분리시키는 전통적 이원론을 부정하며, 목적과 수단, 유
　　용성과 수월성이 통합되는 교육을 추구한다(이준수, 「듀이의 교양교육 개조론에 대한
　　연구」, 『교육철학』 43, 2008, 105쪽.). 필자도 교양교육의 핵심 사항을 지적하기 위해
　　이념형으로서 이분법을 활용하는 것이다.
195) 김진우, 「商工'시대의 인문/교양교육」, 『교양교육연구』 3-2, 2009, 29쪽. 김진우는 그
　　외에 의사소통기술(cummunicative skill), 사회적 연동(social engagement), 윤리적·도
　　덕적 감성(ethical/moral sensitivity), 미적 가치(aesthetic value), 지성 개발(intellectual
　　development), 과학적 지식(scientific knowledge), 문화적 다양성(cultural diversity),
　　토대 지식(base knowledge) 등이다.
196) 인문학 개념의 어원과 맥락은 R. E. Proctor, *Education's Great Amnesia*, Indiana Uni
　　versity Press, 1988(Part one, 'The Birth of the Humanities in the Renaissance' 참조).
　　고대 그리스·로마시대를 의미하는 고전고대(classical antiquity)의 '스투디아 후마니
　　타티스' 개념은 노예가 아니라 재산을 가지고 연구에 전념할 수 있는 여가와 자유시간
　　을 가진 '자유시민'의 비직업적 교양교육을 의미하는 것이기 때문에 그 대상의 측면에
　　서 르네상스 시기의 개념과 다른 맥락을 지닌다.

근대 이후, 인문학은 '초월적 존재에 대한 연구가 아니라 인간에 대한 연구'라는 의미를 지니게 되고, 인문학으로서 교양교육도 초월적 존재에 대한 학문이 아니라 인간에 대한 학문이라는 의미를 지니게 된다. 간혹 인문학 개념이 고대 로마의 경우처럼 직업교육과 대비되는 교양교육(general education)의 의미로 사용되기도 하지만, 그 이면에는 '초월적 존재에 대한 연구가 아니라 인간에 대한 연구'라는 의미가 내재되어 있다. 이 점을 감안하면, 인문학과 교양교육으로 연결되는 종교 교과교육도 '초월적 존재에 대한 특정 신앙교육'이 아니라 인간에 대한 보편교육을 의미하게 된다.

2) 성찰적 종교교육론의 의미

다종교·다문화사회인 한국 사회에서 교양교육이 비판적 인식과 실천 능력을 강조한다면, 교양교육의 일환인 종교 교과교육도 이러한 비판적 인식과 실천 능력의 증진을 지향해야 할 것이다. 기본적으로 종교현상을 지적 대상으로 인식하고 성찰할 수 없다면, 종교 교과교육이 국가 교양교육에 굳이 존재할 이유가 없을 것이다.

필자는 교양교육으로서 종교 교과교육을 성찰적 종교교육(reflexive education about religion)이라고 명명한다.[198] 성찰적 종교교육은 종교학교육(religious studies education)에 토대를 두지만 '성찰적(reflexive)'이라는 수식어를 통해 학생이 종교와 관련된 현상이나 경험 자체에 흡

---

197) G. R. Elton ed., *Renaissance and Reformation, 1300-1648*, New York: Macmillan, 1976; 나일수, 「르네상스 인문학과 인문교육」, 『교육철학』 28, 2002, 30쪽, 33쪽.
198) 고병철, 「종립사학과 종교 교과교육의 공공성과 자율성」, 『정신문화연구』 32-4, 2009, 107-109쪽.

수되는 것이 아니라 그것을 인식 대상으로서 메타적으로 사유할 수 있
는 능력을 갖추어야 한다는 점을 강조한 표현이다. 성찰적 종교교육은
다양한 종교현상을 다양한 학문 영역을 통해 인식·사유·종합하고,
나아가 그런 인식·사유·종합의 논리까지도 지속적으로 반추(反芻)
하면서 메타적으로 접근하는 것을 일차적 목적으로 삼는다는 점에서
신앙교육, 영성교육, 인성교육의 목적과 다르다. 성찰적 종교교육과
다른 종교교육 유형들의 관계는 다음과 같이 정리할 수 있다.

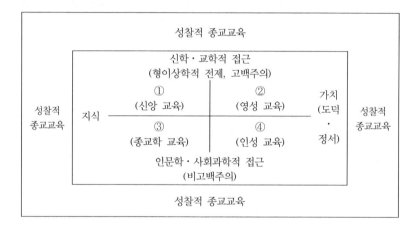

성찰적 종교교육에서 다른 종교교육 유형들이 전적으로 배제되는
것은 아니다. 이들 유형도 인식 대상이고 사유 대상이기 때문이다. 성
찰적 종교교육을 교육 목표, 교육 내용, 교육 방법, 교육의 지향점 등
으로 구분하여 좀 더 구체적으로 서술하면 다음과 같다.

① 성찰적 종교교육론의 목표
성찰적 종교교육의 목표는 종교 관련 지식이나 현상을 지적 대상으

로 인식하고 메타적 입장에서 사유하여 종합적인 안목으로 성찰할 수 있는 교양인의 양성에 있다. 이러한 교육 목표는 건전한 시민의 양성을 지향하는 시민교육으로서의 종교교육, 종교문화교육, 종교학교육 등과 유사한 측면이 있다. 여기에서 종교 관련 지식이나 현상에 대해 종합적 안목에서 성찰하는 능력은 특히 다종교·다문화사회를 살아가야할 교양인에게 필요한 중요 항목이다. 종교와 문화의 다양한 현상을 인식 대상으로서 비판적으로 사유하고 종합적인 안목으로 성찰할 수 있는 능력을 갖추어야 사회의 변화에 능동적으로 대처할 수 있기 때문이다.

학교의 교양교육은 학생을 직접적인 경험(실천) 세계에 몰입시키거나 모종의 고백을 유도하는 것이 아니라, 오히려 그 세계를 지적 대상으로 인식·사유하고 그에 대해 종합적인 안목에서 판단할 수 있는 능력을 키워주는 것이 되어야 한다. 어떤 경우에는 교양교육에서도 참여나 실험 등의 체험 프로그램이 운용될 수 있다. 그렇지만 이는 성찰 능력의 증진을 목표로 하는 교육수단이다. 예를 들어, 환경 수업 시간의 체험 프로그램은 학생 모두를 환경운동가로 만들기 위한 것이 아니라 환경에 대한 사유의 폭을 넓혀주기 위한 수단이 되는 것이다.

존 실리(J. A. Sealey)는 역사·지리·수학 등이 학생들의 삶을 각각 역사적·지리적·수학적으로 살도록 가르치는 것이 아니라 역사·지리·수학에 대해 이해시키기 위해 가르치는 것이라고 지적한다. 그리고 만약 공학 교육, 버스 운전, 컴퓨터 조작 등이 직접적 경험 세계라면, '교육과정 즉 인간 경험에 대한 연구는 간접적인 과정'이고, 종교교육도 학생에게 종교에 대한 지식과 이해를 소개시켜 주는 이차적인 과정이라고 지적한다.[199]

종교교육은 교육 일반과 마찬가지로 학생들에게 종교에 대한 지식과 이해를 소개시켜 주는 이차적인 과정이라고 할 수 있다. (예를 들어서 예배 장소를 방문한다든지, 또는 헨델의 메시아를 듣고 어떤 종교적인 의미를 깨닫는 것과 같은) 실천적인 행위는 위에서와 같은 목적을 위한 수단에 불과할 뿐이다. 종교교육의 목적(예를 들어서 종교적·도덕적·정신적인 성숙, 또는 사회적 협력의 증대 등) 그 자체를 위한 실천적인 행위는 모두 비교육적이라고 할 수 있다. … 교육의 기능은 일차적인 경험을 연구하는 것이지, 그것을 직접 느껴보는 것은 아니기 때문이다.[200]

② 성찰적 종교교육론의 내용 원칙

성찰적 종교교육의 내용은 세 가지 원칙에 입각해서 구성된다. 첫 번째 원칙은 특정 종교나 종교 일반과 관련된 형이상학적 전제를 그대로 수용(신앙)하거나 변증하는 것이 아니라 그 전제까지도 지적 대상으로 인식하고 성찰할 수 있어야 한다는 것이다. 앞서 지적했듯이, 인문학적 교양교육에서는 종교의 형이상학적 전제나 존재에 대한 신앙이나 변증적 접근이 배제된다. 이러한 신앙이나 변증적 접근은 형이상학적 전제에 대한 일종의 고백주의 형태의 교육이기 때문이다. 다만 성찰적 종교교육에서는 호교론적 신앙이나 변증적 접근뿐만 아니라 그러한 신앙과 접근을 무시하는 인간의 사유와 실천까지도 지적 대상으로 인식하고 성찰한다.

이 원칙의 정당성은 제5차 교육과정 이후 종교 교과와 교양과목, 종

199) 존 실리, 『종교교육이론』(강돈구·박진원 옮김), 서광사, 1992, 80-106쪽. 실리는 종교교과가 공립학교에서 가르치는 교과목으로서 세속적인 성격을 지닐 수밖에 없고, 공개적·비공개적 형태의 모든 고백주의를 방지해야 하고, 종교에 '관해서' 가르쳐야 하며, 이해(의미와 명료성)의 축적을 위해 종교교육에 대한 끊임없는 비판적 평가(critical appraisal)를 시도해야 한다는 입장을 지닌 연구자이다(같은 책, 144-145쪽).
200) 위의 책, 142쪽.

교 교과교육과 교양교육, 교양교육과 인문학의 관계를 감안하면 좀 더 분명해진다. 정교분리와 교육-종교의 분리가 지향되는 국가의 교육과정에, 그리고 종교의 형이상학적 전제나 존재에 대한 신앙이나 변증적 접근이 배제된 교양교육에 종교 교과교육이 배치된 자체가 양자의 조율을 요청하기 때문이다. 그 조율은 종교 교과를 다른 일반 과목처럼 인식하는 데에서 시작된다. 종교 교과교육도 일차적으로 교양교육의 목표나 취지에 부합되어야 하는 것이다.

두 번째 원칙은 종교현상에 대한 서술의 객관성이 담보되어야 한다는 것이다. 여기서 객관성이란 절대적 객관성이 아닌 현상학·해석학·심리학 등에서 말하는 간주관성(intersubjectivity)이다. 간주관성은 개인적 의식이나 자아가 아닌 '공동체적 의식' 또는 '공동체적 자아', '활동에 참여하는 자들 사이의 공유된 이해'나 '합의된 객관성' 등으로 이해된다. 또한 간주관성은 다양한 학문적 전통들이 공유하는 '다학문적 개념'으로도 이해된다.[201]

이 원칙에 따르면, 종교 교과는 정진홍의 표현대로 규범적-정의적 교과가 아니라 서술적-지성적 교과가 되고, 성찰적 종교교육의 내용도 고백적-규범적 언어가 아니라 메타적-성찰적 언어로 서술되어야 한다. 고백적-규범적 언어가 특정 신앙인과 다른 신앙인과 비(非)신앙인 사이에 넘기 어려운 경계선을 만든다면, '메타적-성찰적' 언어는 이들 사이에 공유 지점을 만들어낼 수 있기 때문이다. 학교교육이 보편교육의 성격을 띠고 있다는 점을 감안해도, 종교 교과교육의 내용은 가능한 한 많은 학생이 이해할 수 있고, 공유할 수 있는 언어와 인식 논리로

201) 손원영, 「철학과 교육학에서의 영성」, 『기독교사상』 43-1, 1999, 77쪽.

서술되어야 한다.

세번째 원칙은 다양한 종교현상을 대상으로 하면서 고백주의에 입각한 우열의 서술 태도를 지양해야 한다는 것이다. 종교 교과교육에서 고백주의는 학교를 종교(선·포교)의 공간, 교육을 종교(선·포교)의 수단, 다른 종교를 열등한 종교로 인식하는 경향으로 이어진다. 이는 정교분리와 교육-종교 분리를 지향하는 국가의 교육과정에서, 학교 교육공간에서 교양교육으로서의 자기 존재를 부정하는 결과를 낳게 된다. 또한 종교를 인간의 다양한 삶의 방식과 지향성의 차이로 인식하지 못하고 차별하게 되는 결과를 낳게 된다.

이러한 원칙은 종교다원주의와 무관하다. 종교다원주의는 특정 신앙인-신학자가 타종교에 대해 그 도덕적 가치를 적극적으로 인정하거나, 그 주장의 진리 인식까지도 긍정하는 자세로 이해된다.202) 현실적으로 종교다원주의는 특정 종교들의 진리가 우월하다는 고백주의 형태를 띠기도 한다.203) 그에 비해 성찰적 종교교육은 학교교육에서 모종의 고백주의나 타종교의 진리 인식에 대한 긍정이 아니라 한국 사회의 다종교 상황이나 그로 인한 문제 등에 대해 메타적으로 성찰하는 교육이다. 종교다원주의도 인식 대상일 뿐이다.

③ 성찰적 종교교육론의 방법

성찰적 종교교육의 방법은 기본적으로 학습자 중심의 교육이론을

---

202) 길희성, 「종교다원주의-역사적 배경, 이론, 실천」, 『종교연구』 28, 2002, 7쪽.
203) 필자는 종종 종교다원주의의 입장을 가진 연구자들이 다른 종교에 대해 깊이 연구하지 않은 채 자신들이 호감을 갖고 있는 종교들을 비교하면서 그 영역에 포함되지 않는 다른 소수의 종교들을 배제하는 태도를 목격한다. 이러한 태도는 결국 하나의 종교는 아니지만 특정 종교들을 옹호하는, 나아가 그 가치가 우월하다고 고백한다는 측면에서 고백주의라고 할 수 있다.

수용한다. 대표적인 이론은 구성주의(constructivism)이다. 구성주의는 인간이 제반 경험 속에서 인지적 작용과 사회문화적 작용을 하면서 지식 혹은 의미를 계속 구성해간다는 인식론이다. 이는 지식(knowledge)을 고정된, 그리고 모든 경우에 적용 가능한 보편적·초역사적·초공간적 진리로 보는 객관주의 인식론과 상반된다. 구성주의 학습에서는 학생을 문제 해결 능력을 지닌 존재로 신뢰하고, 교사가 조언자 또는 동료학습자가 되어 실제 상황에 입각한 딜레마가 담긴 과제를 제공하여 그들의 인지적 활동을 자극하고('확산적 사고'), 그에 대해 성찰·사유·탐구하도록 유도한다.[204] 학습자는 주어진 문제를 파악하고, 자율적으로 다양한 관점에서 탐구를 시도하고 피드백을 받으면서, 스스로 문제를 해결한 후 그 결과를 공유하게 된다.

구성주의 학습이론이 종교 교과교육의 방법에 주는 첫 번째 시사점은 학생이 종교에 관한 지식이나 의미를 스스로 구성해갈 수 있도록 해야 한다는 것이다. 구성주의 관점을 긍정한다면, 종교교사는 개인적으로 특정 종교에서 말하는 진리 인식에 호감이 있거나 그에 대해 신앙을 고백하고 있다고 해도 그것을 학생에게 강요할 수 없게 된다. 교육방법론 측면에서 호교론적 입장, 특정 신앙 지식의 일방적 전달이나 비판, 모종의 선험적인 가정 또는 전제, 특정 태도에 대한 강요 등이 배제된다.

두 번째 시사점은 학생의 문제 해결 능력을 증진시키기 위해 종교현상에 대한 특정 방향의 사고가 아니라 '확산적 사고'가 가능한 문제를 제시해야 한다는 것이다. 학습자의 기존 인지구조, 혹은 선지식이나

204) 이미정, 「구성주의 이론에 기반한 다문화교육사 양성 프로그램 연구」, 『교육문화연구』 15-2, 2009, 109쪽.

경험에 대해 혼란, 모순을 일으킬 수 있는 질문이나 답변을 하여, 학습
자가 스스로 인지구조의 혼란을 극복하는 노력을 통해 인지구조의 재
평형 상태를 이루게 하는 문제를 제시해야 한다는 것이다. 이런 과정
의 반복을 통해 지식이 형성되고 학습이 이루어지는 것이다.[205] 물론
확산적 사고의 결과로 인해, 또는 종교와 관련된 언어·가치·감정·
태도 등을 인식·사유·종합하는 과정에서 어떤 내면적 통찰과 자각
이 발생할 수도 있다. 그렇지만 그에 대한 판단은 전적으로 학생의 몫
으로 남겨져야 한다.

세 번째 시사점은 종교 관련 지식이나 현상에 대해 신학적·교학적·역
사적·사회적·정치적·경제적·문화적 고찰 등뿐만 아니라 성별·
계층별 고찰 등 다맥락적 접근이 시도되어야 한다는 것이다. 다맥락적
접근은 종교 관련 지식이나 현상에 대해 다양한 각도로 접근하여 문제
를 제기하는 방식이기 때문에 학생이 종교 관련 지식이나 현상에 대한
사유의 폭을 넓히고 비판적 성찰 능력을 키워 종합적 안목을 기르는 데
에 도움이 된다. 예를 들어, 학생이 어떤 종교 관련 지식에 대해 남성과
여성의 이해, 그리고 상류층과 중류층과 하류층의 이해가 다를 수 있다
는 점을 이해한다면, 그 지식은 일방적인 수용 또는 신앙 대상이 아니
라 종합적 안목으로 접근되어야 할 대상임을 알게 될 것이다.

④ 성찰적 종교교육론의 지향

성찰적 종교교육은 종교 관련 지식이나 현상에 대한 사유 작용인 지
성(intellect)의 활용 능력 증진을 지향한다. 감각 재료에 대한 사유들

---

205) 위의 글, 107-109쪽. 또한 교수자는 학습자의 답변을 통해 그들의 사고나 경험적 지식
　　의 수준, 배경, 특성을 이해할 수 있다.

(일차적 사유)을 종합하는 '사유 작용'(이차적 사유)을 지성이라고 이해한다면, 성찰적 종교교육은 종교현상에 대한 메타적 안목과 종합적인 안목을 키우는 교육이다. 이러한 교육은 종교에 관한 객관적 지식 자체의 전달·주입·유도를 목표로 삼지 않지만, 특정 신앙의 깊이를 후퇴시키려는 의도를 갖지도 않는다. 가치나 감성이나 '영성'에 대한 통찰과 자각 가능성도 배제하지 않는다. 그 이유는 지적 차원이 정서적, 의지적 차원과 연계되기 때문이다. 지식에 정서나 의지와 연결된 모종의 가치가 담겨져 있기 때문에 지식과 가치·감성·영성 등이 무관하지 않다고 보는 것이다.

이런 교육은 특정 지식이나 그 지식과 관련된 가치·감성·영성 등을 그대로 전달·주입·유도하는 것이 아니라 이를 지적 대상으로 인식하고 성찰하고 종합하는 사고 작용을 강조한다. 종교와 관련된 다양한 지식과 그 지식에 담긴 다양한 시선과 그 지식이 배태된 맥락 등을 끊임없이 메타적 입장에서 탐구하고 반추하고 종합한다. 이러한 사유 과정의 나선형식 반복을 통해 학생은 독선적·제국주의적 태도의 인간이 아니라 종교에 대한 '교양을 가진 인간'으로, 다종교사회와 다문화사회에서 더불어 살아갈 수 있는 인간으로 성장하게 된다.

교양교육으로서 성찰적 종교교육은 객관주의적 지식, 지식의 가치중립성 및 도구성, 이성에 기초한 지식 등의 지식교육과 관련된 신화를 수용하지 않는다. 지식 자체에 내재된 가치나 그와 관련된 감성·영성 등을 인정하지만, 지식 자체에 내재된 또는 지식과 관련된 가치 자체를 가르치지는 않는다. 오히려 지식에 어떤 가치가 어떤 맥락에서 누구에 의해 어떤 의도로 접목되었고, 그러한 접목을 가능하게 했던 사회적·정치적·경제적·문화적 맥락 등이 무엇인가 등의 메타적 접근을 시도한다.

교양교육으로서 성찰적 종교교육은 다른 유형의 종교교육(신앙교육, 대안교육, 영성교육, 인성교육 등)에 비해 크고 작은 차이 또는 특징을 지닌다. 이들 유형을 교육의 전제와 형태, 교육의 강조점(목적), 교육의 내용 또는 방법론 등을 기준으로 비교하여 도표화하면 다음과 같다.

〈표 26〉 성찰적 종교교육과 다른 종교교육의 차이

	전제와 형태	강조점	내용 또는 방법론
신앙 교육	- 초월적/형이상학적 존재 - 가시적 고백주의	- 특정 신앙	- 특정 종교 지식과 환경 제공
종교적 인성 교육	- 선천적/형이상학적 가능성 - 암시적 고백주의	- 종교적 또는 보편적 인성	- 체험 위주의 프로그램 제시 - 종교와 윤리의 연결 문제 제시
종교적 영성 교육	- 선천적/형이상학적 가능성 - 암시적 고백주의	- 특정 또는 보편적 영성	- 체험 위주의 프로그램 제시
종교학 교육	- 학문적 접근 - 비(非)고백주의	- 지적 사유, 종합적 안목	- 다양한 종교의 비교 - 종교 일반 관련 지식
성찰적 종교 교육	- 메타적 인식론 - 비(非)고백주의	- 메타적 사유, 종합적 안목, 지속적 성찰 능력	- 확산적 사고 유발 문제 제시 - 다맥락적 접근 시도

이상의 논의를 토대로 할 때, 교양교육으로서 성찰적 종교교육은 정교분리 국가의 학교 교육에서 형이상학적 전제에 대한 다양한 고백주의 형태의 교육을 지양한다. 다종교·다문화사회에서 종교 관련 지식이나 현상에 대한 고백주의 형태의 교육이 아니라 메타적·종합적 성찰 능력을 증진시킬 수 있는 교육을 강조한다. 종교 교과는 고백적-규범적 교과가 아니라 간주관적 객관성을 담보하는 동시에 종교 관련 지

식이나 현상에 대해 다맥락적 접근을 시도하는 메타적-성찰적 교과가 된다. 그리고 종교 관련 지식이나 현상에 대한 지적 성찰 과정에서 학생이 정서적, 의지적 차원의 고민들을 스스로 해소하면서, 인간이 종교를 통해 살아가는 삶의 방식과 지향성과 문화에 대해 성숙한 이해를 할 수 있도록 유도한다.

6. 종교 교과교육의 방향: 다양성과 공공성의 관점

종교 교과는 특정 사회의 요청에 따라 제도적으로 용인된 것이기 때문에 종교 교과교육의 방향은 독자적으로 설정될 수 없다. 국민을 대상으로 하는 보편교육·일반교육인 교양교육도 사회의 제반 환경과 무관하지 않다. 교육은 국가든 사회든 특정한 장(場)과 무관한 것이 아니라 그 장에 대한 성찰적 노력이다.[206] 만약 사회 환경과 무관하다면 교양교육은 그 사회에 존재하는 국민 모두를 위한 보편교육이 될 수 없다. 이런 맥락에서 종교 교과교육의 방향을 설정하기 위해서는 현대 한국 사회에 대한 진단이 필요하다.

한국의 사회 현실에 대한 진단은 교양교육의 목표와 내용과 방법 등의 방향을 모색하기 위해서 필요하다. 한국의 사회 환경은 정치적, 경제적, 사회적 등의 측면에서 다양하게 진단되고 처방될 수 있다. 종교 교과교육 차원으로 진단과 처방 범위를 축소한다면, 한국 사회는 다종교사회(multi-religious society)와 다문화사회(multi-cultural society)로

---

206) 최성환, 「삶의 형식으로서의 학문-교양교육을 중심으로」, 『철학탐구』15, 중앙대학교 중앙철학연구소, 2003, 271-272쪽, 281쪽.

진단될 수 있다.

교양교육으로서 종교 교과교육의 방향을 설정하기 위해서는 사회 현실에 대한 진단뿐만 아니라 공공성의 차원이 감안될 필요가 있다. 공공성은 특정 사회가 유지·발전되기 위해 반드시 요청되는 항목이다. 교육도 인간의 변화나 성숙을 지향하는 한, 공공성에서 자유로울 수 없다. 이런 맥락에서 다종교·다문화사회를 살아갈 인간을 양성하기 위한 종교 교과교육의 방향도 공공성의 관점을 수용하여 설정될 필요가 있다. 이하에서는 한국의 사회 현실인 다종교사회와 다문화사회의 함의, 그리고 공공성의 관점에 대해 서술하고자 한다.

1) 다종교·다문화사회의 함의[207]

개항 이전에 동학이 등장했지만, 일제 강점기에는 서구와 일본의 종교가 활동을 확대하면서 정교분리 담론과 종교의 자유 담론이 형성되어 적지 않은 종교단체가 등장하기 시작한다. 종교 인구의 수도 많아진다. 한국 사회는 종교단체들의 부침에도 불구하고 다종교사회가 된다. 이런 모습은 해방 후에도 지속되어 외국 연구자들의 관심을 받기도 한다.

특히 외국인 수는 1990년대 전후부터 증가되었는데, 그로 인해 사회적으로 외국인 문제에 대한 관심도 급증된다. 유관 단체들뿐만 아니라 정부도 한국 사회가 다문화사회가 되고 있다는 인식을 바탕으로 다양한 정책을 진행한다. 흥미로운 부분은 종교계가 다문화사회를 촉진하

---

207) 고병철, 「국가 교육과정 내의 다문화교육과 '종교'교과교육」, 『종교연구』 61, 2010, 109-116쪽 참조.

는 기제가 되고 있다는 점이다. 적지 않은 종교단체가 관여하고 있는 국제결혼의 진행, 국내 외국인에 대한 지원, 외국인 시설의 운영, 외국인의 인권 보호, 북한이탈주민에 대한 지원, 외국인과 북한이탈주민에 대한 교육 프로그램 운영 등이 해당 사례들이다.

한국 사회를 다종교사회와 다문화사회라고 진단하는 것은 어떤 의미인가? 다종교사회와 다문화사회는 '다양성의 공존'이 모색된다는 점, 그리고 그로 인해 발생되는 중층적인 함의를 지닌다는 점에서 유사하다. 이런 맥락에서 다종교사회(multi-religious societies)의 함의를 분석하여 다문화사회의 함의에 대입하는 것이 유용하다. 종교가 문화와 무관하지 않고, 다종교사회의 '종교'를 '문화'로 대체하면 양자의 문법이 연결될 수 있기 때문이다.

한국 사회를 다종교사회라고 할 때, 그 함의는 일곱 가지로 제시할 수 있다. 첫째, 특정 사회에 이질적이고 다양한 종교[종교인과 종교단체가 동시에 존재한다는 의미이다. 2008년과 2011년 종교 현황 조사의 내용을 보면, 한국에는 확인된 경우만 해도 500여 개 이상의 종교단체가 있다. 2005년의 경우 전체 내국인 47,041,434명 가운데 24,970,766명이 '종교있음'에 응답하는 등 1985년 이후 전체 내국인의 50% 이상이 스스로를 종교인이라고 고백한다.[208) 내국인의 50% 이상이 종교별로 다른 '진리주장'과 종교 행위를 하고 있는 셈이다.

둘째, 여러 종교의 가치관이 동시에 수용된다는 의미이다. 이는 '절대 신념체계의 상대화 현상'으로 표현된다. 그와 관련하여, 한국인에게는 위계적 인간관계(유교)와 서구적 사랑(기독교), 삶의 당혹감에 대한

---

208) 국가통계포탈 (조사관리국 인구총조사과)의 항목별 수치.

인연관과 업보사상(불교), 대형행사 이전의 고사 의식(무속) 등이 뒤섞여 있다고 지적된다.209) '다종교'210)라는 영어 표현도 단순히 '많음'을 넘어, 어느 지점에서 '겹치거나' '다색(多色)의 다채로움'을 의미한다. 그와 관련하여 다음의 인용문은 다종교현상이 절대 신념체계가 여럿이 있는 상대화 현상, 인간이 여러 종교의 가치관을 동시에 수용하는 상황, 종교 간에 배타성이 잠재된 상황임을 보여준다.211)

> 한국인은 갤럽조사(1984.12-필재)에서 보여 주듯이 기본적으로 유교적 가치규범 안에서 살고 있다. 특히 인간관계의 위계질서에 관한 한 한국인은 누구나 유교적이다. 삶의 현장에서 기대하지 않았던 일에서 갖게 되는 당혹감을 한국인은 저도 모르는 사이에 불교의 인연관과 업보사상으로 해석하고 스스로를 달랜다. 오늘의 한국인은 그의 사랑을 삶의 원칙(the principle of life)과 행동의 힘(the power of action)으로 해석하고 있는데, 이렇게 해석하게 된 것은 기독교를 통해서 서구의 사랑의 개념이 소개된 이후의 일이다. 끝으로 한국인은 미래의 일에 대한 태도가 매우 기복적인데 이는 무속의 강력한 영향 아래서 나타난다. 콤퓨터나 제트여객기를 구입하여 사용하기 전에 기복행사를 하는 것이 이 영향을 말해주고 있다. 이렇게 볼 때 한국인은 인간관계에서는 유교적이며, 인생관은 불교적이며, 행동철학은 기독교적이며, 운명관은 무속적이다. 이와 같이 한국인은 그의 내면생활에서 가치 복합을 경험하게 된다. … 여기서 우리

---

209) 윤이흠, 앞의 글, 4-5쪽.
210) Stephen Prothero (ed.), *A Nation of Religions: The Politics of Pluralism in Multireligious America*, University of North Carolina Pr., 2006; Jerald D. Gort, Henry Jansen & Vroom eds., *Probing The Depths Of Evil And Good: Multireligious Views and Case Studies*, Lightning Source Inc., 2007.
211) 윤이흠, 앞의 글, 4-5쪽. 윤이흠은 종교가 '궁극적 가치 종합체계이며 절대 신념체계'이고, 그 특징이 인간에게 '신념과 실천과 인간관계를 포괄하는 전인적 헌신을 요구'하는 것이라는 점이라고 본다. 또한 인간이 자기 신념체계의 외적 요인에 대응할 때 해당 종교에서 제시한 궁극적 가치 범주 안에서만 상대적 가치를 인정하기 때문에 종교가 기본적으로 '제국주의적'이라는 본다(같은 글, 4쪽).

는 이러한 다원가치 내지 가치복합 상황이 개인 내면생활에는 혼돈
을 가져다주면서도 특히 가치집단, 이른바 종교 집단적으로는 매우
배타적인 방향으로 흐르고 있다는 사실에 주목할 필요가 있다.

셋째, 특정 신념을 기초로 배타적 태도가 형성되고, 그로 인해 종교
갈등이 발생할 수 있다는 의미이다. 신념체계의 외적 요인을 대했을
때 특정 '진리주장'을 수용한 사람은 그 범주 안에서만 외적 요인의 가
치를 인정하는 경향을 보인다. 다른 종교가 전개하는 진리주장을 허용
하는 순간 자신의 진리주장은 더 이상 '진리'가 되지 않는다고 생각한
다. 이런 태도는 특정 종교의 진리주장을 수용한 사람에 대한 배타적
인 태도로 연결되어, 모종의 갈등과 충돌 가능성을 높이게 된다.

넷째, 사회적으로 종교간 갈등과 충돌 가능성의 해소, 종교간 공존
이 요청된다는 의미이다. 종교계 내부에서도 비록 일부지만 종교간 대
화의 움직임이 보인다. 정책적으로도 〈헌법〉상의 국교 불인정, 정교분
리, 교육과 종교의 분리, 종교의 자유, 종교차별 금지 등은 사회통합
차원에서 특정 종교의 제국주의적 횡포나 독주를 막는 장치가 된다.
또한 2008년 이후에 지방자치단체에 종무 부서들이 신설되었는데, 이
는 지방정부도 정책적 차원에서 종교의 영향력을 관리하기 위해 노력
하고 있음을 보여준다.212)

다섯째, 사회적으로 '소수' 종교단체와 종교인에 대한 차별 해소가
요청된다는 의미이다. 종교단체와 종교인이 다양하지만 특정 종교가
독주할 수 없고, 서로 다른 진리주장 속에서 갈등의 소지가 있지만 상
호 공존이 요청된다면, 종교차별 금지는 상호 공존을 위한 법적 장치

---

212) 「톡톡 튀는 이색부서 맞춤행정 눈에 띄네」, 『서울신문』, 2010.09.16.

인 셈이다. 이러한 차별 금지는 종교계에 대해서뿐만 아니라, 종교정
책이나 종무행정, 그리고 사회복지시설의 위탁 등의 차원에 대해서도
사회적으로 요청된다.

여섯째, 사회통합과 종교차별 금지를 위해 '사이비', '이단', '유사' 등
종교에 대한 낙인찍기와 종교가 비합리적·비과학적·비이성적 현상
이라는 단순한 인식이 재고되어야 한다는 의미이다. 주지하다시피, 일
제 강점기 이후에 정교분리와 종교의 자유 담론 속에서 새로운 종교단
체들이 등장하지만, 조선총독부의 '공인종교 정책' 속에 부정적으로 인
식된다. 광복 후에도 특정 종교 관련 공휴일 지정, 특정 종교 중심의
군종제도 등 '공인종교 정책' 속에서 새로운 종교단체들은 부정적으로
인식된다. 그렇지만 다종교사회 담론이 강조되면서 소수자에 대한 편
중된 종교 인식이 종교차별로 이어질 수 있다는 위기의식도 부각된다.

일곱째, 종교 관련 편견과 갈등의 해소, 상호 공존을 위한 방법으로
써 종교교육의 중요성이 대두된다는 의미이다. 2002년도 인문정책연
구사업 결과를 보면, 정부 측도 인문학적 사회교육의 활성화 차원에서
'종교를 주제로 한 사회교육 프로그램'의 개발에 관심을 보였다. 그 내
용은 아래에서 확인할 수 있듯이 다종교사회에서 사회의 안정과 균형
있는 발전을 도모하고, 시민이 되기 위해 다양한 종교들에 대한 이해와
관용이 필요하다는 것이었다. 그렇지만 종교교육에서는 이해와 관용보
다 성찰을 핵심 가치로 삼을 될 필요가 있다. 성찰이 가능할 때 이해와
관용도 가능해질 수 있기 때문이다.

> "우리 사회는 다종교사회다. 다종교사회에서는 국민이 다양한 종
> 교들에 대해 이해하고 관용하는 것이 사회의 안정과 균형 있는 발

전을 위해 절실하게 요구된다. 특히 세계적으로 문명의 충돌과 종교 전쟁이 심각해지고 있는 상황에서 종교를 주제로 한 시민교육이 활성화될 필요가 있다. 대학의 사회교육기관은 물론 공공도서관을 비롯한 공공 사회교육기관은 종교를 주제로 한 사회교육 프로그램을 개발하여 추진할 필요가 있다."[213]

한국에서 종교교육은 국가 교육과정에 따라 사립 중등학교에서 교과교육 형태로 진행된다. 국가 교육과정의 종교 교과에는 교양선택과목으로서 교양교육의 성격이 강조되지만, 신앙교육의 성격도 내재되어 있다. 이런 교육부의 이중적 태도로 국·공립 중등학교에서는 종교교육이 이루어지지 않는 상황이다. 그리고 아직까지도 사립 중등학교의 종교교육을 둘러싸고 사립학교와 정부 사이에 공공성과 자율성의 논쟁이 지속되는 상황이다.[214]

다문화사회도 다양한 구성원과 문화가 존재한다는 측면에서 다종교 사회와 유사하다. 세계화 추세가 확대되면서 특정 사회는 새로운 사회 구성원의 유입과 그에 따른 다양한 문화로 인해 다문화사회가 된다. 흥미로운 부분은 이주 현상이 종교와 밀접하게 관련된다는 점이다. 예를 들어, 방글라데시의 경우는 국가 노동자의 80%가 여성이지만, 무슬림 여성이 비이슬람권에 이주하는 것을 금기시하는 무슬림 계율과 방글라데시의 관습 때문에 남성 무슬림이 주요 이주민이 되고 있다.[215]

다문화사회에서 새로운 사회구성원은 정착이나 정체성 유지 등을

213) 홍덕률, 《인문학적 소양의 함양을 위한 사회교육 활성화 방안 연구》(인문정책연구총서 2002-22, 보고서번호: RS2002-22), 인문사회연구회·한국교육개발원, 2002, 36쪽.
214) 고병철, 「한국의 종교교육—중등 종립학교를 중심으로—」, 『종교연구』 46, 2007, 1-35쪽; 고병철, 「종립사학과 종교 교과교육의 공공성과 자율성」, 『정신문화연구』 117, 2009, 83-112쪽.
215) 사단법인 국경없는마을 다문화사회교육원, 앞의 책, 2007, 262쪽.

위해 공동체를 형성한다. 그 과정에서 종교와 연관된 공동체가 적지 않게 나타난다. 인도네시아 무슬림의 모임(IKMI: Ikatan Muslim Indonesia), 보문선원(안산)·마하보디사(양주), 스리랑카선원(구미) 등 태국인의 모임, 네팔 이주민의 네팔불자모임(Nepal Buddhist Family, 1996년), 원곡동성당(안산)·혜화동성당(서울) 등 필리핀 이주민의 모임, 다와툴 이슬람(이슬람으로의 초대)과 BSR(Buddhist Solidarity for Reform) 등의 방글라데시 이주민의 모임, 중국인교회 모임, 재한몽골인불자회와 각종 몽골인 예배 모임, 미얀마전법사원(부평) 등이 그에 해당된다.

이런 공동체는 이주민에게 자기 정체성을 강화시키는 역할을 한다. 그렇지만 이주민들은 한국 문화를 습득하는 과정에서 자기 정체성의 혼란을 경험하기도 한다. 이주근로자의 경우는 언젠가 귀국할 것을 알지만, 한국에 있는 동안 한국인처럼 지내야하는 상황에서 정체성 혼란을 경험한다. 국제결혼이민자의 경우는 과거의 정체성을 억누르고 한국인의 정체성을 지향하면서 정체성 혼란을 경험한다. 이는 이주근로자나 국제결혼이민자가 다중정체성을 형성할 수밖에 없다는 점을 시사한다. 북한이탈주민도 한국 현실에 적응하는 과정에서 발생하는 다중정체성 문제에 직면한다.

새로운 사회구성원과 기존의 사회구성원, 심지어 새로운 구성원들 사이에도 문화적 갈등이 발생한다. 다른 인종·종교·문화에 대해 단일민족을 우선하는 인식, 국제결혼 이주여성·탈북자보다 외국인 사업가·투자가·유학생, 개발도상국보다 선진국 출신, 생산기능직 이주노동자보다 전문기술직 이주노동자의 증가를 선호하는 등 기존 구성원들의 배타적 인식은 새로운 구성원과의 갈등 지점을 만들어낸다.[216] 2009년 11월

216)「다문화사회 다양성 국가에 도움, 단일민족 혈통 유지 자랑스러워」,『동아일보』, 2009.

에는 국내 사법 사상 최초로 인종차별적 발언자에게 형법상 모욕죄와 벌금 100만원의 약식명령이 내려진 일도 있었다.[217]

노동 현장에서는 국내 외국인들이 종교적 이유로 차별과 불평등을 겪고 '불법체류자'가 되기도 한다. 예를 들어, 한국의 중소 사업체의 경우, 종교의 자유는 업무에 방해되지 않는 한도 내에서 인정되는 풍토가 강하다. 따라서 무슬림은 이주근로자든 결혼이민여성이든 종교의 자유가 보장되지 않는 직장에 적응하기 어렵게 된다.[218] 이런 상황들은 이주근로자나 결혼이주여성이 한국인의 편중된 시선뿐만 아니라, 종교로 인해 어려움을 겪는 경우들이 적지 않음을 시사한다.

다른 국가의 이주민들 사이에, 그리고 자국 이주민들 사이에서도 갈등이 보인다. 다른 국가의 이주민 사이에 부각되는 갈등 요소는 종교이다. 일터 내 한국인 동료들과의 모임, 외국인근로자센터의 한국어교실수업 등 다국적 공동체에 참여하는 과정에서 자국에서 형성된 종교 정체성이 서로 충돌하기 때문이다. 인도네시아 등처럼 자국 내에서 지역별로 종교가 다른 경우에는 국가별 이주민 공동체 내부에 종교로 인한 갈등도 나타난다.[219]

이런 다양한 갈등 현상들은 사회적으로 갈등 예방과 공존 담론이 유

01.28. 고려대 사회학과 BK21갈등사회교육연구단(단장 윤인진)과 아시아인권센터(이사장 윤현)가 2008년 12월 전국 성인 1200명에게 일대일 심층면접을 통해 조사한 '외국인 이주노동자와 다문화사회에 관한 한국인 의식조사' 보고서.

217) 「백인 우대, 他인종은 깔보는 한국인」, 『국민일보』, 2009.11.28. 2009년 7월 10일, 피고는 버스 안에서 인도인 보노짓 후세인 성공회대 연구교수에게 "아랍인은 더럽다" "냄새 난다" 등의 모욕적 발언으로 약식 기소된다.

218) 「(5) 종교갈등 해소 어떻게」, 『동아일보』, 2009.10.14. 우즈베키스탄 출신 결혼이민여성(29)이 하루에 두 번씩의 기도를 쉬지 않을 정도로 독실한 무슬림이고, 고향에서 대학을 나오고 한국어도 유창하지만 무슬림이라는 사실이 알려지면서 퇴사했다는 내용, 필리핀 출신으로 경기 시흥시에 거주하는 천주교 신자(38)가 주위의 눈을 의식해 집 근처가 아니라 일요일마다 지하철을 타고 혜화동 성당의 미사에 참석한다는 내용 등이다.

219) 사단법인 국경없는마을 다문화사회교육원, 앞의 책, 2007, 60-63쪽, 66쪽, 126쪽, 285쪽.

통되는 계기가 된다. 정책적으로도 2007년 5월에 〈재한외국인처우기본
법〉,[220] 2008년 3월에 〈다문화가족지원법〉[221]이 제정된다. 2009년 9
월에는 사회통합을 명분으로 국무총리 소속의 다문화가족정책위원회가
설치되고, 〈다문화가족정책위원회 규정〉이 제정된다.[222] 2010년 5월에
는 복수국적의 제한적 허용 등 여러 부작용과 사회적 위화감의 최소화
등을 명분으로 〈국적법〉이 개정된다.[223] 2004년에 정부가 다와툴 이슬
람(안양)을 '테러 조직'으로 지목하여 이들의 공식 활동을 저지한 경우
도, 비록 이주민공동체에 대한 정부의 종교 및 인권 유린의 대표 사례
로 평가되지만, 사회통합 과제와 연관된 것이었다.[224]

사회적 공존이 강조되면서 소수자의 차별 금지 담론도 형성되고, 다
문화가정이나 다문화가족 등의 용례에 대한 문제점도 제시된다. 예를
들어, '외국인근로자(foreign worker)'라는 표현은 국적 없이 근로자
지위를 갖는 자를 총칭하지만, 그 이면에 국적 여부에 의한 차별 개념
이 내포되어 있기 때문에 국제조약이나 국제간 관례에서 지양된다.[225]
이들 용어가 구별짓기 또는 낙인찍기의 효과를 만들어내고, 그로 인해
모종의 차별을 유도한다는 지적이다.

---

220) 〈재한외국인처우기본법〉(법률 제8442호 신규제정 2007.05.17.); 동일 〈시행령〉(대통
    령령 제20170호 신규제정 2007.07.18.)
221) 〈다문화가족지원법〉〈법률 제8937호 신규제정 2008.03.21.); 동일 〈시행령〉(대통령령
    제21022호 신규제정 2008.09.22.); 동일 〈시행규칙〉(보건복지가족부령 제62호 신규제정
    2008.09.22.); 〈다문화가족지원법〉(법률 제9932호(정부조직법) 일부개정 2010.01.18.).
222) 〈다문화가족정책위원회 규정〉(국무총리훈령 제540호 신규제정 2009.09.17.)
223) 〈국적법〉(법률 제10275호 일부개정 2010.05.04.). 개정의 핵심 내용은 우수 외국인재
    의 귀화 요건 완화(제7조 제1항 제3호 신설), 대한민국 국적 취득자의 외국국적 포기
    의무 완화(제10조), 이중국적자의 용어 변경 및 복수국적자의 법적 지위(제11조의2 신
    설) 등이다.
224) 사단법인 국경없는마을 다문화사회교육원, 앞의 책, 2007, 240쪽.
225) 박종희·강선희, 앞의 글, 2008, 403-403쪽.

다문화사회에서 사회통합 방법으로 주목받는 부분은 다문화교육이다. 다문화교육론자들은 타자와의 만남에서 '우리'의 의식이나 행동방식만을 고집하거나, 상대의 방법에 무조건 따라갈 수 없는 상황에서 다문화교육이 필요하고, 다문화교육이 기업가와 근로자, 지역별, 성별, 계층별 차이 등 국내문제의 해결에도 기여할 것이라고 주장한다. 여기서 다문화교육은 문화적 다원주의를 기초로 하여 사람들의 다양한 문화적 배경과 관심, 요구와 필요 등을 존중하고 인정하는 교육이며, 다양한 문화의 학습기회 제공, 상호존중, 폭넓은 상호작용과 의사소통 등이 목표와 지도방법에 포함되는 교육으로 이해된다.[226]

이상의 논의를 정리해보면, 다문화사회의 함의는 중층적이다. 다문화사회는 ①특정 사회에 이질적이고 다양한 구성원과 문화가 동시에 존재하고, ②사회 구성원들이 다양한 문화를 접하면서 중층적인 정체성을 갖게 되고, ③다른 문화에 대한 배타적인 태도로 인해 사회적으로 갈등이 발생할 수 있고, ④사회적으로 문화간 공존이 요청되고, ⑤소수 문화에 대한 차별 금지가 필요하고, ⑥특정 문화에 대한 낙인찍기용 용어와 인식이 재고되고, ⑦이를 위한 학교 내의 다문화교육, 시민교육으로서의 다문화교육[227]이 요청된다는 의미를 지닌다.

다문화사회의 함의는 다종교사회의 경우와 유사하다. 그 이유는 종교가 문화로 이해되는 관점뿐만 아니라 한국 종교가 이주민 유입에 관여하는 정도가 작지 않고, 이주민 가운데 종교인이 적지 않고, 종교를 중심으로 이주민연합체들이 형성되어 본국 종교의 지원을 받고, 한국 종교가 외국인을 대상으로 선교·포교 활동을 전개하고 있는 상황에서 비롯되

---

226) 「'다문화교육'이 필요한 때다/차경수 서울대 교수(시론)」, 『세계일보』, 1998.02.06.
227) James A. Banks, 『다문화 시민교육론』(김용신·김형기 옮김), 교육과학사, 2009 참조.

는 밀접한 연관성 때문이다. 이런 점에서 한국 사회가 다문화사회라는
진단은 한국 사회를 다종교사회로 진단하는 것과 전혀 다른 것이 될 수
없다. 이런 맥락에서 다문화사회는 다종교사회를 포함하는 개념이다.

분명한 점은 한국 사회에 대한 인식이 단일 민족사회에서 다종교·
다문화사회로 변화되고 있다는 사실이다. 이런 상황에서 다른 종교와
문화에 대한 인식 전략은 크게 차별 전략과 차이 전략으로 구분될 수
있다. 이를 도식화하면 다음과 같다.

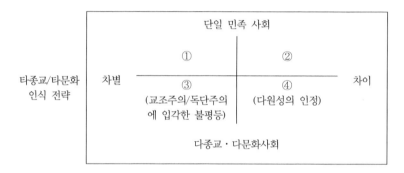

차별 전략은 무비판적인 해석에 근거한 독단주의(discretionary principle)
가 주된 내용인 교조주의(敎條主義, dogmatism)에 입각하여 자기 종
교와 문화를 정점에 두는 수직적 관점을 취하면서 다른 종교와 문화를
배제하는 것이다. 이런 전략은 다종교사회와 다문화사회에서 용인되
는 상대적 평등 원칙을 무시하고, 오히려 절대적 평등 원칙에 입각하
여 제반 차별문제를 생산하는 상황에 직면할 수 있다.

차이 전략은 다른 종교와 문화에 대해 수평적 관점을 취하면서 다원
성의 관점을 적용하는 것이다. 여기서 다원성의 관점은 '진리에 대한

다원주의'가 아니라 여러 현상의 출발점과 지향점의 다양성을 인정하는 것이다. 이러한 다원성의 관점은 관용 담론의 형성으로 이어질 수 있다. 다만 차이 전략에서 강조되는 관용은 차이 지점을 해소하려는 정의 담론과 충돌할 가능성이 있다.

한국 사회를 다종교사회와 다문화사회라고 진단하고, 그 중층적 함의를 감안하면, 교양교육으로서 종교 교과교육에는 차별 전략보다 차이 전략의 채택이 요청된다. 교양교육은 다양한 문화를 지적 대상으로 인식하고 성찰할 수 있는 능력, 문화의 다양성을 차별이 아니라 차이로 인식하면서 문화적 차별과 갈등의 예방을 실천할 수 있는 능력 등의 지점들을 지향하는 교육이기 때문이다.

2) 공공성의 관점

공공성(publicness)은 중세와 근대를 구분 짓는 결정적인 근거 중 하나라고 지적된다. 공공성이 시민과 대중이 중세 귀족과 성직자에 의한 비밀스럽고 의식(儀式)적인 정치질서에 접근하고 국가질서를 정당화하는 근대적 정치기획의 핵심을 표현한 것이며, 근대 초기부터 '다수에게 개방되어 있음, 정의, 진리' 등과 이들을 연결하는 '의사소통적 합리성'을 핵심적 의미로 갖고 있다는 것이다.228)

공공성은 어떤 의미인가? 사전적 의미는 국가나 정부나 공공기관의 행위 일체(agency; 주체), 다수에게 공통적·보편적으로 관련된 것(the public; 公衆), 국가나 정부만이 아니라 사생활과 대립되는 모든 공식적

228) 조한상, 「헌법에 있어서 공공성의 의미」, 『공법학연구』 7-3, 2006, 255-257쪽.

활동(officiality; 공식성), 행위 목적이 공익을 추구하는 것(public interest), 접근가능성(accessibility)과 공유성, 개방성(openness) · 공지성(publicity) · 정보접근 가능성 등 다양하다.[229] 조한상은 공공성의 의미와 비중을 '다수인에 의한 자유롭고 평등한 의사소통과 그를 통한 공공복리의 실현', '사회적 법치국가 헌법질서의 핵심적 요소'라고 지적한다.[230]

임의영은 공공성 이념의 내용을 윤리적 차원에서 사회정의(social justice) 혹은 공익, 정치적 차원에서 참여 민주주의라고 지적한다. 공공성이 개인이나 소수집단의 결정이 아니라 토론과 설득을 통한 합의에 의해 구성되는 '공동체의 조화'를 내용으로 하는 이념이기 때문에 공동체 구성원들의 참여는 공공성 실현의 중요 기반이며, 참여와 동의로서 공공성의 이념은 정치적으로 '실질적 민주주의'(substantive democracy)라는 것이다.[231] 이렇게 보면, 공공성은 목적과 결과의 공익성(public benefits, the general good), 균등한 참여 기회(equal opportunity), 진행과정 · 정보의 개방성(openness), 의사소통적 합리성 등을 핵심으로 하는 개념이다.

사회적으로 보면, 한국에서 공공성은 1997년에 IMF(International Monetary Fund)에 구제금융을 요청한 이후, 신자유주의에 반대하거나 보완 차원에서 부각되고 있다. 시장이 모든 것을 해결하는 장치가 아니라 도덕적 한계(moral limits of markets)를 지닌다는 지적,[232] 신

---

229) 임의영, 「공공성의 개념, 위기, 활성화 조건」, 『정부학연구』 9-1, 2003, 27-29쪽. 공익 문제는 정답이 없기에 토론 대상이고, 토론 내용이 규범적이며 가치 추구적이기 때문에 '윤리적'이라고 한다. 공지성은 단순히 알리는 차원에 아니라 공중(公衆)에게 공공 문제에 대해 토론하고 판단할 수 있는 계기를 제공한다는 점에서 중요하다고 한다.
230) 조한상, 앞의 글, 271쪽.
231) 임의영, 앞의 글, 23쪽, 32쪽.
232) 마이클 샌델, 『공동체주의와 공공성』(김선욱 · 강준호 · 구영모 역), 철학과현실사, 2008.

자유주의적 흐름, 공동체주의, 민족주의적 공공성 담론이 오히려 공공
성을 후퇴시키기 때문에 그에 저항하여 무한경쟁의 장에 몰려 인간의
개별성이 무시되는 상황을 극복해야 한다는 지적[233] 등도 나오고 있다.

1990년대 중후반에 추진된 국가 수준의 교육개혁도 IMF 관리체제
이후, 신자유주의 교육개혁으로 비판되면서 교육의 공공성 문제가 핵
심 쟁점으로 부상하고 있다. 처음에는 교육의 공공성이 반(反)신자유
주의 입장에서 교육에 대한 국가의 책임과 동일시되었지만, 점차 교육
의 공공성은 국가와 시장, 공적 영역과 사적 영역의 이분법을 넘어서
는 것으로 이해되고 있다.[234]

교육학 분야에서도 교육개혁에 대해 개인의 자유로운 선택과 경쟁
을 기초로 한 시장의 통제로 공교육을 이양하는 신자유주의 교육개혁,
국가가 통제·관리해 온 교육의 공공 영역을 기초로 사람들의 연대와
네트워크를 통해 유지하고 발전시키는 사회민주주의 교육개혁이 구분
되고, 후자를 위한 공공성의 재구축이 강조된다.[235] 사회적으로도 2011
년 전후 상황에서 공교육기관의 민영화 문제(국립대 법인화), 유아교
육의 공교육화 문제, 교육비 확대 문제(무상급식, 저소득층 학생의 교
육비 지원), 신자유주의적 교육개혁(경쟁과 효율성)으로 인한 교육 기
회균등의 원칙 무시와 특권교육 정책 문제 등이 공교육과 교육의 공공
성 담론을 확산시키는 요인이 되고 있다.[236]

---

233) 사이토 준이치, 『민주적 공공성-하버마스와 아렌트를 넘어서』(윤대석·류수연·윤미
란 역), 이음, 2009.
234) 이종태, 「'교육의 공공성' 개념의 재검토-공공성 논쟁의 분석과 개념의 명료화를 위한
논의」, 『한국교육』 33-3, 한국교육개발원, 2006, 3쪽.
235) 사토 마나부, 『교육개혁을 디자인한다-교육의 공공성과 민주주의를 위하여』(손우정
역), 학이시습, 2009. 사회민주주의 교육개혁은 아이들, 교사, 학부모, 시민이 함께 서
로 배워가는 지역 문화와, 교육의 중심으로서 학교를 '배움의 공동체'로 재구축하는 개
혁이다(같은 책, 53쪽).

법적으로는 해방 이후부터 현재까지 교육과 국가 차원의 공공성이 연계되고 있다. 이미 1948년 〈헌법〉에는 모든 국민에게 '균등하게 교육을 받을 권리'가 있고, 초등교육은 '무상 의무교육'이고, '모든 교육기관은 국가의 감독'을 받는다는 점이 명시된다(제16조).[237] 1949년 〈교육법〉에는 교육이 '공민으로서의 자질을 구유'하게 한다는 점(제1조), 교육은 정치적, 파당적, 기타 개인적 편견의 선전을 위한 방편이 아니라 '교육본래의 목적에 기하여 운영·실시'되어야 한다는 점(제5조), '모든 학교는 국가의 공기'라는 점(제7조), 모든 국민은 6년의 초등교육을 받을 권리가 있다는 점(제8조) 등이 명시된다.[238]

제2차 교육과정이 시작된 1963년에 제정된 〈사립학교법〉에는 "사립학교의 특수성에 비추어 그 자주성을 확보하고 공공성을 앙양함으로써 사립학교의 건전한 발달을 도모함"이 법의 목적이라고 명시된다(제1조).[239] 여기서 자주성은 1969년 〈헌법〉에 추가된 '교육의 자주성'에 포함되는 것으로 보인다.[240] 1972년에는 〈헌법〉에 '법률이 정하는 교육을 받게 할 의무'가 추가로 명시된다.[241] 제3차 교육과정 후반인 1980

---

236) 「국립대 법인화는 공교육 포기-부산대 총학생회 '법인화 반대 10만 청원운동'」, 『부산일보』, 2011.03.14.; 「유아교육도 공교육화 하라」, 『문화일보』, 2011.03.03.; 「대구교육청만 무상급식 제외, 소수 특권교육에 몰입」, 『오마이뉴스』, 2011.03.07.; 「서울시교육청, 저소득층 교육비 대폭 '확대'」, 『브레이크뉴스』, 2011.01.03.; 「불공정 경쟁으로 줄 세우는 'MB 특권교육'걱정스럽다」, 『신동아』, 2011.01.25. 특권교육의 사례들로 '자율과 경쟁'을 기반으로 하는 현 정부의 '고교 다양화 300' 프로젝트, 그에 따른 특목고 문제와 자율형사립고 확대 정책, 일제식 전수평가 및 평가결과 발표, 특정 학교 집중지원 등이 지적된다.

237) 〈대한민국헌법〉(헌법 제1호, 제정 1948.7.17.).

238) 〈교육법〉(법률 제86호, 제정 1949.12.31.).

239) 〈사립학교법〉(법률 제1362호, 제정 1963.6.26.).

240) 〈대한민국헌법〉(헌법 제7호, 일부개정 1969.10.21.) 제27조 ④교육의 자주성과 정치적 중립성은 보장되어야 한다.

241) 〈대한민국헌법〉(헌법 제8호, 전문개정 1972.12.27.) 제27조 ②모든 국민은 그 보호하는 자녀에게 적어도 초등교육과 "법률이 정하는 교육을 받게 할 의무"를 진다. ①항,

년의 〈헌법〉에는 교육의 자주성과 정치적 중립성 이외에 교육의 전문
성이 명시된다(제29조).[242]

제4차 교육과정 시기인 1984년에는 〈교육법〉에 중학교 의무교육이
명시된다(제8조).[243] 1987년 〈헌법〉에는 교육의 자주성·전문성·정치
적 중립성 외에 '대학의 자율성'이 명시된다(제31조 ④항).[244] 제7차 교
육과정이 시작된 1997년에는 기존의 〈교육법〉 대신에 〈교육기본법〉
이 제정되었는데, 그 안에 학습권(제3조)뿐만 아니라 '학교운영의 자율
성'(제5조 ②항)과 '학교는 공공성을 가지며'(제9조 ②항)라는 표현이
새롭게 명시된다.[245]

〈교육기본법〉(2008년)에는 교육의 기회균등(제4조), 교육의 자주성
과 전문성 보장(제5조), 교육의 중립성(제6조), 교육재정 확보 시책(제
7조), 학교 등의 설립(제11조), 학습자 인권, 개성, 능력발휘(제12조),
국가 및 지방자치단체의 지도·감독(제17조), 사립학교의 육성(제25
조) 등이 명시된다. 이를 보면, '교육의 자주성과 전문성 보장과 학교운
영의 자율성'(제5조), '교육 본래의 목적에 따른 운영과 편견 전파 금지'
(제6조), 학교에 대한 국가와 지자체의 지도·감독(제17조) 등이 지속

---

③항, ④항, ⑤항은 개정 이전의 〈헌법〉 제7호의 제27조와 동일하다.

242) 〈대한민국헌법〉(헌법 제9호, 전문개정 1980.10.27.) 제29조 ④교육의 자주성·전문성
및 정치적 중립성은 법률이 정하는 바에 의하여 보장된다.

243) 〈교육법〉(법률 제3739호, 일부개정 1984.8.2.).

244) 〈대한민국헌법〉(헌법 제10호, 전부개정 1987.10.29.) 제11조에는 법 앞의 평등과 차별
금지(①항), 제20조에는 종교의 자유(①항), 국교 불인정과 종교와 정치의 분리(②항)
가 삽입되어 현재까지 이어진다.

245) 〈교육기본법〉(제정 1997.12.13 법률 제5437호). 당시 〈교육법〉이 〈교육기본법〉,
〈초·중등교육법〉, 〈고등교육법〉 등 3개 법률로 구분하여 제정된다. 그 가운데 〈교육
기본법〉은 자유민주주의 교육체제를 지향하는 헌법정신을 구현하여 학교교육과 사회
교육을 포괄하는 교육에 관한 기본적인 사항을 규정하기 위하여 모든 교육관계법의
기본법으로 제정된 것이다.

되었음을 확인할 수 있다. 또한 사립학교의 지원·육성 차원에서 국가
와 지자체에 '사립학교의 다양하고 특성 있는 설립 목적 존중'도 지속
되고 있다(제25조)[246]

교육 관계법의 흐름을 보면, 교육은 국가 차원의 공공성과 연계된
다. 이는 교육에 법적으로 자주성과 전문성과 중립성이 부여되고, 학
교 운영의 자율성과 함께 사립학교에 특수성과 설립 목적에 대한 존중
이 부여되지만, 기본적으로 '공공성의 앙양'이라는 취지가 지향되고 있
음을 의미한다. 그렇지만 공공성의 주체가 반드시 국가에 한정되는 것
이 아니라는 점도 지적된다. 국가가 시민사회 등의 자유롭고 개방적인
대화와 토론에 의해 정당화되고 주도된다면 국가적 작용 자체를 '공적'
이라고 표현할 수 있지만, 국가의 비밀을 단순히 공적인 것으로 지칭
할 수 없듯이, 공적인 것을 국가적인 것이라고 단순 등치시킬 수 없다
는 것이다.[247]

교육의 공공성은 공공재(public goods),[248] 공공부문(public sector),
공공영역(public sphere) 등의 용어와 구분된다. 초·중등 교육은 학생
증가로 인한 추가비용이 들지 않지만[비경합성] 수업료라는 대가가 없
으면 배제될 수 있어[배제성] 공공재가 아니지만, 공교육 형태로 정부
가 공급하기 때문에 공공 부문, 개인을 공중(public)으로 양성하여 합

---

246) 〈교육기본법〉(일부개정 2008.03.21. 법률 제8915호).

247) 조한상, 앞의 글, 261-262쪽.

248) 공공재(public goods)는 민간부문의 수행이 어려워 정부가 공급하는 재화 또는 서비
스이다. 공공재는 대가 지불 여부와 무관하게 모든 개인이 이용할 수 있고[비배제성,
non-exclusiveness], 누군가의 소비가 타인의 소비에 지장을 주거나 소비의 효용을 감
소시키지 않는다[비경합성=비경쟁성, non-rivalness]. 공공재의 크기는 공공재에 상응
하는 조세가 부담될 때 결정될 수 있다. 그에 비해 사유재(私有財) 또는 민간재는 시
장기구를 통해 공급되고 시장가격과 수익자부담원칙이 적용된다. 그에 따라 누군가의
소비가 타인의 소비에 영향을 미치고[경합성=경쟁성], 대가를 지불하지 않은 특정 개
인을 소비에서 제외시킨다[배제성].

리적 담론에 참여할 수 있게 하기 때문에 공공 영역에 속한다고 지적
된다. 의무교육의 경우에도 공공재가 아닌 민간재로 공급되는 교육을
시장 기능에 맡기면 충분히 공급되지 않거나 구매력이 부족할 수 있어
정부가 개입하여 공급한 경우[공공 부문]에 해당된다고 지적된다.[249]

　교육의 공공성은 논리적 차원에서 세 단계의 논쟁으로 구분된다고
지적된다. 첫째 단계는 국가/시장의 이분법에 기초하여 국가가 시장원
리를 도입하여 교육의 책임을 민간에 떠넘기는 시도를 교육의 공공성
약화라고 비판하는 반(反)신자유주의의 입장이다. 둘째 단계는 공·사
의 이분법을 넘나들면서 교육의 공공성을 국가 통제[독점]나 교육의 시
장화의 어느 하나와 동일시하지 않아야 한다는 입장이다. 셋째 단계는
둘째 단계의 공공성을 적용하여, 교육의 공공성이 국가와 시장의 경계
를 가로질러 새로운 기준에 의해 판단되어야 한다는 입장이다.[250] 이

---

249) 나병현, 「공교육의 의미와 교육의 공공성 문제」, 『한국교육』 29-2, 2002, 553-556쪽.
　　공공 부문을 정부나 지자체가 운영한다면, 민간 부문(private sector)은 개인의 자유로
　　운 사적 경제 활동 영역이다. 공공재는 비경합성과 비배제성으로 인해 시장실패를 유
　　발하는 재화이므로 공공 부문에 속하지만, 공공 부문이 곧 공공재는 아니다. 공공 영
　　역은 물리적 공간을 넘어 공개성, 공공성, 공론 등의 추상적 의미를 지닌다.
250) 이종태, 「'교육의 공공성' 개념의 재검토-공공성 논쟁의 분석과 개념의 명료화를 위한
　　논의」, 『한국교육』 33-3, 한국교육개발원, 2006, 4-11쪽. 이들은 국가/시장, 공/사 영
　　역의 이분법을 전제로 교육을 공공재로 단정하고 교육의 시장 편입을 공공성의 상실
　　로 간주한다. 다만 기존의 교육민주화 담론과 배치되고, 신자유주의에서 국가주의로
　　회귀하는 오류가 지적된다(같은 글, 6-7쪽.). 두 번째 입장에서는 공교육이 '교육 내용
　　과 형식이 동일해야 한다'는 의미가 아니라 차별의 심화를 방지하기 위한 교육시스템
　　일뿐이라고 본다. 그리고 공공영역이 애초부터 사회적 구성에 따르는 투쟁의 장소이
　　자 헤게모니의 장소이기 때문에 반신자유주의자들의 '학교=공공기관=공공성'의 등식
　　이나 '국가적 영역=공적 영역과 비국가적 영역=사적 영역'의 등식을 폐기하고 비국가
　　적 영역의 일부까지도 공적 영역에 포함시킬 수 있는 대안적 공공성 개념을 요청한다.
　　예를 들어, 사설학원이라도 교육의 공공적 기능에 충실하면 얼마든지 공공영역이라고
　　부를 수 있다는 것이다(같은 글, 7-9쪽). 그렇지만 교육의 공공성은 '교육'을 무엇으로
　　보는지, 즉 배분 대상인 하나의 재화, 재화 획득을 위한 능력 배양의 기회(또는 과정),
　　정치나 경제 등의 인간행위와 질적으로 구분되는 인간의 고유한 가치추구 행위 등 가
　　운데 어떤 것으로 보는지에 따라 그 의미가 달라진다. 그와 관련하여 교육을 '재화'(공
　　공재)도 아니고, 공통교육과정을 '서로 다른 내용을 통해 차이를 차별이 아니라 논의

러한 논쟁은 국가와 공공성 이념의 실현 주체를 등치시키는 데에서 그
렇지 않은 방향으로 진행되고 있음을 보여준다.

국가를 공공성 이념의 실현 주체와 등치시킬 수 없다는 관점에서 보
면, 사립교육기관도 교육의 공공성을 실현하는 주체가 된다. 그와 관
련하여 이종태의 경우, 형식적으로 공교육이지만, 내용적으로 공공성
과 거리가 멀 수도 있기 때문에 공교육과 교육의 공공성 사이의 관계
는 없거나 희박하다고 지적한다.[251] 이은미에 따르면, 현대 공교육은
국가가 평등한 교육기회의 제공을 일반 원칙으로 하여 관리·지원하
는 교육체제이다. 그렇지만 국가가 이념적으로 단일 집단이나 계급의
이익을 넘어선 '보편성'을 표방해도 완전히 중립적이 아니라 지배 집단
의 이익을 관철하는 것이 현실이기 때문에 국가의 관리가 반드시 평등
한 교육의 실현으로 이어지는 것은 아니다.[252]

나병현은 교육의 공공성을 국가와 공공단체가 설립·경영하는 학교
교육(public schooling), 사립학교를 포함하여 국가수준에서 제도적으
로 법률 통제를 받는 교육(public education), 그 내용이 사회적인 성
격을 지니고 그 혜택이 사회 전체에 미친다는 규범적 의미의 교육 그
자체(education itself)로 구분한다. 그리고 국·공립학교의 공공성이나
공교육에서 '공'의 의미를 교육 제공자, 비용 부담자, 교육 대상, 교육
내용, 교육 목표 등의 측면에서 접근한다.[253]

대상으로 수용하는 자세와 태도 형성'의 관점에서 보면서, 차이와 자율을 공공성 실현
의 내적 조건으로, 평등을 외적 조건으로 보기도 한다(같은 글, 9-11쪽).

251) 위의 글, 13-14쪽.
252) 이윤미, 「공교육의 역사성과 교육의 공공성 문제」, 『교육비평』 6, 2001, 13-15쪽. 근대
이후 개인은 귀속적 지위나 배경과 무관하게 자기 능력을 발휘할 균등한 사회적·교
육적 기회를 보장받는 존재, 이를 제도적 차원에서 관리하는 것이 국가의 책무로 인식
되면서 현대 공교육의 기본 원리가 '국가 관리'와 '평등성'이 된다(같은 글, 13쪽).
253) 나병현, 앞의 글, 556-563쪽. 첫째와 둘째의 공교육 개념과 대비되는 교육의 사사성(私

위의 논의를 정리하면, 교육의 공공성은 '공공선(the general good) 이라는 윤리와 관련된 목적적·내용적·결과적 판단과 실천'에 해당 된다. 그리고 학교교육에 대해서는 ①사회 전반에 기여할 수 있는 인 간 양성을 목적으로 비용을 충당했는지(교육목적과 비용), ②보편적 내용을 프로그램화하고 효율적 방법을 마련했는지(교육내용과 방법), ③모든 학생에게 차별 없이 적용했는지(교육대상), 그리고 ④그 결과 가 사회 전체의 이익을 증진시키고 있는지(교육결과의 사회적 환원 정 도)에 따라 공공성 증진의 정도가 판단된다.

구체적으로 보면, 첫째, 학교교육의 목적과 비용은 공공선(the general good)의 실현을 위해 각각 설정되고 충당되어야 한다. 둘째, 교육 내 용과 방법은 보편성(universality)을 띠어야 한다. 이를 위해서는 다수 가 납득할 수 있는 교육 내용과 방법, 학업능력별 차이 인식을 고려한 교수학습방법의 다양성과 효율성이 필요하다. 셋째, 교육 대상자에게 는 교육 프로그램에 대한 충분한 정보(openness), 교육 참여의 균등한 기회(equal opportunity in education), 학생의 자발적 선택과 참여 권리 (students' choice in education; voluntary participation)가 제공되어야 한다. 자발적 선택과 참여 권리는 학생들의 행복추구권 보장과 직결되 기 때문이다. 넷째, 교육 결과가 사회 전반의 이익, 즉 공익(public benefits) 증진에 기여해야 한다.

事性)은 교육이 사적인 일로서 그 책임이 부모에게 있고, 학교교육이 부모를 대신한 교육이라는 입장인데, 공교육 출현 후 공교육이 아닌 교육을 표현하기 위해 등장한 것이라고 한다(伊藤和衛 外 編, 『公敎育の理論』, 東京: 敎育開發硏究所, 1988: 4). 그에 따르면, 공교육은 국가나 공공기관이 제공하거나 법적·정책적 통제·관리·지 원하는, 국가가 국민의 교육권을 보장하기 위해 세금으로 조성한 공비(公費)로 제공 하는, 특정인이나 특정 집단을 선별하는 것이 아닌 일반 대중(公衆, public) 누구에게 나 개방된, 국가·국민의 통합을 위해 공통교육과정으로 보편적인 지식이 전달되는, 그리고 공동체의 공익 혹은 공동선을 목적으로 삼는 교육이다(같은 글, 558-563쪽).

사립학교의 경우에는 국·공립학교와 동일한 기준으로 교육의 공공성을 요청하는 것이 사실상 어렵다. 허종렬은 사립학교의 공공성 확보를 위해 공립학교와 동일한, 즉 국가 사무의 특성인 공공성 개념에 입각한 기준을 적용하려는 경향을 지적한다.[254] 그리고 국·공립학교 공공성의 다섯 가지 측면과 달리, 설립과 운영, 비용, 대상이라는 사실적·기술적 측면에서 사립학교 교육의 공공성은 성립되지 않지만,[255] 때론 사립학교가 공립학교보다 공적 가치의 함양에 더 나은 성과를 올린다고 지적한다. 사립학교의 공공성은 공립학교와 같은 기준의 엄격한 적용이 아니라, 공공성의 규범적 측면, 즉 지식교육을 중심으로 한 보편적 교육과정을 통해 '공중'으로 길러내는 공공선이라는 점에서 찾아야 한다는 주장이다. 나아가 공립학교든 사립학교든 학교교육의 공공성은 교육내용의 측면에서 '지식을 그 공적인 성격에 합당하게 가르치고 있는지'를 통해 찾을 수 있고, 사교육도 교육으로서의 역할을 다하는 한 공공성을 가진다고 지적한다.[256]

종교 교과가 국가 교육과정에 포함된 이상, 종교 교과교육도 교육의 공공성이라는 관점에서 조명될 수 있다. 종교 교과교육에 대해서도 '공공선 실현(교육목적과 비용), 보편성(교육내용과 방법), 기회균등과 자

---

254) 허종렬, 「사립학교 교육의 공공성 보장과 그 비판」, 『교육비평』 6, 2001, 49-52쪽. 첫째, 국·공·사립학교에 공통된 설립기준을 적용하고, 또 졸업자에 대해서도 동등한 자격을 부여한다. 둘째, 교원의 자격과 종별을 국·공·사립학교에 동등하게 규정한다. 셋째, 교육의 내적 조건인 교육목적, 교육과정, 교과서 등에서 차이를 두지 않고, 교육의 외적 조건인 인적, 물적 조건에서도 차별을 두지 않고 있다. 넷째, 학생선발제도에서 국·공·사립학교를 동일하게 취급한다. 다섯째, 공납금 및 물적, 인적 시설의 균등한 유지와 향상을 도모한다. 여섯째, 국가는 사립학교의 운영에 대해 국·공립학교와 동일한 감독 및 통제의 권한을 가진다.
255) 나병현, 앞의 글, 564-565쪽.
256) 위의 글, 564-565쪽. 그에 따르면, 사립학교에도, 사적 특성에 맡게 자율성을 부여하되 책임을 지도록 하는 것[책무성], '제대로 된 교육을 하고 있는가의 관점'에서 자유로운 학사운영을 보장하되 부정과 비리에 철저히 대응하는 것이 바람직한 방향이 된다.

발적 참여(교육대상), 공익(교육결과)' 등이 요청되는 것이다. 한국 사
회에서 종교 교과교육은 정교분리에 입각한 교육과 종교의 절대적 단
절이 아니라, 학교 교육이라는 공적 영역에 사적 영역인 종교가 편입
된 결과이다. 이는 종립학교에서 특정 신앙을 위한 교육이 법적으로
인정되고 있지만, 특정 신앙 교육도 교육의 공공성을 지향하는 일과
무관하지 않다는 것을 의미한다.

종교 교과교육이 교육의 공공성 증진에 기여하는 정도는 네 가지 지
점을 통해 판단할 수 있다. 첫 번째는 교육 목적이 다종교·다문화사
회 전반에 기여할 수 있는 인간 양성을 위해 설정되었는지의 정도이
다. 다종교·다문화사회가 학생에게 종교 일반과 문화 일반에 대한 폭
넓은 교양을 요청한다면, 종교 교과교육의 목적도 특정 종교적 세계관
이나 문화에 입각한 편협성(provincialism)이 아니라 그 사회를 살아갈
학생에게 필요한 교양을 주는 교육이어야 한다. 특정 종교적 세계관이
나 문화에 입각하여 교육 목적을 설정하는 것은 특정 종교나 문화가
전체 사회를 구성하는 일부가 아니라 전체 사회 자체가 되어야 한다는
태도를 유발하는 문제를 생산하게 된다.

두 번째는 종교 교과교육의 내용과 방법이 보편성(universality)에 입
각해 있는지의 정도이다. 종교 교과가 국가 교육과정이 적용되는 모든
대상에게 진행될 가능성이 있다는 점을 감안한다면, 그 교육 내용은 특
정 종교만을 위한 것이 아니라 보편적으로 납득될 수 있어야 한다.

물론 개별 종교에서 특정 신학이나 교학의 공공성도 주장할 수 있다.
예를 들어, 개신교의 경우, 공공성 개념의 역사적 고찰을 통해 공공성
과 기독교 공동체의 요소들을 검토하고, 공공성이 결핍된 기독교인의
삶에 대해 훈련과 교육이 필요하다는 점이 지적된다.[257]

공공성의 일반적 개념 규정을 참조하여 공공성을 성서적 개념으로 규정할 수도 있다. 그와 관련하여 '하나님 나라'와 공공성을 연계시켜, 세계화 시대의 신학으로 '공공성 신학'이 제시되기도 한다.[258] 공공성의 일반적 개념 규정을 참조하여, 신학이 교회나 신학적 전통 자체에 포로가 되지 않고 자신을 개방할 때 가능하며, 열린 대화와 현실과의 대결을 통해 비로소 공공성을 획득하게 된다는 의미에서 '신학의 공공성'이라는 표현도 사용된다.[259] 그렇지만 이런 공공성이 다른 종교인이나 비종교인에게 납득되지 않는다면 보편성을 담보했다고 보기 어렵다.

세 번째는 종교 교과교육의 대상, 즉 학생에게 참여 선택권을 인정하는지의 정도이다. 종교 교과교육은 그 대상인 학생의 행복추구권, 그리고 이를 위한 자유권과 평등권을 훼손하지 않는 범위 내에서 이루어져야 한다. 학교 측은 종교 교과교육에 대한 참여의 강제 정도를 판단할 수 있어야 한다. 강제적 참여에는 신앙과 양심의 자유 침해 소지, 강제적 참여 거부에 대해 불이익을 주는 행위에는 평등권의 침해 소지가 있기 때문이다. 종교 교과와 관련된 교육과정이 객관성을 지향했다고 해도, 교사의 편협한 태도(blinkered attitude)나 시각(bigoted views)의 가능성을 감안하면 학생의 참여 선택권에 대한 관심은 지속될 필요가 있다.

네 번째는 종교 교과교육의 결과가 공익(public benefits), 즉 사회 전반의 이익 증진에 기여하는지의 정도이다. 이는 종교 교과교육의 결과가 다종교·다문화사회 전체의 이익보다 특정 종교 또는 학교재단

---

257) 임창호, 『공공성을 회복하라』, 쿰란출판사, 2000 참조.
258) 손규태, 『하나님 나라와 공공성-그리스도교 사회윤리 개론』, 대한기독교서회, 2010. 제9장·제10장 참조.
259) 채수일, 『신학의 공공성』, 한신대학교출판부, 2010 참조.

만의 사익(private benefits)에 기여하는 정도가 크지 않은지에 대한 관심이다. 이상의 내용을 도표화하면 다음과 같다.

〈표 27〉 종교 교과교육의 공공성

항목	개념	배제	지향
교육목적 교육비용	사회 전반에 기여할 인간 양성을 위해	provincialism (특정 종교적 사회)	the general good (다종교/다문화사회에 기여할 인간 양성)
교육내용 교육방법	보편적 내용의 프로그램과 효율적 방법을 마련하여	provincialism (특정 종교인 양성)	universality (보편적 납득될 수 있는 내용) difference in academic abilities (학업능력별 차이 인식) efficiency in teaching-learning method (교수학습방법의 효율성)
교육대상	모든 학생에게 적용하여	forcibleness (compulsory participation)	openness (정보·운영의 개방성) equal opportunity in education (교육 기회 균등) students' choice & voluntary participation in education (종교교육에 대한 선택과 자발적 참여)
교육결과	그 결과가 사회 전반의 이익을 증진시킨 정도	private benefits	public benefits (종교교육의 결과의 사회적 공익 증진)
* 전체의 관통 가치:		inalienable rights to the pursuit of happiness: freedom, equality. * blinkered attitude or bigoted views	

이상의 논의를 정리하면, 종립학교를 포함한 중등학교에서 이루어지는 공교육(public education in secondary school)은 ①설립·운영 주체와 무관하게 교육관계법과 정책적 지원(특히 公費)·지도·감독을 받으면서, ②선별 또는 배정 여부에 무관하게 중등학생 일반을 대상으로, ③국가의 공통교육과정(common curriculum)을 통해 공통된

내용의 지식교육을 제공하여, ④공익 또는 공동선을 추구하는 학교교
육이라고 할 수 있다. 여기에서 공동선은 지식교육 중심의 국가 교육
과정을 통해 학생 개개인을 '공중'으로 길러내는 것을 의미한다. 물론
교육의 공공성은 타인에게 양도할 수 없는 행복추구권(inalienable rights
to the pursuit of happiness), 특히 학생의 자유권과 평등권을 최소한
훼손하지 않는 범위에서[260) 공공선을 실현하는 것이어야 한다.

---

260) 행복추구권의 핵심 개념은 자유(freedom)와 평등(equality)이다. 인간은 자유로울 수
있고, 기회나 분배 등이 평등할 때 행복을 추구할 수 있기 때문이다. 평등은 절대적
평등이 아니라, 능력에 따른 상대적 평등이다.

나오면서

V 나오면서

한국의 역사나 문화는 종교와 뗄 수 없는 관계에 있다. 한국사를 보면, 삼국시대부터 현재까지 종교가 제외된 적이 없다. 한국사에서 종교에 대한 서술이 제외되면 당대 삶의 형태나 교육이나 정치나 문화 등에 대한 서술이 어렵다. 최근까지도 한국인 전체(내국인) 가운데 절반 이상은 종교인으로 살아가고 있다. 종교단체의 종류도 다양하고 그 수도 500여 개 이상이다. 종교계의 힘은 사회복지, 교정, 군부대(군종), 교육 등의 영역에 미친다. 그 힘은 이들 영역에서 종교계가 제외되면 각 시스템이 제대로 작동하지 못할 정도로 크다. 이는 종교에 대한 교육이 국·공립학교를 포함한 학교교육에서 교과교육으로 다루어질 가치가 있음을 시사한다.

한국의 학교교육은 종교와 밀접한 연관성을 보인다. 조선시대의 교육기관인 성균관, 향교, 서당 등은 유교의 세계관에 토대를 두고 있다. 근대 학교교육의 경우는 종교계의 학교교육과 함께 출발했다고 해도 과언이 아니다. 현재도 종립 중등학교에서 종교 교과교육이 진행되고 있다. 이들 종립 중등학교가 사립 중등학교에서 차지하는 비율은 약

25%이다. 이런 상황에서 종교 교과교육이 어떤 형태의 학교교육이어야 하는지에 대한 문제의식이 요청된다. 물론 종교 교과가 국가 교육과정에 포함되어 있는 이상, 국·공립학교를 포함한 제반 학교교육에서도 정착될 수 있는 형태의 교육이어야 할 것이다.

현재 종교 교과는 국가 교육과정의 교양선택교과 가운데 하나이다. 종교 교과서는 종단별로 발행되고 있으며, 인정도서의 위상을 가지고 있다. 종교교사는 종교2급 또는 종교1급 정교사 자격증을 가진 정식 교사이며, 대체로 성직자 또는 교직자이다. 특이한 부분은 다른 교양선택교과와 다르게 종교 교과를 개설한 학교가 거의 모두 종립학교라는 점이다. 게다가 학교가 종교 교과를 채택하여 개설할 때 다른 과목을 복수로 개설하여 학생이 선택하도록 해야 한다는 교육부의 지침도 다른 교과 개설에 비해 특이한 부분이다.

종교 교과가 국가 교육과정의 교양선택교과 가운데 하나라는 점을 감안하면, 논리적으로 종교 교과교육은 국가 교육과정에서 규정된 교양교육의 형태를 띠어야 한다. 그렇지만 현실적으로 종교 교과교육은 교양교육으로 인식되지 않고, 국·공립학교나 비(非)종립학교에서 개설되지 못하고 있다. 정부조차도 종교 교과교육을 교양교육보다 특정 종교를 위한 신앙교육으로 인식하는 것처럼 보인다. 학교가 종교 교과를 채택할 때 복수 과목을 개설하도록 한 조치, 국가 교육과정에 신앙인과 교양인 양성이라는 목표를 동시에 병존시킨 조치 등은 정부가 종교 교과교육을 교양교육이 아니라 신앙교육으로 인식하고 있음을 반증하는 것이다.

교양교육의 개념과 역사를 보면, 교양교육으로서 종교 교과교육은 특정 종교의 진리 주장을 옹호하거나 선전하려는 신앙교육과 차이가 있다. 그렇지만 한국에서 종립학교나 종교교육의 역사를 보면, 종교교과교육은 초기부터 교양교육이 아닌 신앙교육의 형태로 시작되었다. 종교계나 유관 연구자들의 노력으로 종교 교과가 국가 교육과정에 편입된 제4차 교육과정 당시에도 정부는 신앙교육 형태의 종교 교과교육에 동의하였는데, 이런 태도가 현재까지 지속되고 있다.

신앙교육으로서 종교 교과교육은 종교 교과가 국가 교육과정에 포함된 이후, 학생의 종교 자유를 침해하는 문제나 종교 차별 문제에 지속적으로 봉착해왔다. 이 문제는 평준화정책 등의 제도적 차원과 관련되어 쉽게 해소될 수 없는 문제로 남았고, 종교학 연구자들도 종교 교과교육의 문제점에 관심을 갖기 시작하였다. 이들의 주장은 대체로 종교학교육론으로 요약할 수 있다.

최근까지 국가 교육과정에서 신앙교육론의 입지는 점차 축소되는 경향이다. 제6차 교육과정까지 종교 교과교육의 목표에는 신앙교육과 종교학교육이 함께 포함되었다. 그렇지만 제7차 교육과정의 등장과 몇 차례의 개정을 거치면서 신앙교육보다 종교학교육에 대한 비중이 강화되었다.

국가 교육과정에서 신앙교육론의 입지가 축소되는 경향은 2011년도의 개정에서 명확해지고 있다. 종교 교과교육의 목표 설정에 대한 관심은 더 증대될 것으로 보인다. 종교 교과서 집필 항목 가운데 특정 신앙에 대한 서술 항목이 종교 일반에 대한 사례 연구 수준의 항목으로 변화되었기 때문이다.

필자는 제4차 교육과정 이후 현재까지 종교 교과교육에 대한 입장을 신앙교육론, 영성교육론, 종교학교육론, 인성교육론 등 크게 네 가지로 정리하였다. 그리고 학문적 접근 방식을 세로축 기준, 종교와 관

련된 강조점을 가로축 기준으로 설정하고 이를 교차시켜 기존의 논의
들을 다음과 같이 정리하였다.

종교 교과교육이 신앙교육이어야 한다는 입장은 신학·교학적 접
근, 특정한 지식(교리) 중심의 접근을 강조한 것이다. 이는 특정 종교
의 형이상학적 전제와 고백주의적 입장에서 그에 관한 특정한 지식(교
리)을 수용하는 신앙인을 양성하는 교육이다.

신앙교육론자들은 학교라는 장과 종교 공간(교회·사찰 등)의 구분
문제, 교양교과교육 취지와의 배치 문제, 종교의 자유 침해 문제, 종교
차별 문제, 준공립화 상황에서 정교분리 원칙의 위배 가능성 문제, 다
종교사회와 다문화사회에 대한 적합성 문제, 교육의 공공성 문제 등에
직면하고 있다. 이런 문제들이 해소되지 않는다면, 종교 교과가 국가
의 교육과정에 교양선택교과로 존재해야 한다는 논리가 약화될 것이
다. 앞으로도 중등학교의 종교 교과교육이 신앙교육이어야 하고, 신앙
교육으로서 종교 교과교육을 포기할 수 없다면 직면한 문제제기에 대
한 적합한 대응 논리나 개선책이 필요할 것으로 보인다.

종교 교과교육이 영성교육이어야 한다는 입장은 신학·교학적 접근,

특정한 가치(도덕·윤리) 중심의 접근이 강조된 것이다. 이는 특정 종교의 형이상학적 전제와 고백주의적 입장에서 특정한 가치(도덕·윤리)를 체험하고 그 결과를 수용하는 신앙인을 양성하는 교육이다.

영성교육론자들은 잠재된 형이상학적 전제를 가진다는 점에서, 그리고 대체로 특정 종교와 관련된 종립학교에서 영성이 특정한 종교적 색체를 띠게 된다는 점에서 신앙교육론자들과 유사한 문제에 직면할 수 있다. 영성이 보편성을 띤다면 신앙교육론자들에게도 비판 대상이 될 수 있을 것이다. 앞으로도 중등학교의 종교 교과교육이 영성교육이어야 하고, 영성교육으로서 종교 교과교육을 포기할 수 없다면 적합한 대응 논리나 개선책이 필요할 것으로 보인다.

종교 교과교육이 인성교육이어야 한다는 입장은 인문학·사회학적 접근, 비고백적인 입장에서 보편적 가치(윤리·도덕) 중심의 접근을 강조한 것이다. 이는 특정 종교의 형이상학적 전제와 고백주의적 입장, 특정 지식(교리)이나 가치(윤리·도덕)를 수용하는 신앙인의 양성을 지향하지 않는다는 점에서 신앙교육론·영성교육론과 차이를 보인다.

인성교육론자들은 보편적 가치(윤리·도덕) 중심의 접근을 시도한다는 점에서 종교 교과교육과 도덕·윤리교육의 구별 문제에 직면할 수 있다. 또한 가치(윤리·도덕)의 보편성을 확보하는 문제, 종립학교의 수용 가능성 문제, 교과교육에서 지식 관련 교육 프로그램과 가치 관련 교육 프로그램을 동시에 마련하는 문제 등에 직면할 수 있다.

종교 교과교육이 종교학교육이어야 한다는 입장은 인문학·사회학적 접근, 비고백적인 입장에서 지식 중심의 접근을 강조한 것이다. 종교학교육론은 특정 종교의 형이상학적 전제와 고백주의적 입장과 그에 근거한 특정 지식(교리)이나 가치(윤리·도덕)를 지향하는 신앙교육론·영성교육론과 다르다. 체험보다 지적 안목을 강조한다는 면에서 인성교육론과도 차이를 보인다. 종교학교육론에서 강조하는 지식교육은 다양한 종교 관련 지식뿐만 아니라 종교현상에 대한 지적 안목을 높이기 위한 지식들을 의미한다.

종교학교육론자들은 가치(윤리·도덕)의 함양을 도외시한다는 문제와 종립학교의 수용 가능성 문제에 직면할 수 있다. 또한 종립학교의 종교교육의 자유 침해 문제, 종립학교의 특수성을 배제하는 문제 등에 직면할 수 있다.

현재도 종교 교과교육에 대한 논의는 위에서 제시한 구도로 전개되고 있다. 앞으로 종교 교과교육이 나아가야 할 방향은 학교가 놓인 사회적 상황과 공동체의 상황을 감안하여 설정되어야 할 것이다. 이를 위해서는 소속 사회에 대한 분석이 필요하고, 공동체의 전체 이익이 고려되어야 한다. 이 점을 감안하여, 필자는 한국 사회를 다종교사회(multi-religious societies)와 다문화사회(multi-cultural societies)로 간주하여 의미 분석을 시도하였고, 종교 교과교육에 대해 공공성(publicness)의 관점이 도입될 필요가 있음을 지적하였다.

필자는 다종교사회의 함의를 일곱 가지로 정리하였다. 첫째, 특정 사회에 이질적이고 다양한 종교[종교인과 종교단체]가 동시에 존재한다. 둘째, 여러 종교의 가치관이 동시에 수용된다. 셋째, 특정 신념을 기초로 배타적 태도가 형성되고, 그로 인해 종교 갈등이 발생할 수 있다. 넷째, 사회적으로 종교간 갈등과 충돌 가능성의 해소, 종교간 공존이 요청된다. 다섯째, 사회적으로 소수 종교단체와 종교인에 대한 차별 해소가 요청된다. 여섯째, 사회통합과 종교차별 금지를 위해 '사이비', '이단', '유사' 등 종교에 대한 낙인찍기와 종교가 비합리적·비과학적·

비이성적 현상이라는 단순한 인식이 재고되어야 한다. 일곱째, 종교 관련 편견과 갈등의 해소, 그리고 상호 공존을 위한 방법으로서 종교 교육의 중요성이 대두된다.

다문화사회의 함의도 다종교사회의 함의를 적용하여 일곱 가지로 정리하였다. 첫째, 특정 사회에 이질적이고 다양한 구성원과 문화가 동시에 존재한다. 둘째, 사회 구성원이 다양한 문화를 접하면서 중층적인 정체성을 갖게 된다. 셋째, 다른 문화에 대한 배타적 태도로 인해 사회 갈등이 발생할 수 있다. 넷째, 사회적으로 문화간 공존이 요청된다. 다섯째, 소수 문화에 대한 차별 금지가 요청된다. 여섯째, 특정 문화에 대한 낙인찍기용 용어와 인식의 재고가 요청된다. 일곱째, 학교 내의 다문화교육, 시민교육으로서의 다문화교육이 요청된다.

다종교·다문화사회에서 다른 종교와 문화에 대한 인식 전략은 크게 차별 전략과 차이 전략으로 구분될 수 있다. 이를 도식화하면 다음과 같다.

사회 인식

```
                          단일 민족 사회
                   ┌──────────────────────────────┐
                   │        ①          │      ②       │
타종교/타문화  차별  │────────────────────┼──────────────│  차이
인식 전략           │        ③          │      ④       │
                   │   (교조주의/독단주의  │  (다원성의 인정) │
                   │    에 입각한 불평등)  │              │
                   └──────────────────────────────┘
                        다종교사회/다문화사회
```

차별 전략에서는 자기 종교와 문화를 정점에 두는 수직적 관점을 취하면서 다른 종교와 문화를 배제한다. 그 이면에는 무비판적 해석에

근거한 독단주의를 핵심 내용으로 하는 교조주의(dogmatism)가 존재한다. 이는 상대적 평등이 아닌 절대적 평등에 입각한 차별 문제를 생산하게 된다.

차이 전략에서는 다른 종교와 문화에 대해 수평적 관점을 취하면서 여러 현상의 출발점과 지향점의 다양성이 인정된다. 이러한 인정은 관용 담론으로 이어질 수 있지만, 차이 전략에서 강조되는 관용은 차이 지점을 해소하려는 정의 담론과 충돌 가능성이 있다

다종교·다문화사회의 중층적 함의를 감안하면, 교양교육으로서 종교 교과교육에는 차별 전략보다 차이 전략이 요청된다. 교양교육은 다양한 문화를 지적 대상으로 인식하고 성찰할 수 있는 능력, 문화의 다양성을 차별이 아니라 차이로 인식하면서 문화적 차별과 갈등의 예방을 실천할 수 있는 능력 등 다양한 지점들을 지향하는 교육이기 때문이다.

다종교·다문화사회의 종교 교과교육에서 요청되는 공공성(publicness) 개념은 목적과 결과의 공익성(public benefits, the general good), 균등한 참여 기회(equal opportunity), 진행과정·정보의 개방성(openness), 의사소통적 합리성 등을 핵심 요소로 삼는다. 법적으로 학교교육에 자주성과 전문성과 중립성이 부여되고, 사립학교에 학교 운영의 자율성과 특수성이 존중된다. 그렇지만 이런 요소들이 모두 '공공성의 앙양'이라는 취지를 지향한다는 점에서 학교교육은 공공성과 연결되고, 교육의 공공성 개념이 가능해진다.

교육의 공공성은 공공선(the general good)이라는 윤리와 관련된 목적적·내용적·결과적 판단과 실천으로 이해된다. 그리고 학교교육의 공공성은 ①사회 전반에 기여할 수 있는 인간 양성을 목적으로 비용을 충당했는지(교육목적과 비용), ②보편적 내용을 프로그램화하고 효율적

방법을 마련했는지(교육내용과 방법), ③모든 학생에게 차별 없이 적용
했는지(교육대상), 그리고 ④그 결과가 사회 전체의 이익을 증진시키고
있는지(교육결과의 사회적 환원 정도)에 따라 증진 정도가 판단된다.

종교 교과교육도 교육의 공공성과 밀접한 연관성을 갖는다. 종교 교
과가 국가 교육과정에 포함된 이상, 종교 교과교육도 기본적으로 교육
의 공공성에서 제외될 수 없기 때문이다. 종교 교과교육에서도 '공공선
실현(교육목적과 비용), 보편성(교육내용과 방법), 기회균등과 자발적
참여(교육대상), 공익(교육결과)' 등이 요청되는 것이다.

신앙교육론, 영성교육론, 인성교육론, 종교학교육론 등이 학교교육
으로 진행될 때에도 교육의 공공성을 지향해야 한다는 논리가 성립된
다. 물론 교육의 공공성은 타인에게 양도할 수 없는 행복추구권, 특히
학생의 자유권과 평등권을 최소한 훼손하지 않는 범위에서 공공선을
실현하는 것이어야 한다.

필자는 다종교·다문화사회의 현실적 요청과 공공성의 관점을 감안
하여, 종교 교과교육이 성찰적 종교교육의 형태를 취할 필요가 있음을
주장하였다. 이런 관점은 형이상학적 전제를 배제하고 비고백주의적
입장에서 인문학·사회과학적 접근을 시도하면서 지적 안목의 증진을
추구하는 종교학교육론의 접근 방식과 유사하며, 신앙교육론·영성교
육론과 차이를 보인다. 그렇지만 학생 중심의 구성주의적 관점을 수용
하고, 지적 안목에 필요한 다양한 지식뿐만 아니라 지식의 가치에 대
해서도 지속적으로 메타적 성찰을 요청한다는 점, 신앙교육론·영성
교육론을 배제하지 않고 메타적 성찰을 시도한다는 점 등에서 종교학
교육론과 차이를 보인다. 종교학교육론의 목표가 지적 안목을 지닌 교
양인의 양성이라면, 성찰적 종교교육의 목표는 성찰적·메타적 안목

을 지닌 교양인의 양성이다.

　종립학교가 성찰적 종교교육을 표면적 교육과정에 두고, 신앙교육론·인성교육론·영성교육론을 잠재적 교육과정에서 모색하는 통합모형도 가능하다.[1] 물론 이를 위해서는 표면적 교육과정과 잠재적 교육과정에 대한 재개념화가 필요하다.[2] 표면적 교육과정이 계획되거나 의도된 교육내용, 잠재적 교육과정이 '의도되지 않은 결과나 산출'이라는 이분법적 도식으로는 잠재적 교육과정과 표면적 교육과정이 혼재된 상황을 이해하기 어렵기 때문이다. 이런 맥락에서 표면적 교육과정과 잠재적 교육과정의 재개념화를 통해 종교교육의 통합모형을 모색하는 노력도 필요할 것이다.

　앞으로 학교교육이 중시되고, 종교의 자유 보장에 대한 사회적 요청이 존재하는 한, 종립학교의 종교 교과교육에 대한 관심은 지속될 것이다. 사회적 변화에 따라 종교 교과교육의 형태도 점차 다양해질 것이다. 그와 관련하여 필자는 몇 가지 논의 지점들을 제시하고자 한다.

　첫째, 현재 정책적 상황에 적용 가능한 종교 교과교육 형태에 대해 고민할 필요가 있다. 평준화정책이 지속되고, 학교선택권·학생선발권이 보장되지 않는다면, 학교의 종교교육에서 학생의 종교 자유, 특히 소극적 종교의 자유가 침해될 가능성은 종교학교육 형태보다 신앙교육 형태와 영성교육 형태에서 높게 나타날 것이다. 신앙교육과 영성교육이 특정한 종교적 색채를 강조할수록 소극적 종교의 자유가 침해될 가능성은 높아질 것이다.

---

1) 김귀성, 「종교교육학 어떻게 할 것인가-공교육에서 종교교육의 개념모형 탐색」, 『종교교육학연구』 21, 한국종교교육학회, 2005 참조.
2) 김재춘, 「잠재적 교육과정의 재개념화 필요성 탐색」, 『교육과정연구』 20-4, 한국교육과정학회, 2002 참조.

2010년 4월 '대광고 사건'에 대한 최종 판결에서 대법원이 지적한 주요 내용은 학생에게 종교적 자유를 보장해야 한다는 것이었다. 학교 측에서는 유사한 상황 재발을 방지하기 위해 학생선발권이 가능한 자율형 사립고로 전환할 방침을 취하기도 했다.[3] 그렇지만 자율형 사립학교로 전환하여 학생선발권을 보장받는다고 해도 신앙의 유동성, 입학 전후에 감지되는 종교교육의 강도 등의 변수가 있기 때문에 학생의 종교 자유를 침해할 소지가 근본적으로 해소되는 것은 아니다.

둘째, 종교교육의 자유와 신앙의 자유라는 기본권의 충돌 상황을 해소하기 위한 대안이 요청된다. 기본권의 충돌 상황에 대해서는 법적으로 이익형량의 원칙보다 실제적 조화의 원칙으로 접근되는 경우가 많다. 그렇지만 종교교육의 자유를 보장하면서 학생의 종교 자유가 실현될 수 있는 방안을 모색하는 것과 학생의 종교 자유를 보장하면서 종교교육의 자유를 실현할 수 있는 방안을 모색하는 것 사이에는 우선순위라는 차이가 있다.

셋째, 종교 자유의 침해 문제가 해소된다고 해도, 종립학교가 교육과정이나 재정 등에서 국가의 관리·통제를 받는 공교육체계에 포함되는 한, 교육-종교분리 원칙으로부터 자유롭지 못하다는 점을 인식해야 한다. 법적으로 교육-종교분리 원칙이 사립학교에 적용되지 않는다는 점을 근거로 종립학교는 신앙교육론의 형태를 고수하는 경향을 보인다. 그렇지만 교육-종교분리 원칙이 단순히 특정 종교를 위한 학교교육을 허용하기 위한 것이 아니라 교육 영역에서 '국교 불인정'의 원

---

3) 「미션스쿨 문 닫으라는 말인가」, 『국민일보』, 2010.04.23. 이 보도에서는 교육부가 종교교육을 거부하는 학생이 미션스쿨에 배정되지 않도록 하는 제도적 대안을 검토해야 하고, 궁극적으로 미션스쿨이 설립 이념에 따라 인재를 육성할 수 있도록 보장하는 〈사학진흥법〉이 제정돼야 한다는 점이 지적된다.

칙을 실현하기 위해 설정된 것이라는 점을 감안해야 한다.

교육-종교의 분리 원칙의 근간이 되는 정교분리 원칙의 내용에도 종교적 목적의 공비 사용 금지(종교 무지원주의)가 포함된다. 특정종교의 선교를 목적으로 설립된 사립학교에 교육-종교의 분리 원칙이 그대로 적용될 수 없지만, 사립학교에 공비가 투여된다면 특정 신앙을 위한 교육이 금지되어야 한다는 내용이다.[4] 이런 맥락에서 양심의 자유와 종교의 자유를 보장하려면 교육영역에서 정교분리 원칙을 재확인하고 현실적으로 위반 사항을 지속적으로 자문해야 할 것이다.

넷째, '학교교육의 본래 목적'과 학교교육에서 특정한 편견의 선전이 배제된다는 원칙이 동시에 감안될 필요가 있다. 이는 학교교육이 특정 종교의 선전을 위한 수단으로 이용될 수 있는지, 종교 교과교육이 학교교육의 본래 목적을 위한 수단으로 적절한지에 대한 문제이다. 그와 관련하여 대체로 특정 종교적 색채를 보이는 종교교육일수록 학교교육의 본래 목적에 충실하지 않다는 비판에 직면하게 된다. 이런 맥락에서 종교 교과교육에 대한 교육부의 일관된 원칙이 필요할 것이다.

다섯째, 사립학교의 특수성이 '공공성의 앙양'이라는 범위에서 인정될 수 있다는 점을 인식해야 한다. 종립학교에서는 종교교육의 자유

---

4) 안기성, 「교육법제상의 정교분리 원리」, 『학문과 논총』 5, 1997, 16쪽, 23쪽. 안기성에 따르면, 정교분리는 국가가 종교적 중립을 지켜 어떤 종교에 대해서도 간섭하지 않는 국가의 비종교성, 국가의 종교활동 금지(=복수주의), 종교적 목적의 공공재산 또는 공비 지출 또는 이용의 제한 등을 골자로 한다(같은 글, 8-9쪽). 또한 개인의 인권인 양심과 종교의 자유의 보장을 위해 교육은 철저하게 세속주의적·복수주의적 원리에 충실해야 하고(종교 일반에 대한 관용), 특정 종교가 갖는 종파적 가치기준이 대다수 국민의 가치기준이 되어야 한다는 생각이 '착각 또한 위험한 생각'이라고 지적된다(같은 글, 24쪽). 여기서 세속주의는 정치를 특정 종교의 가치나 기준이 아니라 '오직 세속적 가치기준에 따라' 경영하는 것을 의미한다. 세속주의는 종교의 자유로운 행사를 위해 다양한 다수의 종교를 승인하지 않으면 안 되기 때문에 '복수주의'를 전제로 한다(같은 글, 11쪽).

이외에 건학이념의 실현과 특수성을 근거로 특정 종교를 위한 교육을 진행한다. 그렇지만 평준화정책과 함께 사립학교가 재정 지원과 국가 교육과정 등을 통해 국가의 관리·통제를 받고 준공립학교로 간주되는 상황은 공공성과 특수성(자주성)의 관계 설정을 복잡하게 만든다. 다만 학교교육 자체의 본래 목적을 감안하면 사립학교의 특수성(자주성)은 일방적으로 보장되는 것이 아니라 공공성의 앙양에 기여하는 방향에서 보장될 것이다.

여섯째, 평준화정책의 폐지가 종교의 자유 침해 상황을 근본적으로 해소하는 방안이 될 수 없다는 것이다. 물론 평준화정책이 폐지되고 학생선발권과 학교선택권이 주어진다면, 그 만큼 학생들이 사립학교에 대한 정보를 사전에 숙지할 수 있게 된다. 그리고 종립학교가 건학이념과 특수성(자주성)에 근거하여 특정 종교를 위한 교육을 진행한다 하더라도 그 이전에 비해 종교의 자유가 침해되는 빈도수는 적어질 것이다. 그렇지만 평준화정책이 폐지되어도 학생이 입학 이후에 '신앙'에 변화가 오거나, 상상했던 것보다 지나치게 특정 종교를 위한 교육의 강도가 높거나 교수·학습 방식이 다르다고 판단할 수 있기 때문에 종교의 자유 침해 상황이 근본적으로 해소되는 것은 아니다. 이런 점들을 감안하면, 평준화 정책 폐지 이전에 학교의 종교교육을 공공성의 관점에서 조명하려는 노력이 요청된다.

일곱째, 국가 교육과정의 종교 교과에 신앙인의 양성과 종교인의 양성이라는 목표가 병존하고, 학교의 종교교육이 특정 종교를 위한 교육으로 인식되는 현실은 일반 사립학교나 국·공립학교가 종교 교과를 선택할 수 있는 기회를 박탈하는 것이 될 수 있다는 것이다. 정교분리 원칙, 교육-종교의 분리 원칙이 존재하고, 학교교육에서 입시가 중시

되고, 복수과목 개설 조치로 인해 재정과 교사와 교육 공간 문제 등이
발생하는 상황에서 국·공립학교나 일반 사립학교가 채택할 종교 교
과교육이 특정 종교를 위한 교육이어야 한다면 이것은 국·공립학교
나 일반 사립학교에게 종교 교과를 선택할 수 있는 실질적인 기회를
제공하지 않는 것과 마찬가지이다.

여덟째, 종교교사의 진로에 대한 정책적 노력이 필요하다는 것이다.
현재 대학에서 종교 교과와 관련된 교직과정을 이수하면 정교사 2급
자격증이 수여된다. 그렇지만 특정 종교와 무관한 학과에서 수여된 종
교교사 자격증은 현실적으로 활용될 기회가 거의 없어 무용지물의 상
태가 된다. 이들에게는 종교 교과를 가르칠 기회가 주어지지 않는 것
이다. 게다가 종립학교에서도 특정 종교의 '성직자'나 유관한 학과 출
신을 종교교사로 채용하고 있는 것이 현실이다. 종교교사 채용과 관련
하여 인맥과 학맥뿐만 아니라 '종교맥'이 작동하는 것이다.

그 동안 정부가 이런 상황을 조장한 측면도 없지 않다. 국가 교육과
정에 속한 종교 교과교육에 특정 종교를 위한 교육을 용인하여, 제도
적으로 국·공립학교나 일반 사립학교가 종교 교과를 채택할 수 있는
환경을 제공하지 않았기 때문이다. 이런 문제를 해소하기 위해서는 국
가 교육과정의 종교 교과에 대한 서술의 정비, 종교교사 양성 프로그
램의 정비, 사립학교의 교사 채용에 대한 평등한 기회의 제공 등 다양
한 정책적 노력이 필요할 것으로 보인다.

이 책이 향후에 교직과정이나 연수과정 등 종교교사 양성 프로그램,
종교 교과서 구성과 집필에 대한 원칙·방식·내용·특징, 세계 각국
의 종교교과론에 대한 비교, 종교 교과에 대한 교수·학습 방식과 교육
공학, 국가·지자체·학교의 교육과정 등 다양한 연구와 논의로 이어

지기를 기대한다. 또한 국가 교육과정에서 종교 교과에 대한 서술과 학교 현장에 새로운 안목을 제공하는 데에 기여하기를 바란다.

끝으로, 중등학교의 종교 교과교육은 지속적인 사회적 이슈이면서 동시에 학문적 차원에서 교육학과 종교학이 소통하는 지점이다. 학교의 종교교육에 대한 연구는 최소한 두 학문 분야에 관심을 갖고 상호 소통되는 지점들에 학문적 관심을 투영할 때 심화될 가능성이 높아질 수 있다. 앞으로 교육학 연구자들과 종교학 연구자들이 공동으로 학교의 종교교육 문제에 접근할 수 있기를 기대한다.

한국 중등학교의 종교교과교육론

참고문헌

〈신문·잡지류〉

『가톨릭청년』, 『경향신문』, 『경향잡지』, 『국민일보』, 『대한매일신보』, 『동아일보』, 『만세보』, 『每日 申報』, 『문화일보』, 『부산일보』, 『불교신문』, 『브레이크뉴스』, 『批判』, 『서울신문』, 『성서 조선』, 『세계일보』, 『시대일보』, 『신동아』, 『신학지남』, 『신한민보』, 『오마이뉴스』, 『儒道』, 『在滿朝鮮人通信』, 『朝光』, 『朝鮮佛敎月報』, 『朝鮮中央日報』, 『朝鮮總督府官報』, 『중앙일보』, 『海洋 硏究所報』, 『현대불교신문』, 『皇城新聞』, 『朝鮮總督府官報』.

〈Ⅰ장〉

〈대안학교의 설립·운영에 관한 규정〉, 대통령령 제20116호(2007.6.28.).

강돈구·윤용복·조현범·고병철, 《종교교육의 현황과 개선방안》, 문화관광부·한국학중앙연구원, 2005.

교육과학기술부, 『고등학교 교육과정』(교육과학기술부 고시 제 2011-361호), 2011.8.9.

문화체육관광부, 『한국의 종교현황』, 2008.

_____, 『한국의 종교현황』, 2012.

박상진, 「기독교학교의 나아가야 할 방향-기독교학교교육헌장에 근거하여」, 『교육교회』 380, 2009.

안상원, 「우리나라 근대학교의 태동에 관한 일고」, 『교육논총』 3, 건국대학교 교육대학원, 1983.

유방란, 「육영공원 소고」, 『교육사학 연구』 4, 서울대학교 교육사학회, 1992.

〈Ⅱ장〉

軍國機務處 編, 『議案』, 刊寫者未詳, 1894.

大韓帝國學部, 『敎育法規抄』, 大韓帝國學部, 1909.

私立寶城學校 編, 『私立寶城學校經費定款』, 1910.

姉崎正治, 『宗敎と敎育』, 東京: 博文館, 1912.

朝鮮總督府內務部學務局, 『朝鮮敎育要覽』, 朝鮮總督府內務部學務局, 1915.

朝鮮總督府學務局 編, 『朝鮮敎育法規』, 朝鮮總督府學務局, 1937.

朝鮮總督府學務國局, 『朝鮮諸學校一覽』, 1931.

朝鮮總督府學務國局, 『朝鮮諸學校一覽』, 1940.

統監府 編, 『韓國二關スル條約及法令』, 統監府, 1906.

統監府, 『韓國最近事情一覽』, 總督府, 1908.1.

學部 編, 『(普通學校學徒用) 修身書』(卷三), 學部, 1909.

學部 編, 『私立學校令』, 學部, 1908.

學部 編, 『小學校令 附 校則』, 1897(5月).

學部 編, 『學校令』, 1908.

學部 編, 『韓國敎育』, 學部, 1909.

韓國內部地方局 編, 『法令類纂』, 韓國內部地方局, 1910.

韓國統監府 編, 『韓國敎育』, 韓國統監府, 1906.

朝鮮總督府內務部學務局, 『私立學校關係法規』, 1915.

學務局 編, 『朝鮮敎育令及 學校規定綴』 券一, 刊寫者未詳, 1939.

學務局 編, 『朝鮮敎育令及 學校規定綴』 券二, 刊寫者未詳, 1939.

京城日報社, 『朝鮮年鑑』, 京城日報社, 1943.

朝鮮總督府, 『朝鮮總督府月報』, 朝鮮總督府, 1913.

文部省宗敎局, 『宗敎關係法規集』, 內閣印刷局, 1942.

『한말근대법령자료집 Ⅰ』, 대한민국국회도서관.

『한말근대법령자료집 Ⅳ』, 대한민국국회도서관.

『한말근대법령자료집 Ⅴ』, 대한민국국회도서관.

『한말근대법령자료집 Ⅵ』, 대한민국국회도서관.

『한말근대법령자료집 Ⅶ』, 대한민국국회도서관.

『한말근대법령자료집 Ⅷ』, 대한민국국회도서관.

『한말근대법령자료집 Ⅸ』, 대한민국국회도서관.

姜萬吉, 『高宗皇帝 洪範十四條(宗誓廟告文)敎育立國詔書』, 高麗大學校, 1974.
강명숙, 「일제시대 제1차 조선교육령 제정 과정 연구」, 『한국교육사학』 29-1, 2007.
강창석, 「통감부 연구-이사청의 조직과 성격을 중심으로」, 『釜山史學』 13-1, 1987.
金大羽, 「宗敎團體の社會事業」, 『朝鮮の宗敎及信仰』, 朝鮮總督府, 1935.
김권정, 「초기 한국기독교의 '정교분리' 문제와 사회참여」, 『한국기독교역사연구소
    소식』 79, 2007.
김무조, 「校正廳攷-王朝 實錄을 중심으로-」, 『민속문화』 2-1, 1980.
김용욱, 「1894년 갑오농민혁명과 갑오경장-구체제의 위기와 혁명, 경장의 다중적 비교」,
    『한국동북아논총』 34, 2005.
渡部學·阿部洋 編, 『日本植民地敎育政策史料集成(朝鮮編)』 第69卷, 淸溪書舍, 1991.
문철수, 「'교육칙어'와 수신교육」, 『일본학보』 74, 2008.
민경식, 「洪範十四條」, 『中央法學』 9-2, 2007.
배성준, 『조선총독부 조직구조와 분류체계 연구』, 한국국가기록연구원, 2004.
손인수, 『한국근대교육사 1885-1945』, 연세대학교출판부, 1992.
윤정란, 「초기 한국기독교의 '정교분리' 문제와 사회참여에 대한 논찬」, 『한국기독교
    역사연구소소식』 79, 2007.
李萬珪, 『朝鮮敎育史(下)』, 乙酉文化社, 1947.
李萬珪, 『朝鮮敎育史』, 乙酉文化社, 1947.
이명화, 「조선총독부 학무국의 기구 변천과 기능」, 『한국독립운동사연구』 6, 1992.
이진구, 「일제의 종교/교육 정책과 종교자유의 문제-기독교학교를 중심으로」, 『종교
    연구』 38, 2005.
이진구, 「조불조약이 초기 개신교의 선교활동에 미친 영향」, 『교회사연구』 27, 2006.
장석만, 「19세기말-20세기초 한·중·일 삼국의 정교분리담론」, 『역사와 현실』 4, 1990.
정교, 『대한계년사2』(조광 편), 소명출판, 2004.
정시채, 『한국행정제도사』, 법문사, 1986.
조정규, 「갑오개혁의 개혁내용과 주체세력의 분석」, 『한국동북아논총』, 한국동북아
    학회, 1999.
한국기독교역사연구소, 『한국기독교의 역사 Ⅰ』, 기독교문사, 1997.
후루카와 아키라(古川 昭), 『구한말 근대학교의 형성』(이성옥 옮김), 경인문화사, 2006.

Hulbert, Homer B., *The Passing of Korea*(1906);『大韓帝國滅亡史』(신복룡 옮김), 평민사, 1985.

〈Ⅲ장〉

『2007년 개정 교육과정 개요』, 교육인적자원부(교육과정정책과), 2007.

『2010 연합회 요람』, 한국기독교학교연합회, 2010.

『啓星三十年史』, 啓星女子中高等學校, 1975.

『계명 50년사』, 계성여자고등학교, 1994.

『고등학교교육과정해설-교양』, 교육부, 2001.

『고등학교교육과정해설-교양』, 교육과학기술부, 2008.

『논산 대건 50년사(1946-1996)』, 논산대건중·고등학교, 1996.

『동성 90년사』, 동성중·고등학교, 1997.

『미군정법령집』(내무부 치안국), 1956.

『박문 50년사(1940-1990)』, 인천 박문여자중고등학교, 1991.

『불교교본(고Ⅰ 진리의 생활, 고Ⅱ 대승의 길, 고Ⅲ 불교와 인생)』, 불교종립학원연합회, 1967.

『불교교본(중Ⅰ 부처님의 생애, 중Ⅱ 밝은 생활, 중Ⅲ 바른 길)』, 불교종립학원연합회, 1967.

『불교교본(중Ⅰ, 중Ⅱ, 중Ⅲ)』, 불교종립학원연합회, 1977.

『불교교본 중Ⅲ』, 불교종립학원연합회, 1977.

『초·중·고등학교 국가 수준의 교육과정 기준·총론』, 교육부, 1999.

『한국의 가톨릭 학교교육』, 가톨릭교육재단협의회, 1999.

가톨릭문화원 편, 『한국의 가톨릭 학교 교육』, 가톨릭교육재단협의회, 1999.

강영희, 「종교계 고등학교에서의 종교교육 실태조사」, 『군자교육』, 8, 세종대학교, 1977.

강우일 외, 『종교(천주교)』(가톨릭교육재단협의회 편), 분도출판사, 1993.

강태중, 「교육개혁과 가톨릭 학교교육」, 『한국의 가톨릭 학교 교육』(가톨릭문화원 편), 가톨릭교육재단협의회, 1999.

강혜원, 「佛陀人格에서의 宗敎敎育」, 『釋林』 9, 東國大學校 釋林會, 1975.

강희천, 「청년기와 종교 교육: "해석학적 종교 교육"을 지향하며」, 『현상과 인식』 10-2, 1986.

경 철, 「불교종립학교와 교법사의 역할」, 『善知識』, 대한불교조계종 전국교법사단, 2005.

고병철, 「종립사학과 종교 교과교육의 공공성과 자율성」, 『정신문화연구』 32-4, 2009.

_____, 「중등학교 종교 교과의 교수·학습 방식」, 『교육연구』 43, 성신여자대학교 교육문제연구소, 2008.

_____, 「한국의 종교교육-중등 종립학교를 중심으로」, 『종교연구』 46, 2007.

고시용, 「원불교의 수행방법과 영성계발-삼학 수행을 중심으로-」, 『종교교육학연구』 28, 2008.

고시용·박희종, 『종교(원불교)』(원불교교정원교육부 편), 원불교출판사, 2002.

고영춘·김철손, 『基督敎敎本: 예수의 교훈』, 대한기독교교육협회, 1955.

고진호, 「제7차 교육과정과 중등 불교교육의 방향」, 『종교교육학연구』 13, 2001.

곽삼근·서성필·이금옥·조경원·홍미애·유순화·김수미·김화경, 「학교에서의 종교 교육」, 『교육연구』 42, 이화여자대학교 사범대학 교육학과, 1973.

권상로·김동화·조명기·박춘해 공저, 『불교 독본』, 정토문화사, 1958.

김경식, 「현대 한국 군정교육의 역사적 평가-법규·법철학 분야를 중심으로」, 『한국교육사학』 13, 1991.

김귀성, 「교화(Indoctrination)의 견지에서 본 종교교육의 문제점 고(考)」, 『원광교육』 1, 1983.

_____, 「종교교육과 인간성 회복」, 『정신개벽』 14, 1995.

김남일, 「대한불교 조계종 전국교법사단의 역사와 발자취」, 『善知識』, 대한불교조계종 전국교법사단, 2005.

김도일, 「인간성 회복을 추구하는 기독교 영성교육」, 『종교교육학연구』 32, 2010.

김병옥, 「한국에서의 종교와 교육」, 『한국교육문제연구』 2, 동국대학교 교육연구원, 1983.

김병일, 「종교교육의 새 방향-종교교육의 필요성과 기대」, 『경향잡지』 66-6, 1974.

_____, 「종교교육의 필요성과 기대-일선 교직자의 체험을 통해서」, 『경향잡지』 1275, 1974.

김병주·김은아·안장자, 「사립학교법에 나타난 사학의 자주성과 공공성에 대한 교육 관련 집단의 인식」, 『동아인문학』 13, 2008.

김봉식, 「개척 법사의 애로와 기쁨」, 『善知識』, 대한불교조계종 전국교법사단, 2005.

김상래, 『종교』(상·중·하), 시조사, 1997.

김상현, 「김법린과 한국 근대불교」, 『한국불교학』 53, 2009.

김수근, "광주경신여자중·고등학교에서의 신앙 교육 강화를 통한 牧師의 효과적인 목회사역", 아세아연합신학대학원 박사논문, 1994.

김연복·박인순·박정희, 「시내 중학교에 무시험 진학한 비기독교 학생들의 종교 반응 분석」, 『교육연구』 37, 이화여자대학교 사범대학 교육학과, 1971.

김영교, 「대신학교에서의 영성교육」, 『복음과 문화』 9, 대전가톨릭대학교, 1998.

김영래, 「영성교육의 관점에서 본 홀리스틱 교육운동의 의미: 발도르프 교육의 지식 이해를 중심으로」, 『홀리스틱교육연구』 7-1, 2003.

김윤태 외, 『고등학교 평준화 정책의 연구평가: 고등학교 선발과 추첨 배정제도에 관한 연구』, 한국교육개발원, 1978.

김은산, 「중고등학교 종교교육의 실태조사」, 『교육연구』 13, 이화여자대학교 사범대학 교육학과, 1959.

김정신, 「영성교육을 위한 탐색적 연구」, 『교육인류학연구』 5-1, 2002.

김정준, 「존 웨슬리의 영성수련과 현대 영성교육적 의미-제정된 은총 수단(Means Ordained of Grace)을 중심으로-」, 『종교교육학연구』 28, 2008.

_____, 「한국인의 무교문화적 성격과 영성교육: C. G. Jung의 성격유형 이론을 중심으로」, 『한국문화신학회 논문집』 11, 2008.

김종서, 「종교교육 실태분석-종교교육의 이론적 체계화-」, 『철학 종교사상의 제문제』 (한국정신문화연구원 편) 6, 한국정신문화연구원, 1990.

_____, 「학교 도덕교육에 영향을 주는 종교적 변수」, 『교육개발』 14-6, 1992.

김종철, 「사립학교에 있어서의 종교교육」, 『원불교신문』, 1971.7.1.

김종환, 「나의 교법사 시절」, 『善知識』, 대한불교조계종 전국교법사단, 2005.

김철수, 「종교의 자유」, 『考試界』 25-7, 1980.

김정봉, 「종교교육학의 정체성 수립을 위한 시도」, 『한국기독교신학논총』 34, 2004.

김태진, 「종교의 자유와 그 제한에 관한 연구」, 『교육논총』 1, 단국대학교 교육대학원, 1985.

김형중, 「불교종립 중・고등학교의 건학이념 구현과 종교교육 발전 방안」, 『善知識』, 대한불교조계종 전국교법사단, 2005.

김형중・김문수, 『불교, 교과서 밖으로 나오다』, 운주사, 2008.

남궁 달화, 「기본적 도덕과 교육과정의 개발-윌슨의 도덕성 요소를 중심으로-」, 『도덕교육학연구』 4, 2003.

노병건, 「종교교육의 새 방향-프로테스탄트系 학교와의 비교」, 『경향잡지』 66-6, 1974.

류성민, 『중고등학교 종교교육의 현실과 개선방향-도덕교육에의 기여를 중심으로』, 현대사회연구소, 1994.

박명순, 「1968년 그 해부터」, 『善知識』, 대한불교조계종 전국교법사단, 2005.

박범석, 「교육과정의 관점에서 본 종교적 경험의 통합적 성격」, 『종교연구』 37, 2004.

박부권, 「사립학교의 자주성과 공공성에 대한 소고」, 『교육사회학연구』 18-1, 2008.

박일경, 「미국에서의 종교의 자유」, 『考試界』 26-5, 1981.

백인영·박인준, 『종교(천도교)』(고등학교), 천도교교육자회, 1997(초판).

백준흠, 「원불교 종교교육에서의 영성교육」, 『종교교육학연구』 30, 2009.

서경전, 「종교와 원불교 강의를 통한 도덕성 회복」, 『원불교사상』 25, 2001.

서중석, 「이승만정권 초기의 일민주의와 파시즘」, 『1950년대 남북한의 선택과 굴절』, 역사비평사, 1998.

손승희, 「기독교학교가 왜 있는가?」, 『기독교사상』 23-4, 1979.

_____, 「한국에서의 종교교육의 문제점」, 『이대신보』 422, 1971.3.29.

손원영, 「기독교계 사립학교에서의 종교교육〈초·중등교육법 일부 개정법률안〉과 관련하여」, 『종교교육학연구』 32, 2010.

_____, 「제7차 교육과정과 기독교학교의 종교교육」, 『종교교육학연구』 13, 2001.

_____, 『영성과 교육』, 한들출판사, 2004.

손인수, 『미군정과 교육정책』, 민영사, 1992.

손제석 외, 『종교(불교)』, 대한불교진각종 교재편찬위원회, 1996.

손희권, 「사립학교에서의 의무적 종교교육의 헌법 위반 여부 검토」, 『교육행정학연구』 22-4, 2004.

송기춘, 「종교학교에서의 종교교육과 학생의 종교의 자유 −평준화지역의 중등학교를 중심으로− 」, 『공법연구』 33-1, 2004.

_____, 「종립 대학교에서의 종교의 자유」, 2006년 11월 한신대 인문학연구소 발표문.

송　우 편저, 『한국헌법개정사』, 집문당, 1980.

송정율, 『기독교교본: 교회역사상의 인물』, 대한기독교서회, 1956.

송흥국, 『기독교교본: 기독교 입문 2』(대한기독교교육협회), 대한기독교서회, 1955.

신현석, 「한국사학정책의 쟁점과 대안, 그리고 선택(I)」, 『교육행정학연구』 15-3, 1997.

신현직, 「사립학교의 법적지위」, 『사회과학논총』 8, 계명대학교 사회과학연구소, 1989.

신후식, 『基督敎敎本: 성경의 인물』, 대한기독교교육협회, 1954.

안병초, 「가톨릭 학교운영의 현황과 문제 및 미래 전망」, 『사목』 223, 1997.

안정수, 「해동고 초대 김윤주 법사님」, 『善知識』, 대한불교조계종 전국교법사단, 2005.

안호상, 『일민주의의 본바탕·일민주의의 본질』, 일민주의연구원, 1950.

양은용, 「제7차 교육과정과 원불교의 종교교육」, 『종교교육학연구』 13, 2001.

양철문, 『한국 근·현대 중등교육 100년사』, 교학연구사, 1998.

엄요섭, 『基督敎敎本: 기독교와 사회문제』, 대한기독교교육협회, 1953.

여진천, 「제1공화국 초기 교육 활동과 문교 정책에 대한 비판-메리놀회 문서를 통하여」, 『교회사연구』 23, 2004.

오기형, 「기독교학교의 존재의의와 사명」, 『기독교사상』 13-2, 1969.

오인탁, 「공교육에서의 종교교육」, 『교육교회』 122, 장로회신학대학교 기독교교육연구원, 1986.

_____, 「종교교육과 국가」, 『기독교사상』 26-3, 1982.

_____, 「학교와 종교교육」, 『기독교사상』 23-11, 1979.

오천석, 『民主主義 敎育의 建設』, 국제문화공회, 1947.

유문상, 「동양의 유가와 서양 교육학자들의 정서의 범주와 정서교육방법의 고찰」, 『도덕교육학연구』 4, 2003.

유봉호·김융자, 『한국 근/현대 중등교육 100년사』, 한국교육학회 교육사연구회, 1998.

윤광제, 「교회산하 학교의 현황과 대책-학구제로 인한 문제점을 중심으로」, 『경향잡지』 1275, 1974.

_____, 「종교교육의 새 방향-교회산하 학교의 현황과 대책」, 『경향잡지』 66-6, 1974.

윤신영, 「진보적 종교교육 이론연구」, 『논문집』 4, 목원대학교, 1981.

윤이흠, 「종교」, 『교육진흥』 2-4, 1990.

_____, 「다종교문화 속에서의 종교 교육」, 『종교연구』 2, 1986.

은준관, 「한국에서의 학교종교교육」, 『신학논단』 15, 연세대학교 신과대학, 1982.

이금만, 「디아코니아 영성교육 방법 연구」, 『기독교교육논총』 8, 2002.

_____, 「영성교육의 성서적 토대에 관한 연구」, 『기독교교육정보』 13, 2006.

_____, 「영성심리와 영성교육」, 『신학연구』 47, 2005.

_____, 「영성학의 흐름과 교수법에 관한 연구: 기독교교육 관점에서」, 『신학사상』 126, 2004.

이나미, 「미군정기의 민주주의 교육: 일제시기와의 연속성을 중심으로」, 『동양정치사상사』 3-1, 2004.

이동완, 「가톨릭 중학교 교육의 특성과 전망」, 『한국의 가톨릭 학교 교육』(가톨릭문화원 편), 가톨릭교육재단협의회, 1999.

이득열, 「사학과 종교교육」, 『새교육』 187, 1970.

이상돈, 「미국에 있어서 국가와 종교」, 『법정논총』 24, 중앙대학교 법학대학, 1984.

이상록, 「미군정기 새교육운동과 국민학교 규율 연구-일제말기 국민학교 규율과의 비교를 중심으로-」, 『역사와현실』 35, 2000.

이성훈, "기독교 사립학교의 정체성 확립을 위한 새로운 기독교교육 방안 연구", 총신대학교 교육대학원 석사논문, 2006.

이세현, 「한국인의 정체성과 유교의 종교교육」, 『종교교육학연구』 16, 2003.

이숙종, 「인간교육에서 영성교육의 중요성」, 『한국기독교신학논총』 21, 2001.

이시우, 「사립학교운영과 사립학교법」, 『교육법학연구』 13, 대한교육법학회, 2001.

이원주, 「초대 교법사의 회상」, 『善知識』, 대한불교조계종 전국교법사단, 2005.

이은봉, 「학교에서의 종교교육의 필요성」, 『학문과 종교』(국제크리스찬교수협의회 편), 도서출판 주류, 1987.

이인복, 「종교의 자유와 정교분리의 원칙」, 『고시계』 25-7, 1980.

이재복, 「이재복 교장선생의 교법사적 활동」, 『善知識』, 대한불교조계종 전국교법사단, 2005.

이재영, 「통일교 수행방법과 영성계발」, 『종교교육학연구』 28, 2008.

이진석, 「한국과 일본의 미군정 초기 교육정책과 사회과 도입에 관한 연구」, 『시민교육연구』 35-2, 2003.

이학송, 「불교학교 확보 전략」, 『善知識』, 대한불교조계종 전국교법사단, 2005.

임선하, 「5.31 교육개혁안과 창의성 교육 전망」, 『열린교육연구』 3-2, 1995.

임영택, 「영성교육의 모형과 지도력」, 『기독교교육정보』 13, 2006.

장하열, 「유교의 도덕교육 연구」, 『원불교학』 4-1, 1999.

장화선, 「영성교육의 내용과 실제에 관한 연구」, 『복음과 교육』 2, 2005.

전성표, 「개신교인과 무종교인 사이의 도덕성 차이와, 개신교인의 도덕성에 미치는 종교적 영향」, 『한국사회학』 34, 2000.

정진홍, 「공교육과 종교교육: 초,중,고교 도덕교육과정 개발과의 관련에서」, 『종교연구』 2, 1986.

_____, 「종교교육의 실태-각급학교 종교교육 실태분석-」, 『철학 종교사상의 제문제』(한국정신문화연구원 편) 6, 한국정신문화연구원, 1990.

_____, 「한국의 종교생활과 교육」, 『교육월보』, 교육부, 1993.

정하권, 「종교자유와 공권력」, 『사목』, 1980.

정희숙, 「ST. Augustinus의 영성교육론」, 『종교교육학연구』 13, 2001.

조석연, 「宗敎의 自由」, 『論文集』 14-1, 건국대학교, 1982.

조석훈, 「사립학교의 책무성: 자주성과 공공성의 조화」, 『교육법학연구』 16-2, 2004.

조순애, 「현행 학교교육의 실태와 문제점」, 『사목』 112, 1987.

조영관, 「한국 가톨릭 학교교육의 역사」, 『한국의 가톨릭 학교 교육』(가톨릭문화원 편), 가톨릭교육재단협의회, 1999.

_____, 「한국 가톨릭 학교교육의 역사」, 『한국의 가톨릭 학교 교육』(가톨릭문화원 편), 가톨릭교육재단협의회, 1999.

조영태·황규호·안미숙, 《제6차 교육과정에 따른 시도교육청 및 학교에서의 교육과정편성에 관한 연구》(보고서번호: RR93-24), 한국교육개발원, 1993.

조옥희, 「Montessori 유아교육에서 영성교육과 그 현대적 의의」, 『Montessori 교육연구』 7, 2002.

조은하, 「기독교 영성교육과정에 관한 탐색적 연구」, 『기독교교육정보』 12, 2005.

_____, 「통전적 영성교육의 신학적 근거」, 『기독교교육정보』 4, 2002.

_____, 「현대적 의미의 기독교 영성교육」, 『기독교교육정보』 7, 2003.

조은하·박종석, 「현대적 의미의 기독교 영성교육」, 『기독교와 교육』 12, 서울신학대학교 기독교교육연구소, 2004.

존 실리, 『종교교육이론』(강돈구 외 역), 서광사, 1992.

중앙대학교 부설 한국교육문제연구소, 『文敎史(1945-1973)』, 중앙대학교출판국, 1974.

지교헌, 「美國에 있어서의 宗敎의 自由」, 『論文集』 5-1, 청주대학교, 1966.

진성배 외, 『종교』(고등학교 1·2학년), 세계기독교통일신령협회, 1996.

최광진, "제7차 교육과정에서의 종교(기독교)교육에 대한 연구", 고신대학교 대학원 석사학위논문, 2003.

최복태, 「다원주의 시대의 복음주의와 영성교육에 관한 연구」, 『기독교교육정보』 23, 2009.

최상천, 「사립학교의 전환: 사유재산에서 공교육기관으로-사립학교법 개정의 의미」, 『인물과 사상』 95, 2006.

최연순, 「종립학교에서의 종교교육에 관한 연구」, 『원불교학연구』 11, 1980.

최종고, 「韓國에 있어서 宗敎自由의 法的 保障過程」, 『교회사 연구』 3, 1981.

한국교육삼십년편찬위원회, 『韓國敎育三十年史』, 문교부, 1980.

한국기독교학교연맹, 『한국기독교학교연맹 45년사』, 2009.

한국기독교학교연합회 편, 『한국기독교학교연합회 50년사』, 한국장로교출판사, 2004.

한국천주교주교회의, 『2008-2009 한국 천주교 주소록』, 한국천주교중앙협의회, 2008.

한상범, 「사상·양심과 종교의 자유」, 『考試界』 26-4, 1981.

한승헌, 「외국의 종교교육과 국가」, 『기독교사상』 26-3, 1982.

함종규, 『한국교육과정변천사연구-조선주 말부터 제7차 교육과정기까지』, 교육과학사, 2004.

황수경, 「불교의 수행과 영성개발-간화선을 중심으로-」, 『종교교육학연구』 28, 2008.

황영희, 「미군정기의 사학 연구」, 『교육연구』 8, 원광대학교 교육문제연구소, 1989.

황준성·박재윤·정일환·문성모·신지수, 「종교교육의 자유의 법리 및 관련 법령 판례 분석」, 『교육법학연구』 19-2, 2007.

Durkheim, E., *The Elementary Forms of Religious Life*, Glencoe, Ill: Free Press, 1954.

Greeley, A., "A note on the origin of religious differences", *JSSR* 3, 1963.

Harris, Alan, *Teaching Morality and Religion*, 『도덕교육과 종교교육』(정현숙 역), 집문당, 1993.

Moran, A., *Religious Education Development: Images for the Future*, Minneapolis: Winston Press. 1983; 『종교교육 발달』(사미자 역), 대한예수교장로회 총회출판국, 1988.

Stark, R., "Religion as context: hellfire and delinquency one more time", *Sociology of Religion* 57, 1996.

Wilson, John, *Education in Religion and the Emotions*, London: Heinemann, 1971.

〈Ⅳ장〉

강돈구, 「세계평화통일가정연합의 현재와 미래-천주청평수련원을 중심으로」, 『한국 종교교단 연구 Ⅱ』, 한국학중앙연구원, 2007.

_____, 「한국의 종교정책과 종교교육」, 『종교연구』 48, 2007.

강선보·박의수·김귀성·송순재·정윤경·김영래·고미숙, 「21세기 인성교육의 방향설정을 위한 이론적 기초 연구」, 『교육문제연구』 30, 2008.

강영택, 「기독교대안학교의 교육성과에 대한 질적 사례연구」, 『신앙과 학문』 15-1, 2010.

강희천, 「영성교육의 과제와 전망」, 『한국교회사논총』(민경배교수 회갑기념논문간 행위원회 편), 민경배교수회갑기념논문간행위원회, 1994.

고병철, 「국가 교육과정 내의 다문화교육과 '종교'교과교육」, 『종교연구』 61, 2010.

_____, 「종립사학과 종교 교과교육의 공공성과 자율성」, 『정신문화연구』 32-4, 2009.

_____, 「한국의 종교교육-중등 종립학교를 중심으로」, 『종교연구』 46, 2007.

고병철·정상우, ≪학교 내 종교차별 기준 설정 연구≫, 한국학중앙연구원 문화와
　　종교연구소, 2010.
고병헌·김찬호·송순재·임정아·정승관·하태욱·한재훈, 『교사, 대안의 길을
　　묻다-대안교육을 위한 아홉 가지 성찰』, 이매진, 2009.
고시용, 「원불교의 수행방법과 영성계발」, 『종교교육학연구』 28, 2008.
곽　광, 『신앙공동체를 지향하는 기독교대안학교』, 예영커뮤니케이션, 2010.
곽삼근·서성필·이금옥·조경원·홍미애·유순화·김수미·김화경, 「학교에서의
　　종교 교육」, 『교육연구』 42, 이화여자대학교 사범대학 교육학과, 1973.
교육개혁위원회, 『세계화, 정보화 시대를 주도하는 신교육체제 수립을 위한 교육개
　　혁방안 I 』(제2차 대통령 보고서), 1995.
교육부, 『고등학교 교육과정 해설-교양』(교육부 고시 1997-15호), 2001.
＿＿＿, 『고등학교 교육과정 해설-총론』(대한교과서주식회사), 1996.
구제홍, 「정보사회의 기독교대학의 인성교육」, 『기독교교육정보』 18, 2007.
길희성, 「종교다원주의-역사적 배경, 이론, 실천」, 『종교연구』 28, 2002.
김광민, 「교과교육에서의 교사의 위치: 인성교육에 주는 시사」, 『도덕교육연구』 13-2, 2001.
김귀성, 「공교육에서 종교교육의 개념모형 탐색」, 『종교교육학연구』 21, 2005.
＿＿＿, 「광복 후 중등학교에서 종교교육의 전개와 쟁점」, 『원불교사상과 종교문화』
　　45, 201.
김기숙, 「공동체와 인성교육」, 『기독교교육정보』 14, 2006.
＿＿＿, 「창조적 영성을 위한 기독교교육의 과제」, 『기독교교육정보』 23, 2009.
김도일, 「인간성 회복을 추구하는 기독교 영성교육」, 『종교교육학연구』 32, 2010.
＿＿＿, 「파편화된 인간성을 통합하는 기독교교육」, 『기독교교육논총』 21, 2009.
＿＿＿, 『현대 기독교교육의 흐름과 중심사상』, 동연, 2010.
김득렬, 「기독교학교에서의 기독교교육 문제와 성경교육 구조개선」, 『신과대학』
　　9·10, 연세대학교 신과대학, 1968.
＿＿＿, 「한국 기독교학교 교목의 당면과제」, 『기독교사상』 9-5, 1965.
김득렬·백서영·이귀선·박형규, 「기독교학교의 존재의의와 그 사명」(좌담회), 『기
　　독교사상』 14-3, 1970.
김삼열, 「기독교학교의 어제와 오늘」, 『교회와 한국문제』 8, 기독교한국문제연구회, 1990.
김성우·최종덕, 「대학 교양교육의 위기와 인문학의 미래」, 『시대와 철학』 20-1, 2009.
김영교, 「대신학교에서의 영성교육」, 『복음과 문화』 9, 1998.

김영래, 「영성교육의 관점에서 본 홀리스틱 교육운동의 의미: 발도르프 교육의 지식 이해를 중심으로」, 『홀리스틱교육연구』 7-1, 2003.

김영택, 「가톨릭의 영성」, 『기독교사상』 46-9, 2002.

김용대·이달석, 「기독교 신앙활동을 통한 청소년의 인성 및 도덕성 함양 방안」, 『생활지도연구』 21-1, 2001.

김용표, 『포스트모던 시대의 종교적 영성과 불교」, 『종교교육학연구』 32, 2010.

김일엽, 「비기독교학교에서의 기독교교육」, 『기독교사상』 7-4, 1963.

김재웅, 「사립학교 종교교육에 대한 교육정치학적 분석: 기독교 학교를 중심으로」, 『교육정치학연구』 13-2, 2006.

김정신, "영성지향 유아교육과정의 개발", 경북대학교 박사논문, 2002.

_____, 「영성교육을 위한 탐색적 연구」, 『교육인류학연구』 5-1, 2002.

_____, 「홀리스틱교육을 위한 영성개념의 탐색」, 『홀리스틱교육연구』 4-2, 2000.

김정준, 「존 웨슬리의 영성수련과 현대 영성교육적 의미」, 『종교교육학연구』 28, 2008.

_____, 「한국인의 무교문화적 성격과 영성교육: C. G. Jung의 성격유형 이론을 중심으로」, 『한국문화신학회 논문집』 11, 2008.

김종서, 「학교 도덕교육에 영향을 주는 종교적 변수」, 『교육개발』 14-6, 1992.

_____, 「한국 종교교육의 과제와 전망」, 『종교학연구』 20, 2001.

김종희, 「위기의 기독교학교」, 『새가정』 312, 새가정사, 1982.

김진우, 「'商工'시대의 인문/교양교육」, 『교양교육연구』 3-2, 2009.

김청봉, 「종교교육학의 정체성 수립을 위한 시도」, 『한국기독교신학논총』 34, 2004.

김희자, 「기독교학교의 본질과 목적」, 『기독교교육연구』 9-1, 1998.

나병현, 「공교육의 의미와 교육의 공공성 문제」, 『한국교육』 29-2, 2002.

나일수, 「르네상스 인문학과 인문교육」, 『교육철학』 28, 2002.

남궁달화, 「교과를 통한 인성교육의 접근」, 『한국실과교육학회 2003년도 하계학술발표대회』, 2003.

다나까 노리히꼬, 「불교적 영성의 일고찰-불성의 자각과 전개-」, 『원불교사상과 종교문화』 31, 2005.

다니엘 쉬파니(Daniel S. Schipani), 「사회변혁을 위한 교육」, 『기독교교육의 지도 그리기』(잭 L. 세이무어 엮음, 고용수 옮김), 한국장로교출판사, 2001.

로버트 오고맨(Robert T. O'Gorman), 「신앙공동체」, 『기독교교육의 지도 그리기』(잭 L. 세이무어 엮음, 고용수 옮김), 한국장로교출판사, 2001.

류성민, 「한・미・일, 삼국의 종교정책과 종교교육 비교」, 『종교교육학연구』 26, 2008.

_____, 『중·고등학교 종교교육의 현실과 개선방향』, 현대사회연구소, 1994.

류종상, 「영성교육에 관한 연구」, 『교육교회』 191, 1992.

마리아 해리스(Maria Harris)・가브리엘 모란(Garbiel Moran), 「개인을 교육하기」, 『기독교교육의 지도 그리기』(잭 L. 세이무어 엮음, 고용수 옮김), 한국장로교출판사, 2001.

마이클 샌델, 『공동체주의와 공공성』(김선욱・강준호・구영모 역), 철학과현실사, 2008.

문교부, 『고등학교 교육과정』(문교부고시 제88-7호), 1988.3.31.

문시영, 「생명윤리적 관심을 통해 본 기독교인성교육의 과제」, 『대학과 복음』 6, 2002.

박균섭, 「학교 인성교육론 비판」, 『교육철학』 35, 2008.

박범석, 「교육과정의 관점에서 본 종교적 경험의 통합적 성격」, 『종교연구』 37, 2004.

박승억, 「세계화와 인문 교양교육」, 『교양교육연구』 1-1, 2007.

박시원, 「파울러 신앙발달이론 신앙단계」, 『기독교사상』 39-10, 1995.

박신경, 「유아기 영성교육의 중요성」, 『신학과 목회』 34, 2010.

박재만, 「신학교의 단계적 영성교육」, 『가톨릭 신학과 사상』 3, 1990.

박춘식, 「종교철학 교육에 있어서 인성강화의 방법」, 『논문집』 12-1, 대구산업정보대학, 1998.

백준흠, 「영성에 대한 원불교 교리적 고찰」, 『원불교사상과 문화』 32, 2006.

_____, 「원불교 종교교육에서의 영성교육」, 『종교교육학연구』 30, 2009.

사이토 준이치, 『민주적 공공성-하버마스와 아렌트를 넘어서』(윤대석・류수연・윤미란 역), 이음, 2009.

사토 마나부, 『교육개혁을 디자인한다-교육의 공공성과 민주주의를 위하여』(손우정 역), 학이시습, 2009.

손규태, 『하나님 나라와 공공성-그리스도교 사회윤리 개론』, 대한기독교서회, 2010.

손동현, 「교양교육에서 '레토리케' 교육의 위상 및 의의」, 『교양교육연구』 4-1, 2010.

_____, 「교양교육의 새로운 위상과 그 강화 방책」, 『교양교육연구』 3-2, 2009.

손승희, 「기독교학교가 왜 있는가?」, 『기독교사상』 23-4, 1979.

손원영, 「영국에서의 학교 종교교육에 대한 연구」, 『기독교교육정보』 14, 2006.

_____, 「영성학과 기독교교육학의 대화」, 『한국기독교신학논총』 61, 2009.

_____, 「제7차 교육과정과 기독교학교의 종교교육」, 『종교교육학연구』 13, 2001.

_____, 「철학과 교육학에서의 영성」, 『기독교사상』 43-1, 1999.

_____, 『영성과 교육』, 한들출판사, 2004.

송순재, 「독일 가톨릭 종립대안학교 사례 연구: '카를 요제프라이프레히트 학교' (Carl -Joseph-Leiprecht-Schule)를 중심으로」, 『기독교교육논총』 14, 2007.

신준휘, "영성교육과 신앙발달교육의 통합 연구", 기독신학대학원 대학교 석사학위 논문, 2001.

안범희, 「미국 학교에서의 인성교육 내용 및 특성 연구」, 『인문과학연구』 13, 강원 대학교 인문과학연구소, 2005.

엘리자베스 칼드웰(Elizabeth Caldwell), 「종교교수론: 가정 세우기」, 『기독교교육의 지도 그리기』(잭 L. 세이무어 엮음, 고용수 옮김), 한국장로교출판사, 2001.

오기형, 「기독교학교의 존재의의와 사명」, 『기독교사상』 13-2, 1969.

오인탁, 「학교와 종교교육」, 『기독교사상』 23-11, 1979.

유문상, 「인성교육으로서의 효교육의 영역별 고찰」, 『한국민족문화』 22, 부산대학교 한국민족문화연구소, 2003.

윤이흠, 「다종교문화 속에서의 종교 교육」, 『종교연구』 2, 1986.

이금만, 「교사를 위한 신앙교수법에 관한 한 연구-최근 신앙교수법 논의와 그 분석 을 중심으로-」, 『신학연구』 38, 한신대학교 한신신학연구소, 1997.

_____, 「그리스도교 신앙발달 교육방법에 관한 한 연구-James W. Fowler를 중심 으로-」, 『한신논문집』 16-1, 1999.

_____, 「영성교육의 성서적 토대에 관한 연구」, 『기독교교육정보』 13, 2006.

伊藤和衛 外 編, 『公敎育の理論』, 東京: 敎育開發硏究所, 1988.

이미정, 「구성주의 이론에 기반한 다문화교육사 양성 프로그램 연구」, 『교육문화연구』 15-2, 2009.

이원일, 「영성교육을 위한 해석학적 접근」, 『신학과 목회』 24, 2005.

이윤미, 「공교육의 역사성과 교육의 공공성 문제」, 『교육비평』 6, 2001.

이재영, 「통일교 수행방법과 영성계발」, 『종교교육학연구』 28, 2008.

이종태, 「'교육의 공공성' 개념의 재검토-공공성 논쟁의 분석과 개념의 명료화를 위 한 논의」, 『한국교육』 33-3, 한국교육개발원, 2006.

이준수, 「듀이의 교양교육 개조론에 대한 연구」, 『교육철학』 43, 2008.

이한빈, 「기독교학교에서의 예배와 교목」, 『기독교사상』 14-3, 1970.

이혜영·황준성·강대중·하태욱, 《대안학교 운영 실태 분석 연구》, 한국교육개 발원, 2009.

임영택, 「영성교육의 모형과 지도력」, 『기독교교육정보』 13, 2006.

임용경, 「학교에서의 인성교육, 현주소와 방향」, 『교육정책포럼』 183, 한국교육개발원, 2008.

임의영, 「공공성의 개념, 위기, 활성화 조건」, 『정부학연구』 9-1, 2003.

임창호, 『공공성을 회복하라』, 쿰란출판사, 2000.

장성모・유한구・이환기, 「인성교육의 동양적 전통」, 『도덕교육연구』 9, 1997.

장윤철, 「기독교학교에서의 기독교교육」, 『새가정』 222, 새가정사, 1974.

장종철, 「파울러(James W. Fowler)의 신앙 발달과 기독교 교육」, 『신과대학』 16, 연세대학교 신과대학, 1982.

장화선, 「영성교육의 내용과 실제에 관한 연구」, 『복음과 교육』 2, 2005.

정병완, "기독교대안학교의 교육원리와 그 실천방안: 하나님의 교육을 중심으로", 총신대학교 박사논문, 2009.

정상우・최정은, 「학생의 신앙의 자유와 중등 종립학교에서의 종교교육의 자유의 조화 방안 연구」, 『교육법학연구』 22-2, 2010.

정진홍, 「공교육과 종교교육」, 『종교연구』 2, 1986.

_____, 「제7차 교육과정과 종교교육」, 『종교교육학연구』 13, 2001.

정현숙, 「청소년 선도와 종교교육」, 『경희대학교 교육문제연구소 논문집』 11-1, 경희대 부설 교육문제연구소, 1995.

정희숙, 「ST. Augustinus의 영성교육론」, 『종교교육학연구』 13, 2001.

조난심, 「인성교육과 도덕과 교육」, 『도덕교육학신론』, 문음사, 2005.

조은하, "통전적 영성교육 연구: 일상생활 영성(everyday life spirituality)을 중심으로", 연세대학교 박사논문, 2001.

_____, 「현대적 의미의 기독교 영성교육」, 『기독교교육정보』 7, 2003.

조정호, 「청소년 인성교육의 발전방향 탐색: 인성교육적 함의를 지닌 사례를 중심으로」, 『청소년연구』 16-9, 2009.

조한상, 「헌법에 있어서 공공성의 의미」, 『공법학연구』 7-3, 2006.

존 실리, 『종교교육이론』(강돈구・박진원 옮김), 서광사, 1992.

채수일, 『신학의 공공성』, 한신대학교출판부, 2010.

최복태, 「다원주의 시대의 복음주의와 영성교육에 관한 연구」, 『기독교교육정보』 23, 2009.

최성환, 「삶의 형식으로서의 학문·교양교육을 중심으로」, 『철학탐구』 15, 중앙대학교 중앙철학연구소, 2003.

최준규, 「가톨릭 학교 교사의 영성」, 『가톨릭 신학과 사상』 52, 2005.

하희승, 「목회상담을 통한 청소년 영성교육에 관한 연구-청소년의 학업스트레스 사례를 중심으로-」, 『복음과 상담』 11, 2008.

한국교육학회, 『인성교육』, 문음사, 1988.

한영란, 「'영성'의 교육적 의미」, 『한독 교육학연구』 6-2, 2001.

한영란·정영수, 「영성교육의 교육적 의미」, 『한국교육학연구』 10-1, 2004.

한완상·김소영·이동욱, 「기독교학교는 없어지는가?」, 『기독교사상』 23-4, 1979.

함종규, 『한국교육과정변천사연구』, 교육과학사, 2004.

허종렬, 「사립학교 교육의 공공성 보장과 그 비판」, 『교육비평』 6, 2001.

현병호, 「대안교육의 의의와 현황 그리고 전망」, 『진보평론』 10, 진보평론, 2001.

현주·최상근·차성현·류덕엽·이혜경, 『학교 인성교육 실태분석 연구-중학교를 중심으로』, 한국교육개발원, 2009.

홍덕률, 《인문학적 소양의 함양을 위한 사회교육 활성화 방안 연구》(인문정책연구총서 2002-22, 보고서번호: RS2002-22), 인문사회연구회·한국교육개발원, 2002.

홍은숙, 「교육과정에서 지식교육의 신화에 대한 기독교적 대안」, 『종교교육학연구』 32, 2010.

홍정근, 「다종교 상황 하에서 기독교학교의 '종교과목'」, 『교육교회』 201, 장로회신학대학교 기독교교육연구원, 1993.

황병준, 「기독교학교에서의 대학입시에 대한 인식-대안학교와 미션스쿨의 비교 연구」, 『기독교교육논총』 20, 2009.

황수경, 「불교의 수행과 영성개발」, 『종교교육학연구』 28, 2008.

황옥자, 「유아기의 심성발달에 관한 불교의 역할 및 방향모색」, 『종교교육학연구』 13, 2001.

황용식, 「달라이 라마의 자비 인성론에 관한 고찰」, 『종교연구』 40, 2005.

Banks, James A., 『다문화 시민교육론』(김용신·김형기 옮김), 교육과학사, 2009.

Capaldi, Gerard I., "Christian Faith and Religious Education: A Perspective from the Theology of Liberation," *British Journal of Religious Education*, Vol.6, Issue 1, 1983.

Elton, G. R. ed., *Renaissance and Reformation, 1300-1648*, New York: Macmillan, 1976.

Gooderham, David W., "Discussing Religious Education: A Conceptual Framework for the Consideration of Curricular Issues," *British Journal of Religious Education*, Vol. 3, Issue 2, 1980.

Gooderham, David W., "Discussing Religious Education: A Conceptual Framework for the consideration of Curricular Issues." *New Direction in Religious Education,* John Hull ed.. Lewew, Sussex: The Falmer Press, 1982.

Gort, Jerald D., Jansen, Henry & Vroom ed., *Probing The Depths Of Evil And Good: Multireligious Views and Case Studies*, Lightning Source Inc., 2007.

Grimmitt, Michael H., *Religious Education and Human Development: The Relationship Between Studying Religions and Personal, Social and Moral Education.* Great Wakering: McCrimmons, 1987.

Grimmitt, Michael H., "The Contours of Critical Religious Education: Knowledge, Wisdom, Truth," *British Journal of Religious Education*, Vol.25, Issue 4, 2003.

Grimmitt, Michael H., *What can I do in R.E.?: A Guide to New Approaches*, London: Mayhew, 1973.

Harris, Alan, 『도덕교육과 종교교육』(정현숙 역), 집문당, 1993.

J. W. 파울러, 「미래의 기독교인과 교회 교육」, 『기독교사상』 24-10, 1980.

MacIntyre, A., *After Virtue* (2nd), Notre Dame: University of Notre Dame Press, 1984.

Nye, R. & Hay, D., "Identifying Children's Spirituality," *British Journal of Religious Education*, 18(3), 1996.

Proctor, R. E., *Education's Great Amnesia*, Indiana University Press, 1988.

Prothero Stephen ed., *A Nation of Religions: The Politics of Pluralism in Multireligious America*, Univ of North Carolina Pr., 2006.

Raihani, "Religion Classes in Indonesia: Translating Policy into Practice". *Paper presented at the Asian Studies Association of Australia (ASAA) Conference*, Adelaide, 5-8 July 2010.

Sealey, John, *Religious Education: Philosophical Perspectives.* London: George Allen & Unwin, 1985.

Sergiovanni, T. J., *The principalship: A reflective-practice perspective*(3rd ed.), Needham Heights, MA: Allyn and Bacon, 1995.

Seymour, Jack L. eds., *Mapping Christian Education,* Nashville: Abingdon Press,

1997; 『기독교교육의 지도 그리기』(고용수 옮김), 한국장로교출판사, 2001.

〈V장〉

김귀성, 「종교교육학 어떻게 할 것인가-공교육에서 종교교육의 개념모형 탐색」, 『종
　　교교육학연구』 21, 2005.
김재춘, 「잠재적 교육과정의 재개념화 필요성 탐색」, 『교육과정연구』 20-4, 2002.
안기성, 「교육법제상의 정교분리 원리」, 『학문과 논총』 5, 1997.

찾아보기

(ㄱ)

• 고병철

   필자는 대학교에서 교육학, 대학원에서 종교학을 공부했다. 그리고 양자의 접목 지점인 학교의 종교교육과 관련된 영역에 관심을 갖고, 연구를 진행해왔다. 최근까지 발표한 약 40편의 논문 가운데 학교의 종교교육과 관련된 연구 성과는 다음과 같다.

「제7차 교육과정 개편에 따른 종교교육론의 쟁점과 새로운 방향」(『종교교육
        학연구』 17, 2003)
「종교교사의 양성 및 연수프로그램에 대한 연구」(『한국교원교육연구』 21-2,
        2004, 2인)
「한국 종교교육의 정황과 방향 - 종립고등학교의 경우를 중심으로-」(『종교교
        육학연구』 21, 2005)
「한국의 종교교육 ― 중등 종립학교를 중심으로―」(『종교연구』 46, 2007)
「종교수업에서 동기유발의 필요성과 전략 - J. M. Keller의 ARCS이론을 중심으로」
        (『종교연구』 47, 2007, 2인)
「중등학교 종교 교과의 교수·학습 방식」(『교육연구』 43, 2008)
「종립사학과 종교교과교육의 공공성과 자율성」(『정신문화연구』 117, 2009)
「'한국교육사' 교과교재의 종교 서술과 방향」(『종교연구』 58, 2010, 2인)
「국가 교육과정 내의 다문화교육과 '종교'교과교육」(『종교연구』 61, 2010)
「중등학교 다문화교육 교과의 활성화방향 -교육정책과 학교교육을 중심으로」
        (『한국학연구』 36, 2011, 2인)
「대한불교조계종 교육의 특징과 전망」(『종교연구』 62, 2011)
「한국 종립 대안학교의 종교교육과 대안성」(『정신문화연구』 124, 2011, 2인)
「종교 교과교육의 목표 진술과 소통가능성 - 국가 교육과정을 중심으로」(『종교
        연구』 67, 2012)

이 저서는 2008년 정부(교육과학기술부)의 재원으로 한국학술진흥재단의 지원을 받아 수행된 연구임(KRF-2008-812-A00090). 당초의 제목은 '한국 중등학교 종교교육의 성찰적 전망'이었음.

한국 중등학교의 종교교과교육론

초판 1쇄 발행   2012년 7월 30일
초판 2쇄 발행   2014년 9월 11일

저 자   고병철
발행인   윤석현
발행처   박문사
등 록   제2009-11호

주소   서울시 도봉구 창동 624-1 북한산현대홈시티 102-1106
전화   (02) 992-3253(대)
팩스   (02) 991-1285
전자우편   bakmunsa@hanmail.net
홈페이지   http://www.jncbms.co.kr
책임편집   정지혜, 이신

ⓒ 고병철 2014 All rights reserved. Printed in KOREA

ISBN 978-89-94024-95-0 93210   정가 35,000원